UNDERSTANDING CHILDREN WITH DISABILITIES

장애아동의 이해

임경옥 저

학지사

이 책에는 20년 이상 장애아동과 웃고 울었던 추억과 대학교에서 25년 이상을 특수아동에 대해 강의한 경험이 고스란히 녹아 있다. 그리고 대학의 장애다문화지원센터장을 맡으면서 성장한 시간도 담겨 있다. 그러하기에 저자에게는 이번 저서가 마치 애착 인형 같은 느낌이다.

이 책을 통해 간절히 바라는 것은 장애아동에 대한 이해와 더불어 장애아동의 가족에 대한 공감이다. 이제 장애는 아동중심에서 가족중심으로, 더 나아가 사회가 함께 고민해야 한다는 인식이 급속히 확산되고 있기 때문이다.

근래에는 장애아동을 위한 다양한 발달재활서비스에 대한 관심이 높아지고 있어, 발달재활서비스를 위한 전문가 과정에 특수아동에 대한 이해는 필수이자 기본이 되었다. 이러한 점에서 이번 저서의 집필은 유난히 힘들었다. 특수아동에 대해 보다 쉽게 접근할 수 있도록 가능한 한 전문적인 용어를 배제하고 이해하기 쉬운 단어를 선택하기 위해 어느 저서보다 특별히 많은 시간을 들여 고심하였기 때문이다. 이러한 노력의 결과는 이 저서만의 특성화된 구성을 정립할 수 있는 기반이 되었다.

이 책은 각 주에 수업해야 할 내용을 학습자가 미리 한눈에 파악할 수 있도록 각 장의 맨 앞에 '마인드맵'을 실었다. 또한 각 장에 대한 이해를 돕는 관련된 '사례'를 제시하였고, 본문의 내용을 읽은 후 이에 대한 '요점을 정리'할 수 있도록 구성하였다. 이와 더불어 수업한 내용을 심도 있게 다루기 위해 '생각나누기'를 제시하여 토론을 하거나 학습자의 생각을 정리한 후 제출할 수 있게 하였고, 마지막으로 '퀴즈'를 통해 자신이 학습한 내용을 확인해 볼 수 있도록 구성하였다.

　　제1장은 장애의 개념을 비롯해 장애와 관련된 법을 통해 장애아동에 대한 이해를 돕는 내용을 담았다. 제2장은 장애아동에 대한 인권의 개념과 인권 관련 법률을 제시하였다. 제3장부터 제9장까지는 순서대로 지적장애, 자폐스펙트럼장애, 지체 및 뇌병변장애, 정서 · 행동장애, 학습장애, 의사소통 및 청각장애, 시각장애에 대한 이해를 돕기 위해 각 장애에 대한 정의와 원인, 진단 및 평가, 분류 및 특성, 지원방안에 대한 내용을 담았다. 제10장은 개별화교육계획 개발 및 실행, 통합교육, 특수교육, 직업교육 등 장애아동의 교육방법에 대한 내용을, 제11장은 문제행동과 긍정적 행동지원에 대한 이해를 통해 장애아동의 행동을 지도할 수 있도록 하였다. 제12장은 장애아동 지원 체계 중 대표적인 복지서비스와 장애아동 및 가족의 지원 정책에 대하여 살펴보았다. 마지막으로 제13장은 장애아동을 위한 보조공학에 대한 내용을 담았다.

　　저자의 염원은 이 책을 접하는 모든 독자가 이 책을 학습함으로써 장애아동에 대해 좀 더 깊은 통찰을 할 수 있는 밑바탕을 형성하는 것이다. 이 책이 나오기까지 물심양면 도와준 많은 지인에게 진심으로 고마운 마음을 전하며, 독자에게 가장 좋은 책을 제공하기 위해 노력한 학지사 편집부 직원을 비롯하여 김진환 사장님께도 감사드린다. 또한 이 책을 접하는 모든 이에게 하늘의 평화와 마음의 행복이 함께하기를 기원한다.

2024년 8월
저자 임경옥

제1장

장애아동의 이해

　　장애아동에 대해 전반적인 부분을 이해한다는 것은 쉽지 않다. 먼저 장애의 개념이 시대 및 그 사회의 조건에 영향을 받아 의료적, 개별적 모델에서 환경적 요인까지 고려하여 변화되었기 때문이다.

　　이 장에서는 이러한 영향으로 인한 장애의 개념 변화와 더불어 법적으로 규정된 장애의 정의를 살펴보고자 한다. 아울러 「장애인 등에 대한 특수교육법 시행령」과 「장애인복지법 시행령」에 규정되어 있는 장애의 분류체계 및 장애아동과 관련된 「장애아동 복지지원법」「발달장애인 권리보장 및 지원에 관한 법률」「장애인 등에 대한 특수교육법」「장애인복지법」의 목적 및 의의, 입법 배경, 주요 내용을 살펴봄으로써 장애아동에 대한 이해를 함양시키고자 한다.

✅ 마인드맵

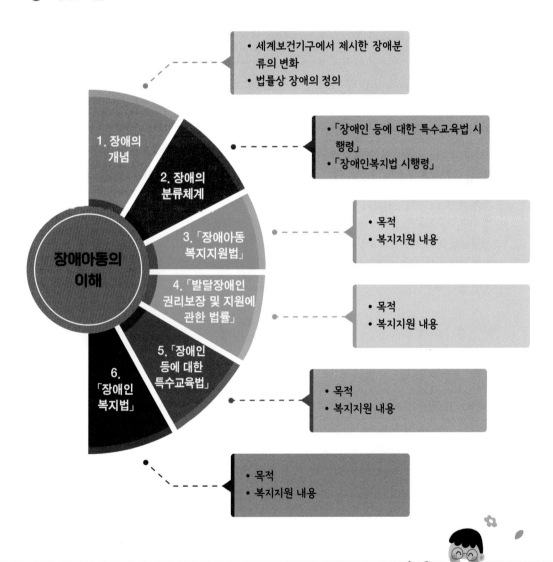

- 세계보건기구에서 제시한 장애분류의 변화
- 법률상 장애의 정의

- 「장애인 등에 대한 특수교육법 시행령」
- 「장애인복지법 시행령」

- 목적
- 복지지원 내용

- 목적
- 복지지원 내용

- 목적
- 복지지원 내용

- 목적
- 복지지원 내용

1. 장애의 개념

2. 장애의 분류체계

3. 「장애아동 복지지원법」

4. 「발달장애인 권리보장 및 지원에 관한 법률」

5. 「장애인 등에 대한 특수교육법」

6. 「장애인 복지법」

장애아동의 이해

학습목표

1. 장애아동의 정의를 구술할 수 있다.
2. 장애의 분류체계를 비교·분석하여 차이점을 설명할 수 있다.
3. 장애아동과 관련된 각 법률의 목적을 제시할 수 있다.

주요 용어

세계보건기구(WHO): 1948년 발족된 보건 위생 문제를 위한 국제 협력을 목적으로 하는 국제 연합의 전문기구

장애아동: 18세 미만의 사람 중 등록한 장애인을 말하며, 다만 6세 미만의 아동으로서 장애가 있다고 보건복지부장관이 별도로 인정하는 사람 포함

손상: 신체 기능 혹은 신체 구조와 관련된 것으로 신체 일부의 기본적인 기능을 수행하는 데 따르는 기능제한을 말함

능력장애: 일반적으로 장애인을 말하며, 신체적·정신적 손상과 개인의 적응에 대한 문제를 가지게 되어 일상생활을 영위하는 데 필요한 능력의 감소를 의미

사회적 불리: 선천적 혹은 후천적인 요인 등으로 인하여 신체적·정신적 상태가 일시적 또는 영구적으로 손상을 입어 독립생활 및 기타 활동이 저해 받는 상태

사례

혜림(가명)이는 사회적 상호작용과 의사소통에 결함이 있고, 제한적이고 반복적인 관심과 활동으로 인하여 자폐성 장애라는 진단을 받았다. 이로 인해 일상생활을 영위하기가 힘들었고 부모도 적절한 양육방법 및 교육에 대한 어려움을 교사에게 호소하였다.

교사는 부모와의 상담을 통해 지적장애인과 자폐성 장애인을 지원하기 위해 2015년 11월부터 시행되고 있는 「발달장애인법」에 따른 발달재활서비스지원, 가족지원, 돌봄 및 일시적 휴식지원 서비스지원, 지역사회 전환 서비스지원, 문화·예술 등 복지지원, 문화·예술·여가·체육 활동 등 지원, 보호자에 대한 상담지원, 휴식지원, 활동지원급여 등이 있음을 알려 주었다.

며칠 후 부모님은 혜림이가 발달재활서비스 지원 중 미술 치료를 받게 되었고, 혜림이를 양육하는 것이 힘들었는데 돌봄 및 일시적 휴식지원 서비스를 받을 수 있게 되어 경제적인 부담과 양육부담에서 조금이나마 벗어날 수 있어 너무 감사하다는 연락을 해 왔다.

교사는 장애아동을 지원할 수 있는 다양한 법률이 제정되어 있는데도 불구하고 아직도 장애자녀를 양육하는 부모들이 이러한 사실을 잘 모르고 있어 이에 대한 적극적인 홍보가 필요함을 다시 한번 느꼈다.

1 장애의 개념

장애에 대한 개념을 처음에는 의료적, 개별적 모델이 주도하였으나, 1980년 세계보건기구(World Health Organization: WHO)는 새로운 장애분류를 위한 ICIDH(International Classification of Impairments, Disability, and Handicaps)를 발표하였다. 이로 인해 장애는 손상(impairment), 능력장애(disability), 사회적 불리(handicap)로 분류되었다.

손상은 신체 기능 혹은 신체 구조와 관련된 생물학적 장애로 기능의 감소를 가져다 준 영구적 혹은 일시적인 병리적 상태를 의미한다. 신체 일부의 기본적인 기능을 수행하는 데 따르는 기능제한을 말한다. 능력장애는 일반적으로 장애인을 말하며, 신체적 · 정신적 손상과 개인의 적응에 대한 문제를 가지게 되어 일상생활을 영위하는 데 있어 능력의 감소를 의미한다. 사회적 불리는 선천적 혹은 후천적인 요인 등으로 인하여 신체적 · 정신적 상태가 일시적 또는 영구적으로 손상을 입어 독립생활 및 기타 활동이 저해 받는 상태를 말한다.

이러한 분류는 장애문제가 사회 환경과 관련되어 있음에도 불구하고 사회 환경에 대한 부분을 고려하지 않았다는 비판과 논란을 불러일으켜, 세계보건기구는 1997년에 이를 수용한 ICIDH-2(International Classification of Impairments, Disabilities, and Handicaps-2) 분류법을 제시하게 되었다. ICIDH-2 분류법에 의해 기능장애와 사회적 불리는 사회적 맥락에 영향을 받는 점을 감안하여 손상(impairment), 활동(activity), 참여(participation)라는 용어를 사용하게 되었고, 상황요인(contextual factors)의 개념을 추가함으로써 사회적 환경에 대한 부분을 고려하여 장애의 개념을 확장시켰다.

2001년 확정된 ICF(International Classification of Functioning, Disability and Health) 분류는 ICIDH-2를 기반으로 상황적 요인이 각각의 구성요소 관계와 구성요소 자체에도 영향을 미치는 점을 고려하였다. 즉, 장애는 개인이 가진 건강조건이나 환경적 요소 및 개인적 요소와의 상호작용의 결과라고 보고 있다. 그러므로 ICF에서는 환경이 장애인에게 촉진, 혹은 방해요인으로 작용할 수 있다는 점을 감안하여 장애나 건강상태보다는 환경적 요인과 관련된 기능수행(functioning)에 중점을 두고 있다. 그리고 ICF가 규정한 장애개념은 역동적인 특성, 즉 같은 장애라 할지라도 그 사회의 조건이나 환경에 따라 영향을 받을 수 있음을 강조하고 있다. 세계보건기구에서 제시한 장애분류의 변화는 [그림 1-1]과 같다.

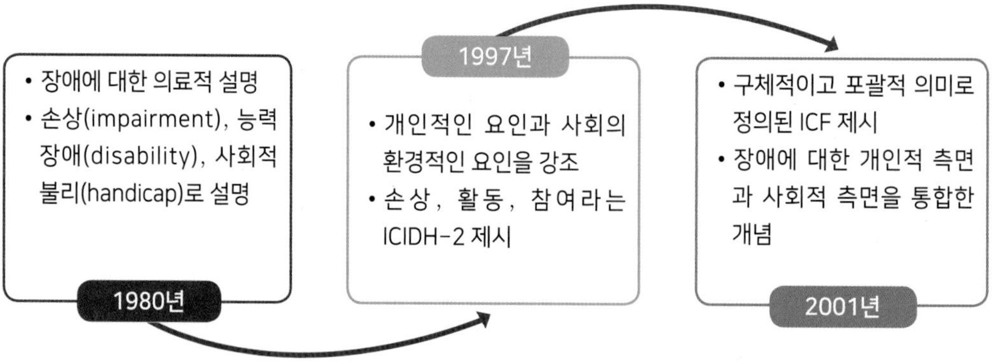

```
┌─────────────────────┐          ┌─ 1997년 ─┐          ┌─────────────────────┐
│ • 장애에 대한 의료적 설명 │          │                 │          │ • 구체적이고 포괄적 의미로 │
│ • 손상(impairment), 능력 │          │ • 개인적인 요인과 사회의 │          │   정의된 ICF 제시     │
│   장애(disability), 사회적 │          │   환경적인 요인을 강조  │          │ • 장애에 대한 개인적 측면 │
│   불리(handicap)로 설명   │          │ • 손상, 활동, 참여라는  │          │   과 사회적 측면을 통합한 │
│                     │          │   ICIDH-2 제시      │          │   개념               │
│     ┌─ 1980년 ─┐    │          │                 │          │     ┌─ 2001년 ─┐    │
└─────────────────────┘          └─────────────────┘          └─────────────────────┘
```

그림 1-1 · 세계보건기구에서 제시한 장애분류의 변화

일반적으로 장애의 법적 정의는 공식적인 법에서 정한 장애에 대한 정의를 말하며, 시대와 공간에 따라 매우 다양한 정의를 명시하고 있다. 그렇지만 가장 기본적인 법적 정의는 해당 국가의 복지정책과 실천 전략에 직접적인 영향을 미친다는 면에서 가장 실질적인 의미의 장애 개념이라고 할 수 있다(유동철, 2013). 따라서 법적으로 규정된 국내외 장애의 정의를 살펴보면 〈표 1-1〉과 같다.

표 1-1 · 법률상 장애의 정의

법률명	정의
「장애아동 복지지원법」 (제2조, 2012)	'장애아동'이란 18세 미만의 사람 중 「장애인복지법」 제32조에 따라 등록한 장애인을 말하며, 다만 6세 미만의 아동으로서 장애가 있다고 보건복지부장관이 별도로 인정하는 사람 포함
「장애인복지법」 (제2조, 2007)	'장애인'이란 신체적 · 정신적 장애로 오랫동안 일상생활이나 사회생활에서 상당한 제약을 받는 자
「장애인차별금지 및 권리구제 등에 관한 법률」 (제2조, 2008)	장애라 함은 신체적 · 정신적 손상 또는 기능상실이 장기간에 걸쳐 개인의 일상 또는 사회생활에 상당한 제약을 초래하는 상태
「국가인권위원회법」 (제2조, 2011)	'장애'란 신체적 · 정신적 · 사회적 요인으로 장기간에 걸쳐 일상생활 또는 사회생활에 상당한 제약을 받는 상태
「장애인 권리선언」 (제1조, 1975)	'장애인'이란 선천적 혹은 후천적으로 신체적 · 정신적 능력의 결함으로 인해, 자기 스스로 개인의 일상이나 사회생활을 정상적으로 영위하는 데 필요한 것을 전혀 갖추지 못하거나 부분적으로 갖출 수밖에 없는 모든 사람
「장애인의 권리에 관한 협약」 (제1조, 2008)	'장애인'이란 다양한 상황과의 상호작용 문제로 인하여 다른 사람과 동등하게 사회 참여를 효과적으로 하는 것을 저해하는 장기간의 신체적, 정신적, 지적, 또는 감각적인 손상을 가진 사람 포함

② 장애의 분류체계

　　현재 우리나라의 장애에 대한 분류는 「장애인 등에 대한 특수교육법 시행령」과 「장애인 복지법 시행령」에 규정되어 있다. 두 법은 최종적으로 사회통합을 하는 데 기여하거나 이바지함을 목적으로 하고 있지만 출발점은 각기 다르다. 즉, 「장애인 등에 대한 특수교육법 시행령」과 「장애인복지법 시행령」의 근간이 되는 「장애인 등에 대한 특수교육법」과 「장애인 복지법」을 비교하면 다음과 같다. 「장애인 등에 대한 특수교육법」은 국가 및 지방자치단체가 장애인 및 특별한 교육적 요구가 있는 사람에게 통합된 교육환경을 제공하고 생애주기에 따라 장애유형·장애정도의 특성을 고려한 교육에 초점을 맞추고 있다. 반면 「장애인복지법」은 장애발생 예방과 장애인의 의료·교육·직업재활·생활환경개선 등에 관한 사업을 정하여 장애인복지대책을 종합적으로 추진하고 있다. 더불어 장애인의 자립생활·보호 및 수당지급 등에 관하여 필요한 사항을 정하여 장애인의 생활안정에 기여하는 등 장애인의 복지와 사회활동 참여증진에 초점을 맞추고 있다. 「장애인 등에 대한 특수교육법」은 교육에, 「장애인복지법」은 복지에 기반하고 있으므로, 이에 따라 장애에 대한 분류체계도 다르다. 「장애인 등에 대한 특수교육법시행령」과 「장애인복지법 시행령」의 장애유형 및 선정 기준을 비교하면 다음과 같다(임경옥 외, 2017).

　　첫째, 정서·행동장애, 학습장애, 발달지체는 「장애인 등에 대한 특수교육법 시행령」에만 명시되어 있다.

　　둘째, 정신장애는 「장애인복지법 시행령」에만 명시되어 있다. 다만 정신장애 내용 중 일부는 「장애인 등에 대한 특수교육법 시행령」에 명시되어 있는 정서·행동장애를 포함한다.

　　셋째, 같은 장애영역임에도 불구하고 「장애인 등에 대한 특수교육법 시행령」에 명시되어 있는 의사소통장애를 「장애인복지법 시행령」에서는 언어장애로 사용하고 있다.

　　넷째, 「장애인 등에 대한 특수교육법 시행령」에서는 뇌성마비와 뇌병변장애가 지체장애에 포함되어 있지만, 「장애인복지법 시행령」에서는 지체장애와 뇌병변장애를 분류하여 뇌성마비를 뇌병변장애에 포함시키고 있다.

　　다섯째, 「장애인 등에 대한 특수교육법 시행령」에서는 건강장애를 학교생활 및 학업수행에 어려움이 있는 사람으로 제한하고 있지만, 「장애인복지법 시행령」에서는 건강장애를 구체적으로 신장장애, 심장장애, 호흡기장애, 간장애, 안면장애, 장루·요루장애, 뇌전증장애로 분류하여 일상생활에 상당한 제약을 받는 사람으로 규정함으로써 전 생애로 범위를 확대하고 있다. 아울러 「장애인복지법 시행규칙」에만 장애 급수가 규정되어 있다. 이를 정리하면 〈표 1-2〉와 같다.

표 1-2 「장애인 등에 대한 특수교육법 시행령」과 「장애인복지법 시행령」의 장애유형 및 선정기준 비교

장애유형	선정기준	
	장애인 등에 대한 특수교육법 시행령 (2016)	장애인복지법 시행령(2014)
시각장애 (시각장애인)	시각계의 손상이 심하여 시각기능을 전혀 이용하지 못하거나 보조공학기기의 지원을 받아야 시각적 과제를 수행할 수 있는 사람으로서 시각에 의한 학습이 곤란하여 특정의 광학기구·학습매체 등을 통하여 학습하거나 촉각 또는 청각을 학습의 주요 수단으로 사용하는 사람	가. 나쁜 눈의 시력(만국식 시력에 따라 측정된 교정시력을 말한다. 이하 같다)이 0.02 이하인 사람 나. 좋은 눈의 시력이 0.2 이하인 사람 다. 두 눈의 시야가 각각 주시점에서 10도 이하로 남은 사람 라. 두 눈의 시야 2분의 1 이상을 잃은 사람
청각장애 (청각장애인)	청력 손실이 심하여 보청기를 착용해도 청각을 통한 의사소통이 불가능 또는 곤란한 상태이거나, 청력이 남아 있어도 보청기를 착용해야 청각을 통한 의사소통이 가능하여 청각에 의한 교육적 성취가 어려운 사람	가. 두 귀의 청력 손실이 각각 60데시벨(dB) 이상인 사람 나. 한 귀의 청력 손실이 80데시벨 이상, 다른 귀의 청력 손실이 40데시벨 이상인 사람 다. 두 귀에 들리는 보통 말소리의 명료도가 50퍼센트 이하인 사람 라. 평형 기능에 상당한 장애가 있는 사람
지적장애 (지적장애인)	지적 기능과 적응행동상의 어려움이 함께 존재하여 교육적 성취에 어려움이 있는 사람	정신 발육이 항구적으로 지체되어 지적 능력의 발달이 불충분하거나 불완전하고 자신의 일을 처리하는 것과 사회생활에 적응하는 것이 상당히 곤란한 사람
지체장애 (지체장애인)	기능·형태상 장애를 가지고 있거나 몸통을 지탱하거나 팔다리의 움직임 등에 어려움을 겪는 신체적 조건이나 상태로 인해 교육적 성취에 어려움이 있는 사람	가. 한 팔, 한 다리 또는 몸통의 기능에 영속적인 장애가 있는 사람 나. 한 손의 엄지손가락을 지골(指骨: 손가락뼈) 관절 이상의 부위에서 잃은 사람 또는 한 손의 둘째 손가락을 포함한 두 개 이상의 손가락을 모두 제1지골 관절 이상의 부위에서 잃은 사람 다. 한 다리를 리스프랑(Lisfranc: 발등뼈와 발목을 이어 주는) 관절 이상의 부위에서 잃은 사람 라. 두 발의 발가락을 모두 잃은 사람 마. 한 손의 엄지손가락 기능을 잃은 사람 또는 한 손의 둘째 손가락을 포함한 손가락 두 개 이상의 기능을 잃은 사람

		바. 왜소증으로 키가 심하게 작거나 척추에 현저한 변형 또는 기형이 있는 사람 사. 지체(肢體)에 위 각 목의 어느 하나에 해당하는 장애정도 이상의 장애가 있다고 인정되는 사람
정서·행동 장애	장기간에 걸쳐 다음 각 목의 어느 하나에 해당하여, 특별한 교육적 조치가 필요한 사람 가. 지적·감각적·건강상의 이유로 설명할 수 없는 학습상의 어려움을 지닌 사람 나. 또래나 교사와의 대인관계에 어려움이 있어 학습에 어려움을 겪는 사람 다. 일반적인 상황에서 부적절한 행동이나 감정을 나타내어 학습에 어려움이 있는 사람 라. 전반적인 불행감이나 우울증을 나타내어 학습에 어려움이 있는 사람 마. 학교나 개인 문제에 관련된 신체적인 통증이나 공포를 나타내어 학습에 어려움이 있는 사람	
자폐성 장애 (자폐성 장애인)	사회적 상호작용과 의사소통에 결함이 있고, 제한적이고 반복적인 관심과 활동을 보임으로써 교육적 성취 및 일상생활 적응에 도움이 필요한 사람	소아기 자폐증, 비전형적 자폐증에 따른 언어·신체표현·자기조절·사회적응 기능 및 능력의 장애로 인하여 일상생활이나 사회생활에 상당한 제약을 받아 다른 사람의 도움이 필요한 사람
의사소통장애 (언어장애인)	다음 각 목의 어느 하나에 해당하여 특별한 교육적 조치가 필요한 사람 가. 언어의 수용 및 표현 능력이 인지능력에 비하여 현저하게 부족한 사람 나. 조음 능력이 현저히 부족하여 의사소통이 어려운 사람 다. 말 유창성이 현저히 부족하여 의사소통이 어려운 사람 라. 기능적 음성장애가 있어 의사소통이 어려운 사람	음성 기능이나 언어 기능에 영속적으로 상당한 장애가 있는 사람
학습장애	개인의 내적 요인으로 인하여 듣기, 말하기, 주의집중, 지각(知覺), 기억, 문제해결 등의 학습기능이나 읽기, 쓰기, 수학 등 학업 성취 영역에서 현저하게 어려움이 있는 사람	

건강장애	만성질환으로 인하여 3개월 이상의 장기 입원 또는 통원치료 등 계속적인 의료적 지원이 필요하여 학교생활 및 학업 수행에 어려움이 있는 사람	
발달지체	신체, 인지, 의사소통, 사회 · 정서, 적응 행동 중 하나 이상의 발달이 또래에 비하여 현저하게 지체되어 특별한 교육적 조치가 필요한 영아 및 9세 미만의 아동	
뇌병변 장애인	* 「장애인 등에 대한 특수교육법」에서는 지체장애에 포함됨	뇌성마비, 외상성 뇌손상, 뇌졸중(腦卒中) 등 뇌의 기질적 병변으로 인하여 발생한 신체적 장애로 보행이나 일상생활의 동작 등에 상당한 제약을 받는 사람
정신장애인		다음 각 목의 장애 질환에 따른 감정조절 · 행동 · 사고 기능 및 능력의 장애로 일상생활이나 사회생활에 상당한 제약을 받아 다른 사람의 도움이 필요한 사람 가. 지속적인 양극성 정동장애(情動障碍, 여러 현실 상황에서 부적절한 정서 반응을 보이는 장애), 조현병, 조현정동장애(調絃情動障碍) 및 재발성 우울장애 나. 지속적인 치료에도 호전되지 않는 강박장애, 뇌의 신경학적 손상으로 인한 기질성 정신장애, 투렛장애(Tourette's disorder) 및 기면증
신장장애인		신장의 기능부전(機能不全)으로 인하여 혈액투석이나 복막투석을 지속적으로 받아야 하거나 신장기능의 영속적인 장애로 인하여 일상생활에 상당한 제약을 받는 사람
심장장애인		심장의 기능부전으로 인한 호흡곤란 등의 장애로 일상생활에 상당한 제약을 받는 사람
호흡기장애인		폐나 기관지 등 호흡기관의 만성적 기능부전으로 인한 호흡기능의 장애로 일상생활에 상당한 제약을 받는 사람
간장애인		간의 만성적 기능부전과 그에 따른 합병증 등으로 인한 간기능의 장애로 일상생활에 상당한 제약을 받는 사람
안면장애인		안면 부위의 변형이나 기형으로 사회생활에 상당한 제약을 받는 사람
장루 · 요루 장애인		배변기능이나 배뇨기능의 장애로 인하여 장루(腸瘻) 또는 요루(尿瘻)를 시술하여 일상생활에 상당한 제약을 받는 사람

뇌전증장애인		뇌전증에 의한 뇌신경세포의 장애로 인하여 일상생활이나 사회생활에 상당한 제약을 받아 다른 사람의 도움이 필요한 사람
합계	10	15

출처: 임경옥 외(2017). 특수교육학개론, pp. 20-23.

③ 장애아동 복지지원법

　현재 장애아동의 복지를 위한 사업들은 보육사업을 제외하고는 대부분 저소득층 장애아동에 대한 선별적인 복지와 성인기 장애인들을 중심으로 한 정책이 수립되고 있어 이에 대한 근본적인 문제가 제기되었다. 따라서 장애아동과 가족을 지원하기 위한 새로운 법률 제정의 필요성이 대두되었다. 이에 장애아동과 장애아동 가족에 대한 종합적인 지원 대책을 수립하고자 제정된 「장애아동 복지지원법」은 장애아동의 복지지원에 대해 다른 법률에 우선하여 적용하게 되어 있다.

　2011년 8월에 제정되어 2012년 8월에 시행된 「장애아동 복지지원법」은 총 7장 41조 및 부칙과 부대의견으로 구성되어 있다. 즉, 제1장 총칙, 제2장 국가와 지방자치단체의 임무, 제3장 복지지원대상자 선정 및 복지지원 제공의 절차, 제4장 복지지원의 내용, 제5장 복지지원제공기관 등, 제6장 보칙 5개 조문, 제7장 벌칙 3개 조문, 부칙으로 이루어져 있다.

1) 목적 및 의의

　「장애아동 복지지원법」 제1조에 "이 법은 국가와 지방자치단체가 장애아동의 특별한 복지적 욕구에 적합한 지원을 통합적으로 제공함으로써 장애아동이 안정된 가정생활 속에서 건강하게 성장하고 사회에 활발하게 참여할 수 있도록 하며, 장애아동 가족의 부담을 줄이는 데 이바지함을 목적으로 하고 있다."라고 명시되어 있다.

　법적인 의의를 살펴보면 장애아동의 부담 경감서비스를 제공받는 전 과정에 걸쳐 보호자의 참여를 보장하고 있다. 그리고 보호자의 이의가 있을 경우 심사청구절차를 통해 권리를 구제받을 수 있도록 하는 등 장애아동 및 보호자의 권리보장을 명문화하고 있다. 더불어 장애아동의 생애주기에 맞추어 전반적인 복지지원에 대한 법적인 근거를 규정하고 있으며, 장애아동의 책무에 대한 부분이 국가와 지방자치단체에 있음을 명시하였다. 따라서 이 법은 장애아동의 전반적인 복지지원 전달체계의 공공성을 확보하였다는 데서 그 의의를 찾을 수 있다.

2) 입법 배경

전국장애인부모연대는 장애인부모, 장애아동 관련 기관 및 종사자들을 주축으로 2009년 「장애아동 복지지원법」 공동대책 위원회를 출범하여, 수차례의 간담회와 의견수렴을 통해 동법의 필요성에 대한 근거를 제시하였다. 즉, 기존의 장애관련법으로는 장애아동에 대한 전반적인 복지대책과 지원이 미비하여 이를 보완할 수 있는 법안이 필요한 상황이었다. 그럼에도 불구하고 2010년 8월, 「장애아동 복지지원법」의 법안 자체가 무산될 위기에 처해지자 전국장애인부모연대는 동법의 제정을 요구하며 국가인권위원회에서 1달여간 단식농성과 집단삭발을 감행하는 투쟁을 하였다. 이로 인해 장애계와 사회의 관심을 촉발시켰으며, 그 결과 「장애아동 복지지원법」이 제정될 수 있었다.

3) 주요 내용

「장애아동 복지지원법」에서는 '중앙장애아동지원센터' 및 '지역장애아동지원센터'를 설치하여 장애아동복지지원을 위한 서비스 체계가 확립될 수 있도록 규정하고 있다. 이를 구체적으로 살펴보면 다음과 같다.

(1) 중앙장애아동지원센터(제8조)

중앙장애아동지원센터는 장애아동의 복지지원에 관한 조사·연구, 지역장애아동지원센터에 대한 평가 및 운영지원, 장애아동의 복지지원 정책에 관한 정보 및 자료 제공, 장애아동의 장애유형별 지원 프로그램의 개발, 가족지원업무 수행기관에 대한 운영지원 및 평가를 해야 한다. 이와 더불어 돌봄 및 일시적 휴식지원 서비스 제공기관에 대한 운영지원 및 평가, 지역장애아동지원센터, 복지지원을 제공하는 기관(이하 '복지지원 제공기관'이라 한다) 등 복지지원 관련 기관에 대한 정보의 수집 및 제공, 그 밖에 보건복지부장관이 필요하다고 인정하는 업무를 하도록 규정하고 운영을 공공기관에 위탁할 수 있도록 하였다. 또한 중앙장애아동지원센터의 설치·운영 등에 필요한 사항은 보건복지부령으로 정한다고 규정되어 있다.

(2) 지역장애아동지원센터 설치(제9조)

지역장애아동지원센터는 장애의 조기발견을 위한 홍보 및 보호자 교육, 제12조 제5항에 따른 영유아와 그 가족을 위한 지원 정보의 제공, 연계 및 상담 지원 등과 장애아동의 복지지원 사업에 관한 정보 및 자료를 제공해야 한다. 또한 장애아동과 그 가족에 대한 복지지원 제공기관의 연계, 장애아동의 사례관리, 장애아동 및 그 가족을 지원하기 위한 가족상담 및 교육을 실시하여야 한다. 그 밖에 시·도지사 및 시장·군수·구청장이 위탁하거나 필요하다고 인정하는 업무를 수행하여야 한다. 그리고 시·도지사 및 시장·군수·구청장은 지역의 규모 및 장애아동의 수를 고려하여 인근지역과 통합하여 지역센터를 설치·운영할 수 있고, 지역센터의 원활한 업무 수행을 위하여 필요한 경우 지역센터의 운영비용을 지원할 수 있다. 더불어 시·도지사는 공공기관에 지역센터의 운영을 각각 위탁할 수 있으며 지역센터의 설치·운영 등에 필요한 사항은 보건복지부령으로 정한다.

(3) 복지지원 내용

의료비, 보조기구, 발달재활서비스, 보육, 가족지원, 돌봄 및 일시적 휴식지원 서비스, 취약가정 복지지원 우선제공, 지역사회 전환 서비스, 문화·예술 등 복지지원에 대해 9개 조항을 통해 규정하고 있으며, 제공받을 수 있는 복지지원은 〈표 1-3〉과 같다.

표 1-3 제공받을 수 있는 복지지원

지원영역	내용
의료비 및 재활서비스 지원	• 의료비지원(제19조) 「국민건강보험법」과 「의료급여법」에 따라 제공되는 의료에 드는 비용 중 장애아동의 부담을 지원함 • 보조기구지원(제20조) 장애아동의 학습과 일상생활 활동에 필요한 보조기구를 교부·대여 또는 수리하거나 구입 또는 수리에 필요한 비용 지급 • 발달재활서비스지원(제21조) 장애아동의 인지, 의사소통, 적응행동, 감각·운동 등의 기능향상과 행동발달을 위하여 적절한 발달재활서비스 지원
보육지원	• 보육지원(제22조) - 어린이집 이용대상이 되는 장애아동에게 보육료 등을 지원 - 어린이집 또는 유치원을 이용하지 아니하는 장애영유아에게 양육수당 지급 - 장애영유아를 위한 어린이집은 특수교사와 장애영유아를 위한 보육교사 등 배치

가족지원	• 가족지원(제23조)
	장애아동의 가족이 장애아동에게 적합한 양육방법을 습득하고 가족의 역량을 키울 수 있도록 가족상담·교육 등의 가족지원 제공
	• 돌봄 및 일시적 휴식지원 서비스지원(제24조)
	장애아동 가족의 일상적인 양육부담을 경감하고 보호자의 정상적인 사회활동을 돕기 위하여 돌봄 및 일시적 휴식지원 서비스 제공
	• 취약가정 복지지원 우선제공(제27조)
	  - 장애아동과 그 가족에 대하여는 이 법에서 정하는 복지지원을 우선적으로 제공
	  - 장애아동의 부 또는 모가 장애인인 경우, 한 가정에 장애아동이 2명 이상, 장애아동이 한부모 가족의 자녀, 부모와 떨어져 조부 또는 조모가 세대주이거나 세대원을 사실상 부양, 다문화가족의 자녀, 도서·벽지에 거주하는 경우

기타지원	• 지역사회 전환 서비스지원(제25조) 국가와 지방자치단체는 장애아동이 18세가 되거나 고등학교와 이에 준하는 각종 학교 또는 전공과를 졸업한 후 주거·직업체험 등의 지역사회 전환 서비스 제공 • 문화·예술 등 복지지원(제26조) 문화·예술·스포츠·교육·주거 등의 영역에서 장애아동에게 필요한 서비스 지원

　「장애아동 복지지원법」 제24조에 의해 지원되고 있는 돌봄 및 휴식지원 서비스 지원은 장애아동에게 적절한 돌봄 서비스 제공과 아울러 장애아 가족의 휴식을 지원하기 위해 추진된 제도이다. 그동안 돌보미에 대한 구체적인 내용이 전무한 상황에서 2023년 3월 돌보미의 자격, 결격사유, 장애아 돌보미의 자격 정지 및 자격 취소, 명의대여 등의 금지에 대한 내용이 신설되었다.

　돌봄서비스 및 휴식지원 서비스의 구체적인 내용은 〈표 1-4〉와 같다.

표 1-4   **돌봄서비스 및 휴식지원 서비스**

구분	주요 내용
목적	• 장애아동 가족의 일상적인 양육부담을 경감하고 보호자의 정상적인 사회활동을 돕기 위하여 돌봄 및 일시적 휴식지원 서비스 제공
대상	• 만 18세 미만 장애정도가 심한 장애아동과 생계·주거를 같이하는 가정 및 가구평균소득 120% 이하 가정은 무료, 소득 초과 가정은 이용료의 40% 본인 부담 • 신규대상 선정 시 만 6세 미만 중증 장애아동 우선 선정
지원시간	• 연 960시간 범위 내 지원(초과 시 전액 본인 부담으로 이용 가능) • 월 140시간 이내 원칙
서비스 내용	• 양육자의 질병, 사회활동 등 일시적 돌봄서비스 필요시 일정한 교육과정을 수료한 돌보미를 파견하여 장애아동 보호 및 휴식지원 • 아동의 가정 또는 돌보미 가정 등에서 돌봄서비스 제공

휴식지원 프로그램	• 돌봄서비스 받는 가정을 우선지원 • 가급적 돌봄서비스 대상가정 50% 이상에 휴식지원 프로그램 제공 • 가족캠프, 자조모임, 가족재활·상담, 부모교육, 휴식박람회, 비장애 형제·자매 참여 프로그램 등 전문 프로그램을 포함하여 구성(비대면 프로그램 포함 가능)

출처: 보건복지부 장애인정책국 장애인서비스과(2024). 2024년 장애아동 가족지원 사업안내에서 발췌.

 발달장애인 권리보장 및 지원에 관한 법률

　2014년 5월에 제정되어 2015년 11월에 시행된 「발달장애인 권리보장 및 지원에 관한 법률」(약칭: 발달장애인법)은 지적장애인과 자폐성 장애인을 지원하기 위해 제정된 법이다. 동법의 제2조에 의하면 '발달장애인'이란 지적장애인과 자폐성 장애인을 말하고, 지적장애인은 정신 발육이 항구적으로 지체되어 지적 능력의 발달이 불충분하거나 불완전하여 자신의 일을 처리하는 것과 사회생활에 적응하는 것이 상당히 곤란한 사람으로 정의되어 있다. 그리고 자폐성 장애인은 소아기 자폐증, 비전형적 자폐증에 따른 언어·신체표현·자기조절·사회적응 기능 및 능력의 장애로 인하여 일상생활이나 사회생활에 상당한 제약을 받아 다른 사람의 도움이 필요한 사람으로 명시하고 있다.

　'발달장애'는 뇌기능의 결함으로 인하여 적응행동뿐만 아니라 사회적 상호작용이나 의사소통에 대한 문제를 가지고 있고 이로 인해 전반적인 부분에서 결함을 나타내어 사회통합에도 어려움을 겪고 있는 가장 취약한 계층이기도 하다. 따라서 이들의 인권과 권리를 보호하고 가족을 지원하기 위해 동법을 제정하였다. '발달장애인'을 위한 법은 미국을 비롯하여 스웨덴, 일본, 호주에도 제정되어 있다.

　「발달장애인법」은 총 7장 44조 및 부칙으로 구성되어 있다. 즉, 제1장 총칙, 제2장 권리의 보장, 제3장 복지지원 및 서비스, 제4장 발달장애인 가족 및 보호자 지원, 제5장 발달장애인 지원센터 등, 제6장은 보칙 3개 조문, 제7장 벌칙 3개 조문과 부칙으로 이루어져 있다.

1) 목적 및 의의

　「발달장애인법」 제1조에 "이 법은 발달장애인의 의사를 최대한 존중하여 그들의 생애주기에 따른 특성 및 복지 욕구에 적합한 지원과 권리옹호 등이 체계적이고 효과적으로 제공될 수 있도록 필요한 사항을 규정함으로써 발달장애인의 사회참여를 촉진하고, 권리를 보호하며, 인간다운 삶을 영위하는 데 이바지함을 목적으로 한다."라고 명시되어 있다.

「발달장애인법」은 발달장애인 전담검사와 전담사법경찰관을 두도록 하고, 위기발달장애인쉼터를 설치하며, 발달장애인지원센터에 변호사를 배치하는 등 그동안 인권침해의 사각지대에 방치되어 왔던 발달장애인의 인권보호를 크게 강화시켰다. 특히 서비스 총량제와 개인별지원계획 제도를 도입하여 발달장애인의 개인적 복지욕구에 따라 개별 서비스의 양을 조정할 수 있는 맞춤형 복지지원 체계를 구현하였다는 점에서 큰 의의가 있다(발달장애인법제정추진연대 보도자료, 2014. 4. 29.). 즉, 지금까지의 장애관련 법안은 발달장애인에 대한 특성과 욕구를 반영하지 못하였으나, 동법은 발달장애인을 위한 지원과 정책을 시행할 수 있다는 점에서 큰 의미를 지닌다고 할 수 있다.

2) 입법 배경

2012년 2월 '발달장애인법제정추진연대'가 결성되었고 이들은 발달장애인을 위한 입법 제정을 위해 끊임없이 노력해 왔다. 그 결과 「발달장애인 권리보장 및 지원에 관한 법률」이 2014년 5월 제정되었다.

발달장애인은 전체 등록장애인 중 소수에 불과하지만 성인이 되어서도 세수, 화장실 사용 등의 간단한 일상생활조차도 타인의 도움 없이 영위하기가 어려워 일생 돌봄이 필요한 경우가 대부분이다.

발달장애인은 인지력·의사소통능력 등이 부족하여 자신의 권리를 주장하거나 스스로 보호하는 것에 상당한 어려움이 있어 학대, 성폭력, 인신매매, 장기적인 노동력 착취 등의 피해자가 되는 경우가 지속적으로 발생하고 있다.

한편, 발달장애인에 대한 복지서비스와 인프라는 그 필요량에 비해 지원 규모가 매우 부족하다. 그러므로 발달장애인을 돌보고 있는 부모나 보호자들의 신체적·정신적·경제적·정서적인 부담이 상당히 높은 수준이고, 발달장애인 직업훈련이나 평생교육 등 능력계발을 위한 지원체계도 상당히 미흡한 실정이다. 따라서 이 법은 발달장애인에 대한 구체적인 장애범위, 그 가족이나 보호자 등의 특수한 수요에 부합될 수 있는 지원체계 및 발달장애인지원센터 설립의 근거를 제정함으로써 발달장애인의 권리를 보호하고, 그 보호자 등의 삶의 질을 향상시킬 수 있도록 하여 국민 전체의 행복에 기여할 수 있도록 하려는 것이다.

3) 주요 내용

① 발달장애인이란 지적장애인과 자폐성 장애인 및 그 밖에 통상적인 발달이 나타나지 아니하거나 크게 지연되어 일상생활이나 사회생활에 상당한 제약을 받는 사람으로서 대통령령으로 정하는 사람과 보호자에 대한 정의(제2조)

② 발달장애인의 권리보호를 위해 자기결정권의 보장, 성년후견제 이용지원, 의사소통도구 개발 및 지원, 발달장애인 전담조사제, 발달장애인 대상 범죄의 신고의무, 발달장애인 지원센터에 조사권 부여 등을 정함(제8조부터 제17조까지)

③ 발달장애인에 대해서 정밀진단 비용 지원, 치료 및 재활 체계 구축, 발달장애인에 특화된 직업훈련 서비스 제공, 평생교육 지원 등의 서비스를 제공하도록 함(제23조부터 제26조까지)

④ 발달장애인의 보호자에 대한 교육 및 상담, 정보제공, 휴식지원 및 비장애 형제 · 자매에 대한 지원 등의 근거를 마련함(제30조부터 제32조까지)

⑤ 복지정보 제공, 발달장애인 학대 등 신고접수 시 현장출동 · 조사 · 보호조치, 상담 및 인식개선 홍보 등의 업무를 수행하는 발달장애인지원센터의 설치 근거를 마련함(제3조 및 제34조)

⑥ 복지지원 내용

활동지원급여, 발달재활서비스지원, 가족지원, 돌봄 및 일시적 휴식지원 서비스지원, 지역사회 전환 서비스지원, 문화 · 예술 등 복지지원, 문화 · 예술 · 여가 · 체육 활동 등 지원, 보호자에 대한 상담지원, 휴식지원 등으로 「발달장애인법」에 의해 제공받을 수 있는 복지지원은 〈표 1-5〉와 같다.

표 1-5 「발달장애인법」에 명시된 복지지원

지원영역	내용
발달재활 서비스 지원	• 복지서비스의 신청(제18조) 　- 「장애아동 복지지원법」 제21조에 따른 발달재활서비스지원 • 재활 및 발달 지원(제24조) 　- 발달장애인이 자신의 장애에도 불구하고 잠재적인 능력을 최대한 계발할 수 있도록 발달장애인에게 적절한 재활치료와 발달재활서비스 등 제공

가족지원	• 복지서비스의 신청(제18조) 　- 「장애아동 복지지원법」 제23조에 따른 가족지원과 동법 제24조에 따른 돌봄 및 일시 　　적 휴식지원 서비스지원 • 보호자에 대한 상담지원(제31조) 　- 발달장애인과 동거하는 보호자에게 전문적인 심리상담 서비스 제공 • 휴식지원 등(제32조) 　- 발달장애인 가족의 일상적인 양육부담을 경감하고 보호자의 정상적인 사회활동을 돕 　　기 위하여 돌봄 및 일시적 휴식지원 서비스 제공 　- 발달장애인의 형제 · 자매로서 발달장애인이 아닌 아동 및 청소년이 건전하게 성장할 　　수 있도록 이들의 정서발달과 심리적 부담 해소 등을 위한 프로그램 운영 지원
기타지원	• 「장애아동 복지지원법」 제25조에 따른 지역사회 전환 서비스지원과 동법 제26조에 따른 　문화 · 예술 등 복지지원 • 「발달장애인법」 제27조에 따른 문화 · 예술 · 여가 · 체육 활동 등 지원, 제29조의2에 따른 　주간활동 · 방과 후 활동 지원, 제29조의3에 따른 최중증 발달장애인 통합돌봄 지원, 제 　31조에 따른 보호자에 대한 상담지원 및 제32조에 따른 휴식지원 등과 「장애인복지법」 　제55조 및 「장애인활동 지원에 관한 법률」에 따른 활동지원급여 • 고용 및 직업훈련 지원(제25조) 　- 발달장애인이 자신의 능력을 최대한 활용하여 직업생활을 영위할 수 있도록 필요한 　　조치 강구 • 평생교육 지원(제26조) 　- 평생교육의 기회가 충분히 부여될 수 있도록 발달장애인을 위한 교육과정 운영 • 문화 · 예술 · 여가 · 체육 활동 등 지원(제27조) 　- 발달장애인이 영화, 전시관, 박물관 및 국가 · 지방자치단체 등이 개최하는 각종 행사 　　등을 관람 · 참여 · 향유할 수 있도록 지원 및 문화 · 예술 · 여가 · 체육 활동 지원 • 거주시설 · 주간활동 · 돌봄 지원(제29조) 　- 발달장애인의 특성에 맞는 거주시설, 주간활동, 돌봄 지원 제공

　장애아동의 기능 향상과 더불어 행동적인 문제를 완화하기 위해 재활치료는 필수적이지만 고비용으로 인해 가족들은 경제적으로 큰 부담을 안고 있다. 그러므로 발달재활서비스 지원은 가족의 경제적 부담을 완화함과 아울러 장애아동의 적절한 재활치료를 지원하기 위해 제정된 제도로 구체적인 지원 내용은 〈표 1-6〉과 같다.

표 1-6　발달재활서비스 지원

구분	주요 내용
목적	• 장애아동의 인지, 의사소통, 적응행동, 감각 · 운동 등의 정신적·감각적 기능향상과 행동발달을 위한 적절한 발달재활서비스 지원 및 정보 제공과 더불어 장애자녀를 양육하는 가정의 경제적 부담 경감
대상	• 시각, 청각, 언어, 지적, 자폐성, 뇌병변장애가 있는 만 18세 미만 등록 장애아동으로 기준 중위소득 180% 이하 가정을 대상으로 소득별 차등 지원 • 만 6세 미만 영유아가 시각, 청각, 언어, 지적, 자폐성, 뇌병변장애가 예견되어 발달재활서비스가 필요한 경우 발달재활서비스 의뢰서 및 검사자료로 대체 가능
서비스 가격	• 주 2회(월 8회)를 원칙으로 해당 서비스 이용금액은 월 25만 원(회당 서비스 단가는 30,000원)이며 정부 지원금은 소득 수준에 따라 차등 지원(25~17만 원)되며 기초수급자는 면제
서비스 내용	• 언어재활, 청능재활, 미술심리재활, 음악재활, 행동발달재활, 놀이심리재활, 재활심리, 감각발달재활, 운동발달재활, 심리운동 등 • 물리치료와 작업치료 등 의료기관에서 행해지는 의료지원 불가

출처: 보건복지부 장애인정책국 장애인서비스과(2024). 2024년 장애아동 가족지원사업안내에서 발췌.

⑤ 장애인 등에 대한 특수교육법

　1977년 제정되어 1994년에 전면 개정된 「특수교육진흥법」을 폐기하고 이를 바탕으로 2007년에 새로 제정되어 2008년부터 시행된 「장애인 등에 대한 특수교육법」(약칭: 특수교육법)은 장애와 관련된 법들이 보건복지부 소관인 것과 달리 교육부 소관으로 개정되어 왔다.
　「장애인 등에 대한 특수교육법」은 총 6장 38조 및 부칙으로 구성되어 있다. 즉, 제1장 총칙, 제2장 국가 및 지방자치단체의 임무, 제3장 특수교육대상자의 선정 및 학교배치 등, 제4장 영유아 및 초 · 중등교육, 제5장 고등교육 및 평생교육, 제6장 보칙 및 벌칙과 관련하여 보칙 3개 조문 및 벌칙 1개 조문과 부칙으로 이루어져 있다.

1) 목적 및 의의

　「장애인 등에 대한 특수교육법」 제1조는 이 법은 「교육기본법」 제18조에 따라 국가 및 지방자치단체가 장애인 및 특별한 교육적 요구가 있는 사람에게 통합된 교육환경을 제공하고 생애주기에 따라 장애유형·장애정도의 특성을 고려한 교육을 실시하여 이들이 자아실현과 사회통합을 하는 데 기여함을 목적으로 한다고 명시되어 있다. 그리고 동법의 의의를 살펴보면 다음과 같다.

첫째, 장애인의 생애주기에 따른 교육 권리를 보장하고 있다. 장애아동 및 3세 미만 장애영아와 고등학교 이후의 전공과 교육에 대한 무상교육 및 초·중·고에 대한 의무교육과 더불어 대학생뿐만 아니라 평생교육의 지원까지 명시하고 있다.

둘째, 특수교육을 지원하기 위한 관련서비스를 명시하고 있다. 즉, 가족상담 등 가족지원, 물리치료, 작업치료 등 치료지원, 보조인력 제공, 장애인용 각종 교구, 각종 학습보조기, 보조공학기기 등의 설비 제공, 통학 지원을 법적으로 보장하고 있다.

셋째, 특수교육대상자와 보호자의 권리 및 차별 금지 조항을 강화하고 있다.

넷째, 다른 장애관련법에 명시되어 있지 않은 '발달지체'에 대해 명시하고 있다. 즉, '장애로 판정받지 않은 신체, 인지, 의사소통, 사회·정서, 적응행동 중 하나 이상의 발달이 또래에 비하여 현저하게 지체되어 특별한 교육적 조치가 필요한 영아 및 9세 미만의 아동'도 교육적인 지원을 받을 수 있도록 하고 있다.

다섯째, 특수교육대상자에게 적절한 교육을 제공하기 위해서 국가 및 지방자치단체의 임무를 명시함으로써 특수교육에 대한 국가적인 책임을 규정하고 있다.

2) 입법 배경

「교육기본법」제18조에 따라 국가 및 지방자치단체가 장애인 및 특별한 교육적 요구가 있는 사람에게 통합된 교육환경을 제공하고 생애주기에 따라 장애유형·장애정도의 특성을 고려한 교육을 실시하여 이들의 자아실현과 사회통합을 하는 데 기여하기 위하여 현행 「특수교육진흥법」을 폐지하고 새로이 이 법을 제정하려는 것이다.

3) 주요 내용

(1) 국가 및 지방자치단체의 임무(제5조)

2017년 5월부터 국가 및 지방자치단체는 특수교육대상자에게 적절한 교육을 제공하기 위하여 장애인에 대한 특수교육종합계획의 수립, 특수교육대상자의 조기발견, 취학지도, 특수교육의 내용, 방법 및 지원체제의 연구·개선하도록 하고 있다. 또한 특수교육교원의 양성 및 연수, 특수교육기관 수용계획의 수립, 특수교육기관의 설치·운영 및 시설·설비의 확충·정비를 해야 한다. 이와 더불어 특수교육에 필요한 교재·교구의 연구·개발 및 보급, 특수교육대상자에 대한 진로 및 직업교육 방안의 강구, 장애인에 대한 고등교육 방안의 강구, 특수교육 관련서비스 지원방안의 강구 업무를 수행하도록 하였다.

(2) 특수교육지원센터의 설치·운영(제11조)

특수교육대상자의 조기발견, 특수교육대상자의 진단·평가, 정보관리, 특수교육 연수, 교수·학습활동의 지원, 특수교육 관련서비스 지원, 순회교육 등을 담당하는 특수교육지원센터의 설치·운영에 대한 법적 근거를 마련하였다.

(3) 장애의 조기발견 등(제14조)

교육장 또는 교육감은 영유아의 장애 및 장애 가능성을 조기에 발견하기 위하여 지역주민과 관련 기관을 대상으로 홍보를 실시하고, 해당 지역 내 보건소와 병원 또는 의원(醫院)에서 선별검사를 무상으로 실시하도록 하였다.

(4) 통합교육(제21조)

특수교육지원대상자의 통합교육을 촉진시키기 위하여 일반학교의 장은 통합교육의 이념을 실현하기 위한 노력과 교육과정의 조정, 보조인력의 지원, 학습보조기기의 지원, 교원 연수 등을 포함한 통합교육계획을 수립·시행하고 특수학급을 설치·운영하여야 하며 시설·설비 및 교재·교구를 갖추도록 하였다.

(5) 개별화교육(제22조)

보호자, 특수교육교원, 일반교육교원, 진로 및 직업교육 담당 교원, 특수교육 관련서비스 담당 인력 등으로 개별화교육지원팀을 구성하여 개별화교육계획을 작성·시행해야 한다.

(6) 장애인평생교육시설의 설치(제34조)

초·중등교육을 받지 못하고 학령기를 지난 장애인을 위하여 학교 형태의 장애인평생교육시설을 설치·운영할 수 있도록 하였다.

(7) 복지지원 내용

전공과와 만 3세 미만의 장애영아 무상교육, 통합교육, 개별화교육, 진로 및 직업교육, 순회교육, 가족상담 등 가족지원, 물리치료, 작업치료 등 치료지원, 보조인력 제공, 장애인용 각종 교구, 각종 학습보조기, 보조공학기기 등의 설비 제공, 통학 지원 등 제공받을 수 있는 복지지원은 〈표 1-7〉과 같다.

표 1-7 제공받을 수 있는 복지지원

지원영역	내용
교육지원	• **의무교육 및 무상교육(제3조)** 유치원·초등학교·중학교 및 고등학교 과정의 교육은 의무교육으로 하고, 전공과와 만 3세 미만의 장애영아교육은 무상으로 하고, 의무교육 및 무상교육에 드는 비용은 국가 또는 지방자치단체가 부담 • **장애영아의 교육지원(제18조)** 만 3세 미만의 장애영아의 교육지원 • **진로 및 직업교육의 지원(제23조)** 중학교 과정 이상의 경우 진로 및 직업교육을 지원 • **순회교육 등(제25조)** 장애정도가 심하여 장·단기의 결석이 불가피한 특수교육대상자 및 이동이나 운동기능의 심한 장애로 인하여 각급학교에서 교육을 받기 곤란하거나 불가능한 경우 순회교육 실시
특수교육 관련서비스	• **특수교육 관련서비스(제28조)** 가족상담 등 가족지원, 물리치료, 작업치료 등 치료지원, 보조인력 제공, 장애인용 각종 교구, 각종 학습보조기, 보조공학기기 등의 설비 제공, 통학 지원
기타지원	• **순회교육 등(제25조)** 일반학교에서 통합교육을 받고 있는 특수교육대상자를 지원하기 위하여 일반학교 및 특수교육지원센터에 특수교육교원 및 특수교육 관련서비스 담당 인력을 배치하여 순회교육 실시 • **편의제공 등(제31조)** 각종 학습보조기기 및 보조공학기기 등의 물적 지원, 교육보조인력 배치 등의 인적 지원, 취학편의 지원, 정보접근 지원, 편의시설 설치 지원, 대학의 장은 해당 학교의 입학전형절차에서 장애수험생의 수험 편의 제공

특수교육대상자들의 문제행동 및 학교생활 적응의 보조 지원을 위해 시행되고 있는 특수교육보조원은 '특수교육 보조인력' 교육을 통해 배출되고 있으며 지원내용은 〈표 1-8〉과 같다.

| 표 1-8 | 특수교육보조원 지원 |

구분	주요 내용
목적	특수교육대상자의 교수 · 학습과 신변처리 및 교내외 활동과 등하교 등의 활동을 보조하는 특수교육보조원 지원을 통해 교육 참여 기회 확대 및 자립 지원
대상	특수교육대상자 중 중도 · 중복장애 아동 우선 지원
보조인력 운영	사회복무요원, 자원봉사자 등 보조인력 운영 다양화
기타	특수교육보조원 수요가 없어질 경우, 학교 재배치 등 무기계약직 근로자의 안정적 근로 조건 확보 노력

6 장애인복지법

1981년 6월 장애인을 위한 「심신장애자복지법」이 제정되었으나 1989년 12월에 「장애인복지법」으로 개정되었다. 이후 몇 차례의 제 · 개정 과정을 거쳤고, 특히 그동안 규정에 없었던 장애인 가족지원에 대한 부분과 복지서비스에 관한 장애인 지원 사업에 대한 조항을 규정함으로써 2017년부터 폭넓은 장애인 지원이 가능하게 되었다.

「장애인복지법」은 총 9장 90조 및 부칙으로 구성되어 있다. 즉, 제1장 총칙, 제2장 기본정책의 강구, 제3장 복지 조치, 제4장 자립생활의 지원, 제5장 복지시설과 단체, 제6장 장애인 보조기구, 제7장 장애인복지 전문인력, 제8장 보칙, 제9장 벌칙과 부칙으로 이루어져 있다.

1) 목적 및 의의

「장애인복지법」 제1조에는 "이 법은 장애인의 인간다운 삶과 권리보장을 위한 국가와 지방자치단체 등의 책임을 명백히 하고, 장애발생 예방과 장애인의 의료 · 교육 · 직업재활 · 생활환경개선 등에 관한 사업을 정하여 장애인복지대책을 종합적으로 추진하며, 장애인의 자립생활 · 보호 및 수당지급 등에 관하여 필요한 사항을 정하여 장애인의 생활안정에 기여하는 등 장애인의 복지와 사회활동 참여증진을 통하여 사회통합에 이바지함을 목적으로 한다."고 명시되어 있다. 동법의 의의를 살펴보면 다음과 같다.

2) 입법 배경

심신장애자들의 자립 및 자활에 필요한 법적 지원을 개선하기 위해 '심신장애자'를 '장애인'이라는 용어로 변경하고, 법의 명칭을 「장애인복지법」으로 변경하였다. 그리고 장애인 등록제 신설과 더불어 장애인의 의료비와 자녀교육비 지급 및 청각장애자를 위한 수화와 자막의 방영을 요청할 수 있도록 하기 위하여 법의 제정이 필요하였다.

3) 주요 내용

제32조의4 (복지서비스에 관한 장애인 지원 사업)

① 국가와 지방자치단체는 등록한 장애인에게 필요한 복지서비스가 적시에 제공될 수 있도록 복지서비스에 관한 상담 및 정보 제공, 복지서비스 신청의 대행, 장애인 개인별로 필요한 욕구의 조사 및 복지서비스 제공 계획의 수립 지원, 장애인과 복지서비스 제공 기관·법인·단체·시설과의 연계, 복지서비스 등 복지자원의 발굴 및 데이터베이스 구축, 그 밖에 복지서비스의 제공에 필요한 장애인 지원 사업을 2017년 8월부터 실시하도록 하였다.

② 기존에 규정되어 있지 않은 장애인 가족 지원(제30조의2)에 대한 내용이 규정되어 2017년 8월부터 실시하도록 하였다.

③ 복지지원 내용

가족지원 및 장애수당과 장애아동수당 및 보호수당, 자립생활 지원 등 제공받을 수 있는 복지지원은 〈표 1-9〉와 같다.

표 1-9　제공받을 수 있는 복지지원

지원영역	내용
가족지원	• 장애인 가족 지원(제30조의2) 장애인 가족의 삶의 질 향상 및 안정적인 가정생활 영위를 위하여, 장애인 가족에 대한 인식개선 사업, 돌봄 지원, 휴식 지원, 사례관리 지원, 역량강화 지원, 상담 지원 • 자녀교육비 지급(제38조) 장애인복지실시기관은 경제적 부담능력 등을 고려하여 장애인이 부양하는 자녀 또는 장애인 자녀의 교육비 지급

수당	• **장애수당(제49조)** 장애인의 장애정도와 경제적 수준을 고려하여 장애로 인한 추가적 비용을 보전(補塡)하게 하기 위하여 장애수당 지급 • **장애아동수당과 보호수당(제50조)** 국가와 지방자치단체는 장애아동에게 보호자의 경제적 생활수준 및 장애아동의 장애정도를 고려하여 장애로 인한 추가적 비용을 보전(補塡)하게 하기 위하여 장애아동수당 및 보호수당 지급
재활 및 자립생활 지원	• **장애유형·장애정도별 재활 및 자립지원 서비스 제공 등(제35조)** 장애인의 일상생활을 편리하게 하고 사회활동 참여를 높이기 위하여 장애유형·장애정도별로 재활 및 자립지원서비스 제공 및 지원 • **자립훈련비 지급(제43조)** 장애인복지시설에서 주거편의·상담·치료·훈련 등을 받도록 하거나, 위탁한 장애인에 대하여 그 시설에서 훈련을 효과적으로 받는 데 필요하다고 인정되면 자립훈련비를 지급할 수 있으며, 특별한 사정이 있으면 훈련비 지급을 대신하여 물건 지급 • **자립생활지원(제53조)** 중증장애인의 자기결정에 의한 자립생활을 위하여 활동보조인의 파견 등 활동보조서비스 또는 장애인보조기구의 제공, 그 밖의 각종 편의 및 정보제공 • **중증장애인 자립생활 지원센터(제54조)** 중증장애인의 자립생활을 실현하기 위하여 중증장애인 자립생활 지원센터를 통하여 필요한 각종 지원서비스 제공 • **활동지원급여의 지원(제55조)** 중증장애인이 일상생활 또는 사회생활을 원활히 할 수 있도록 활동지원급여 지원
기타지원	• **의료비 지급(제36조)** 장애인복지실시기관은 의료비를 부담하기 어렵다고 인정되는 장애인에게 장애정도와 경제적 능력 등을 고려하여 장애정도에 따라 의료에 소요되는 비용 지급 • **산후조리도우미 지원 등(제37조)** 임산부인 여성장애인과 신생아의 건강관리를 위하여 경제적 부담능력 등을 감안하여 여성장애인의 가정을 방문하여 산전·산후 조리를 돕는 도우미 지원 • **장애인이 사용하는 자동차 등에 대한 지원 등(제39조)** 장애인이 이동수단인 자동차 등을 편리하게 사용할 수 있도록 하고 경제적 부담을 줄여주기 위하여 조세감면 등 필요한 지원정책 강구 • **장애인 보조견의 훈련·보급 지원 등(제40조)** 장애인의 복지 향상을 위하여 장애인을 보조할 장애인 보조견(補助犬)의 훈련·보급을 지원하는 방안 강구 • **자금 대여 등(제41조)** 장애인이 사업을 시작하거나 필요한 지식과 기능을 익히는 것 등을 지원하기 위하여 대통령령으로 정하는 바에 따라 자금 대여 • **생업 지원(제42조)** 식료품·사무용품·신문 등 일상생활용품을 판매하는 매점이나 자동판매기의 설치를 허가하거나 위탁할 때, 담배소매인 신청, 국내 우표류 판매업 계약 신청 시 장애인을 우선적으로 지정 및 계약

만 18세 미만의 등록한 장애아동의 안정적인 생활과 복지증진을 위해 지원되는 장애아동 수당지원의 구체적인 내용은 〈표 1-10〉과 같다.

<table>
<tr><td colspan="2">표 1-10   장애아동 수당지원</td></tr>
</table>

구분	주요 내용			
목적	장애로 인하여 생활이 어려운 장애아동에 대한 안정적인 지원			
대상	• 만 18세 미만의 등록한 장애인, 다만 만 18~20세로서 「초중등교육법」 제2조에 따른 학교에 재학(휴학도 포함됨) 중인 자는 포함(단, 장애인연금을 받는 경우 제외) • 중증장애인: 「장애인연금법」상 중증장애인에 해당하는 자(종전 1급 및 2급 · 3급 중복 장애인) • 경증장애인: 「장애인연금법상」 중증장애인에 해당하지 않는 자(종전 3~6급인 자) • 국민기초생활보장수급자 및 차상위계층(기준중위소득의 50%)			
수당지원 분류	생계 또는 의료급여 수급자	주거 또는 교육급여 수급자	차상위계층	보장시설 수급자 (생계 또는 의료)
중증장애인	월 22만 원	월 17만 원	월 17만 원	월 9만 원
경증장애인	월 11만 원	월 11만 원	월 11만 원	월 3만 원

출처: 정부24 홈페이지(www.gov.kr).

장애아동 수당지원은 읍 · 면 · 동 주민센터에 방문하면 상시 신청 가능하고 현금으로 지원된다. 그리고 이와 관련된 문의는 보건복지상담센터(129)를 이용하면 편리하다.

요점정리

1. 장애의 개념

1) 세계보건기구에서 제시한 장애분류의 변화

- 1980년: 장애에 대한 의료적 설명, 즉 손상, 능력장애, 사회적 불리로 설명
- 1997년: 개인적인 요인과 사회의 환경적인 요인을 강조했고, '손상' '활동' '참여'라는 ICIDH-1 제시
- 1990년: 구체적이고 포괄적 의미로 정의된 ICF 제시, 즉 장애에 대한 개인적 측면과 사회적 측면을 통합한 개념

2) 법률상 장애의 정의

- 「장애아동 복지지원법」: '장애아동'이란 18세 미만의 사람 중 「장애인복지법」 제3조에 따라 등록한 장애인을 말하며, 다만 6세 미만의 아동으로서 장애가 있다고 보건복지부장관이 별도로 인정하는 사람 포함

2. 장애의 분류체계

- 「장애인 등에 대한 특수교육법 시행령」: 시각장애, 청각장애, 지적장애, 지체장애, 정서 · 행동장애, 자폐성 장애, 의사소통장애. 학습장애, 건강장애, 발달지체로 총 10유형
- 「장애인복지법 시행령」: 시각장애인, 청각장애인, 지적장애인, 지체장애인, 자폐성 장애인, 언어장애인, 뇌병변장애인, 정신장애인, 신장장애인, 심장장애인, 호흡기장애인, 간장애인, 안면장애인, 장루 · 요루장애인, 뇌전증장애인 총 15유형

3. 장애아동 복지지원법

- 목적: 장애아동의 특별한 복지적 욕구에 적합한 지원을 통합적으로 제공함으로써 장애아동이 안정된 가정생활 속에서 건강하게 성장하고 사회에 참여할 수 있도록 하며, 장애아동 가족의 부담을 줄이는 데 이바지함
- 복지지원 내용: 의료비, 보조기구, 발달재활서비스, 보육, 가족지원, 돌봄 및 일시적 휴식지원 서비스, 취약가정 복지지원 우선제공, 지역사회 전환 서비스, 문화 · 예술 등

4. 발달장애인 권리보장 및 지원에 관한 법률

- 목적: 발달장애인의 생애주기에 따른 적합한 지원과 권리옹호 등이 적절하게 제공될 수 있도록 규정함으로써 발달장애인의 사회참여 촉진 및 권리보호
- 복지지원 내용: 활동지원급여, 발달재활서비스지원, 가족지원, 돌봄 및 일시적 휴식지원 서비스지원, 지역사회 전환 서비스지원, 문화·예술 등 복지지원, 문화·예술·여가·체육 활동 등 지원, 보호자에 대한 상담지원과 휴식지원 등

5. 장애인 등에 대한 특수교육법

- 목적: 장애인 및 특별한 교육적 요구가 있는 사람에게 통합된 교육환경 제공 및 장애유형·장애정도와 특성을 고려한 교육을 실시하여 자아실현과 사회통합을 하는 데 기여함
- 복지지원 내용: 전공과와 만 3세 미만의 장애영아 무상교육, 통합교육, 개별화교육, 진로 및 직업교육, 순회교육, 가족상담 등 가족지원, 물리치료, 작업치료 등 치료지원, 보조인력 제공, 장애인용 각종 교구, 각종 학습보조기, 보조공학기기 등의 설비 제공, 통학 지원 등

6. 장애인복지법

- 목적: 장애인의 인간다운 삶과 권리보장을 위해 국가와 지방자치단체 등의 책임을 명백히 하고, 장애인복지대책을 종합적으로 추진하며, 장애인의 복지와 사회활동 참여증진을 통하여 사회통합에 이바지함
- 복지지원 내용: 가족지원 및 장애수당과 장애아동수당 및 보호수당, 자립생활 지원 등

생각나누기

학번:
이름:

1. 장애아동을 만났던 경험 및 장애아동에 대한 본인의 생각을 피력하시오.

- -

- -

2. 장애아동 및 가족에게 지원되는 서비스 중 보강해야 할 서비스에 대해 토론하시오.

- -

- -

3. 장애아동의 자립 및 사회적응을 돕기 위한 방안에 대해 토론하시오.

- -

- -

퀴즈

1. 지적장애인과 자폐성 장애인을 지원하기 위해 제정된 법은? (　　　)

   ① 장애인복지법　② 특수교육법　③ 장애아동 복지지원법　④ 발달장애인법

2. 장애아동의 인지, 의사소통, 적응행동, 감각 · 운동 등의 기능향상과 행동발달을 위하여 장애자녀를 양육하는 가정의 경제적인 부담을 경감하기 위해 지원되는 서비스는? (　　　)

   ① 장애아동 수당지원　② 장애인 가족 지원　③ 발달재활서비스 지원　④ 장애수당

3. 생애주기에 따라 장애유형 · 장애정도와 특성을 고려한 교육을 실시하여 이들이 자아실현과 사회통합을 하는 데 기여함을 목적으로 하는 법은? (　　　)

   ① 장애인복지법　② 특수교육법　③ 장애아동 복지지원법　④ 발달장애인법

4. 괄호 안에 들어갈 적절한 단어를 쓰시오.

   > 유치원 · 초등학교 · 중학교 및 고등학교 과정의 교육은 (　　　　　　　　　)으로 하고, 전공과와 만 3세 미만의 장애영아교육은 (　　　　　　　　　)(으)로 한다.

5. 장애아동 가족의 일상적인 양육부담을 경감하고 보호자의 정상적인 사회활동을 돕기 위하여 돌봄 및 일시적 휴식지원 서비스를 제공하는 서비스는? (　　　　　　　　　　)

참고문헌

국가인권위원회(2011). 국가인권위원회법.

국제 연합 총회(1975). 장애인 권리선언.

법제처 국가법령센터(2007). 장애인복지법.

법제처 국가법령센터(2008). 장애인 등에 대한 특수교육법.

법제처 국가법령센터(2008). 장애인차별금지 및 권리구제 등에 관한 법률.

법제처 국가법령센터(2012). 장애아동 복지지원법.

법제처 국가법령센터(2014). 장애인복지법 시행령.

법제처 국가법령센터(2015). 발달장애인 권리보장 및 지원에 관한 법률.

법제처 국가법령센터(2016). 장애인 등에 대한 특수교육법 시행령.

보건복지부(2024). 2024년 장애아동가족지원사업안내. 보건복지부.

유동철(2013). 인권관점에서 보는 장애인 복지. 서울: 학지사.

유엔 총회(2008). 장애인의 권리에 관한 협약.

임경옥, 박경화, 조현정(2017). 특수교육학개론. 서울: 학지사.

정부24 www.gov.kr

제2장

장애와 인권

　인권은 인간으로서의 존엄과 가치를 기반으로 자유를 누릴 수 있도록 천부적으로 부여된 권리지만 장애인은 장애를 가졌다는 이유만으로 인권이 경시되고 침해되는 경우가 다반사로 발생하고 있다. 이는 근본적으로 차이와 차별에 대한 잘못된 사고로 다름에 대한 수용을 인정하지 않는 데서 비롯된다고 할 수 있다.

　이 장에서는 인권의 개념에 대한 이해를 바탕으로 비장애아동의 인권과 권리, 장애아동의 인권과 권리에 대해 살펴보고자 한다. 그리고 장애인의 인권과 권리를 보호하기 위해 제정된 장애인차별 금지법, 장애인권리협약, 아동·권리협약에 대한 법률 규정을 살펴봄으로써 장애인의 인권과 권리에 대한 인식을 고취시키고자 한다.

✅ 마인드맵

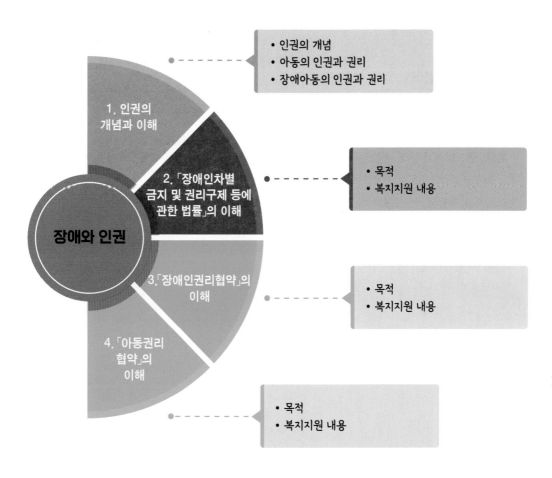

- 인권의 개념
- 아동의 인권과 권리
- 장애아동의 인권과 권리

1. 인권의 개념과 이해

2. 「장애인차별 금지 및 권리구제 등에 관한 법률」의 이해

- 목적
- 복지지원 내용

장애와 인권

3. 「장애인권리협약」의 이해

- 목적
- 복지지원 내용

4. 「아동권리협약」의 이해

- 목적
- 복지지원 내용

학습목표

1. 인권의 개념을 정의할 수 있다.
2. 「장애인차별금지법」의 목적에 대해 설명할 수 있다.
3. 장애인권리협약의 목적을 제시할 수 있다.
4. 아동권리협약의 기본원칙을 설명할 수 있다.

주요 용어

인권: 「대한민국헌법」 및 법률에서 보장하거나 대한민국이 가입ㆍ비준한 국제인권조약 및 국제관습법에서 인정하는 인간으로서의 존엄과 가치 및 자유와 권리

장애아동: 18세 미만의 사람 중 등록한 장애인을 말하며, 다만 6세 미만의 아동으로서 장애가 있다고 보건복지부장관이 별도로 인정하는 사람 포함

아동권리: 아동이 인간으로서 누려야 할 기본적 제 권리를 총칭하는 것으로 인간으로서 가지는 기본적인 권리와 생애 시기적 특수성에 입각해 특별한 보호와 배려를 받을 권리

차별: 기본적으로 평등한 지위집단을 자의적인 기준에 의해 불평등하게 우대함으로써 특정 집단을 사회적으로 배제시키는 처우

 **사례**

사례 1.

김지우

제 이름은 김지우입니다. 저는 장애인보호작업장에서 일하고 있어요.
어느 날, 사회복지사 선생님은 제 머리에 끈 다발을 올리고 난 뒤 다른 동료에게 보여 줬어요. 다른 동료들은 저를 보고 웃기다며 웃었고, 저를 휴대폰으로 찍었어요.
저는 이때 너무 부끄럽고, 창피했습니다.

↳ 현철 서로 장난치려고 했던 것일 수도 있을 것 같아. 우리도 장난 많이 치잖아.

↳ 석영 그렇지. 근데, 이건 장난이 아닌 것 같아. 놀리는 사람들은 재밌더라도 놀림당하는 사람이 창피하거나 속상해한다면, 그건 장난이 될 수 없어.

사례 2.

이것은 정서적 학대일까요?

저를 부를 때 자꾸 제가 싫어하는 별명으로 불렀어요.
그런데도 자꾸 별명으로 부르니까 신경 쓰이고 기분이 나빴어요.

정서적 학대일까요?

나를 계속 놀리고, 기분을 나쁘게 한 행동들이 어떤 것인지에 따라 정서적 학대일 수도 아닐 수도 있습니다. 그러니까 학대인지 아닌지 확인해 봐야 합니다.

  내가 싫어하는 별명으로 부르는 것은 학대까지는 아닌 것 같고, 내 인권을 침해하는 것 같아요. 이럴 때 '하지 말라' '싫다'라고 정확하게 이야기해야 해요.

출처: 조규홍 외(2023). 걱정말고 용기있게: 정서적 학대편, pp. 5, 12.

 인권의 개념과 이해

1) 인권의 개념

'인권'이란 「대한민국헌법」 및 법률에서 보장하거나 대한민국이 가입·비준한 국제인권조약 및 국제관습법에서 인정하는 인간으로서의 존엄과 가치 및 자유와 권리를 말한다(국가인권위원회법, 2016). 즉, 인권이란 인간(human)과 권리(rights)라는 단어의 합성이다. 권리는, 첫째, 도덕적으로 옳고 정당하다는 뜻과, 둘째, 법이나 제도에 근거해 어떤 것을 요구할 권리라는 두 가지의 뜻을 함축하고 있으며, 첫 번째 도덕적으로 옳고 정당하다는 뜻이 더 권리에 가깝다. 그리고 권리는 자유권, 참정권, 평등권, 안전권 등 여러 종류가 있기 때문에 반드시 복수형태(rights)로 쓰인다고 한다(조효재, 2015).

인권은 모든 가치판단의 원천이 되고 권리의 기초이자 출발점이 되며 근본적 가치 규범으로써 윤리적 판단과 법령의 효력과 내용을 해석하는 근본 원리를 제공한다(정진이, 2014). 그러므로 '인권'은 '권리'라는 규범을 만들어 가는 현실언어이자, '권리' 실현의 방향을 알려 주는 가치이며, 공동체를 구성하는 정치적·사회적 구성원리이다. 즉, 인권은 도덕, 정치, 법으로 구성되며, 보편적이고 구체적이고 이론적이면서 규범적이며 역사적으로 소수자의 해방적 복합적 개념이자 프레임이다(이성훈, 2015). 인권은 출생과 동시에 갖게 되는 기본 권리로, 평등하게 보호받고 양육 받으며 삶의 주체로서 누려야 할 권리라고 할 수 있다. 따라서 인간의 가치와 존엄성을 바탕으로 한 인권은 천부성이라는 고유의 권리 특성을 가지고 있다.

조효제(2015)는 이러한 인권의 특성을 다음과 같이 제시하고 있다.

첫째, 보편성이다. 인권은 모든 사람에게 적용되며 모든 사람은 본질적 차원에서 평등한 존재라고 가정된다.

둘째, 이성과 양심이다. 볼테르(Voltaire)가 표현의 자유에 대한 표현으로 "당신 생각에 동의하지 않는다. 하지만 그 생각을 가질 수 있는 자유를 위해서는 목숨을 바칠 수 있다."고 말했다니 참으로 멋진 표현이 아닐 수 없다.

셋째, 인간의 본질적 욕구와 이익이다. 이것은 사회공동체가 책임을 져야 한다는 것을 의미한다. 예를 들어, '가난은 나라님도 주체하지 못한다.'는 말이 있는데 이 생각은 옳지 않으며, 가난 또는 복지는 어쩔 수 없는 개인의 책임이 아니라 사회공동체, 국가가 책임을 져야 한다는 뜻이다.

　넷째, 차별 금지이다. 법과 판결을 상징하는 정의의 여신이 안대를 하고 천칭과 칼을 들고 있는 것은 사안의 정당성의 무게를 중립의 입장으로 단호하게 판결하겠다는 의미를 나타낸다. 차별하지 않고 공정하게 대해 주는 것이 곧 정의이며 인권이라는 안대, 즉 특수 안경을 쓰면 앞에 있는 사람이 사람인 것만 보이고 그 사람의 특징은 알 수 없어야 정상이며 모든 사람을 차별 없이 공정하게 대해야 함을 의미하는 것이다. 구조도 사건조사도 제대로 못 받고 있는 세월호 아이들의 억울한 죽음과 남녀차별, 장애인차별, 성소수자들에 대한 차별행위가 '정의와 공정성' '인권'이라는 단어와 오버랩된다.

　천부적으로 인간이기에 가지게 되는 존엄성과 인권을 법적으로 지지하고 보장하기 위해 「헌법」 제10조는 "모든 국민은 인간으로서의 존엄과 가치를 가지며, 행복을 추구할 권리를 가진다. 국가는 개인이 가지는 불가침의 기본적 인권을 확인하고 이를 보장할 의무를 진다."라고 명시하고 있다. 왜냐하면 인권이란 누구에게도 양도할 수 없는 것으로 인간으로 태어나서 인간답게 살아가기 위한 권리이며, 인간의 존엄성을 바탕으로 자유와 평등을 보장하며 누구에게나 보편적으로 적용되어야 하는 것이기 때문이다.

　국가에서도 모든 국민을 위해 불가침의 기본적 인권을 보호하고 인간으로서의 존엄과 가치를 구현하기 위해 2001년 11월에 국가인권위원회(National Human Rights Commission of Kores)를 설립하였다. 국가인권위원회는 입법 · 사법 · 행정부에 소속되지 않은 무소속 독립 국가기구로 준 사법 및 준 국제기구이며, 인권과 관련된 사항을 종합적으로 전담하는 기구이다. 본 기구의 설립목적은 [그림 2-1], 주요 기능은 〈표 2-1〉과 같다.

그림 2-1 　국가인권위원회 설립목적

출처: 국가인권위원회 홈페이지(www.humanrights.go.kr).

표 2-1 국가인권위원회의 주요 기능

기능	내용
정책	• 법령 · 제도 · 정책 · 관행의 조사 · 연구 및 개선 권고 · 의견 표명 • 국제인권조약 가입 및 조약의 이행에 관한 권고 · 의견 표명
조사 · 구제	• 국가기관, 지자체 또는 구금 · 보호시설의 인권침해 조사 · 구제 • 법인, 단체 또는 사인(私人)에 의한 평등권 침해의 차별행위 조사 · 구제 • 성희롱 조사 · 구제 • 「장애인차별 금지 및 권리구제 등에 관한 법률」 및 「고용상 연령차별 금지 및 고용 촉진에 관한 법률」에 따른 조사 · 구제
교육 · 홍보	• 국민의식 향상을 위한 교육 • 인권문화 확산 및 홍보
국내 · 외 협력	• 국내 인권단체 및 개인과 협력 • 인권관련 국제기구 및 외국 인권기구와 교류 · 협력

출처: 국가인권위원회 홈페이지(www.humanrights.go.kr) 주요 기능 재구성.

2) 아동의 인권과 권리

인권은 생물학적 인간이 이성적이고 도덕적인 존재로서 존엄하고 가치 있게 생명을 유지하고 살아가기 위해 최소한 것을 보장받고 요청할 수 있는 권리이다. 즉, 인간이 인간답게 살아가는 데 최소한으로 필요한 것을 정당하게 요청할 권리(오선영, 2016)이므로 누구에게나 보편적으로 적용되어야 하며 아동에게도 마찬가지이다.

그러나 1948년 세계인권선언문이 채택된 후, 국제사회는 보편적인 인권을 보호하기 위해 여러 국제조약을 채택하는 과정에서 여성과 이주노동자 등 사회적 약자의 권리로 사회적 관심이 이동하였으나, 아동은 오랫동안 사회가 만든 '아동이라는 틀'로 인해 인권의 대상에서 소외되었다(이양희, 김상원, 2013).

아동의 인권이란 아동이 가지고 있는 정신적, 신체적 요구를 법적으로 승인하는 것이고, 그 내용적 원칙은 아동의 인격을 전면적으로 발달시키는 것을 목적으로 하여 생존을 확보하는 것이다(이미숙, 2010).

아동은 미성숙하고 성인의 보호를 받아야 하는 측면이 있지만 본질적으로 성인 인권과 동등하기 때문에 성인과 동일하게 인권을 보장받을 수 있도록 해야 한다. 이를 위해서는 가정뿐만 아니라 사회적으로도 아동의 인권에 대한 올바른 인식이 선행되어야 한다. 그러므로 아동이 생활하는 모든 장소, 즉 가정, 학교, 학원 등이 아동의 인권을 존중하는 장소로서 운영될 수 있도록 국가가 지속적으로 모니터링을 해야 한다(University of Cambridge & WHO, 2015).

특히 국가는 인권적 관점에서 돌봄이 있는 정책을 통해 부모, 교사, 학교, 지역사회 전반에 걸쳐 아동을 향한 인권침해에 대한 책임의식과 해결을 위한 연대의식을 느끼고 아동들이 존엄한 존재로 성장할 수 있도록 건강한 공동체성을 회복할 수 있도록 도와야 할 것이다(신순갑, 2015).

이를 위하여 각 지자체는 '학생인권조례', 혹은 어린이 · 청소년 인권조례를 규정하여 아동의 인권을 보호하고 있다. 특히 서울특별시는 2012년 어린이 · 청소년 인권조례를 규정하였고, 2013년 어린이 · 청소년 인권위원회를 출범시켰다. 서울특별시의 어린이 · 청소년 인권조례 중 인권의 주체성과 인권보장의 원칙을 제시한 제6조는 〈표 2-2〉, 어린이 · 청소년 인권위원회의 주요 기능 및 역할은 〈표 2-3〉과 같다.

표 2-2   서울특별시 어린이 · 청소년 인권조례

제6조(인권의 주체성과 인권보장의 원칙) ① 어린이 · 청소년은 인권의 주체이며, 자신의 인권뿐만 아니라 타인의 인권을 존중해야 한다.
② 어린이 · 청소년은 온전한 한 사람으로서 자신의 일에 대해 의견을 표현하고 참여할 권리가 있다.
③ 이 조례에서 규정하는 어린이 · 청소년의 인권은 인간으로서의 존엄성을 유지하고 행복을 추구하기 위하여 반드시 보장되어야 하는 최소한의 권리이며, 어린이 · 청소년의 인권은 이 조례에 열거되지 아니한 이유로 경시되어서는 아니 된다.

출처: 서울특별시(2019). 서울특별시 어린이 · 청소년 인권조례.

표 2-3   어린이 · 청소년 인권위원회 주요 기능 및 역할

① 어린이 · 청소년 인권종합계획 수립에 대한 심의 및 결과에 대한 평가
② 어린이 · 청소년 인권종합계획의 연도별 시행 계획에 대한 자문 및 결과에 대한 개선 권고
③ 어린이 · 청소년 인권이 중대하게 침해되어 특별한 구제 조치가 필요하다고 인정되는 경우 또는 정책적 대책이 필요하다고 인정되는 경우 그 사안에 대한 시민인권보호관의 조사결과의 심의 및 구제 조치 권고
④ 시장의 정책 및 입법 활동에 대한 어린이 · 청소년 인권영향평가 및 개선 권고
⑤ 어린이 · 청소년 인권에 영향을 미치는 제반 입법, 정책, 활동에 대한 의견 표명
⑥ 어린이 · 청소년 인권에 대한 지역사회의 여론 형성을 위한 토론회 등의 공론화 활동
⑦ 어린이 · 청소년 인권 현황에 대한 연례 보고서 등 연구 · 조사 보고서의 발간 등

출처: 서울 정보소통광장 홈페이지(https://opengow.seoul.go.kr).

아동권리란, 아동이 가진 인권을 뜻하는 것으로서 인간으로서의 독자성을 발휘할 수 있는 권리뿐 아니라 아동에게 주어지는 특별한 보호와 관리에 대한 배려를 의미한다(김은영 외, 2012). 과거에는 일반적으로 아동을 성인의 종속물로 인식하여 아동의 권리에 대한 인식이 없었다. 그러나 20세기에 들어와서 아동 중심 사상에 힘입어 아동을 권리의 주체로서 인정하기 시작하였다.

우리나라에서도 아동권리에 대한 인식이 확산됨에 따라 온정과 시혜의 대상만이 아닌 권리 주체로서의 아동을 인정하고 그 권리를 보장할 책임이 우선적으로 국가에 있다는 주장이 힘을 얻고 있다(황옥경, 2012). 이에 따라 국가에서도 2015년 제1차(2015~2019) 아동정책 기본계획을 수립하고, 아동의 행복과 아동 최우선의 원칙 실현을 위해 아동권리 실현기반 조성과 가정의 양육역량 강화, 아동 친화적 문화 조성 등의 목표를 발표했다(보건복지부, 2015). 이는 아동의 삶에 영향을 미치는 환경을 위해 국가적인 차원에서 아동권리의 중요성을 인식한 정책이라고 할 수 있다.

아동의 권리는 다양한 학자에 의해 분류되었다. 링거(Wringe, 1981)는 법적인 권리, 자유롭게 무엇을 하거나 주장할 수 있는 권리, 참여권리, 특수한 권리, 복지권리로 분류하였다. 그리고 김정래(2002)는 자신이 하고자 하는 것을 행할 때 타인으로부터 방해 또는 침해받지 않을 권리인 소극적 자유권, 현재와 미래의 자신의 삶의 요구를 자율적으로 계획하고 판단하는 적극적 자유권, 차별받지 않을 평등권, 아동이 생계유지에 필요한 최소한의 생활을 보장받을 수 있는 복지권을 제시하였다. 또한 프리먼(Freeman, 1992)은 아동권리 유형을 다음과 같이 4가지 유형으로 분류하였다.

첫째, 복지권(welfare rights)은 기본권적 성격의 권리로 모든 아동의 생존과 복지를 위한 영양 및 의료, 주거, 건강, 교육 등과 관련된 권리를 의미한다.

둘째, 보호권(protective rights)은 유해한 환경으로부터 보호받을 권리, 즉 아동에 대한 부적절한 양육이나 방임 및 착취, 학대 등과 관련되어 있다.

셋째, 성인권(adult rights)은 아동이 성인에 비해 부당하게 차별받지 않을 권리로 투표, 노동, 결혼, 운전, 표현의 자유 등과 관련된 권리들을 의미한다.

넷째, 부모에 대한 권리(rights against parents)는 아동의 자율성 및 독립성과 관련된 권리로 아동이 부모의 과도한 통제를 받지 않고, 자신과 관련된 사항에 대하여 자율적이고 독립적으로 자기결정 및 행동을 할 수 있는 권리를 말한다. 이는 소소하게는 자신의 외모에 관한 결정으로부터 중대한 진로선택 및 의료조치, 거주지선택, 임신중절 등에 대한 결정에 있어서, 아동이 자율적 판단과 대안을 선택하거나 결정하고 행동할 수 있음을 뜻한다.

우리나라는 1991년 「유엔아동권리협약」의 비준국이 되었으므로 「아동권리협약」 제4조에 의하여 아동 권리 실현을 위한 행정적, 입법적 조치를 취해야 하는 의무를 가지고 있다. 이를 위해 국가에서는 아동의 권리와 관련된 모든 정책을 모니터링하기 위해 2006년 10월부터 아동권리모니터링을 위한 독립기구인 '아동권리모니터링센터'를 설치하여 운영하고 있다. '아동권리모니터링센터'의 기능은 아동관련 정책 조정 및 「아동권리협약」 이행사항과 관련된 정책에 대하여 장애요인을 파악하고 있다. 그리고 이를 바탕으로 아동권리 관련 법 및 정책 서비스의 개선을 요구하는 역할을 담당하고 있다. 또한 아동권리에 대한 정보를 센터 홈페이지를 통하여 제공하고 아동권리 강화를 위한 적극적인 홍보활동을 수행하는 역할을 하고 있다.

3) 장애아동의 인권과 권리

　　아동권리란, 아동이 인간으로서 누려야 할 기본적 제 권리를 총칭하는 것으로 그 주체인 아동이 태어나면서부터 성, 언어, 종교, 인종, 피부색, 능력에 관계없이 인간으로서 가지는 기본적인 권리와 생애 시기적 특수성에 입각해 특별한 보호와 배려를 받을 권리를 말한다 (장화정 외, 2012). 이와 같은 권리는 장애아동도 동일하게 누려야 하지만 일반적으로 비장애 아동과 달리 다양한 측면에서 인권에 대한 침해를 받을 수 있는 요소를 많이 가지고 있다.

　　사회적 인권의 인정은 장애인을 비롯한 사회적 약자들에 대한 보호를 인권의 내용으로 추가하게 하였고, 이를 통해 장애인의 인권이 대두되기 시작했다. 장애인이 인권의 주체로 인정된다는 것은 장애인에 대한 인권보장이 근대의 형식적 인권보장에서 실질적 인권보장으로 전환되었다는 것에서 의미를 가진다(장영수, 2013). 그러므로 실질적 인권보장은 법률로 제정되어야 효력을 발생할 수 있다.

　　이를 인식한 국제적인 움직임은 1971년 「정신지체인의 권리선언」을 시발점으로, 1975년 12월 국제연합 총회에서 만장일치로 채택된 「장애인 권리선언」 제3조에서 "모든 장애인에게는 인간으로서 존엄성을 존중받아야 할 천부적 권리가 있다. 모든 장애인들은 장애의 원인 및 특성과 경중에 상관없이 같은 연령의 일반 시민과 동일하게 기본적 권리, 즉 무엇보다도 먼저 품위 있는 생활을 정상적으로 최대한 누릴 수 있는 권리가 있다."고 명시함으로써 본격화되었다. 이는 2006년 12월 유엔 총회에서 채택된 「장애인의 권리에 관한 협약」으로 이어져 장애인의 존엄성과 권리를 보장하기 위한 국제적인 인권협약으로 발전되었다. 이러한 배경에는 장애를 사회적 맥락에서 이해하고자 하는 인식의 변화가 있었고, 이에 따라 장애인에 대한 인권 및 비차별과 동등한 권리를 강조하고 확대하는 법률이 제정되게 된 것이다.

우리나라에서는 1990년부터 장애인 인권에 대해 본격적으로 논의되기 시작하였다. 이러한 인식은 시대적인 흐름을 반영함과 아울러 장애에 대한 인식변화에서 비롯되었다고 할 수 있다. 이에 따라 국가에서도 1975년 12월 국제연합 총회에서 채택된 「장애인 권리선언」을 기반으로 1998년 12월 장애인의 인권을 보장하기 위한 '장애인 인권헌장'을 국회에서 채택하기에 이르렀다. 「장애인 인권헌장」의 내용은 〈표 2-4〉와 같다.

표 2-4 「장애인 인권헌장」

장애인은 인간의 존엄과 가치를 가지며 행복을 추구할 권리를 가진다. 장애인은 건전한 사회 구성원으로 책임 있는 삶을 살아가며 자신의 능력을 계발하여 자립하도록 노력하여야 한다. 국가와 사회는 헌법과 국제연합의 장애인권리선언의 정신에 따라 장애인의 인권을 보호하고 완전한 사회참여와 평등을 이루어 더불어 살아가는 사회를 만들기 위한 여건과 환경을 조성하여야 한다.

1. 장애인은 장애를 이유로 정치, 경제, 사회, 교육 및 문화생활의 모든 영역에서 차별을 받지 아니한다.
2. 장애인은 인간다운 삶을 영위할 수 있도록 소득, 주거, 의료 및 사회복지서비스 등을 보장받을 권리를 가진다.
3. 장애인은 다른 모든 사람과 동등한 시민권과 정치적 권리를 가진다.
4. 장애인은 자유로운 이동과 시설이용에 필요한 편의를 제공받아야 하며, 의사표현과 정보이용에 필요한 통신, 수화통역, 자막, 점자 및 음성도서 등 모든 서비스를 제공받을 권리를 가진다.
5. 장애인은 자신의 능력을 개발하기 위하여 장애유형과 정도에 따라 필요한 권리를 가진다.
6. 장애인은 능력에 따라 직업을 선택하고 그에 따른 정당한 보수를 받을 권리를 가지며, 직업을 갖기 어려운 장애인은 국가의 특별한 지원을 받아 일하고 인간다운 생활을 보장받을 권리를 가진다.
7. 장애인은 문화, 예술, 체육 및 여가활동에 참여할 권리를 가진다.
8. 장애인은 가족과 함께 생활할 권리를 가진다. 장애인이 전문시설에서 생활하는 것이 필요한 경우에도 환경이나 생활조건은 같은 나이 사람의 생활과 가능한 한 같아야 한다.
9. 장애인은 사회로부터 분리, 학대 및 멸시받지 않을 권리를 가지며, 누구든지 장애인을 이용하여 부당한 이익을 취하여서는 안 된다.
10. 장애인은 자신의 인격과 재산의 보호를 위하여 필요한 법률상의 도움을 받을 권리를 가진다.
11. 여성 장애인은 임신, 출산, 육아 및 가사 등에 있어서 생활에 필요한 보호와 지원을 받을 권리를 가진다.
12. 혼자 힘으로 의사결정을 하기 힘든 장애인과 그 가족은 인간다운 삶을 영위하기 위하여 필요한 지원을 받을 권리를 가진다.
13. 장애인의 특수한 욕구는 국가정책의 계획단계에서부터 우선 고려되어야 하며, 장애인과 가족은 복지증진을 위한 정책결정에 민주적 절차에 따라 참여할 권리를 가진다.

출처: 보건복지부(2024). 2024년 장애인복지 사업안내(I).

특히 국가에서는 장애학생의 인권보호 및 인권침해 예방을 위해 학교 현장을 지원하는 17개 시·도 교육(지원)청 산하 특수교육지원센터 내에 장애학생 인권지원단을 설치하도록 의무화하였다. 설치 목적은 [그림 2-2]와 같고, 역할은 [그림 2-3]과 같다.

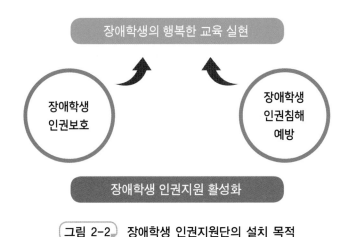

그림 2-2   장애학생 인권지원단의 설치 목적

출처: 교육부(2024). 장애학생 인권지원단 운영 매뉴얼, p. 6.

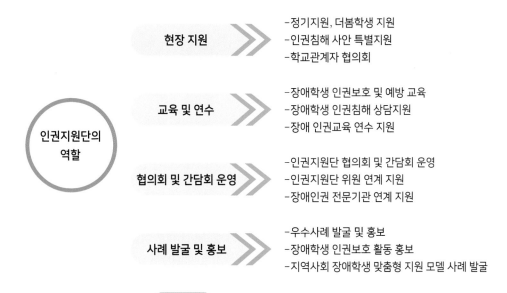

그림 2-3   장애학생 인권지원단의 역할

출처: 교육부(2024). 장애학생 인권지원단 운영 매뉴얼, p. 7.

사회적 약자로서의 장애인에 대해 단지 시혜적 차원의 지원이 아니라 그들의 권리를 법률로서 보장하는 것과 아울러 사회적인 인식의 변화가 중요하다고 할 수 있다. 이에 「장애인복지법」과 「장애인차별금지 및 권리구제 등에 관한 법률」(약칭: 장애인차별 금지법)에서 장애인의 권리에 대해 〈표 2-5〉와 같이 명시하고 있다.

표 2-5 장애인의 권리

법령	내용
「장애인복지법」 제4조(장애인의 권리)	• 인간으로서 존엄과 가치를 존중받으며, 그에 걸맞은 대우 및 국가 · 사회의 구성원으로서 정치 · 경제 · 사회 · 문화, 그 밖의 모든 분야의 활동에 참여할 권리 • 장애인 관련 정책결정과정에 우선적으로 참여할 권리
「장애인차별 금지법」 제7조(자기결정권 및 선택권)	• 자신의 생활 전반에 관하여 자신의 의사에 따라 스스로 선택하고 결정할 권리 • 장애인 아닌 사람과 동등한 선택권을 보장받기 위하여 필요한 서비스와 정보를 제공받을 권리

장애아동도 마찬가지로 장애인으로서 누려야 할 권리와 더불어 아동이라는 특수성을 고려하여 장애아동의 인권과 권리를 보호하기 위해 국제적으로 「장애인권리협약」 제7조와 「유엔아동권리협약」 제23조(〈표 2-7〉)에서는 다음과 같이 전반적인 지원을 언급하고 있다.

표 2-6 「장애인권리협약」 제7조

1. 당사국은 장애아동이 다른 아동과 동등하게 모든 인권과 기본적인 자유를 완전히 향유하도록 보장하기 위하여 필요한 모든 조치를 취한다.
2. 장애아동과 관련된 모든 조치에 있어서는 장애아동의 이익을 최우선적으로 고려한다.
3. 당사국은 장애아동이 자신에게 영향을 미치는 모든 문제에 대하여 다른 아동과 동등하게 자신의 견해(이 견해에 대하여는 연령과 성숙도에 따라 정당한 비중이 부여된다)를 자유로이 표현할 권리를 갖고, 이 권리를 실현하기 위하여 장애 및 연령에 따라 적절한 지원을 받을 권리가 있음을 보장한다.

표 2-7 「유엔아동권리협약」제23조

1. 당사국은 정신적 또는 신체적 장애아동의 존엄성이 보장되고 자립이 촉진되며 적극적 사회참여가 장려되는 여건 속에서 여유롭고 품위 있는 생활을 누려야 함을 인정한다.
2. 당사국은 특별한 보호를 받을 장애아동의 권리를 인정하며 활용 가능한 재원의 범위 안에서 아동과 부모 및 다른 아동양육자의 사정에 적합한 지원이 신청에 의해 해당아동과 양육 책임자에게 제공되도록 장려하고 이를 보장해야 한다.
3. 장애아동의 특별한 어려움을 인식하고, 제2항에 따른 지원을 할 경우 부모나 다른 아동양육자의 재산을 고려하여 가능한 한 무상지원을 해야 하며, 장애아동이 교육, 훈련, 건강관리지원, 재활지원, 취업준비 및 오락기회를 효과적으로 이용할 수 있는 지원안을 장애아동의 사회참여와 문화적·정신적발전 등 개인발전에 기여하는 방법으로 마련해야 한다.
4. 당사국은 국제협력의 정신에 입각하여, 이러한 분야에서의 능력과 기술을 향상시키고 경험을 확대하기 위하여 재활, 교육 및 직업에 관한 정보 보급과 이용을 포함하여, 예방의학 분야 및 의학적·심리적·기능적 처치 분야에 관한 적절한 정보교환을 촉진하여야 한다. 또한 이 문제에 있어서 개발도상국의 필요를 특별히 고려해야 한다.

이를 기반으로 「장애인 등에 대한 특수교육법」 제9조에서는 '국가 및 지방자치단체는 「장애인 등에 대한 특수교육법」 제15조 제1항 각호의 장애를 가지고 있는 자를 알게 되거나 제15조에 따라 특수교육대상자를 선정한 경우에는 2주일 이내에 보호자에게 해당 사실과 의무교육 또는 무상교육을 받을 권리 및 보호자의 권리·책임을 통보하여야 한다.'고 명시되어 있다. 그리고 「장애아동복지지원법」에서도 장애아동의 인간으로서의 존엄과 권리를 존중받을 수 있도록 아동권리에 대한 기본 이념 및 장애아동의 권리에 대해 〈표 2-8〉과 같이 규정하고 있다.

표 2-8 제3조 기본 이념

① 장애아동을 위한 모든 활동에 있어서 장애아동의 이익이 최우선적으로 고려되어야 한다.
② 장애아동은 자신에게 영향을 미치는 모든 활동에 대하여 자신의 견해를 자유로이 표현할 권리를 최대한 보장받아야 한다.

표 2-9 제4조 장애아동의 권리

① 장애아동은 모든 형태의 학대 및 유기·착취·감금·폭력 등으로부터 보호받아야 한다.
② 장애아동은 부모에 의하여 양육되고, 안정된 가정환경에서 자라나야 한다.
③ 장애아동은 인성 및 정신적·신체적 능력을 최대한 계발하기 위하여 적절한 교육을 제공받아야 한다.

④ 장애아동은 가능한 최상의 건강상태를 유지하고 행복한 일상생활을 영위하기 위한 의료적·복지적 지원을 받아야 한다.

⑤ 장애아동은 휴식과 여가를 즐기고, 놀이와 문화예술활동에 참여할 수 있는 기회를 제공받아야 한다.

⑥ 장애아동은 의사소통 능력, 자기결정 능력 및 자기권리 옹호 능력을 향상시키기 위한 교육 및 훈련 기회를 제공받아야 한다.

장애인차별금지 및 권리구제 등에 관한 법률의 이해

1) 장애아동의 차별 금지

차별이란 기본적으로 평등한 지위집단을 자의적인 기준에 의해 불평등하게 우대함으로써 특정 집단을 사회적으로 배제시키는 처우를 말한다. 이는 열등성을 전제로 제도화된 관행을 통해서 이루어지는 경우가 일반적이며, 장애인에 대한 차별은 장애집단에 대해 뚜렷한 기준 없이 장애인을 주관적으로 판단하여 집단적으로 교육, 문화, 고용 등 일반적인 사회생활에서 격리시키는 것을 의미한다(김재순, 2011). 그러므로 '장애아동 차별'이란 장애라는 이유로 모든 분야에서 장애아동을 배제 혹은 불리하게 대우하거나 편의제공을 제한하여 장애아동의 권리를 침해하는 모든 행위를 포함하는 것이라고 할 수 있다.

장애아동이 장애로 인한 차별과 소외를 받지 않고 행복한 삶을 영위할 수 있도록 「아동복지법」 제2조 기본 이념에서 "아동은 자신 또는 부모의 성별, 연령, 종교, 사회적 신분, 재산, 장애유무, 출생지역, 인종 등에 따른 어떠한 종류의 차별도 받지 아니하고 자라나야 하며, 아동의 권리보장과 복지증진을 위하여 이 법에 따른 보호와 지원을 받을 권리를 가진다." 라고 법적으로 장애아동 차별 금지를 명시하고 있다. 더불어 「대한민국헌법」 제11조에도 "모든 국민은 법 앞에 평등하다. 누구든지 성별·종교 또는 사회적 신분에 의하여 정치적·경제적·사회적·문화적 생활의 모든 영역에 있어서 차별을 받지 아니한다."라고 명시되어 있다. 이는 모든 국민이 어떠한 상황에서도 차별 받지 않도록 법률적으로 규정하여 보호를 하고 있는 것이다. 그럼에도 불구하고 장애아동은 사회적·문화적으로 불리한 입장에 처해 있어 이로 인한 차별이 더욱 빈번하게 발생하고 있다.

김삼섭 등(2015)은 유아교육기관에서의 장애영유아를 대상으로 한 인권침해 또는 장애 차별 사건의 경험 유무에 대해 유치원, 특수학교, 장애아전문어린이집 및 일반어린이집의 부모, 교사 및 관리자 1,606명을 대상으로 조사한 결과, 전체 조사 대상자 중 59.2%가 적어도 1건 이상의 인권침해 또는 장애 차별 사건을 경험했다고 답했다.

인권침해 사건의 유형(중분류)별 경험 정도를 살펴본 결과, 폭력(10.2%), 언어폭력(6.9%), 괴롭힘(6.7%), 사생활 침해(5.0%), 교육적 방임(2.6%), 성폭력(0.7%)의 순으로 경험하고 있는 것으로 나타났다. 그리고 인권침해 사건의 하위 유형(소분류)별로는 구타(7.5%), 희롱(놀림, 6.2%), 체벌(5.6%), 따돌림(4.9%), 초상권 침해(4.2%), 조롱(비하, 3.2%), 과도한 장난(3.1%), 교육적 무관심(2.1%), 개인정보유출(2.0%), 장기결석방치(1.2%), 성폭력 또는 성추행(0.7%)의 순으로 많이 발생되고 있는 것으로 조사되었다.

장애 차별 사건의 경우 전체 조사 대상자 중 9.4%가 장애를 이유로 한 차별 사건을 1건 이상 경험한 것으로 나타났으며, 보조인력 지원 요구 거부에 대한 경험(4.0%)이 가장 많았다. 「장애인차별금지법」제4조에 따르면, 장애인에 대한 차별 행위는 〈표 2-10〉과 같다.

표 2-10　제4조 차별행위

1. 장애인을 장애를 사유로 정당한 사유 없이 제한 · 배제 · 분리 · 거부 등에 의하여 불리하게 대하는 경우
2. 장애인에 대하여 형식상으로는 제한 · 배제 · 분리 · 거부 등에 의하여 불리하게 대하지 아니하지만 정당한 사유 없이 장애를 고려하지 아니하는 기준을 적용함으로써 장애인에게 불리한 결과를 초래하는 경우
3. 정당한 사유 없이 장애인에 대하여 정당한 편의 제공을 거부하는 경우
4. 정당한 사유 없이 장애인에 대한 제한 · 배제 · 분리 · 거부 등 불리한 대우를 표시 · 조장하는 광고를 직접 행하거나 그러한 광고를 허용 · 조장하는 경우
5. 장애인을 돕기 위한 목적에서 장애인을 대리 · 동행하는 자에 대하여 제1호부터 제4호까지의 행위를 하는 경우
6. 보조견 또는 장애인보조기구 등의 정당한 사용을 방해하거나 보조견 및 장애인보조기구 등을 대상으로 제4호에 따라 금지된 행위를 하는 경우

국가에서도 2008년 「장애인차별금지법」을 제정하여 장애인의 차별 금지에 대한 사항을 법적으로 보장하고 있다. 이는 아직도 만연하고 있는 장애에 대한 차별을 인식하고 이를 법적으로 규정함으로서 장애아동에 대한 차별을 금지하기 위함이다. 장애아동에 대한 차별금지와 관련된 법령을 살펴보면 〈표 2-11〉과 같다.

표 2-11 장애아동 차별 금지 관련 법령

법령	내용
「장애인복지법」 제8조(차별 금지 등)	① 장애를 이유로 정치·경제·사회·문화생활의 모든 영역에서 차별을 받거나 장애인을 차별하면 아니 됨 ② 장애인을 비하·모욕하거나 장애인을 이용하여 부당한 영리행위를 하여서는 아니 되며, 장애인의 장애를 이해하기 위하여 노력하여야 함
「장애인등에 대한 특수교육법」 제4조(차별의 금지)	① 각급학교의 장 또는 대학의 장은 특수교육대상자가 그 학교에 입학하고자 하는 경우에는 그가 지닌 장애를 이유로 입학의 지원 거부 및 입학전형 합격자의 입학을 거부하는 등 교육기회에 있어서 차별하면 아니 됨 ② 국가, 지방자치단체, 각급학교의 장 또는 대학의 장은 다음 각호의 사항에 관하여 장애인의 특성을 고려한 교육시행을 목적으로 함이 명백한 경우 외에는 특수교육대상자 및 보호자를 차별하여서는 아니 됨 　1. 제28조에 따른 특수교육 관련서비스 제공에서의 차별 　2. 수업참여 배제 및 교내외 활동 참여 배제 　3. 개별화교육지원팀에의 참여 등 보호자 참여에서의 차별 　4. 대학의 입학전형절차에서 장애로 인하여 필요한 수험편의의 내용을 조사·확인하기 위한 경우 외에 별도의 면접이나 신체검사를 요구하는 등 입학 전형 과정에서의 차별
「장애인차별금지 및 권리구제 등에 관한 법률」 제6조(차별 금지)	누구든지 장애 또는 과거의 장애경력 또는 장애가 있다고 추측됨을 이유로 차별을 하여서는 아니 됨

2) 장애인차별금지 및 권리구제 등에 관한 법률

2007년 제정된 「장애인차별금지 및 권리구제 등에 관한 법률」의 경우, 장애아동을 차별해서는 안 된다는 선언적 규정만 명시되어 있고, 장애아동이 이용하는 시설에 대한 구체적인 정당한 편의제공 규정은 제시되어 있지 않다.

(1) 목적 및 의의

「장애인차별금지법」은 장애인 당사자가 직접 법 제정운동을 펼쳐서 쟁취해 낸 성과물이다(당사자주의). 또한 이 법률의 제정·시행은 장애인 차별에 대한 가이드라인 및 판단기준을 법률적으로 제시해 주었다는 점, 장애인 인권에 관한 국제협약의 국내 이행 등과 관련하여 중요한 기준으로 작동될 것이라는 점에서 의의를 가진다. 아울러 장애인 당사자들의 차별 감수성을 높이며 장애인을 바라보는 시각의 전환, 시혜에서 인권으로 패러다임을 전환시키는 중요한 계기가 되었다는 것에서 의미가 있다(박종운, 2014). 즉, 장애인이 권리의 주체로서 스스로 법 제정을 주도함으로써 인권을 보장받게 되었다는 점에서 의의를 갖는다. 동법은 제1조에서 〈표 2-12〉와 같이 목적을 명시하고 있다.

표 2-12 제1조 목적

이 법은 모든 생활영역에서 장애를 이유로 한 차별을 금지하고 장애를 이유로 차별받은 사람의 권익을 효과적으로 구제함으로써 장애인의 완전한 사회참여와 평등권 실현을 통하여 인간으로서의 존엄과 가치를 구현함을 목적으로 한다.

(2) 입법 배경

모든 생활영역에서 장애를 이유로 한 차별을 금지하고 장애를 이유로 차별받은 사람의 권익을 효과적으로 구제함으로써 장애인의 완전한 사회참여와 평등권 실현을 통해 인간으로서의 존엄과 가치를 구현하려는 것이다.

(3) 주요 내용

「장애인차별금지법」은 총 6장 50조 및 부칙으로 구성되어 있다. 장애를 이유로 각종 차별이 자행되고 있는 상황에서 차별을 폭넓게 금지할 수 있는 근거를 마련한 동법의 제4조에 차별행위의 범위를 직접차별, 간접차별, 정당한 편의제공 거부, 광고를 통한 차별로 규정하고 있다. 그리고 장애아동의 보호자 또는 후견인, 그 밖에 장애인을 돕기 위한 장애인 관련자를 차별하는 행위와 보조견 또는 장애인보조기구 등의 정당한 사용을 방해하는 행위 등도 차별에 해당하는 것으로 규정하였다.

차별영역도 다양한 영역, 즉 고용, 교육, 재화와 용역의 제공 및 이용, 사법·행정절차 및 서비스와 참정권, 모·부성권 및 성 등, 가족·가정·복지시설 및 건강권 등으로 규정하여 차별을 금지하고 있다. 특히 장애여성과 장애아동에 대한 차별 금지에 관한 규정을 별도로 명시하였으며, 악의적인 차별행위의 경우 3년 이하의 징역 또는 3천만 원 이하의 벌금에 처할 수 있도록 하였다. 주요 내용은 〈표 2-13〉과 같다.

「장애인차별금지법」 주요 내용

영역	주요 내용
제1장 총칙 (제1~9조)	• 목적, 장애와 장애인, 정의, 차별에 대한 규정, 자기결정권 및 선택권, 국가 및 지방자치단체의 의무 등
제2장 차별금지 (제10~32조)	• 제1절 고용, 제2절 교육, 제3절 재화와 용역의 제공 및 이용, 제4절 사법 · 행정절차 및 서비스와 참정권, 제5절 모 · 부성권, 성 등, 제6절 가족 · 가정 · 복지시설, 건강권 등
제3장 장애여성 및 장애아동 등 (제33~37조)	• 장애여성과 장애아동에 대한 차별 금지, 장애여성과 장애아동에 대한 차별금지를 위한 국가 및 지방자치단체의 의무, 정신적 장애를 가진 사람에 대한 차별 금지 등
제4장 장애인차별시정기구 및 권리구제 등 (제38~45조)	• 진정, 직권조사, 장애인차별시정소위원회 및 시정명령과 관련된 규정 등
제5장 손해배상, 입증책임 등 (제46~48조)	• 손해배상, 입증책임의 배분, 법원의 구제조치
제6장 벌칙 (제49~50조)	• 차별행위와 과태료
부칙	

③ 장애인권리협약의 이해

1) 목적 및 의의

2006년 12월 13일 제61차 유엔총회에서 「채택된 장애인권리협약(Convention on the Rights of Persons with Disabilities)」은 21세기 최초의 「국제인권법」에 따른 인권 조약으로 장애인들의 존엄성과 권리를 보장하기 위한 유엔 인권 협약이다. 동 협약은 비차별의 원칙을 기반으로 사회에서 비장애인과 동등하게 사회참여를 하고 이를 통해 완전한 통합과 더불어 인권과 기본적 자유를 증진 · 보호 · 보장하고, 장애인의 고유한 존엄성에 대한 존중을 목적으로 하고 있다.

국제적으로 장애인의 인권과 기본적인 권리 및 자유를 비장애인과 동등하게 향유할 수 있도록 장애인 당사자와 더불어 이들을 돕는 시민단체들의 적극적인 참여로 대상자의 입장을 반영하여 제정되었다는 점에서 의의가 크다고 할 수 있다. 또한 장애인을 보호나 시혜적 대상이 아닌 비장애인과 같은 권리를 행사할 수 있는 적극적인 권리주체자로서 인정하고 있다.

특히 그동안 6대 국제인권조약에 가입은 하였으나 제정과정에는 적극적으로 참여하지 않았던 한국 정부의 활발한 참여가 돋보였다. 한국 정부 대표단은 특별위원회 회의과정 동안 장애시민단체를 지원하는 등 적극적으로 본 협약과정에 참여하였고, 제3차 특별위원회 회의 이후 여성장애인, 이동권, 자립생활과 관련한 별도조항을 제안하였다. 이로 인해 제6조(여성장애인), 제20조(개인의 이동), 제19조(자립적인 생활과 지역사회통합)로 채택되는 성과를 거두었다(국가인권 위원회, 2007). 한국은 2008년 12월 비준국가가 되었다. 장애인권리협약의 제1조에 명시된 목적은 〈표 2-14〉와 같다.

표 2-14   제1조 목적

이 협약의 목적은 장애인이 모든 인권과 기본적인 지유를 완전하고 평등하게 향유하도록 증진 및 보호·보장하며, 장애인의 천부적 존엄성에 대한 존중을 증진하기 위한 것이다.
장애인은 다양한 장벽과의 상호작용으로 인하여 다른 사람과 동등한 기초 위에서 완전하고 효과적인 사회참여를 저해 받는 장기간의 신체적, 정신적, 지적 또는 감각적인 손상을 가진 사람을 포함한다.

2) 입법 배경

제2차 세계대전 이후 장애인에 대한 권리를 보장하려는 움직임이 나타났고 이를 계기로 법적으로 장애인의 권리가 보장되기 시작하였다. 국제법, 즉 1970년대 「정신지체인의 권리선언」, 1975년 「장애인의 권리선언」 등이 채택되면서 장애인 인권을 인정하기 시작하였다.

이후 2001년 멕시코의 제안으로 "장애인의 권리와 존엄성을 보호하고 촉진하기 위한 포괄적인 종합적 국제조약"의 결의안이 채택되었다. 「장애인권리협약」은 「여성차별철폐협약」과 「아동권리협약」을 기반으로 「세계인권선언」의 평등과 기회균등, 차별금지에 대한 인권의 기본 가치를 담고 있다. 그리고 「장애인권리선언」과 장애인의 기회균등을 위한 표준규칙의 전체적인 내용들이 서로 상충하지 않는 형태로 「장애인권리협약」에 전체적으로 반영되어 있다. 즉, 장애인 권리보장을 위한 국제인권규범은 동떨어진 형태의 독자적인 국제규범으로 존재하는 것이 아니라, 「세계인권선언」을 뿌리로 하여 자유권 규약과 사회권 규약의 양 축이 모두 반영되는 형태로 존재하는 것이다. 또한「장애인권리협약」의 이행 및 모니터링 체계 역시 여타 인권규범이 가동하고 있는 위원회와 같은 형태로 운영되고 있어서, 「장애인권리협약」이 5대 국제인권규범과 상호작용하며 가동되고 있음을 알 수 있다(전지혜 외, 2015). 장애인 권리보장의 내용과 관련된 국제인권규범들 간의 상호작용은 [그림 2-4]와 같다.

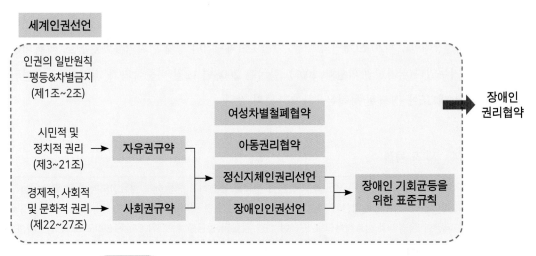

그림 2-4 장애인 권리보장을 위한 국제인권규범의 상호작용

출처: 전지혜 외(2015). 장애인 권리보장에 관한 국제인권규범 연구, p. 133.

3) 주요 내용

「장애인권리협약」은 전문을 포함하여 50조로 구성되어 있으며, 선택의정서 14조로 구성되어 있다. 즉, 총론(제1~8조), 실체적 조항(제9~32조), 장애인권리위원회와 모니터링(제33~40조), 절차적 규정으로 이루어져 있다. 그리고 선택의정서를 추가로 채택해「장애인권리협약」을 보완, 강화했다. '선택의정서'에서는 '선택의정서'상에 규정되어 있는 개인통보(individual communication) 제도를 비롯하여 장애인 권리위원회의 조사권 및 절차와 효과에 관하여 규정되어 있다. 한국은 '선택의정서'를 채택하지 않았다. 동 권리협약의 일반원칙은 〈표 2-15〉와 같고, 주요 내용은 〈표 2-16〉과 같다.

표 2-15 제3조 일반원칙

가. 천부적인 존엄성, 선택의 자유를 포함한 개인의 자율성 및 자립에 대한 존중
나. 비차별
다. 완전하고 효과적인 사회 참여 및 통합
라. 장애가 갖는 차이에 대한 존중과 인간의 다양성 및 같은 인간으로서 장애인의 인정
마. 기회의 균등
바. 접근성
사. 남녀의 평등
아. 장애아동의 점진적 발달능력 및 정체성 유지 권리에 대한 존중

표 2-16 「장애인권리협약」 주요 내용

영역	주요 내용
전문	• 총 25개의 각호로 구성되어 있으며, 본 협약의 당사국들이 본 협약을 제정하게 된 배경, 취지, 목적, 기본원칙 등
총론(제1~8조)	• 상애인권리협약 전반에 걸쳐 공동직으로 식용되는 부분
실체적 조항 (제9~32조)	• 장애인의 실체적 권리에 관한 규정
장애인권리위원회와 모니터링 (제33~40조)	• 동 협약의 국내이행을 강화하기 위하여 가지고 있는 여러 가지 도구(tools)에 대한 설명 • 장애인권리위원회와 모니터링에 대한 규정 제시
절차적 규정 (제41~50조)	• 동 협약의 발효, 서명, 비준, 유보, 개정 등 협약의 효력에 관한 모든 절차적 규정에 관한 조문

④ 아동권리협약의 이해

1) 목적 및 의의

「아동권리협약」(Convention on the Rights of the Child, 1989)은 각국의 아동권리나 아동복지 관련 법령 및 정책을 입안하고 서비스를 제공하는 데 있어 핵심준거이다. 따라서 아동과 관련된 모든 인권의 영역을 포괄하고 있으며, 영향력이 가장 큰 최초의 국제협약이라는 데 의의가 있다. 이에 당사국은 협약에서 규정된 권리를 지키기 위한 입법 및 행정을 비롯한

여타의 조치를 취하도록 하는 의무를 명시하고 있다. 이는 법적 구속력과 함께 아동의 권리에 대해 주체성을 인정했다는 점에서 높이 평가되고 있으며, 아동의 권리들이 상호 연관되어 있으나 위계가 없다는 것이 특징이다. 또한 당사국들로 하여금 아동권리협약 이행여부와 관련하여 국가보고서를 5년마다 제출하도록 의무화함과 아울러 아동권리에 대한 모니터링을 법적으로 규정했다는 점이다. 이 같은 협약의 의의를 구체적으로 살펴보면 다음과 같다(오정수, 정익중, 2013).

첫째, 협약의 내용이 과거 어떤 선언이나 헌장보다도 포괄적이며 구체적이라는 점이다.

둘째, 협약은 아동권리의 선언의 단계에서 이행의 구속력을 갖는 국가 간 협약의 단계로 도약하는 발전의 계기를 만들어 주었다.

셋째, 각 국가의 아동과 관련된 제반 법률 또는 아동정책과 사회복지 서비스에 관한 내용들을 개선하고 보완할 수 있는 준거 틀을 마련해 주었다.

넷째, 협약은 자유, 평화, 복지라는 인류공동의 목표 추구의 일환이라는 점에서 그 의의가 크다.

「아동권리협약」은 신체적·정신적으로 미성숙한 아동 권리에 대해 법적으로 특별한 보호와 배려를 명시함으로써 아동의 행복을 보장하고자 하는 목적을 가지고 있다. 이러한 목적은 [그림 2-5]에 잘 나타나 있다.

그림 2-5 아동권리협약의 목적

출처: 유니세프한국위원회 홈페이지(http://goo.gl/0LbgoF).

2) 입법 배경

아동은 미성숙한 존재로 인식되고 성인의 보호를 받아야 함에도 불구하고 통제와 억압의 대상이 되는 등 아동의 권리가 충분히 고려되지 못하고 있다는 문제의식에서 아동의 권리의 중요성이 강조되었고, 아동의 권리보장을 위한 유엔아동권리협약이 채택되게 되었다(오선영, 2016).

제1차 세계대전 후 아동의 권리에 대한 본격적인 관심이 대두되면서 그동안 성인의 전유물로 인식해 왔던 권리에 대한 인식이 변화되기 시작하였다. 즉, 1924년 「제네바 선언」을 중심으로 한 「아동인권선언」은 아동을 특별한 보호대상, 구제의 대상으로만 인식했으나, 「세계인권선언」을 기반으로 제정된 1959년의 「아동인권선언」으로 인해 권리 향유 주체의 아동관으로 변화되었다. 그리고 국제인권규약의 토대 위에서 작성된 「유엔아동권리협약」(1989)은 아동을 권리 행사 주체로 인식하기 시작하면서 아동권리가 구체적으로 규정되었고 법제화되는 단계로 발전한 것이다.

「아동권리협약」의 이념은 18세 미만의 아동 이익 우선, 부모의 양육 존중, 차별 금지를 담고 있다. 또한 전문에서 아동은 어떠한 종류의 구분에 의해서도 차별 없이 「세계인권선언」 및 「국제인권규약」에서 보장하는 모든 권리와 자유를 향유할 자격이 있음을 선언하고, 아동의 보호와 조화로운 발전을 위해 각 민족의 전통과 문화적 가치의 주요성을 충분히 고려함으로써 아동의 권리를 보장하기 위한 다양한 내용의 보호규정을 두고 있다(우병창, 2011).

아동권리보호를 목적으로 만들어진 「유엔아동권리협약」은 1989년에 공포되었으며, 「세계인권선언」의 보편적 인권 이념을 기반으로 아동의 특수성을 고려하여 아동의 권리를 보다 구체화하였다. 총 54조로 구성되어 있는 「아동권리협약」은 아동권리의 중요성을 강조한 국제적 의지의 표현으로 우리나라도 1991년에 비준국이 되었으며, 전 세계 196개국이 비준하고 있다. 모든 아동들이 행복한 삶을 누릴 수 있도록 기본적인 권리를 보장하기 위해 유엔총회에서 만장일치로 채택된 「유엔아동권리협약」의 탄생과정은 [그림 2-6]과 같다.

세계아동헌장 → 제네바 아동인권선언 → 세계인권선언 → 유엔 아동권리선언 → 유엔 아동권리협약

1922년   1924년   1948년   1959년   1989년

그림 2-6 「유엔아동권리협약」의 탄생

출처: 최지민(2016). 지구촌의 약속: 유엔아동권리협약. 유니세프 편, p. 9.

3) 주요 내용

「아동권리협약」은 전문을 포함하여 54조 및 선택의정서로 구성되어 있다. 즉, 제1부(제1조
~제41조), 제2부(제42조~제45조), 제3부(제46조~제54조)로 이루어져 있고 제1선택의정서
'아동의 무력 충돌 참여에 관한 아동권리협약'과 제2선택의정서 '아동의 매매 · 성매매 및
아동 음란물에 관한 아동권리협약' '아동청원권에 관한 제3선택의정서'가 채택되어 있다.
우리나라는 2004년 9월 제1, 제2선택의정서는 비준했지만 '제3선택의정서'는 아직 미가입
상태이다.

「아동권리협약」에서 명시하고 있는 주요 내용은 〈표 2-17〉, 아동의 권리에 대한 기본원
칙과 기본권리를 구체적으로 살펴보면 〈표 2-18〉과 같다.

표 2-17 「아동권리협약」 주요 내용

영역	주요 내용
전문	• 협약을 제정하게 된 경위 및 목적과 취지, 즉 국제문서에서 표명된 인간의 기본적인 인권 재확인 및 보호와 원조를 받을 권리
제1부(제1~41조)	• 아동의 정의와 아동이 누려야 할 다양한 권리 유형 및 그 실현을 위한 국가의 의무 규정
제2부(제42~45조)	• 당사국의 이행을 확보하기 위한 아동권리위원회(CRC) 설치, 운영, 협약당사국의 보고 의무 등당
제3부(제46~54조)	• 서명, 비준, 가입, 발효요건, 협약 개정절차 등에 관하여 규정

표 2-18 「아동권리협약」의 기본원칙과 기본권

기본원칙	내용
제2조 무차별 (Non-discrimination)	모든 아동은 부모나 후견인의 인종, 성별, 종교, 언어, 재산, 장애 또는 기타의 여건에 관계없이 동등한 권리를 누려야 한다.
제3조 아동 최상의 이익 (Best Interests of the Child)	아동과 관련된 모든 사람은 아동에게 영향을 미치는 모든 것을 결정할 경우에는 아동의 이익을 최우선적으로 고려해야 한다.
제6조 생명 · 생존 및 발달 보장 (Survival and Development)	모든 아동은 생존과 발달을 위해 보호와 다양한 지원을 보장받아야 한다.

제12조 아동의 의사존중 (Participation Rights)	아동은 자신의 능력에 맞게 적절한 사회활동에 참여할 기회를 가지고, 자신의 생활에 영향을 주는 것에 대하여 자유롭게 자신의 의견을 표명할 수 있어야 하며 그 의견을 존중받을 수 있어야 한다.
기본권	**내용**
생존권(Right to Survival)	생존을 위한 기본적인 삶을 누리는 데 필요한 것을 보장받을 권리로 적절한 생활수준을 누릴 권리, 안전한 주거지에서 살아갈 권리, 충분한 영향을 섭취하고 기본적인 보건서비스를 받을 권리 등
보호권 (Right to Protection)	유해한 것으로부터 보호받을 권리로 학대와 방임, 차별, 폭력, 고문, 징집, 부당한 형사처벌, 과도한 노동, 약물과 성폭력 등
발달권 (Right to Development)	아동이 신체적·정신적·인지적·사회문화적·도덕적으로 균형 있는 성장, 발달 및 잠재 능력의 개발을 보장하는 권리로 교육받을 권리, 여가를 즐길 권리, 문화생활 및 정보를 얻을 권리, 생각과 양심과 종교의 자유를 누릴 수 있는 권리 등
참여권 (Right to Participation)	자신의 삶에 영향을 주는 문제들에 대해 자유롭게 의견을 말하고 존중받을 권리로 표현의 자유, 양심과 종교의 자유, 평화적인 방법으로 모임을 자유롭게 열 수 있는 권리, 사생활을 보호받을 권리, 유익한 정부를 얻을 권리 등

요점정리

1. 인권의 개념과 이해

1) 인권의 개념

- "인권"이란 「대한민국헌법」 및 법률에서 보장하거나 대한민국이 가입·비준한 국제인권조약 및 국제관습법에서 인정하는 인간으로서의 존엄과 가치 및 자유와 권리
- 인권의 특성: 보편성, 이성과 양심, 인간의 본질적 욕구와 이익, 차별 금지
- 국가에서도 모든 국민의 불가침의 기본적 인권을 보호하고 인간으로서의 존엄과 가치를 구현하기 위해 2001년 인권과 관련된 사항을 종합적으로 전담하는 국가인권위원회 설립

2) 아동의 인권과 권리

- 아동인권: 아동이 가지고 있는 정신적, 신체적 요구를 법적으로 승인하는 것이고, 그 내용적 원칙은 아동의 인격을 전면적으로 발달시키는 것을 목적으로 하여 생존을 확보한다는 것으로 각 지자체는 '학생인권조례', 혹은 어린이·청소년 인권조례를 규정하여 아동의 인권보호
- 아동권리: 아동이 가진 인권을 뜻하는 것으로서 인간으로서의 독자성을 발휘할 수 있는 권리뿐 아니라 아동에게 주어지는 특별한 보호와 관리에 대한 배려
- 아동의 권리 분류: 링거는 법적인 권리, 자유롭게 무엇을 하거나 주장할 수 있는 권리, 참여권리, 특수한 권리, 복지권리로, 김정래는 소극적 자유권, 적극적 자유권, 차별받지 않을 평등권, 복지권 제시, 프리먼은 복지권, 보호권, 성인권, 부모에 대한 권리로 분류
- 아동의 권리와 관련된 모든 정책을 모니터링하기 위해 2006년 '아동권리모니터링센터'를 설치하여 운영

3) 장애아동의 인권과 권리

- 1971년 「정신지체인의 권리선언」, 1975년 「장애인 권리선언」, 2006년 「장애인의 권리에 관한 협약」으로 이어져 장애인의 존엄성과 권리 보장
- 장애학생의 인권보호를 위해 특수교육지원센터 내에 상설모니터단을 설치 운영 및 「장애인권리협약」과 「유엔아동권리협약」에서 장애아동의 인권과 권리를 보장하기 위해 전반적인 지원 언급

- 「장애인 등에 대한 특수교육법」과 「장애아동복지지원법」에서도 장애아동 권리 규정

2. 장애인차별금지 및 권리구제 등에 관한 법률의 이해

- 목적: 모든 생활영역에서 장애를 이유로 한 차별을 금지하고 장애를 이유로 차별받은 사람의 권익을 효과적으로 구제함으로써 장애인의 완전한 사회참여와 평등권 실현을 통하여 인간으로서의 존엄과 가치를 구현함
- 주요 내용: 차별행위의 범위를 직접차별, 간접차별, 정당한 편의제공 거부, 광고를 통한 차별로 규정하고, 장애아동의 보호자, 후견인, 장애인을 돕기 위한 장애인 관련자를 차별하는 행위, 보조견 또는 장애인보조기구 등의 정당한 사용을 방해하는 행위 등도 차별에 해당

3. 장애인권리협약의 이해

- 목적: 장애인이 모든 인권과 기본적인 자유를 완전하고 평등하게 향유하도록 증진 및 보호·보장하며, 장애인의 천부적 존엄성에 대한 존중을 증진하기 위함
- 주요 내용: 비차별의 원칙을 기반으로 장애인권리협약 전반에 걸쳐 공통적으로 적용되는 부분, 장애인의 실체적 권리, 장애인권리위원회와 모니터링에 대한 규정

4. 아동권리협약의 이해

- 목적: 신체적·정신적으로 미성숙한 아동 권리에 대해 법적으로 특별한 보호와 배려를 명시함으로써 아동의 행복 보장
- 주요 내용: 기본원칙으로 무차별, 아동 최상의 이익, 생명·생존 및 발달보장, 아동의 의사존중을 명시하고, 기본권으로는 생존권, 보호권, 발달권, 참여권에 대해 규정

생각나누기

학번:

이름:

1. 장애인 혹은 장애아동을 차별했던 경험 및 차별사례에 대하여 토의하시오.

----

2. 장애인에 대한 배려와 차별의 차이(예: 식당에서 식사하고 있는 장애인에 대하여 음식
   값을 대신 지불해 준 경우)에 대하여 토의하시오.

----

3. 장애인 혹은 장애아동의 인권 및 권리를 지켜 주기 위해 각자 할 수 있는 방안에 대하여
   토의하시오.

퀴즈

1. 인간으로서의 존엄과 가치 및 자유와 권리를 뜻하는 용어는? (　　　　　　　　　　)

2. 장애학생의 인권보호를 위해 특수교육지원센터 내에 설치, 운영되는 기구는? (　　　)
   ① 국가인권 위원회　　　　② 장애학생인권지원단
   ③ 상설모니터단　　　　　④ 아동권리모니터링센터

3. 아동권리협약의 기본원칙과 관련이 없는 것은? (　　　)
   ① 참여권　②아동 최상의 이익　③아동의 의사존중　④무차별

4. 신체적 · 정신적으로 미성숙한 아동 권리에 대해 법적으로 특별한 보호와 배려를 명시함으로써
   아동의 행복을 보장하기 위한 협약은? (　　　　　　　　　　)

5. 장애를 이유로 한 차별을 금지하고 장애인의 완전한 사회참여와 평등권 실현을 통하여 인간으
   로서의 존엄과 가치를 구현하기 위해 제정된 법률은? (　　　　　　　　　　)

참고문헌

교육부(2024). 장애학생 인권지원단 운영 매뉴얼. 울산광역시교육청.

국가 인권위원회 법(2016). 인권위원회.

국가인권위원회(2007). 장애인권리협약 해설집.

김기룡, 김삼섭(2015). 통합교육 현장에서의 장애학생 인권침해 실태. 특수교육, 14(2), 57-79.

김삼섭, 이명희, 노진아, 김기룡(2015). 2015년 장애영유아 교육권 보장 실태 및 증진 방안. 국가인권위원회.

김은영, 신현옥, 신화식, 정정옥(2012). 아동복지. 경기: 교문사.

김재순(2011). 정신장애인이 자각하는 사회적 차별과 사회적응에 관한 연구-종합훈련 사회복귀시설 유,무에 따른 비교-. 단국대학교 정책과학연구소, 105-141.

김정래(2002). 아동권리 향연. 경기: 교육과학사.

박종운(2014). 장애인차별 금지법의 한계와 개정방안. 국가인권위원회.

법제처 국가법령센터(2007). 장애인복지법.

법제처 국가법령센터(2008). 장애인차별 금지 및 권리구제 등에 관한 법률.

법제처 국가법령센터(2012). 장애아동 복지지원법.

법제처 국가법령센터(2015). 아동의 삶과 대한민국의 미래를 바꾸는 제1차(’15~’19) 아동정책 기본계획(안). 보건복지부.

법제처 국가법령센터(2024). 2016년 장애인복지 사업안내(Ⅰ). 보건복지부.

서울특별시(2019). 서울특별시 어린이ㆍ청소년 인권조례.

신순갑(2015). 인권적 관점으로 본 학교폭력. 2015 인권친화적 학교문화 조성을 위한 교사직무연수. 서울시교육청.

오선영(2016). 아동의 인권침해 경험이 심리적 안녕감에 미치는 영향: 인권 상황인식과 인권 감수성의 매개효과를 중심으로. 이화여자대학교 대학원 석사학위논문.

우병창(2011). 아동권리협약의 이행과 우리법의 정비. 안암법학 34(상), 477-522.

이미숙(2010). 영유아 인권 및 인권교육에 대한 실태 및 교사 인식분석. 아주대학교 교육대학원 석사학위청구논문.

이성훈(2015). 인권이란 무엇인가. 2015 인권, 제대路!. 한국인권재단.

이양희, 김상원(2013). 국제아동인권규범의 이행: 아동권리협약 중심으로. 성균관법학, 25(2), 311-332.

장영수(2013). 장애인 인권의 접근 방법. 안암법학, 40. 293-321.

장화정, 김근화, 이남주(2012). 어린이집 아동학대 예방교육자료. 보건복지부ㆍ중앙보육정보센터.

전지혜, 최승철, 이선화(2015). 장애인 권리보장에 관한 국제인권규범 연구. 한국장애인개발원.

정진이(2014). 보육교사의 인권의식 및 민감성과 영유아 학대 인식 간의 관계. 중앙대학교 사회개발

대학원 석사학위청구논문.

조규홍, 김현정, 김혜미, 문석영, 박현철, 신지형, 이현주, 최주명(2023). 걱정말고 용기있게-정서적 학대편-. 보건복지부 · 중앙장애인권익옹호기관 · 피플퍼스트서울센터.

조효제(2015). 조효제 교수의 인권오디세이. 경기: 교양인.

최지민(2016). 지구촌의 약속: 유엔아동권리협약. 유니세프 편(2016). 행복한 지구촌을 만드는 유니세프 아동권리교육: 2017 초등교원을 위한 교사직무연수 자료집. 유니세프.

한은주(2013). 장애학생에 대한 인권침해 사례와 예방을 위한 제언. 현장특수교육, 20, 겨울호. 국립특수교육원.

황옥경(2012). 영유아기 권리에 대한 유엔의 권고 분석: 유엔아동권리위원회의 일반논평 중심으로, 아동과 권리, 16(1), 27-49. 32.

Freeman, M. (1992). Talking children's rights more seriously. *The International Journal of Law and the Family*, 1, 42-47.

University of Cambridge & WHO (2015). Global strategies to reduce violence by 50% in 30 years, findings from, the who and University of Cambridge Global Violence Reduction Conference 2014.

Wringe, C. A. (1981). *Children's rights*. London: Routledge and Kegan Paul.

서울 정보소통광장 https://opengow.seoul.go.kr

국가인권위원회 www.humanrights.go.kr

유니세프한국위원회 https://www.unicef.or.kr

제3장

지적장애의 이해

장애유형 중 용어의 변화가 가장 많았던 유형이 지적장애이다. 백치 혹은 천치, 정신박약, 정신지체라는 용어가 차별적이라는 인식이 확산됨에 따라 인격체에 대한 존중 및 덜 불쾌한 용어로의 교체를 위해 2016년 지적장애로 정착되었다.

지적장애는 지적기능의 결함과 일상생활 적응행동의 문제로 인해 비장애인들이 경험을 통해 자연스럽게 습득할 수 있는 지식이나 기술 등을 특별한 지원 없이 습득하는 데 어려움을 겪는다.

이 장에서는 지적장애의 정의 및 원인과 더불어 진단과 평가를 살펴보고자 한다. 그리고 지적장애인들의 특성을 바탕으로 다양한 지원방안에 대해 학습하고자 한다.

✅ 마인드맵

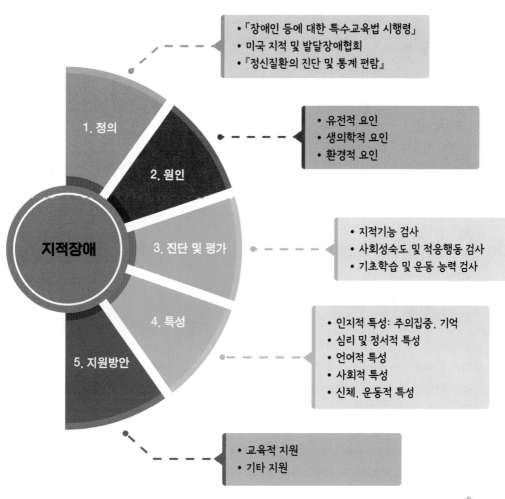

- 「장애인 등에 대한 특수교육법 시행령」
- 미국 지적 및 발달장애협회
- 『정신질환의 진단 및 통계 편람』

1. 정의

- 유전적 요인
- 생의학적 요인
- 환경적 요인

2. 원인

지적장애

- 지적기능 검사
- 사회성숙도 및 적응행동 검사
- 기초학습 및 운동 능력 검사

3. 진단 및 평가

4. 특성

- 인지적 특성: 주의집중, 기억
- 심리 및 정서적 특성
- 언어적 특성
- 사회적 특성
- 신체, 운동적 특성

5. 지원방안

- 교육적 지원
- 기타 지원

학습목표

1. 지적장애의 정의를 구술할 수 있다.
2. 지적장애의 원인을 분류하여 제시할 수 있다.
3. 진단평가도구를 활용하여 지적장애를 진단·평가할 수 있다.
4. 지적장애의 주요 특성을 설명할 수 있다.
5. 지적장애학생의 개별 특성에 적합한 지원방안을 설명할 수 있다.

주요 용어

지적기능: 이성적인 사고, 문제해결, 학습 능력 등을 포함하는 총체적인 정신 능력
적응행동: 개인이 일상생활에 적응하는 데 필요한 개념적, 사회적, 실제적인 행동
특수교육지원센터: 「장애인 등에 대한 특수교육법」에 따라 특수교육대상자의 조기발견, 진단·평가, 특수교육 연수, 치료지원 등 특수교육관련서비스를 담당하는 기관
생의학: 의학 연구에서 생물학, 생화학, 생물물리학 따위의 자연과학을 응용하는 학문
주산기: 신생아 분만의 전후, 즉 임신 22주에서 생후 1주까지의 기간
지원: 한 개인의 발달, 교육, 이익, 개인의 안녕을 촉진하고, 그 개인의 기능성을 향상하기 위한 자원과 전략
규준: 본보기가 되는 표준
인지: 자극을 받아들이고, 저장하고, 인출하는 일련의 정신 과정

사례

예지는 지나치게 음식을 좋아해서 식욕 조절에 어려움이 있는 여학생이다. 새벽에 자다 깨어 물엿 한 통을 다 먹은 적도 있고, 비타민 한 통을 간식인 줄 알고 먹은 적도 있다. 특수교사는 예지가 학교에 오면 가장 먼저 혈당체크를 한 후 혈당 기록 수첩에 혈당을 기록하고, 점심식사 전 혈당을 다시 확인한다.

교사 몰래 간식을 먹고 먹지 않았다고 거짓말을 하기 때문에 자주 혈당을 측정해 주어야 한다. 교사의 눈을 피해 몰래 간식을 먹은 날은 여지없이 예지의 혈당이 400 정도까지 올라간다.

예지는 종종 학교 앞 문구점에서 껌이나 초콜릿 등을 몰래 가져와 화장실에서 먹기도 한다. '훔친다'라는 개념이 없기 때문에 그런 행동이 잘못이라는 걸 인지하지 못한다. 음식을 못 먹게 하면 바닥에 누워 1~2시간 정도 떼를 쓰는데, 그럴 때는 특수교사도, 부모도 예지를 감당하기가 어렵다.

예지의 부모님은 아이가 왜 음식에 집착하는지 원인을 모르겠다며 자주 화를 내시고, 특수교사에게 양육의 어려움을 호소했다. 특수교사의 권유로 병원에서 진료를 받게 된 예지는 프래더윌리증후군(Prader-Willi Syndrom)이라는 진단을 받게 되었다.

이 증후군을 가진 경우 식욕 충동 조절에 어려움이 있어 당뇨와 비만 등의 건강문제를 갖게 되며, 고집스러운 행동, 도벽 등의 문제행동을 보이기도 한다. 아직 그 원인과 치료법이 정확히 알려지지 않은 희귀병으로, 지적장애, 학습장애 등의 문제를 동반하기 때문에 생활 전반에 대한 지원이 필요하고 가정과 학교가 협력하여 일관된 중재를 해야 한다.

① 지적장애의 정의

1) 우리나라의 정의

우리나라는 과거 백치, 우둔, 정신박약, '정신지체'라는 용어를 사용하다가, 지적장애에 대한 부정적인 인식을 개선하고 국제 용어와 일관성을 높이기 위해, 2007년 10월 「장애인 복지법 시행령」에 명시되어 있는 '정신지체인'을 '지적장애인'으로 변경하였다. 또한 2016년 2월 「장애인 등에 대한 특수교육법 시행령」에서도 정신지체를 지닌 특수교육대상자를 '지적장애를 지닌 특수교육대상자'로 변경하였다.

교육 차원에서 「장애인 등에 대한 특수교육법 시행령」에 명시된 정의를 살펴보면 '지적기능과 적응행동상의 어려움이 함께 존재하여 교육적 성취에 어려움이 있는 사람'을 특수교육대상자로 분류하고 특수교육 및 특수교육 관련 서비스를 제공한다.

반면 복지 차원에서는 「장애인복지법 시행령」에 '정신 발육이 항구적으로 지체되어 지적 능력의 발달이 불충분하거나 불완전하고 자신의 일을 처리하는 것과 사회생활에 적응하는 것이 상당히 곤란한 사람'이라고 규정되어 있으며 이 정의에 따라 복지 지원의 정도를 달리 적용하고 있다.

1988년 도입되어 「장애인복지법 시행규칙」 별표 1에 명시되어 있던 '장애인의 장애등급표'가 2019년 7월 폐지되었다. 이에 따라 그동안 각 장애별로 1~6등급으로 분류되어 있던 장애등급을 '장애정도가 심한 장애인'과 '심하지 않은 장애인' 두 단계로 구분하게 되었다. 이는 장애등급이 폐지되기 전 1~3급 장애인에게 부여되었던 우대 정책을 최대한 유지하기 위해서이다.

지적장애에 대한 기존 등급은 폐지되었으며 「장애인복지법 시행규칙」 제2조(장애인의 장애정도 등)에 장애정도가 심한 장애인에 대한 정의를 명시하고 있다.

법적으로 명시된 지적장애에 대한 정의를 살펴보면 〈표 3-1〉과 같다.

표 3-1 지적장애의 정의

관련 법	용어	정의
「장애인 등에 대한 특수교육법 시행령」 제10조(특수교육대상자의 선정)	지적장애	지적기능과 적응행동상의 어려움이 함께 존재하여 교육적 성취에 어려움이 있는 사람
「장애인복지법 시행령」 제2조(장애의 종류 및 기준)	지적장애인	정신 발육이 항구적으로 지체되어 지적 능력의 발달이 불충분하거나 불완전하고 자신의 일을 처리하는 것과 사회생활에 적응하는 것이 상당히 곤란한 사람
「장애인복지법 시행규칙」 제2조(장애인의 장애정도 등)	지적장애인	(장애의 정도가 심한 장애인에 해당함) 지능지수가 70 이하인 사람으로서 교육을 통한 사회적 · 직업적 재활이 가능한 사람

2) 미국의 정의

미국의 지적장애 정의는 미국 지적 및 발달장애협회(American Association on Intellectual Development Disabilities: AAIDD, 2021) 정의와 미국정신의학회(American Psychiatric Association: APA, 2022)의 『정신질환의 진단 및 통계 편람(제5판 수정판)(Diagnostic and Statistical Manual of Mental Disorders-5th edition Text Revision: DSM-5-TR)』에 규정된 정의가 있다.

특히 미국 지적 및 발달장애협회에서는 2021년 AAIDD 12판의 지적장애 정의, 진단, 분류, 및 지원체계에서 지적장애에 대한 정의 중 일부를 개정하였다. 11차 정의까지는 연령의 기준이 18세 이전에 나타난다고 규정되어 있었으나 12차에서는 22세 이전으로 변경되었다.

지적장애에 대한 각 정의의 공통점은 지적 기능성과 적응행동이라는 두 가지 제한점을 갖고 있다는 것이다. 지적 기능성이란 단순한 학습 능력이 아닌 추론하기, 계획하기, 문제 해결하기, 추상적인 사고하기, 복잡한 사고 이해하기, 경험을 통해 학습하기 등 일상생활에 필요한 종합적인 정신 능력을 포괄하는 지적 능력이다.

적응행동은 일상생활에 적응하기 위해 필요한 기술로 개념적, 사회적, 실제적 적응행동 기술로 나누어서 살펴볼 수 있다.

개념적 적응행동은 언어의 이해 및 표현, 읽기와 쓰기, 돈에 대한 개념, 자기 지시 등을 포함하며, 사회적 적응행동은 대인관계, 사회적 기술, 책임감, 자기 존중, 법과 규칙 준수 등을 포함한다.

실제적 적응행동은 식사, 이동, 화장실 사용, 옷 입기 등 일상생활 활동과 청소, 식사 준비 및 가사활동, 전화, 돈 관리, 교통수단 이용하기, 약물 복용하기 식사 준비 등 도구를 사용하는 도구적 활동, 직업기술, 안전한 환경관리 기술 등을 포함한다.

　AAIDD의 정의는 지적장애인에 대한 지원의 필요성을 설명하고 있다는 점에서 지적장애인 관련분야에 종사하는 실무자에게 의미 있는 정의라 할 수 있다. 미국의 지적장애에 대한 정의를 살펴보면 〈표 3-2〉와 같다.

표 3-2　미국의 지적장애 정의

명칭	정의
미국 지적장애 및 발달장애 협회(American Association on Intellectual Development Disabilities: AAIDD)	지적장애(intellectual disability)는 지적 기능성과 개념적, 사회적, 실제적 적응 기술로 표현되는 적응행동에서 나타나는 심한 제한성으로 특징된다. 이 장애는 한 개인이 만 22세에 이전에 조작적으로 정의되는 발달기 동안에 나타난다. 이 정의를 적용하기 위해서는 다음의 다섯 가지 가정이 필수적으로 전제되어야 한다. ① 현재 기능상의 제한은 나이가 같은 또래 및 문화의 전형적인 지역사회 환경의 맥락 내에서 고려되어야 한다. ② 타당한 진단을 통해 의사소통 및 감각, 운동기능, 행동적인 요소들에서의 차이뿐만 아니라 문화적, 언어적 다양성도 함께 고려되어야 한다. ③ 개인 내적으로 한 개인은 제한점과 강점을 함께 가지고 있다. ④ 제한점을 기술하는 가장 중요한 목적은 필요한 지원의 프로파일을 개발하기 위함이다. ⑤ 적절한 개별 지원이 지속적으로 제공된다면 지적장애인의 삶의 기능은 일반적으로 향상될 수 있다.
정신질환의 진단 및 통계 편람(제5판 수정판) (Diagnostic and Statistical Manual of Mental Disorders-5th edition Text Revision: DSM-5-TR)	지적발달장애(지적장애)는 발달 시기에 시작되며, 개념, 사회, 실행 영역에서 지적기능과 적응기능 모두에 결함이 있는 상태를 말한다. 다음의 3가지 진단기준을 충족해야 한다. A. 임상적 평가와 개별적으로 실시된 표준화된 지능검사로 확인된 지적 기능(추론, 문제해결, 계획, 추상적 사고, 판단, 학업, 경험 학습)의 결함이 있다. B. 적응기능의 결함으로 인해 독립성과 사회적 책임 의식에 필요한 발달학적 · 사회문화적 표준을 충족하지 못한다. 지속적인 지원이 없다면 적응 결함으로 인해 다양한 환경(가정, 학교, 직장, 공동체)에서 한 가지 이상의 일상활동 기능(의사소통, 사회적 참여, 독립적 생활)에 제한을 받는다. C. 지적 결함과 적응기능의 결함은 발달 시기 동안에 시작된다.

지적장애에 대한 한국과 미국의 정의를 비교하면 미국은 지적기능과 함께 적응행동에 대한 구체적인 내용 및 연령을 명시하고 있다. 그리고 지적장애에 대한 정의를 적용하기 위한 필수적인 전제 조건을 제시함으로써 객관적이고 정확한 평가가 이루어지도록 규정하고 있다. 이와 더불어 지적장애인에게 가장 중요한 적절한 개별 지원이 지속적으로 제공되어야 함을 명시하고 있다.

반면, 한국은 지적 기능과 적응행동상의 어려움에 대한 구체적인 내용이 전혀 명시되어 있지 않아 지적장애인에 대한 정확한 평가를 내리기 위한 기준도 사실상 전무하다. 그러므로 법적으로 이에 대한 구체적인 내용이 명시되어야 한다.

② 지적장애의 원인

지적장애의 원인을 파악하는 것은 지적장애에 대한 예방과 더불어 지적장애인 및 가족에 대한 지원 시 의사 결정, 상담 등을 위해 매우 중요하다. 일반적으로 지적장애는 그 원인이 매우 다양하고 복잡하다고 알려져 있지만 어떤 원인으로 인해 발생하는지 정확하게 밝혀지지 않았다.

그러나 근래에는 꾸준한 연구의 결과 및 의학기술의 발달로 다양한 원인이 제기되고 있다. 그럼에도 불구하고 현재까지 약 40%가량은 여전히 원인불명이다.

미국 지적 및 발달장애협회(AAIDD)는 지적장애의 원인을 생의학적 원인, 사회적 원인, 행동적 원인, 교육적 원인 등 4가지 차원으로 분류하였다. 그러므로 지적장애의 발생 원인을 어느 하나의 단일 요인으로 단정하기보다는 여러 요인의 복합적 상호작용인 다원인적 접근으로 규명하려는 노력이 필요하다.

1) 유전적 요인

(1) 염색체 이상

사람의 세포는 2개씩 23쌍, 즉 46개의 염색체로 구성되어 있다. 일반적으로 염색체 이상은 염색체가 분열하는 과정에서 염색체 구조의 이상 및 46개의 염색체보다 그 수가 많거나 적어서 발생한다. 예를 들어, 다운증후군(Down's syndrome)은 21번째 염색체가 2개가 아닌

3개이다.

염색체 이상은 다양한 이상 질환을 유발할 수 있다. 생물학적 요인 중 대표적인 염색체 이상에 대해 각 증후군별 원인과 특징을 살펴보면 〈표 3-3〉과 같다.

표 3-3 염색체 이상

명칭	원인		특징
묘성증후군 (cat cry syndrome)	5번 염색체 단완의 부분 결실	야옹~!	• 고양이와 유사한 울음소리를 내나 영아기 후반에 소멸 • 소두증(microcephaly), 근무력증(hypotonia), 비정상적 지문, 넓은 콧등, 짧은 목, 양안 격리증 등 • 약 20%는 선천적 심장질환이 나타남
윌리엄스 증후군 (Wiliams syndrome)	7번 염색체 장완근이부외 미세결실	위로 솟은 작은 코끝 정상 윌리엄스증후군	• 긴 인중, 큰 입, 두툼한 입술 등 얼굴 형태의 이상 • 소리에 매우 예민 • '칵테일 파티 매너'라고 표현되는 매우 사교적인 성격 • 심장과 혈관의 기형, 탈장, 저체중, 부정교합, 발육부전
파타우 증후군 (Patau syndrome)	13번 염색체가 3개 존재하는 13번 삼염색체 (trisomy 13)		• 1960년 파타우(Patau)에 의해 기술 • 입술, 입천장의 기형 및 얼굴 형태의 이상 • 소두증, 소안구증, 구순열 및 구개열, 변형된 낮은 귀 • 전전뇌(holoprosencephaly), 중앙부 두피 결손 • 다지증, 잠복고환, 심혈관계 증상 및 신장 기형
프래더윌리 증후군 (Prader-Willi syndrome)	아버지로부터 물려받은 15번 염색체의 장완 근위부의 미세결손	좁은 이마, 아몬드형 눈, 사시, 멍한 표정, 작은 턱, 얇은 윗입술	• 1956년에 프래더, 레브라트, 윌리에 의해 보고 • 과도한 식탐과 유아기부터 중증 비만증이 나타남 • 당뇨, 고혈압, 수면장애 등 합병증 유발 • 작은 키, 근육 긴장 저하, 성기 발달의 부전, 성장 장애, 운동발달 지연
엔젤만 증후군 (Angelman syndrome)	어머니로부터 물려받은 15번 염색체의 장완 근위부의 미세결실	병적인 웃음 넓은 치아 크게 벌린 입	• 1965년에 엔젤만(Angelman)에 의해 기술 • 움푹 들어간 눈, 얇은 아랫입술, 넓은 간격의 치아, 크게 벌린 입 등 독특한 얼굴 생김 • 뇌간의 신경학적 문제로 인해 상황과 관련 없는 발작성 웃음 • 자기 자극성 상동행동, 의사소통 장애, 주의력 산만, 운동기능 지체, 발육부진 • 간질, 근긴장의 이상, 과잉행동, 자해행동

루빈스타인 테이비 증후군 (Rubinstein- Taybe syndrome)	16번 염색체 단 완에 위치하는 CREB-BP 또 는 CBP 단백질 을 암호화하는 CREBP 유전자 의 돌연변이	넓은 엄지 손가락과 발가락 매부리코	• 1963년에 소아과 의사 루빈스타인(J. Rubinstein)과 방사선학자 테이비(H. Taybe)에 의해 보고 • 코의 기형 동반, 소두증 및 앞이마 돌출, 낮은 입 천장, 미 형성된 귓바퀴 등 얼굴 형태의 이상 • 넓은 엄지손가락과 첫 번째 발가락의 변형 • 잦은 호흡기 감염과 선천성 심장질환으로 인해 합 병증 동반 • 발육부진, 인지장애, 언어장애, 청각장애 가능성
에드워드 증후군 (Edwards syndrome)	18번 염색체가 3개 존재하는 18번 삼염색체 (trisomy 18)		• 1960년 의사인 에드워드(Edwards)에 의해 발견 • 산모의 연령이 증가할수록 발생 빈도 높음 • 전체 환자의 90% 이상은 생후 6개월 이내 사망, 5% 정도만 1세까지 생존 • 작고 좁은 머리, 후두골 돌출, 구순열 및 구개열, 안면 변형, 짧은 흉골, 횡격막 탈장 • 특징적인 손발 모양(집게손가락이 가운뎃손가락 위에, 새끼손가락이 넷째 손가락 위에 덮인 손 모양, 짧고 뒤로 굴곡된 첫째 발가락)
다운증후군 (Down's syndrome)	21번 염색체가 3개 존재하는 21번 삼염색체 (trisomy 21)		• 외모가 몽고인과 비슷하여 '몽골리즘'이라 부르기 도 함 • 코가 전체적으로 낮은 특징적인 얼굴과, 두개골이 작고 납작하며 작은 키 및 귀, 손, 관절 등에 이상 • 산모의 나이가 많은 경우 출생률이 높게 나타남 • 명랑하고 사람을 잘 따름 • 신체적 발달지연과 지적장애 동반 • 심장질환, 백혈병, 치매 등 동반 가능성

(2) 성염색체 이상

인간은 23쌍의 염색체를 가지고 있는데 마지막 23번이 성염색체이다. 그러므로 성염색체는 태아의 성별을 결정한다. 즉, 남성은 XY, 여성은 XX로 1쌍을 이루고 있다. 성염색체와 관련된 이상은 감수분열 과정에서 전체 성염색체 및 일부 성염색체가 소실되거나 삼염색체로 인해 발생한다.

성염색체에 이상이 있을 경우 다양한 신체적 또는 발달문제와 관련된 증후군을 야기한다. 성염색체와 관련하여 원인 및 특징을 살펴보면 〈표 3-4〉와 같다.

표 3-4 성염색체 이상

명칭	원인	특징	
취약 X 염색체 증후군 (fragile X syndrome)	23번 성염색체 이상(23번의 X 염색체 장완의 끝부분이 끊어져 발생)	 뚜렷한 귀 나온 턱	• 남아: 행동장애와 지능 저하를 보이며, 긴 얼굴, 튀어나온 턱, 크고 뚜렷한 귀 등의 특징적인 얼굴 형태 • 80~90%는 14세 무렵에 거대고환 보임 • 행동 과잉, 충동성, 부주의 및 주의 집중력 결핍 • 자폐스펙트럼장애와 유사한 빈약한 눈 맞춤, 반향어 • 여아: 대부분 다양한 정도의 지능 저하만을 보임 • 아동기에 유뇨증과 대소변 가리기 지연
클라인펠터 증후군 (Klinefelter syndrome)	23번 성염색체 이상(남성이 XXY의 염색체의 모형)		• 1942년 클라인펠터(Klinefelter) 박사가 처음 기술 • 남성에게만 발생 • 성선 기능 저하로 작은 고환과 음경, 무정자증 • 여성형 유방 • 운동 및 언어발달 지연
터너증후군 (Turner syndrome)	23번 성염색체 X 단일 염색체 또는 X 부분 단일 염색체로 변경	저신장, 짧은 목, 넓은 유두 간격, 짧은 손톱, 다발성 색소점 삼각형얼굴, 작은 턱, 귀의 기형, 대동맥협착증, 유방발달이상, 팔꿈치 변형, 무월경	• 터너(Henry H. Turner) 박사에 의해 붙여진 명칭 • 여성에게만 발생하며 2차 성징의 미발달 및 미약 • 삼각형 얼굴형, 앞쪽으로 향한 귀, 물고기 모양의 입, 좁고 높은 구개, 작은 턱, 두껍고 짧은 목, 저신장 • 4번째 손가락과 4번째 발가락이 짧음 • 방패형 가슴 및 유두의 형성 부전과 넓은 간격의 유두 • 골다공증, 갑상선 기능 저하증에 취약
레트증후군 Rrett syndrome)	X 염색체의 MeCP2 단백질을 지정하는 MeCP2 유전자의 돌연변이		• 생후 6개월에서 18개월까지는 비교적 정상적으로 발달하다가, 그 이후에 두위 발달 감소와 함께 습득했던 인지 및 운동 능력, 상동적 행동 능력과 언어 기능 상실 • 손을 씻는 듯한 동작을 반복하는 손의 상동증 보임 • 여아에게만 발생하며, X 염색체 우성으로 유전 • 자폐, 뇌성마비, 규정되지 않은 발달지체로 오진

(3) 대사장애

유전적 결함으로 특정한 효소가 결핍되어 나타나는 대사장애는 일반적으로 아미노산, 단백질, 탄수화물 등과 관련이 있다. 즉, 선천성 아미노산 대사 이상인 페닐케톤뇨증(Phenylketonuria: PKU), 갈락토스를 포도당으로 전환시키는 능력이 손상되어 나타나는 탄수화물 대사장애인 갈락토스혈증(Galactosemia)이 대표적이다. 이 외에도 히스티딘혈증, 호모시스틴혈증 등이 있다.

대사장애는 출생 후 병원에서 혈액검사를 통해 발견될 수 있기 때문에 일반적으로 조기진단의 경우 예방이 가능하다.

대사장애 이상으로 인한 페닐케톤뇨증과 갈락토스혈증의 원인 및 특징을 살펴보면 〈표 3-5〉와 같다.

표 3-5 대사장애

명칭	원인	특징
페닐케톤뇨증 (Phenylketonuria: PKU)	선천성 아미노산 대사 이상으로 페닐알라닌이라는 아미노산을 타이로신으로 변환시키지 못함	• 땀과 소변에서 쥐 오줌 냄새가 남 • 담갈색 모발 및 피부의 색소 결핍 유발 • 운동발달 지연 및 언어 등 정신발달 지연 • 발작(seizures), 과다행동, 공격적인 행동 등 • 조기 진단으로 지적장애 예방 가능하며, 생후 1개월 내에 치료하면 거의 문제없음
갈락토스혈증 (Galactosemia)	갈락토스를 포도당으로 전환시키는 능력이 손상되어 나타나는 탄수화물 대사장애	• 지적장애, 백내장, 행동적인 문제들이 발생할 가능성이 있음 • 조기 발견으로 유제품을 제외한 식이요법을 하면 정상아로 성장 • 생후 즉시 발육부전, 구토, 황달, 설사 증상 등이 나타남 • 치료하지 않으면 백내장, 정신지체 등을 보이다가, 결국은 간기능 부전, 출혈, 패혈증 등으로 사망하게 되는 매우 드문 유전 질환

2) 생의학적 요인

(1) 임신 및 주산기

임신은 한 생명이 수정되어 출산하기까지 긴 여정의 아름다운 과정이기도 하지만 임산부나 태아에게 각종 장애를 비롯하여 다양한 문제를 유발시킬 수 있는 기간이기도 하다. 임신 및 주산기 동안 나타날 수 있는 문제는 출산 시의 뇌출혈 및 뇌손상을 비롯하여 핵 황달 조산, 저체중, 질식 등 다양하다.

임신 및 주산기에 발생할 수 있는 대표적인 원인 및 특징을 살펴보면 〈표 3-6〉과 같다.

표 3-6 **임신 및 주산기 요인**

명칭	원인	특징
조산 (37주가 되기 전 출산)	쌍생아 임신, 임산부의 저체중, 산모의 나이, 흡연, 전치태반 등	• 낮은 지능지수 및 뇌성마비, 주의집중력 결핍, 기타 신경학적 · 의학적 문제 유발
저체중 (체중이 2.5kg 미만)	태아에게 산소와 영양을 공급하는 혈액 순환과 태반의 기능 문제 및 산모의 흡연 또는 약물 복용, 바이러스 감염 등	• 낮은 지능지수 및 뇌성마비, 주의집중력 결핍, 기타 신경학적 · 의학적 문제 유발
질식 (무산소증)	산모의 혈압이 떨어지는 경우, 태아가 태반으로부터 너무 빨리 분리되는 경우 등	• 지적장애나 뇌성마비, 시각장애 등 다양한 유형의 장애 유발
분만 중 손상	태아의 머리나 몸이 산모의 골반크기에 비해 너무 크거나 태아의 위치 부적절	• 두개골 손상 및 두뇌손상 등

출처: 임경옥 외(2017). **특수교육학개론**, p. 96.

(2) 감염

출생 전 풍진, 매독, 홍역 등의 바이러스나 박테리아 등에 의한 모체감염은 태아에게 치명적인 영향을 끼쳐 지적장애를 유발할 수 있다.

모체가 임신 전후 혹은 임신 중 다양한 바이러스에 의해 감염되거나 약물 복용 및 흡연, 알코올 섭취 등은 정상적인 출산에 악영향을 끼칠 가능성이 있다. 산모의 임신 중 음주로 태아의 신체 및 정신기능, 즉 저체중, 소두증, 지적장애 등을 유발할 수 있는 태아알코올증후군(fetal alcohol syndrome)이 하나의 예이다.

그러므로 매독, 풍진 등과 같은 모체의 감염, 태아알코올증후군을 유발할 수 있는 유해물질 및 약물의 오남용 등은 모두 지적장애를 유발하는 원인이 될 수 있다.

모체의 감염 원인 및 특징을 살펴보면 〈표 3-7〉과 같다.

> **표 3-7** **모체의 감염**

명칭	원인	특징
풍진(rubella)	풍진바이러스는 토가바이러스(togavirus)과에 속하는 루비바이러스(rubivirus)의 일종인 RNA 바이러스에 감염	• 처음 풍진 바이러스에 감염된 임산부의 태아의 90%가 선천성 풍진 증후군(congenital rubella syndrome)에 감염 • 자궁 내 사망 및 유산, 저체중아 출산 • 선천성 기형 및 소두증 유발 • 뇌 염증, 망막 손상, 백내장, 심장 결손 • 지적장애, 청각장애, 뇌성마비 등 유발
매독(syphilis)	성적 접촉에 의해 전파되는 트레포네마 팔리듐균(treponema pallidum) 감염	• 임신부 감염 시 태아는 선천성 매독(congenital syphilis)에 감염 • 조산, 자궁 내 사망 가능성 • 뇌수종, 시신경 위축, 심장혈관, 신경 매독 등 합병증 초래 • 지적장애, 시각장애, 청각장애, 발달지연 등 유발
톡소포자충 (toxoplasma gondii)	고양이에게 서식하고 번식하는 기생충인 톡소플라스마에 감염된 고양이 대변으로 오염된 음식이나 물 등을 섭취하여 감염	• 톡소포자충 감염 임신부의 태아는 선천성 톡소포자충 유발 가능 • 소두증, 뇌 염증, 황달, 간과 비장 비대, 맥락망막염으로 실명 초래 가능 • 지적장애, 시각장애, 중증의 신경계 문제
약물과 흡연	산모의 과다한 약물복용 또는 흡연	• 조산 가능성 • 지적장애 및 약물의 종류에 따라 다양한 장애 유발
태아알코올 증후군 (fetal alcohol syndrome)	부모의 알코올 남용 및 중독	• 인중 발육 부전, 낮고 짧은 코, 짧은 안검열 등 얼굴 기형 • 저체중, 소뇌증, 심장 및 척추 기형 등 • 주의집중, 과잉행동, 충동성, 지각 이상 • 지적장애 유발
지카바이러스감염증 (Zika virus infection)	주로 감염된 이집트 숲모기에 물려 감염	• 임신부 감염 시 태아는 선천성지카증후군(congenital Zika virus infection)에 감염, 소두증 등 심각한 뇌 기형 같은 신경학적 결손 유발 • 지적장애, 학습장애, 청각장애, 시각장애, 발달지연, 운동 및 균형 문제 등

3) 환경적 요인

출생 후 아동이 처한 여러 가지 불리한 환경, 즉 양육자의 부적절한 양육 태도와 방식 및 양육자의 교육 정도가 낮아 아동에게 적절한 자극을 주지 못하는 경우가 있다. 일반적으로 부모가 아동과 상호작용 시의 양과 질, 가정환경 등은 지적장애와 관련 있는 위험 요인이다.

산모가 사회경제적으로 절대빈곤에 노출되면 불우한 환경 속에서 산후 관리 부족과 영양실조, 자녀에게 제공할 수 있는 다양한 경험의 기회 부족 등으로 부정적인 영향을 끼칠 수 있다. 또한 가정의 빈곤은 부모와 아동의 관계에 있어 상호작용의 양과 질을 제한하여 정상적인 발달을 방해한다.

출산 후 부모의 방임 및 학대 등은 아동의 정상적인 지적발달을 저해하여 주의력 부족, 행동문제를 야기할 수 있다. 이 외에도 중금속 중독, 혹은 사고로 인한 외상성 뇌손상을 비롯하여 뇌 감염도 지적장애를 초래하는 것으로 알려져 있다. 이처럼 출생 후에도 지적장애의 원인이 될 수 있는 환경적 요인은 매우 다양하다. 환경과 관련된 대표적인 요인을 살펴보면 〈표 3-8〉과 같다.

표 3-8 환경적 요인

명칭	원인	특성
뇌척수염	뇌와 척수에 염증이 발생하는 질환	• 지적장애, 언어장애, 시각장애, 동작장애, 경련, 근육 약화 등
중금속 중독 (납, 수은, 카드뮴)	공기와 미세먼지 등 다양한 경로를 통해 중금속에 노출	• 지적장애, 시각장애, 학습부진, 뇌손상, 경련 등
외상성 뇌손상	자동차사고, 추락, 아동학대 등 뇌의 충격	• 지적장애 및 다양한 유형의 장애 유발 등
영양결핍증	생체 내 영양소 결핍으로 정상적인 대사기능 방해	• 소뇌와 운동기능 협응에 영향 • 각종 영양소 부족 • 성장과 발달지연 및 지적장애 등
환경 박탈	절대빈곤, 방임, 학대, 양육자의 부적절한 양육 태도 및 환경 등	• 다른 요소들과 복합적으로 작용하여 다양한 장애 유발 가능

③ 지적장애의 진단 및 평가

진단 · 평가란 특수교육대상자로 의심되는 아동을 발견하고, 이 아동에 대해 특수교육 대상자로서의 적격성을 평가하는 것을 의미한다. 학교의 장이나 보호자의 요청에 따라 진단 · 평가에 의뢰된 아동은 특수교육지원센터에서 진단 · 평가를 받고, 특수교육운영위원회의 결정에 따라 특수교육대상자로서의 적격성, 교육지원의 내용, 배치 형태 등이 결정된다.

진단 · 평가 업무를 담당하는 특수교육지원센터는 지능검사도구와 적응행동검사도구를 이용하여 진단평가를 한다. 최근에는 정확한 진단 · 평가를 위해 전문교육을 받은 임상심리사에게 의뢰하는 곳이 많아지고 있다. 진단 · 평가에 따라 특수교육대상자로 선정되고, 특수교육 및 특수교육 관련 서비스를 지원을 받을 수 있기 때문에 장애의 조기발견을 위한 진단 및 평가는 매우 중요하다.

먼저 보건복지부에서 제시한 지적장애 판정기준을 살펴보면 〈표 3-9〉와 같다.

표 3-9 보건복지부의 지적장애 판정기준

가. 장애진단기관 및 전문의

의료기관의 정신건강의학과 · 신경과 · 재활의학과 · 소아청소년과(신경분과) 전문의

나. 진료기록 등의 확인

장애진단을 하는 전문의는 원인 질환 등에 대하여 6개월 이상의 충분한 치료 후에도 장애가 고착되었음을 진단서, 소견서, 진료기록 등으로 확인하여야 한다. (필요시 환자에게 타 병원 진료기록 등을 제출하게 한다.)

다만, 장애상태가 고착되었음이 전문적 진단에 의해 인정되는 경우 이전 진료기록 등을 확인하지 않을 수 있다. 이 경우 이에 대한 의견을 구체적으로 장애정도 심사용 진단서에 명시하여야 한다.

다. 장애진단 및 재판정 시기

〈중략〉

라. 판정개요

(1) 지적장애는 웩슬러 지능검사 등 개인용 지능검사를 실시하여 얻은 지능지수에 따라 판단하며, 사회적 기능, 임상적 상태 등을 종합적으로 고려하여 최종적인 장애정도를 판정한다.

- 전체 지능지수가 연령별 최저득점으로, 정확한 지능지수 산출이 어려운 경우에는 GAS 및 비언어적 시지각 구성능력 검사(시각-운동통합발달검사: VMI, 벤더게슈탈트검사: BGT)를 추가 시행하고, 검사내용, 검사결과에 대한 상세한 소견을 제출한다.

(2) 만 2세 이상부터 장애판정을 하며, 상기 표준화된 검사 점수로 최종적인 장애정도를 판정하는 것이 어려운 경우 한국판 라이터 비언어성 지능검사(K-Leiter-R), 바인랜드(Vineland) 사회성숙도검사, 바인랜드 적응행동검사, 또는 발달검사를 시행하여 산출된 적응지수나 발달지수를 지능지수와 동일하게 취급하여 판정한다.

(3) 선천적인 지능저하인 경우 지적장애로 판정하며, 뇌손상, 뇌질환으로 지능저하가 온 경우에도 상기 기준에 근거하여 지적장애에 준한 판정을 할 수 있다. 단, 노인성 치매는 제외한다.

〈장애정도 기준〉

장애정도	장애상태
장애의 정도가 심한 장애인	1. 지능지수가 35 미만인 사람으로 일상생활과 사회생활의 적응이 현저하게 곤란하여 일생 동안 타인의 보호가 필요한 사람 2. 지능지수가 35 이상 50 미만인 사람으로 일상생활의 단순한 행동을 훈련시킬 수 있고, 어느 정도의 감독과 도움을 받으면 복잡하지 아니하고 특수기술을 요하지 아니하는 직업을 가질 수 있는 사람 3. 지능지수가 50 이상 70 이하인 사람으로 교육을 통한 사회적 · 직업적 재활이 가능한 사람

출처: 보건복지부(2023). 2023년 장애등록심사 관련 법령 및 규정집, pp. 84-85.

지적장애를 진단하기 위해 수많은 검사 및 측정 도구가 있음에도 불구하고 평가를 하는 것은 쉽지 않다. 특히 진단 및 평가를 위해서는 아동의 지적 능력과 적응 행동 특성이 모두 충족되도록 측정되어야 한다.

「장애인 등에 대한 특수교육법 시행규칙」 제2조(장애의 조기발견 등)에 표기된 별표 1에 의하면 지적장애 대상자를 선정하기 위해 지능검사, 사회성숙도검사, 적응행동검사, 기초학습검사, 운동능력검사를 시행하도록 명시하고 있다.

1) 지능검사

아동의 지적기능 수행이 평균보다 유의하게 낮은지 알아보기 위해서는 지능검사를 실시해야 한다. 이를 위해 다양한 유형의 문항들과 다양한 요소를 포함하고 있는 전반적인 지적기능 측정 도구가 필요하다.

지능검사는 추론, 문제해결, 추상적 사고, 판단, 학문적 · 경험적 학습 등의 정신 능력을 평가한다. 지적기능을 평가하기 위해 보편적으로 사용되고 있는 검사를 살펴보면 〈표 3-10〉과 같고, 지능검사지는 [그림 3-1]과 같다.

표 3-10 지능검사

도구명	내용	대상
한국 웩슬러 유아 지능검사 4판(K-WPPSI-IV)	*** 2세 6개월~3세 11개월용** • 상식, 수용어휘, 그림명명, 토막짜기, 모양맞추기, 그림기억, 위치찾기의 7개 소검사로 구성 • 전체 IQ와 3개의 기본지표척도 및 3개의 추가지표척도 점수 제공 *** 4세 0개월에서 7세 7개월용** • 3세 11개월용 미만의 7개검사를 제외한 공통성, 어휘, 이해, 행렬추리, 공통그림찾기, 동형찾기, 선택, 동물짝짓기를 8개 추가하여 총 15개의 소검사로 구성 • 전체 IQ와 기본지표척도 5개, 추가지표척도 4개 점수 제공	• 2세 6개월 ~7세 7개월
한국 카우프만 ABC 지능검사2 (K-ABC-II)	• 정보처리와 인지 능력을 측정할 수 있는 표준화된 검사 • 아동의 심리, 임상, 심리교육, 신경심리적 평가 목적 • 사고력과 전반적 인지 능력 측정하여 치료 및 배치계획을 세우는데 유용 • 사고력과 인지 능력에 있어 개인의 강점 및 약점 파악 • 18개의 하위검사가 있으며 각 연령별 실시 하위검사의 종류와 수가다름	• 만 3~18세
한국판 라이터 비언어성검사 (K-Leiter-R)	• 개별적으로 실시되는 표준화된 비언어적 지능측정 도구 • 시각화 추론, 주의력 및 기억력으로 구성 • 총 19개의 소검사로 구성	• 2세~7세 11개월

한국 웩슬러 유아 지능검사 4판   한국 카우프만 ABC 지능검사2   한국판 라이터 비언어성검사

그림 3-1 지능검사지

2) 사회성숙도 및 적응행동검사

적응행동이란 생활연령에 따라 일상생활에서 환경과 타인의 요구에 대처하는 능력을 의미 한다. 이를 파악하기 위해 시행되는 사회성숙도 및 적응행동검사는 아동의 주변에 있는 부모 및 양육자, 교사 등을 대상으로 면접에 의해 행동 목록을 작성하는 경우가 많다. 이는 사회성숙도나 적응행동의 개념이 객관적이라기보다는 상대적이고 주관적인 것에 가깝기 때문이다.

근래에는 아동의 사회성숙도 및 적응행동을 검사할 수 있는 다양한 도구들이 개발되어 보편적으로 사용되고 있다. 이를 살펴보면 〈표 3-11〉과 같고, 사회성숙도 및 적응행동검사지는 [그림 3-2]와 같다.

표 3-11 사회성숙도 및 적응행동검사

도구명	내용	대상
한국판 사회성숙도 검사(SMS)	• 자조, 이동, 작업, 의사소통, 자기 관리, 사회화 6개의 행동 영역에 걸쳐 117문항으로 구성되어 있는 사회적 능력 평가도구 • 개인의 성장 또는 변화 측정 및 개인차 측정 • 치료나 훈련 후의 향상 측정	• 0~30세
바인랜드 적응 행동척도 (VABS)	• 바인랜드 사회 성숙척도(Vineland social maturity scale)를 개정한 검사도구 • 사회적 능력을 사정하기 위한 규준 참조 검사 • 조사형, 확장형, 교실형의 세 가지 검사 유형으로 의사소통, 일상생활기술, 사회화, 부적응 행동, 운동기술의 5개 하위 영역으로 구성	• 생후~18세 11개월

사회성숙도 검사

바인랜드 적응행동척도

그림 3-2 사회성숙도 및 적응행동검사지

3) 기초학습검사

지적장애아동은 일반적으로 지적기능이나 적응행동의 문제뿐만 아니라 이와 관련하여 기초적인 학습에도 어려움을 겪는다. 따라서 지적장애를 판별하기 위해서는 기초적인 학습 능력에 대한 평가가 필요하다. 기초학습검사는 〈표 3-12〉와 같고, 기초학습검사지는 [그림 3-3]과 같다.

표 3-12 기초학습검사

도구명	내용	대상
한국판 웩슬러 기초학습기능검사 (K-WFA)	• 낱말 읽기, 읽고 이해하기, 쓰기 및 셈하기(수계산) 기능이나 성취수준을 측정하고 평가하기 위한 검사 • 규준을 참조로 하는 표준화된 검사도구 • 점수를 학년이나 나이가 같은 또래들과 비교 가능 • 소검사 결과를 통해 어떤 영역에서 학습의 어려움을 느끼는지를 찾아내고, 해당영역에 대한 중재 계획 • 능력과 성취의 차이를 비교하면 개인 기능의 강점과 약점 확인 가능	• 만 5~16세
국립특수교육원 기초학습능력검사 (NISE-B.ACT)	• 기초학습능력 진단 및 평가 * 읽기, 쓰기, 수학 세 영역으로 구성 • 읽기검사: 음운처리, 글자ㆍ단어인지, 읽기유창성, 읽기이해 5가지로 구성 • 쓰기검사: 글씨쓰기, 철자, 글쓰기 3가지로 구성 • 수학검사: 수와 연산 도형, 측정, 규칙성, 자료와 가능성 5가지로 구성	• 만 5~14세

한국판 웩슬러 기초학습기능검사

국립특수교육원 기초학습능력검사

그림 3-3 기초학습검사지

4) 운동능력검사

지적장애아동의 경우 비장애아동에 비해 일반적으로 운동기능 능력에 있어 취약한 부분이 많기 때문에 이에 대한 검사도 필요하다. 운동능력검사는 〈표 3-13〉과 같다.

표 3-13 운동능력검사

한국판 오세레츠키 운동능력검사	• 지각 및 운동능력검사로 운동기능 평가, 운동훈련 프로그램 개발 및 평가, 중도 운동기능장애와 발달지체아동 평가 • 4~10세까지는 1년 단위로, 11세~16세까지는 2년 단위로 검사문항이 분류되어 있음 • 6개의 하위검사 영역(일반적 정적 협응검사, 손동작 협응검사, 일반 동작 협응검사, 운동속도검사, 동시적 자발동작검사, 단일 동작 수행능력검사)으로 각 하위검사 문항 수는 10개	• 4~16세
피바디 발달 운동 척도-3(PDMS-3)	• 취학 전의 아동을 대상으로 대근육과 소근육의 기능을 평가 · 측정 · 훈련하는 도구 • 유아의 섬세한 운동발달의 양과 질의 양상을 종합적으로 평가 • 1개의 보충검사(체력)와 5개의 핵심 하위검사(신체조절, 신체이동, 물체조절, 손조작, 눈과 손의 협응력)로 구성	• 0~5세 11개월

지금까지 살펴본 형식적 진단검사 외에도 비형식적인 진단검사가 함께 실시되어야 아동교육에 필요한 정보 등을 수집할 수 있고 이를 바탕으로 정확한 진단 및 평가를 할 수 있다. 비형식적 진단검사는 자료를 수집하는 방법으로 관찰, 면접, 교육과정중심 평가 등이 주로 활용된다.

관찰은 아동이 가장 많은 시간을 보내고 있는 가정 및 교육기관 등에서 아동을 관찰하여 대상 아동의 진단 · 평가 자료로 활용할 수 있다.

면접은 필요에 따라 아동 및 아동을 가장 잘 아는 부모 또는 양육자, 교육기관 선생님 등을 통해 정보를 수집할 수 있다. 그리고 필요시 교육과정중심 평가를 할 수 있다. 이는 아동이 배우는 교육과정과 관련하여 아동의 수행에 대한 자료를 수집하는 방법으로, 수행 정도를 점검하여 적절한 교수를 하고자 하는 것이다.

 지적장애의 특성

1) 인지적 특성

인지란 자극을 받아들이고, 이를 저장한 후, 인출해야 하는 일련의 정신 과정이라고 할 수 있다. 지적장애 진단 요소 중 지능검사가 필수적인 이유는 가장 뚜렷하게 나타나는 특성이 인지 능력의 결함이기 때문이다. 제한된 지적 능력은 주의집중, 기억, 학습의 전이 및 일반화 등 다양한 영역에 부정적인 영향을 미치게 된다. 특히 학업 성취 능력에서 다양한 문제를 야기한다. 읽기 및 쓰기, 이해력, 수 개념 등 다른 영역에 비해 학습상 어려움을 초래하게 된다.

지적장애아동의 인지적 특성에 대한 관점은 발달론과 질적 차이론으로 나누어진다. 발달론을 주장하는 학자는 지적장애아동의 인지적 구조나 인지발달 과정이 비장애아동과 근본적인 차이가 없으며, 단지 비장애아동에 비해 발달 속도가 늦는 인지발달 지체(congnitive delay)의 문제를 가지고 있다고 말한다. 따라서 발달론 입장에서의 교수전략은 지적장애아동의 정신연령에 따라 달라지게 된다.

반면, 질적 차이론을 주장하는 학자는 지적장애아동은 인지발달 단계가 분명하게 나타나지 않거나 한 단계에서 나타나야 할 지식, 기술 등이 적게 나타나고, 각 단계의 순서가 바뀌는 등 비장애아동과 인지발달 과정상의 차이(differences in cognitive development)가 있다고 주장한다. 따라서 질적 차이론 입장에서의 교수전략은 지적장애의 결함을 없애거나 감소시키기 위해 지적장애아동을 위한 특별한 교수방법이나 교재를 사용하는 것이다.

(1) 주의집중

지적장애아동은 비장애아동에 비해 여러 자극 중 중요한 자극에 집중하는 선택적 주의집중에 어려움이 있다. 또한 과제를 완수하기 위해 일정 시간 동안 주의력을 유지하는 주의집중 지속시간에도 문제가 있다. 그리고 한 과제에서 다른 과제로 또는 한 자극에서 다른 자극으로 주의집중의 초점을 옮기는 주의집중 이동의 어려움을 겪기도 한다.

그뿐만 아니라 산만한 자극에 노출되어 있으며, 다양한 자극에 집중하는 것도 어렵다. 특히 정보처리 과정에서 주의집중은 어떤 정보를 기억하기 위해 반드시 선행되어야 하는 과정이기 때문에 지적장애아동의 주의집중 문제는 기억력의 문제로 직결된다.

(2) 기억

지적장애아동은 정보를 오랜 기간 저장하여 회상할 수 있는 능력인 장기기억(long term memory) 능력은 비장애아동과 거의 차이가 없는 것으로 알려져 있다. 그러나 어떤 정보를 몇 초, 몇 분에 걸쳐 회상할 수 있는 기억 능력인 단기기억(short-term memory)에는 결함이 있다. 더불어 기억전략을 적절하게 사용하지 못한다. 예를 들어, 무지개 이름을 외울 때 첫 글자만을 사용하여 외우면 쉽게 기억할 수 있는데, 이런 전략을 사용하는 것을 어려워한다.

일반적으로 감각등록기에 들어온 자극들은 지각과 주의를 통해 단기기억 저장고에 저장된다. 그러나 지적장애아동은 자극에 대한 주의집중에 어려움이 있고, 정보를 저장하기 위해 효과적인 기억전략을 사용하는 것을 어려워하기 때문에 비장애아동에 비해 열악한 단기기억 능력의 문제를 가질 수밖에 없다. 그러므로 지적장애아동이 가진 단기기억의 문제를 훈련을 통해 장기기억화시켜 주어야 한다.

(3) 학습의 일반화와 추상적 개념

일반화란 어떤 특정한 대상에 관한 사고나 연구의 결과를 그것과 유사한 대상에 적용하는 것이다. 즉, 아동이 교육받은 내용을 그와 같은 상황에 직면했을 때 교육받지 않은 비슷한 행동을 하는 것을 말한다. 예를 들어, 우유팩을 열어 우유 마시는 것을 배웠던 아동이 요구르트나 쥬스팩을 열어 마시는 것을, 배우지 않았어도 할 수 있다는 것을 의미한다.

비장애아동은 대부분 이런 일반화가 쉽게 적용되지만 지적장애아동의 경우에는 배운 지식을 비슷한 상황에서 활용하는 데 어려움을 겪는다. 그러므로 일반화가 잘 이루어지지 않고 학습한 내용이 다음의 학습에 크게 영향을 미치지 않으므로 전이가 잘 되지 않으며, 우연적인 학습이 이루어지기 어렵다.

추상적인 사고에 있어서도 어려움을 보인다. 추상적인 개념 자체를 잘 이해하지 못하기 때문에 이와 관련된 사고영역이 제한되어 있다.

2) 심리 및 정서적 특성

(1) 실패에 대한 예상

지적장애아동 중 많은 아동은 인지적 결함으로 인해 다양한 실패의 경험을 가지고 있다.

따라서 새로운 과제에 직면했을 경우 성공보다는 실패를 먼저 예상하게 되고 실패를 야기하는 상황을 피하려고 한다. 이로 인해 결국 새로운 과제에 대한 시도를 아예 하지 않거나 낮은 동기로 인하여 실패에 대한 경험의 악순환을 반복하게 된다. 이러한 순환은 동기유발에도 부정적인 영향을 미쳐 낮은 목표와 기대치를 설정하게 된다.

(2) 학습된 무력감

인간은 실패의 환경에 반복적으로 노출되면 자신의 능력으로 극복할 수 있음에도 불구하고 자포자기를 하게 된다. 즉, 실패의 경험은 똑같거나 비슷한 상황에서 어떤 반응도 시도하려 하지 않으려고 하는데, 이를 학습된 무력감(learned helplessness)이라고 한다.

지적장애아동은 잦은 실패의 경험으로 인해 충분히 수행할 수 있는 상황임에도 어떠한 시도조차 하지 않으려고 한다. 그리고 이를 더 가중시키는 것은 주변의 부적절한 도움이다. 지적장애아동이 시도도 하기 전에 도움을 먼저 줌으로써 자발적으로 시도하려는 기회를 제한하게 되고 이는 학습된 무력감을 유발한다.

(3) 외부 지향성

지적장애아동은 과제를 수행하거나 문제를 해결하기 위해 스스로 자신을 믿고 의존하기보다는 다른 사람이나 외부 단서에 의존하는 성향이 있다. 그 이유는 지적장애아동이 자신의 능력을 믿지 못하고, 부정적인 자아개념을 갖고 있기 때문이다. 이러한 지적장애아동의 외부 지향성을 역으로 이용하여 적절한 행동모델의 관찰학습 기회를 제공한다면 지적장애아동이 스스로 문제를 해결하는 데 도움을 줄 수 있다.

(4) 외적 통제소

귀인이란 자신의 행동에 대한 원인을 찾아내기 위해 추론하는 과정을 말한다. 지적장애아동은 보통 실패의 원인을 전략이나 노력의 부족 등 내적 요인이 아닌 과제의 난이도나 운 등 개인이 통제할 수 없는 외적 요인이라 생각하는 경향이 있다. 즉, 문제를 해결하는 데 있어 어려움에 봉착하면 자신을 탓하기보다는 다른 사람을 탓한다. 예를 들어, 시험 성적이 낮게 나온 경우 '내가 공부를 열심히 안 했기 때문이야.'라고 생각하기보다는 '선생님이 문제를 너무 어렵게 출제했어.' 혹은 '하필이면 내가 공부하지 않은 곳에서 문제가 출제되었기 때문에 내가 성적이 잘 안 나왔어.'라고 생각한다. 이런 성향으로 지적장애아동은 자신의 능력을 발전시키거나 노력하는 데 소홀하게 되어 결국 과제의 성공 기회를 놓치게 된다.

3) 언어적 특성

일반적으로 지적장애아동은 비장애아동보다 언어수준이 낮으며 제한된 어휘 및 부적절한 문법을 사용하고 구어발달도 지연되어 있다. 의사소통에서도 요구하기를 비롯한 몸짓언어의 발달이 미약하고, 언어의 의미가 다양함을 이해하지 못한다. 그리고 짧은 문장을 사용함과 더불어 문장을 기억해 내는 능력도 열악하기 때문에 많은 어려움을 겪고 있다. 또한 단조로운 표현이 빈번하고 조음장애를 동반하고 있는 경우가 많아 발음에 있어서도 문제를 보이기 때문에 사회적인 관계를 형성하는 데도 방해가 된다. 이러한 현상은 지적발달의 문제가 언어적 결함 및 미숙과도 밀접한 연관성을 가지고 있기 때문이다.

4) 사회적 특성

지적장애아동은 인지능력 및 적응행동상의 문제, 언어적 특성으로 인해 적절한 상호작용이 이루어지지 않기 때문에 사회적인 관계를 형성하는 것이 대체적으로 미숙하다. 그리고 사회적 행동양식에 대한 이해 및 사회적 기술도 부족하다. 또한 타인의 정서나 사고 및 의도를 이해하는 능력이 비장애아동에 비해 취약하기 때문에, 기대되는 사회적 역할수행이 어렵다. 일반적으로 지적장애아동은 대부분 사회성 발달에 지체를 보이지만 아동의 상태에 따라 특별히 문제를 보이지 않는 경우도 있다.

5) 신체, 운동적 특성

지적장애아동의 경우 개인차는 있지만 비장애아동에 비해 일반적으로 나쁜 자세, 이상한 걸음걸이, 골격의 미성숙, 저체중 등 신체적으로 취약한 경우가 많다.

운동적인 부분에 있어서도 유연성, 민첩성, 지구력 등이 떨어지며 성취력을 요구하는 분야에서도 상당히 지체된다. 더불어 대·소근육 운동 및 눈-손 협응력이 뒤떨어지며, 감각기능면에서의 취약, 평형 능력, 운동 속도 및 정확도 등에서도 지체될 수 있다.

> ## 5 지적장애의 지원방안

1) 교육적 지원

(1) 과제분석

과제분석이란 과제를 구성하고 있는 각 단계를 분석하여 순차적으로 교수하는 방법이다. 예를 들어, 양치질을 하는 경우 양치하는 순서에 따라 첫째, 칫솔을 잡는다, 둘째, 치약을 잡는다, 셋째, 치약의 뚜껑을 연다, 넷째, 칫솔에 치약을 짠다 등의 순서대로 교육하는 것이다. 그러므로 비장애아동과 동일한 과제를 그대로 제시하는 것보다 양치질의 예처럼 각 단계를 분석하여 순차적인 지도를 해야 한다.

과제분석을 통해 지적장애아동이 어려워하는 부분을 정확히 파악하여 체계적인 교육을 시행한다면 과제 성공 경험을 높일 수 있다. 과제를 분석할 때는 각 단계별 목표행동을 조작적으로 정의하고, 아동의 수행을 관찰·기록하는 것이 바람직하다.

(2) 부분 참여의 원리

부분 참여의 원리란 지적장애아동이 과제를 혼자 수행할 수 없는 경우 과제의 일부에 참여하도록 하거나 조정된 과제를 제공하여 아동의 참여를 이끄는 것을 말한다. 장애의 정도가 심한 아동이더라도 부분 참여를 통해 교육적 성취를 이룰 수 있다. 그러므로 지적장애아동이 또래의 모습을 관찰만 하게 하거나, 지적장애아동의 활동 참여를 막는 행동은 윤리적 문제가 있다. 부분 참여라 하더라도 지적장애아동이 수행하는 과제는 교사의 편의에 따라 선택된 의미 없는 활동이어서는 안 되며, 아동에게 충분한 교육적 의미가 있는 과제여야 한다.

(3) 주의집중 전략

지적장애아동은 선택적 주의집중 및 주의집중 지속시간 등에 어려움을 갖고 있다. 아동의 주의집중을 유도하기 위해 새롭고 신기하거나 친숙한 실생활 관련 자료를 교육자료로 활용할 수 있다. 그리고 과제를 명확히 설명하거나 제시되는 자극의 수를 제한하고, 주의가 필요한 부분을 강조하여 아동의 선택적 주의집중을 도울 수 있다. 타이머를 활용하거나 과제를 분석하고, 수업에 아동이 좋아하는 활동을 고려하면 주의집중 지속시간도 늘릴 수 있다.

(4) 직접 교수

직접교수란 구조화된 환경에서 교사가 학습내용에 대해 명시적인 설명을 하거나 지적장애아동이 배워야 할 기술을 직접 시범 보이는 교수 방법을 의미한다. 교사는 지적장애아동이 교사의 시범을 보고 모델링할 수 있는 안내된 연습 기회를 제공하다가 점차 독립적이고 자발적인 학습을 위한 연습 기회를 만들어야 한다.

(5) 지역사회 중심 교육

지적장애아동은 습득한 지식이나 기술을 일상생활에서 활용하는 일반화 능력에 어려움이 있다. 따라서 지적장애아동을 지도할 경우 아동이 배워야 할 지식이나 기술 등을 지역사회 내에서 직접 지도하는 것이 효과적이다. 특히 중증장애일 경우 지역사회 중심 교수 지원을 받으면 실생활에 바로 적용할 수 있기 때문에 교육적인 효과가 매우 크다.

지역사회 중심 교수는 교실 내에 지역사회 모의환경을 만들어 지식이나 기술을 지도하는 지역사회 모의 교수, 학교 내 시설물을 활용하여 간접적인 체험을 하는 지역사회 참조 교수, 실제 지역사회에서 교육활동이 이루어지는 지역사회 중심 교수가 있다. 지역사회 중심 교수는 지적장애아동에게 단순히 상황에 대한 적응훈련이나 현장학습을 시키는 것이 아니고 체계적인 교수 계획에 의해 시행되어야 효과적이다.

(6) 기능적 교육

기능적 교육은 지식 중심의 전통적인 교육과 달리 학습자 주변의 생활, 경험, 흥미, 관심 등을 중심으로 구성된 교육과정이기 때문에 기능적 생활 중심 교육과정이라고도 한다.

지적장애아동에게는 실생활에서 필요한 부분을 학습할 수 있도록 기능적 교육을 시켜야 한다. 즉, 기초적인 읽기와 쓰기, 셈하기 등의 학업 기술들을 가르친 후 이를 실제 생활에 적용하여 연습시켜야 한다. 예를 들어, 기초적인 읽기가 습득되면 이를 활용하여 표지판이나 음식점의 메뉴 읽기, 광고 읽기 등을 지도하고, 수에 대한 부분이 습득되면 물건을 구입하거나 버스번호 읽기 등을 지도해서 실생활에 바로 적용할 수 있도록 지도한다.

2) 기타지원

지적장애아동에 대한 지원은 교육적 지원 외에도 다양한 지원이 이루어지고 있다. 대표적으로 언어 · 청능, 미술 · 음악, 행동 · 놀이 · 심리운동 재활서비스 등을 지원받을 수 있는 발달재활서비스와 장애 진단비 지원 등의 지원이 이루어지고 있다.

요점정리

1. 지적장애의 정의
- 「장애인 등에 대한 특수교육법 시행령」에는 지적기능과 적응행동상의 어려움이 함께 존재하여 교육적 성취에 어려움이 있는 사람으로 규정
- 미국 지적 및 발달장애협회와 미국 정신의학회의 『정신질환의 진단 및 통계 편람(제5판 수정판)』에 규정

2. 지적장애의 원인
1) 유전적 요인
   - 염색체 이상: 묘성증후군, 윌리엄스증후군, 프래더윌리증후군, 엔젤만증후군 등
   - 성염색체 이상: 취약X염색체 증후군, 클라인펠터증후군, 터너증후군, 레트증후군 등
   - 대사장애: 페닐케톤뇨증 및 갈락토스혈증 등
2) 생의학적 요인
   - 임신 및 주산기: 조산, 저체중, 질식, 분만 중 손상 등
   - 감염: 풍진, 매독, 홍역, 톡소포자충, 약물복용 및 흡연, 태아알코올증후군 등
3) 환경적 요인
   - 뇌척수염 중금속 중독, 외상성 뇌손상, 영양결핍증, 환경박탈

3. 지적장애의 진단 및 평가
- 지적기능 검사: 한국 웩슬러 유아 지능검사 4판, 한국 웩슬러 아동 지능검사 5판, 한국 카우프만 ABC 지능검사2, 스텐포드-비네검사, 한국판그림 지능검사 등
- 사회성숙도 및 적응행동검사: 한국판 사회성숙도 검사, 바인랜드 적응행동척도, 국립특수교육원 적응행동검사, 한국판 적응행동검사 등
- 기초학습 및 운동능력검사: 한국판 웩슬러 기초학습기능검사, 국립특수교육원 기초학습능력검사, 한국판 오세레츠키 운동능력검사, 피바디 발달 운동 척도-3(PDMS-3) 등
- 비형식적 진단검사는 관찰, 면접, 교육과정중심 평가 등

4. 지적장애의 특성

1) 인지적 특성
- 주의집중: 선택적 주의집중 및 주의집중 이동의 어려움, 산만한 자극에 노출
- 기억: 장기기억능력은 비장애아동과 거의 차이가 없으나 단기기억에는 결함 있음
- 학습의 일반화와 추상적 개념: 일반화가 어렵고 추상적 개념을 이해 못 함

2) 심리 및 정서적 특성
- 실패에 대한 예상: 새로운 과제에 직면했을 경우 성공보다는 실패를 먼저 예상
- 학습된 무력감: 똑같거나 비슷한 상황에서 어떤 반응도 시도하지 않으려고 함
- 외부 지향성: 과제 수행 및 문제 해결 시 다른 사람이나 외부 단서에 의존
- 외적 통제소: 실패의 원인을 외적 요인이라 생각하는 경향

3) 언어적 특성: 언어수준이 낮으며 제한된 어휘 및 부적절한 문법을 사용하고, 구어발달 지연, 의사소통 문제, 단조로운 표현, 조음장애 및 발음의 문제 도출

4) 사회적 특성: 사회적인 관계 형성이 대체적으로 미숙하고 사회적 행동양식에 대한 이해 및 사회적 기술 부족, 타인의 정서나 사고 및 의도를 이해하는 능력 취약

5) 신체, 운동적 특성: 나쁜 자세, 이상한 걸음걸이, 골격의 미성숙, 저체중 등 신체적으로 취약한 경우 많고 유연성, 민첩성, 지구력 등이 떨어짐

5. 지원방안

1) 교육적 지원
- 과제분석: 과제를 구성하고 있는 각 단계를 분석하여 순차적으로 교수
- 부분 참여의 원리: 과제의 일부에 참여하도록 하거나 조정된 과제 제공
- 주의집중 전략: 타이머를 활용 및 과제 분석, 아동이 좋아하는 활동 고려
- 직접 교수: 구조화된 환경에서 교사가 학습내용에 대해 명시적인 설명을 하거나 지적장애아동이 배워야 할 기술을 직접 시범 보이는 교수 방법
- 지역사회 중심 교육: 아동이 배워야 할 지식이나 기술 등을 지역사회 내에서 지도
- 기능적 교육: 실생활에서 필요한 부분을 학습할 수 있도록 교육

2) 기타지원
- 언어 · 청능, 미술 · 음악, 놀이 · 심리운동 등 재활서비스 및 장애 진단비 등

00** 제3장 지적장애의 이해

생각나누기

학번:

이름:

1. 미국 AAIDD의 지적장애 정의와 가정에 담긴 함의를 토의하시오.

---

2. 지적장애아동의 주의집중 특성을 설명하고 지원방안에 대해 토의하시오.

---

3. 지적장애아동의 지식 및 기술의 일반화를 도울 수 있는 방법을 토의하시오.

---

4. 과제를 혼자 수행하기 어려운 지적장애아동을 지원할 수 있는 방안을 토의하시오.

퀴즈

1. 지적장애를 지닌 특수교육대상자란 (　　　　　　　　　)와/과 (　　　　　　　　　)
   상의 어려움이 함께 존재하여 교육적 성취에 어려움이 있는 사람을 말한다.

2. 염색체 이상과 관련 없는 것은? (　　　)
   ① 다운증후군　② 묘성증후군　③ 윌리엄스증후군　④ 페닐케톤뇨증

3. 국립특수교육원 적응행동검사(NISE-SAB)는 21개월부터 17세까지 학생의 각 영역별
   (　　　　　　　　　), (　　　　　　　　　), (　　　　　　　　　)
   적응행동을 평가할 수 있다.

4. 여러 자극 중 집중해야 할 자극에 초점을 맞춰 집중하는 것을 무엇이라 하는가?
   (　　　　　　　　　　　　　　　　　　　　　　　　　　　　　)

5. 교육적 지원과 관련이 없는 것은? (　　　)
   ① 주의집중 전략　② 부분참여의 원리　③ 언어 · 청능　④ 과제분석

보건복지부(2023). 2023년 장애등록심사 관련 법령 및 규정집. 보건복지부.

임경옥, 박경화, 조현정(2017). 특수교육학개론. 서울: 학지사.

법제처 국가법령센터(2008). 장애인 등에 대한 특수교육법.

법제처 국가법령센터(2016). 장애인 등에 대한 특수교육법 시행령.

법제처 국가법령센터(2024). 장애인복지법 시행규칙.

법제처 국가법령센터(2014). 장애인복지법 시행령.

American Psychiatric Association(2013). *Diagnostic and Statistical Manual of Mental Disorder-5th*. American Psychiatric Association.

Robert L. Schalock, Ruth Luckasson, & Marc J. Tasse (2022). AAIDD 12판 지적장애 정의, 진단, 분류, 및 지원체계. 박승희, 박윤희, 한선영 공역. 서울: 교육과학사. (원저는 2021년에 출간).

제4장

자폐스펙트럼장애의 이해

자폐장애는 1960년대부터 본격적으로 다양한 측면에서 연구되어 왔고, 생애 초기부터 나타나는 사회성과 언어에 대한 문제, 특정 사물에 대한 지나친 집착 등과 관련하여 근본적인 원인을 밝히고자 노력하였다.

그러나 최근에는 자폐에 대한 시각의 변화로 자폐를 범주성 혹은 스펙트럼장애로 인식하기 시작하면서 자폐를 보다 폭넓게 이해하기 시작하였다.

이 장에서는 자폐스펙트럼장애의 이해를 돕고자 정의와 원인을 파악한 후 진단 및 평가, 이들이 갖는 고유한 특성을 바탕으로 자폐스펙트럼장애아동을 지원하기 위한 다양한 방안에 대해 살펴보고자 한다.

✓ 마인드맵

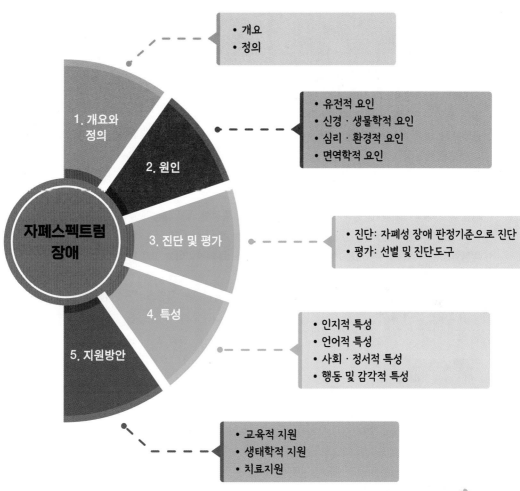

자폐스펙트럼 장애

1. 개요와 정의
- 개요
- 정의

2. 원인
- 유전적 요인
- 신경 · 생물학적 요인
- 심리 · 환경적 요인
- 면역학적 요인

3. 진단 및 평가
- 진단: 자폐성 장애 판정기준으로 진단
- 평가: 선별 및 진단도구

4. 특성
- 인지적 특성
- 언어적 특성
- 사회 · 정서적 특성
- 행동 및 감각적 특성

5. 지원방안
- 교육적 지원
- 생태학적 지원
- 치료지원

학습목표

1. 자폐스펙트럼장애의 법적 정의를 설명할 수 있다.
2. 자폐스펙트럼장애의 원인에 대해 구술할 수 있다.
3. 자폐스펙트럼장애의 진단기준을 제시할 수 있다.
4. 자폐스펙트럼장애의 특성을 정리할 수 있다.
5. 현장에서 자폐스펙트럼장애의 중재방법을 일부 적용할 수 있다.

주요 용어

자폐스펙트럼장애: 사회적 상호작용과 의사소통 능력 부족, 그리고 행동 · 관심 · 활동들에서 이상 증상을 보이는 신경생물학적 장애
범주: 동일한 성질을 가진 부류나 범위
스펙트럼: 빛을 파장에 따라 분산한 것, 어떤 현상을 어떤 기준에 맞추었을 때 넓은 범주의 해석을 의미하는 것으로 사용함
주산기: 신생아를 분만한 시기의 전후 기간, 즉 임신 22주에서 생후 1주까지의 기간
GAS척도: 자폐스펙트럼장애의 전반적 기능평가척도
공동주의(joint attention): 영아가 타인이 자신과 함께 특정한 외부 대상에 주의를 기울이고 있다는 것을 인식하면서 같은 대상에 타인과 함께 주의를 집중하는 것
상동행동: 의미를 가지지 않는 이상한 행동을 반복적으로 되풀이하는 신체 행동
반향어: 상대방이 말한 것을 그대로 따라서 말하는 것
기능적 의사소통: 실생활에서 우선적으로 필요한 것을 중심으로 자연스러운 환경에서 의사소통하는 것을 강조하는 언어 중재

사례

건희(가명)는 7세 남자아이이다. 건희는 돌 무렵이 되어도 옹알이가 나타나지 않았으며, '빠이빠이' 등 비언어적인 제스처(몸짓 언어)도 사용하지 않았다. 그리고 언어를 거의 사용하지 않았고 요구하는 것이 있으면 어머니의 손을 끌고 가서 해결하였다.

건희는 의사소통뿐 아니라 감각발달에도 어려움을 보였다. 예를 들어, 말랑한 점토를 만지는 것에 집착하거나 자동차 모형의 바퀴뿐 아니라 접시나 컵도 빙글빙글 돌리는 행동을 자주 보였다.

건희의 어머니는 건희의 물건을 돌리는 행동이 보기 싫어서 하지 못하게 하는 경우가 많았다. 어머니의 제지가 있을 경우 물건을 돌리지는 않았지만, 자신의 몸을 빙글빙글 돌리는 행동이 나타났다.

5세까지 건희는 눈맞춤 및 놀잇감을 이용한 공동 활동에도 어려움을 보였다. 건희의 부모님은 건희가 요구하기도 전에 좋아하는 놀잇감과 간식 등을 제공하는 경우가 많았다고 한다.

이런 일련의 상황이 염려된 부모님은 병원을 찾았고 자폐스펙트럼장애 진단을 받았다. 그리고 의사의 권유로 건희의 의사소통 의도를 높이기 위해 언어치료실에서 주 2회 치료를 받고 있으며, 감각발달에 대한 어려움도 중재를 받기 위해 감각통합재활을 받고 있다.

① 자폐스펙트럼장애의 개요와 정의

1) 자폐스펙트럼장애의 개요

1911년 스위스의 정신과 의사인 오이겐 블로일러(Eugen Bleuler)가 정신분열증 환자를 기술하기 위해 '자폐(autism)'라는 용어를 처음으로 사용하였다. 이후 자폐증(autism)은 소아 정신병(infantile schizophrenia)과 혼동되어 사용되어 왔다.

1943년 레오 카너(Leo Kanner)는 자신이 근무하던 존스 홉킨스 병원에서 임상한 11명의 아동이 유사한 행동양상, 즉 '병적인 혼자 있음(autistic aloneness)'과 '동일함에 대한 고집(insistence on sameness)' 등이 나타나는 것을 보고 이 아동들의 증상을 '초기 소아 자폐증 (early infantile autism)'이라고 명명하였다.

자폐스펙트럼장애의 용어는 초기 미국에서 'Autism Spectrum Disorder'로 사용하고, 영국에서는 'Autistic Spectrum Disorder'를 사용하는 등 약간의 차이가 있었으나, 최근에는 'Autism Spectrum Disorder(ASD)'로 정리되었다. 자폐장애가 여러 가지 다양한 양상으로 나타나 하나의 스펙트럼 관점으로 보는 것이 적절하다는 논의가 지속되어 왔기 때문에 자폐스펙트럼 장애라는 개념으로 정의된 것이다. 즉, 자폐증의 진단기준에는 적합하지 않으나 전체 혹은 일부 사회생활의 문제와 제한적인 관심사, 동일성에 대한 지나친 집착 등 공통적인 특징을 가지고 있어 『DSM-5(Diagnostic and Statistical Manual of Mental Disorder-5th edition)』에서는 자폐장애, 아스퍼거증후군, 레트증후군, 아동기 붕괴성 장애, 비전형 전반적 발달장애를 자폐스펙트럼장애로 통합하였다.

우리나라에서 자폐성 장애가 알려진 것은 1970년대 후반이고, 1988년부터 장애인 등록 제도가 시행되었음에도 불구하고 자폐성 장애는 1990년대까지 장애인으로 등록이 불가능하였다. 이후 2000년부터 장애인 등록이 가능해졌지만 '자폐성 장애'라는 명칭이 아닌 '발달장애'라는 명칭으로 가능했다.

2007년에 「장애인복지법」 관련 규정의 일부 개정으로 '발달장애'는 '자폐성 장애'로 명칭이 바뀌었다. 장애인 교육을 국가 차원에서 보장하기 위해 1977년 제정·공포된 「특수교육진흥법」에 '자폐성 장애'는 '정서장애'에 포함되어 있다가, 2008년 「특수교육진흥법」이 「장애인 등에 대한 특수교육법」으로 전면 개정되면서 '자폐성 장애'로 분리하여 독립된 장애로 명시되었다.

자폐스펙트럼장애는 사회적 상호작용과 의사소통의 장애를 핵심 증상으로 하는 신경 발달 장애(neuro-developmental disorder)로 여러 원인 요소에 의해 표현되는 행동증후군이기 때문에 단일 질환이 아니라 포괄적인 개념으로 이해해야 한다. 또한 다양한 증상 등이 동반되어 정상적인 성장과 발달에 지장을 초래하는 경우가 많다.

자폐성 장애는 일반적으로 평생 지속되며 사람과 상황에 대하여 이해하고 해석하지 못함과 더불어 언어적, 비언어적 의사소통의 문제와 사회적 상호작용의 결함 및 상동행동이 주 증상으로 나타난다. 이들은 매우 다양한 양상을 보이는데, 이는 아동마다 각각 다르다.

증상은 일반적으로 아동기 초기와 학령기 초기에 가장 뚜렷하게 나타나며 아동기 후기에는 사회적 상호작용에 대한 관심이 증가하기도 한다. 그리고 일부는 청소년기에 상태가 더욱 나빠지기도 하지만 대부분 호전을 보이는 경우가 더 많다. 일반적으로 여성보다 남성이 4배 이상 많다고 알려져 있으며, 전체 인구의 1% 정도가 자폐스펙트럼에 속하는 것으로 추정하고 있다.

자폐스펙트럼장애는 조기 개입과 집중치료 및 교육을 받은 경우 예후가 더 좋다고 알려져 있으나 일반적으로 평생 지속된다.

2) 자폐스펙트럼장애의 정의

자폐스펙트럼장애에 대한 정의를 살펴보면 일반적으로 언어 및 의사소통의 어려움, 사회적 상호작용, 자기조절, 감각정보에 대한 과잉 또는 과소반응, 특정 관심사에 대한 제한적이고 반복적인 행동 양상을 보인다는 공통점이 있다.

「장애인 등에 대한 특수교육법 시행령」「장애인복지법 시행령」「발달장애인 권리보장 및 지원에 관한 법률」에서 각각 자폐성 장애에 대한 정의를 명시하고 있다. 법에 명시된 '자폐성 장애'라는 용어는 '자폐범주성장애' '자폐스펙트럼장애'와 동의어의 의미로 해석해도 무방하다.

(1) 장애인 등에 대한 특수교육법 시행령

2022년 개정된 「장애인 등에 대한 특수교육법 시행령」 제10조 특수교육대상자의 선정에 명시된 별표 1에 의하면, 자폐성 장애를 지닌 특수교육대상자란 '사회적 상호작용과 의사소통에 결함이 있고 제한적이고 반복적인 관심과 활동을 보임으로써 교육적 성취 및 일상생활 적응에 도움을 필요로 하는 사람'으로 명시되어 있다.

(2) 장애인복지법 시행령

2021년 개정된 「장애인복지법 시행령」 제2조 장애의 종류 및 기준을 규정한 별표 1에 의하면 '자폐성 장애인'을 '소아기 자폐증, 비전형 자폐증에 따른 언어 · 신체표현 · 자기조절 · 사회기능 및 능력의 장애로 인하여 일상생활이나 사회생활에 상당한 제약을 받아 다른 사람의 도움이 필요한 사람'으로 정의하고 있다.

(3) 발달장애인 권리보장 및 지원에 관한 법률

2021년에 일부 개정된 「발달장애인 권리보장 및 지원에 관한 법률」(약칭: 발달장애인법) 제2조 정의에서는 자폐성 장애인을 '소아기 자폐증, 비전형적 자폐증에 따른 언어 · 신체표현 · 자기조절 · 사회적응 기능 및 능력의 장애로 인하여 일상생활이나 사회생활에 상당한 제약을 받아 다른 사람의 도움이 필요한 사람'으로 규정하고 있다.

② 자폐범주성장애의 원인

1) 유전적 요인

자폐스펙트럼장애의 원인은 아직 밝혀지지 않았지만, 유전적 요인이 작용하는 것으로 추정된다. 유전적 요인에 대해 뒷받침하는 연구로는 쌍생아에 대한 연구가 대표적이다. 이 연구에 의하면 일란성 쌍생아가 이란성 쌍생아에 비해 높은 장애 일치율을 보였다. 자폐증으로 한정지었을 때는 각각 76%와 0%, 광의의 자폐증상으로 정의하였을 때는 각각 88%와 31%(Bailey et al., 1995)가 자폐스펙트럼장애로 진단되어 유전 가능성 추정치가 80~90%에 달했다(Ronald & Hoekstra, 2011). 첫아이가 자폐스펙트럼장애로 진단되었을 때 둘째 아이의 상대위험도는 일반 인구의 20~50배였다(O'Roak & State, 2008: 이철, 2018 재인용).

자폐스펙트럼장애의 유전자적 장애 기전은 자폐스펙트럼장애의 임상양상으로 보이면서 확실한 유전자적 장애 기전이 밝혀진 질병을 연구하면서 알려지게 되었다. FMR1 유전자의 이상으로 생기는 취약 X 염색체증후군 남자환자의 25%와 여자환자의 6%는 자폐증의 증상을 보인다. RECP2 유전자의 이상으로 발생하는 레트증후군(Rett syndrome) 환자들은 100% 자폐스펙트럼장애의 증상을 보인다. 그런데 이 두 유전자는 신경세포에서 신호를 전달하는 데 중요한 역할을 하는 것으로 알려져 있다(Ramocki & Zoghbi, 2008: 이철, 2018 재인용).

이 외에도 신경세포 간 접합부인 시냅스의 형성에 문제를 유발하는 유전인자들이 뇌의 구조적, 기능적 연결성에 문제를 일으켜 자폐스펙트럼장애의 증상을 유발할 수 있다고 한다. 이와 같이 자폐스펙트럼장애를 유발하는 유전자는 수백 개가 존재하는 것으로 알려져 있으며, 어떤 유전인자가 장애의 원인인지는 밝혀지지 않고 있다. 다만 단일한 유전자의 변이보다는 다수의 유전자 변이가 복합적으로 작용하여 유발한다고 추정하고 있다.

2) 신경 · 생물학적 요인

자폐의 원인은 1964년 버나드 림랜드(Bernard Rimland), 1967년 마이클 러터(Michael Rutter) 등의 연구 결과로 뇌의 발달에 이상이 생긴 생물학적 문제라는 것이 일반화되고 있다.

자폐스펙트럼장애를 유발하는 생물학적 요인은 뇌로 신호와 메시지를 전달하는 화학매개체인 신경전달물질이 기분, 정서, 사고 과정에 영향을 미친다는 것과 뇌 크기의 차이와 구조 등의 문제 때문인 것으로 본다.

자폐스펙트럼장애아동의 1/3 이상이 신경전달물질 중 세로토닌의 전체 혈중 수준이 높다고 보고되고 있다(김건희 외, 2018). 신경전달물질인 세로토닌의 불균형은 주의력 산만, 부주의를 비롯하여 수면, 기분, 체온조절에 영향을 주며, 과다한 도파민 수준은 운동기능을 통제하기 때문에 과잉행동으로 나타나기도 한다.

신경세포의 신경학적 기능분석 기술인 자기공명영상(MRI)이나 기능적 자기공명영상(fMRI)의 도입으로 자폐스펙트럼장애 중 50% 정도가 비정상적인 뇌기능을 보인다고 보고되고 있다. 또한 전두엽의 손상으로 언어적 문제나 언어를 전혀 사용하지 못하는 이유를 설명하고 있으나 여전히 신경 · 생물학적 요인에 관해 정확한 원인이 밝혀지지는 않았다.

3) 심리 · 환경적 요인

1960년대에 소아정신의학자들은 자폐증의 원인이 부모의 냉정하고 적절한 반응을 보이지 않는 양육 스타일 때문이라는 심리적 요인을 가설로 제기하였다. 이로 인해 자폐아의 부모들은 자신 때문에 자녀가 자폐가 되었다는 죄책감에 시달리게 되었다.

정신분석학자들도 심리적 원인에 의해 자폐스펙트럼장애가 발생할 수 있다고 보고 있다. 영유아 시기에 주 양육자와의 애착 형성에 있어 긍정적인 상호작용의 경험은 매우 중요하다. 이 시기에 주 양육자와의 긍정적인 상호작용의 경험이 제한적이라면 아동은 반응성에 있어서 어려움이 나타나므로 자폐스펙트럼장애에 노출될 수 있다.

심리적인 요인 외에 환경적인 요인도 간과할 수 없다. 출산 시 부모의 높은 연령, 임신성 당뇨, 주산기 감염, 발프로익산 노출, 엽산 결핍, 조산, 분만 방식 등이 직간접적으로 영향을 미치는 것으로 알려져 있으며, 태아의 신경 발달이 이러한 환경요인에 영향을 받을 수 있다(Tordjman et al., 2014: 보건복지부 국립정신건강센터, 2018 재인용).

그러나 심리 · 환경적 요인이 자폐성 장애의 원인와 관련이 있다는 주장에는 찬반 의견이 많고 아직 확실한 원인이 밝혀지지 않았기 때문에 이에 대한 지속적인 연구가 필요하다.

4) 면역학적 요인

그동안 자폐스펙트럼장애의 원인은 대부분 유전적 요인, 신경 · 생물학적 요인, 심리 · 환경적 요인에 대한 연구가 주를 이루었다. 그러나 근래에는 면역학적 요인과 자폐스펙트럼장애와의 관련성에 대한 연구가 다양하게 진행되고 있다.

주산기 감염에 대한 연구의 경우, 감염 자체가 위험인자는 아니지만, 감염 시기와 감염의 중증도에 따라 자폐스펙트럼장애의 가능성을 높일 수 있다고 보고한다(Zerbo et al., 2015; Atladottir et al., 2010: 보건복지부 국립정신건강센터, 2018 재인용).

모체의 자가면역질환 역시 면역계를 과활성화시켜 자폐스펙트럼장애의 위험성을 높일 수 있는데, 1형 당뇨병이나 갑상선 질환, 염증성 장질환 등이 그 예이다(Xu et al., 2014; Gesundheit et al., 2013). 태내에서 모체로부터 받는 영향뿐 아니라, 자폐스펙트럼장애아동의 면역계도 이상을 보인다. 자폐스펙트럼장애 환자의 뇌와 말초 혈액에서 사이토카인(cytokine)과 케모카인(chemokine) 조절에 이상이 관찰되며, 조절 이상이 심할수록 행동 증상도 심하다는 보고가 있다(Ricci et al., 2013: 보건복지부 국립정신건강센터, 2018 재인용).

③ 자폐범주성장애의 진단 및 평가

1) 자폐범주성장애의 진단

자폐스펙트럼장애아동의 증상을 완화시키고 기능을 향상시키기 위해서는 조기 개입을 통한 적절한 치료와 교육이 가장 중요하다. 그러나 자폐스펙트럼장애아동은 조기 진단보다는 일반적으로 3~6세에 진단되는 경우가 대부분이다.

진단 시 유의할 점은 아동의 증상이 맥락에 따라 다르게 나타날 수 있다는 것이다. 그러므로 다양한 환경과 상황, 즉 집에서 이루어진 양육자의 관찰, 교육기관에서 진행된 선생님의 관찰, 또래관계, 상동행동에 대한 유무, 의사소통에 대한 문제 등을 취합하여 진단해야한다.

특히 아동이 나타내는 증상과 관련하여 반드시 지적장애, 언어장애, ADHD, 불안장애 등을 배제한 후 진단해야 한다.

『DSM-5』는 정신질환의 진단과 분류를 위해 미국정신의학회(American Psychological Association: APA)에서 발행하는 국제적인 기준집이다. 2023년 미국정신의학회에서는『정신장애진단 및 통계편람 제5판(Diagnostic and Statistical Manual of Mental Disorder-5th edition: DSM-5)』에 그동안 자폐장애(autistic disorder, autism), 아스퍼거증후군(Asperger's disorder), 아동기 붕괴성장애(childhood disintegrative disorder), 레트증후군(Rett's disorder), 달리 특정되지 않는 전반적 발달장애(pervasive developmental disorder-not otherwise specified)가 각각 따로 기술되어 있던 것을 '자폐스펙트럼장애(Autism Spectrum Disorder: ASD)'라는 단일 명칭으로 통일하였다.

이번에 개정된『DSM-5-TR』은 명확성을 위하여『DSM-5』진단기준의 수정사항을 포괄적으로 업데이트하였다. 『DSM-5-TR』에 명시된 자폐스펙트럼장애 진단기준은 〈표 4-1〉과 같고, 심각도 수준은 〈표 4-2〉와 같다.

| 표 4-1 | 자폐스펙트럼장애 진단기준 |

A. 다양한 분야에 걸쳐 나타나는 사회적 의사소통과 사회적 상호작용의 지속적인 결함으로 현재 또는 과거력상 다음과 같은 특징이 모두 나타난다(예시들은 실례이며 증상을 총망라한 것이 아님. 본문을 참조하시오).
   1. 사회적-감정적 상호성의 결함(예: 비정상적인 사회적 접근과 정상적으로 주고받는 대화의 실패, 흥미나 감정 공유의 감소, 사회적 상호작용의 시작 및 반응의 실패)
   2. 사회적 상호작용을 위한 비언어적인 의사소통 행동의 결함(예: 언어적·비언어적 의사소통의 불완전한 통합, 비정상적인 눈 맞춤과 몸짓 언어 또는 몸짓의 이해와 사용의 결함, 얼굴 표정과 비언어적 의사소통의 전반적 결핍)
   3. 관계 발전, 유지 및 관계에 대한 이해의 결함(예: 다양한 사회적 상황에 적합한 적응적 행동의 어려움, 상상 놀이를 공유하거나 친구 사귀기가 어려움, 동료들에 대한 관심 결여)

B. 제한적이고 반복적인 행동, 흥미 또는 활동이 현재 또는 과거력상 다음 항목들 가운데 적어도 2가지 이상 나타난다(예시들은 실례이며 증상을 총망라한 것이 아님. 본문을 참조하시오).
   1. 상동증적이거나 반복적인 운동성 동작, 물건 사용 또는 말하기(예: 단순 운동 상동증, 장난감 정렬하기 또는 물체 튕기기, 반향어, 특이한 문구 사용)
   2. 동일성에 대한 고집, 일상적인 틀에 대한 융통성 없는 집착 또는 의례적인 언어적·비언어적 행동 양상(예: 작은 변화에 대한 극심한 고통, 변화의 어려움, 완고한 사고방식, 의례적인 인사, 같은 길로만 다니기, 매일 같은 음식 먹기)
   3. 강도나 초점에 있어서 비정상적으로 극도로 제한되고 고정된 흥미(예: 특이한 물체에 대한 강한 애착 또는 집착, 과도하게 국한되거나 고집스러운 흥미)
   4. 감각 정보에 대한 과잉 또는 과소 반응, 혹은 환경의 감각 측면에 대한 특이한 관심(예: 통증/온도에 대한 명백한 무관심, 특정 소리나 감촉에 대한 부정적 반응, 과도한 냄새 맡기 또는 물체 만지기, 빛이나 움직임에 대한 시각적 매료)

C. 증상은 반드시 초기 발달 시기부터 나타나야 한다(그러나 사회적 요구가 개인의 제한된 능력을 넘어서기 전까지는 증상이 완전히 나타나지 않을 수 있고, 나중에는 학습된 전략에 의해 증상이 감춰질 수 있다).

D. 이러한 증상은 사회적, 직업적 또는 다른 중요한 현재의 기능 영역에서 임상적으로 현저한 손상을 초래한다.

E. 이러한 장애는 지적발달장애(지적장애) 또는 전반적 발달지연으로 더 잘 설명되지 않는다. 지적발달장애와 자폐스펙트럼장애는 자주 동반된다. 자폐스펙트럼장애와 지적발달장애를 함께 진단하기 위해서는, 사회적 의사소통이 일반적인 발달 과정상 기대되는 수준보다 더 저하되어야 한다.

주의점: 『DSM-Ⅳ』의 진단기준상 자폐성 장애, 아스퍼거증후군 또는 달리 분류되지 않는 전반적 발달장애로 진단된 경우에는 자폐스펙트럼장애의 진단이 내려져야 한다. 사회적 의사소통에 뚜렷한 결함이 있으나 자폐스펙트럼장애의 다른 진단 항목을 만족하지 않는 경우에는 사회적(실용적) 의사소통장애로 평가해야 한다.

현재의 심각도를 사회적 의사소통 손상과 제한적이고 반복적인 행동 양상에 기초하여 명시할 것(〈표 4-2〉 참조):

상당히 많은 지원을 필요로 하는 수준

많은 지원을 필요로 하는 수준

지원이 필요한 수준

다음의 경우 명시할 것:

지적 손상을 동반하는 경우 또는 동반하지 않는 경우

언어 손상을 동반하는 경우 또는 동반하지 않는 경우

다음의 경우 명시할 것:

알려진 유전적 또는 기타 의학적 상태나 환경적 요인과 연관된 경우(부호화 시 주의점: 연관된 유전적 또는 기타 의학적 상태를 식별하기 위해 추가적인 부호를 사용하시오)

신경발달, 정신 또는 행동 문제와 연관된 경우

다음의 경우 명시할 것:

긴장증 동반(정의에 대해서는 148쪽 다른 정신질환과 연관된 긴장증의 진단기준을 참조하시오) (부호화 시 주의점: 긴장증을 동반하는 경우에는 자폐스펙트럼장애와 연관된 긴장증에 대한 추가적인 부호인 F06.1을 사용하시오)

출처: 권준수 외 공역(2023). DSM-5-TR 정신질환의 진단 및 통계 편람. APA 저. pp. 61-62.

표 4-2 **자폐스펙트럼장애의 심각도 수준(필요한 지원 수준의 예시들)**

심각도 수준	사회적 의사소통	제한적이고 반복적인 행동
3단계 '상당히 많은 지원을 필요로 하는 수준'	언어적·비언어적 사회적 의사소통 기술에 심각한 결함이 있고, 이로 인해 심각한 기능상의 손상이 야기된다. 사회적 상호작용을 맺는 데 극도로 제한적이며, 타인의 사회적 접근에 대해 최소한의 반응을 보인다. 예를 들어, 이해할 수 있는 말이 극소수의 단어뿐인 사람으로서 좀처럼 상호작용을 시작하지 않으며, 만일 상호작용을 하더라도 오직 필요를 충족하기 위해 이상한 방식으로 접근을 하고, 매우 직접적인 사회적 접근에만 반응한다.	융통성 없는 행동, 변화에 대처하는 것에 극심한 어려움, 다른 제한적이고 반복적인 행동이 모든 분야에서 기능에 현저한 방해가 된다. 화제·행동 전환에 극심한 고통과 어려움이 있다.
2단계 '많은 지원을 필요로 하는 수준'	언어적·비언어적 사회적 의사소통 기술의 뚜렷한 결함이 있고, 지원을 해도 명백한 사회적 손상이 있으며, 사회적 의사소통의 시작이 제한되어 있고, 타인의 사회적 접근에 대해 감소된 혹은 비정상적인 반응을 보인다. 예를 들어, 단순한 문장 정도만 말할 수 있는 사람으로서 상호작용이 편협한 특정 관심사에만 제한되어 있고, 기이한 비언어적 의사소통이 뚜렷하게 나타난다.	융통성 없는 행동, 변화에 대처하는 것의 어려움, 다른 제한적이고 반복적인 행동이 우연히 관찰한 사람도 알 수 있을 정도로 자주 나타나며, 다양한 분야의 기능을 방해한다. 화제·행동 전환에 고통 또는 어려움이 있다.

| 1단계
'지원이 필요한
수준' | 지원이 없으면 사회적 의사소통의 결함이 분명한 손상을 야기한다. 사회적 상호작용을 시작하는 데 어려움이 있으며, 타인의 사회적 접근에 대해 비전형적인 반응이나 성공적이지 않은 반응을 보인다. 사회적 상호작용에 대한 흥미가 감소된 것처럼 보일 수 있다. 예를 들어, 완전한 문장을 말할 수 있는 사람으로서 의사소통에 참여하지만, 다른 사람들과 대화를 주고받는 데에는 실패할 수 있으며, 친구를 만들기 위한 시도는 괴상하고 대개 실패한다. | 융통성 없는 행동이 한 가지 또는 그 이상의 분야의 기능을 확연히 방해한다. 활동 전환이 어렵다. 조직력과 계획력의 문제는 독립을 저해한다. |

출처: 권준수 외 공역(2023). DSM-5-TR 정신질환의 진단 및 통계 편람. APA 저. pp. 63-64.

보건복지부(2023)에서 제시한 자폐성 장애 판정기준은 〈표 4-3〉과 같다. 장애정도 기준은 「장애인복지법 시행규칙」 제2조 '장애인의 장애정도' 등에 명시된 별표 1을 따른다.

표 4-3　자폐성 장애 판정기준

가. 장애진단기관 및 전문의
의료기관의 정신건강의학과 전문의

나. 진료기록 등의 확인
장애진단을 하는 전문의는 원인 질환 등에 대한 충분한 치료 후에도 장애가 고착되었음을 진단서, 소견서, 진료기록 등으로 확인하여야 함(필요시 환자에게 타 병원 진료기록 등을 제출하게 함)

다. 장애진단 및 재판정 시기
　〈중략〉

라. 판정개요
자폐성 장애의 장애정도 판정은 다음의 순서에 따라 진행됨

(1) 자폐성 장애의 진단명에 대한 확인	(가) 제10차 국제질병사인분류(International Classification of Diseases, 10th Version)의 진단지침에 따름 (나) ICD 10의 진단명이 F84 전반성발달장애(자폐증)인 경우에 자폐성 장애정도 판정을 함

↓

(2) 자폐성 장애의 상태(impairment) 확인	- 진단된 자폐성 장애의 상태가 자폐성 장애정도 판정기준에 따라 어느 장애정도가 적절한지를 임상적 진단평가과정을 통하여 판단한 뒤 장애정도를 정하며, 자폐증상의 심각도는 전문의의 판단에 따름 - K-CARS 또는 여러 자폐성 척도를 이용하여 판단할 수 있음. 이 경우 사용한 척도와 그 점수 및 판단 소견 기술

(3) 자폐성 장애로 인한 정신적 능력장애 (disability) 상태의 확인	자폐성 장애에 대한 임상적 진단평가와 보호자 및 주위 사람의 정보와 일상환경에서의 적응상태 등을 감안하여 장애정도 판정을 내림

(4) 자폐성 장애정도의 종합적인 진단	자폐성 장애의 상태와 GAS 평가를 종합하여 최종 장애정도 판정

〈장애정도 기준〉

장애정도	장애상태
장애의 정도가 심한 장애인	1. ICD-10의 진단기준에 의한 전반성발달장애(자폐증)로 정상발달의 단계가 나타나지 아니하고 지능지수가 70 이하이며, 기능 및 능력장애로 인하여 GAS척도 점수가 20 이하인 사람 2. ICD-10의 진단기준에 의한 전반성발달장애(자폐증)로 정상발달의 단계가 나타나지 아니하고 지능지수가 70 이하이며, 기능 및 능력장애로 인하여 GAS척도 점수가 21~40인 사람 3. 1호 내지 2호와 동일한 특징을 가지고 있으나 지능지수가 71 이상이며, 기능 및 능력장애로 인하여 GAS척도 점수가 41~50인 사람

출처: 보건복지부(2023). 2023년 장애등록심사 관련 법령 및 규정집, pp. 91-93 수정.

장애의 정도가 심한 장애인의 장애정도 기준이 되는 GAS척도 점수를 평가할 수 있는 전반적 기능평가척도(Global Assessment Scale for Developmentally Disabled: GAS)는 〈표 4-4〉와 같다.

표 4-4 전반적 기능평가척도

100-91	독립적인 자조기술과 양호한 일상생활 기술. 다룰 수 없을 정도의 어려움 없음. 여러 가지 활동에 참여
90-81	독립적인 자조기술과 양호한 일상생활 기술. 일과성 증상이 있고 일상생활에서의 문제가 간혹 다루기 힘듦. 기능상의 장애는 없음
80-71	독립적인 자조기술. 약간의 양호한 일상생활 기술. 일과성 감정 반응으로 인하여 약간의 기능상 붕괴
70-61	독립적인 자조기술이 있으나 다소의 지도감독이 필요함. 약간의 신체적 도움이 필요하기도 하나 이것은 단지 신체적 장애 때문. 일반적으로 행동문제는 없음. 혹은 약간의 양호한 일상생활 기술을 갖고 있지만 사회적으로 부적절한 행동 때문에 중재가 간헐적으로 필요함

60-51	자조기술 수행할 수 있으나 지도감독이 필요함. 언어를 통한 지시가 자조에 필요하나, 신체적 도움은 조금 필요한데 이것은 신체적 결함 때문. 중재가 필요한 행동문제가 발생할 때도 있으나 이것은 간헐적임
50-41	자조를 위하여 언어나 신체적 지시가 필요함. 중재가 필요한 행동문제가 지속적 양상으로 나타나지는 않음. 일반적으로 활동에 참가하려는 의도가 있음
40-31	자조기술에 약간의 신체적 도움이 필요함. 자주 발생하는 행동

출처: 보건복지부(2023). 2023년 장애등록심사 관련 법령 및 규정집, pp. 157-158.

2) 자폐스펙트럼장애 평가

자폐스펙트럼장애는 조기 개입이 중요하며, 통합적인 검사, 즉 지능검사, 사회성숙도검사, 신경심리검사, 언어평가, 운동기능평가, 작업기능평가, 특수교육평가 등을 통해 선별 및 진단, 평가해야 한다.

면담 시에는 아동의 일상생활 전반을 가장 잘 알고 있는 부모나 양육자, 교육기관에 다닐 경우에는 교사와의 면밀한 상담이 이루어져야 한다. 그리고 관찰 시에는 임상가가 충분한 자극을 주어 아동이 가지고 있는 잠재능력을 최대한 이끌어 내고, 의도적으로 상동행동을 유발시켜 어떻게 반응하는지를 살펴보아야 한다. 이를 바탕으로 아동을 둘러싼 생태학적 측면에서 모든 정보를 취합하여 기능 제한 및 장애 유발 정도를 평가하여 장애 여부에 대한 진단을 내리는 것이 바람직하다.

2016년 개정된 「장애인 등에 대한 특수교육법 시행규칙」 제2조(장애의 조기발견 등) 제1항에 의하면 교육장 또는 교육감은 「장애인 등에 대한 특수교육법」 제14조 제1항 관련 '특수교육대상자 선별검사 및 진단·평가 영역'에 정서·행동장애와 자폐성 장애는 적응행동검사, 성격진단검사, 행동발달평가, 학습준비도검사를 하도록 규정되어 있다. 각 검사는 제6장 3절 정서·행동장애의 진단 및 평가를 참고하기 바란다.

앞에 명시된 검사 외에 자폐스펙트럼장애를 선별하거나 평가 및 진단을 하기 위한 검사는 매우 다양하다. 국내에서 빈번하게 활용되는 대표적인 선별 및 진단도구를 살펴보면 다음과 같다.

(1) 선별도구

선별(screening)은 장애를 지닐 가능성이 있어 전반적인 진단, 평가를 필요로 하는 아동 및 조기에 중재 프로그램이 필요한 아동을 대상으로 초기 발견을 하기 위한 매우 중요한 절차이다. 즉, 진단을 하기 전 자폐의 가능성이 있는지를 우선적으로 선별해 내는 스크리닝 검사이다.

자폐스펙트럼장애를 조기 선별하기 위해 국내·외에서 빈번하게 사용되고 있는 대표적인 검사는 〈표 4-5〉와 같고 일례로 선별도구 표지는 [그림 4-1]과 같다.

표 4-5 자폐스펙트럼 선별도구

도구명	내용	대상
걸음마기 아동 행동 발달 선별 척도 (Behavior Development Screening For Toddlers-Interview: BeDevel-I)	• 아동양육자와의 면담 • 사회적행동, 의사소통행동, 자폐스펙트럼 장애와 관련된 문항	• 9~42개월
이화-자폐아동 행동 발달 평가도구 (Ehwa-Check List for Autistic Children: E-CLAC)	• 총 56문항으로 식사, 배설, 수면, 착·탈의, 위생, 놀이, 대인관계, 언어, 감정표현, 집단에의 적응, 지시 따르기, 안전관리, 감정표현, 감각습관, 수면, 놀이영역	• 만 1~6세
영유아기 자폐증 점검표 (The Modified Checklist for Autism in Toddlers: M-CHAT)	• 부모설문지로 총 23개 문항 • 감각 및 운동기능, 사회적 상호작용, 언어 및 의사소통, 공동주의 관련	• 16~30개월
자폐아 행동 점검표 (The Autism Behavior Checklist: ABC)	• 부모 체크리스트로 57개 문항 • 영유아발달과 관련된 감각, 신체개념, 언어, 자립 영역	• 영유아
한국어판 사회적 의사소통 설문지 (Korean version of Social Communication Questionnaire: K-SCQ)	• 부모 체크리스트 • 사회적 상호작용, 언어 및 의사소통, 반복/상동행동	• 자폐가 의심되는 사람
아동기 자폐 평정척도 (Childhood Autism Rating Scale: CARS)	• 부모 면담 및 전문가 직접 관찰 • 15개 하위영역으로 총 60문항 • 모방, 정서반응, 신체사용, 변화에 대한 적응, 시각 및 청각 반응, 미각·후각·촉각반응 및 사용, 언어적·비언어적 의사소통, 활동 수준 등	• 모든 연령군의 아동
한국판 아동기 자폐증 평정척도 2 (Korean-Childhood Autism Rating Scale, 2nd: K-CARS-2)	• CARS 보완하여 개발, 부모 면담 및 전문가 직접 관찰로 15개 하위영역 • 모방, 정서반응, 신체사용, 변화에 대한 적응, 시각, 청각 반응, 후각, 촉각, 미각 반응과 사용, 언어적, 비언어적 의사소통, 활동수준 등	• 6세 미만 아동

사회적 주의 및 의사소통 능력평가 도구 (The Social Attentionand Communication Study: SACS)	• 관찰평가로 12, 18, 24개월용 개발 • 각 연령별 문항 수 상이함(12~15개 사이) • 연령별 자폐 스펙트럼 장애 특성적 행동지표에 관한 문항	• 12~24개월
길리암 자폐 평정 척도 (Gilliam Autism Rating Scale: GARS)	• 총 56개 문항 • 상동행동, 의사소통, 사회적 상호작용	• 3~22세
한국판 길리암 자폐증평정척도-2판 Korean-Gilliam Autism Rating Scale-2: K-GARS-2)	• 총 42개 문항 • 상동-반복행동, 상동-이상언어, 언어사용문제, 사회적 장애	• 3~22세
고기능 자폐스펙트럼 선별질문지 (Autism Spectrum Screening Questionnaire: ASSQ)	• 총 27문항 • 사회적 상호작용, 의사소통문제, 제한적이고 반복적인 행동문제, 운동적, 음성적 증상	

걸음마기 아동 행동 발달 선별 척도

SCQ 사회적 의사소통 설문

K-CARS-2 한국판 아동기 자폐증 평정척도 2

그림 4-1 선별도구 표지

자폐스펙트럼장애를 조기 선별하고자 할 경우 필요 시 아동관찰도구 세트를 과제에 적절히 활용하면 좀 더 효과적으로 아동의 상태를 관찰할 수 있다. 아동관찰도구 세트는 [그림 4-2]와 같다.

도구 사진		
포함 도구	아기인형, 공 2, 가축피규어 2, 야생동물피규어 1, 공룡피규어 2, 블록 6, 태엽장난감, 마라카스 2, 그림책(연령에 따라 1권), 미니카 3	접시 4, 컵 4, 수저/포크/나이프 세트 2, 과일 및 아채 4, 장바구니
활용되는 과제	자유놀이, 블록 쌓기, 멀리 있는 장난감, 태엽장난감, 인형 미끄럼틀, "안 돼" 과제, 고통반응 과제, 언어이해 과제	함께하는 상상놀이, 함께 놀이하기(줄다리기)
도구사진		
포함도구	주사기, 체온계, 청진기 등	바람개비 2	3가지 디자인의 스티커
활용되는 과제	함께하는 상상놀이-병원놀이	바람개비 모방과제	스티커 함께 보기 (joint attention 과제)

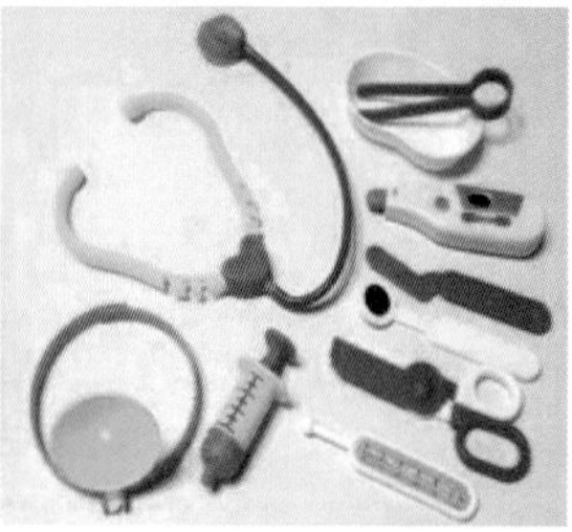

그림 4-2 아동관찰도구 세트

출처: 유희정, 이경숙(2019). 영유아 자폐성 장애의 통합적조기선별 도구 및 서비스 개발최종보고서, p. 91.

(2) 진단도구

진단(diagnosis)은 선별과 평가를 토대로 장애정도를 판단함과 아울러 특수교육의 적격성 여부를 결정하는 절차이다. 따라서 진단검사는 선별검사에서 양성 판정을 받은 사람을 대상으로 심층적인 평가를 진행하는 과정이라 할 수 있다. 그러므로 이러한 과정을 통하여 아동에게 가장 효과적인 적절한 서비스 및 프로그램을 제공해 주는 것이 진단의 목적이다.

선별로 자폐스펙트럼장애에 대한 스크리닝이 이루어지면 선별 과정의 모든 영역과 진단 검사 결과를 취합, 평가하여 보다 주의 깊게 진단을 내려야 한다. 자폐스펙트럼장애를 진단하기 위해 대표적으로 사용되고 있는 검사는 〈표 4-6〉과 같고, 일례의 진단도구 표지는 [그림 4-3]과 같다.

표 4-6 **자폐스펙트럼 진단도구**

도구명	내용	대상
자폐증 진단면담지 (Autism Diagnostic Interview-Revised: ADI-R)	• 양육자 및 보호자와의 심층면담지 • 의사소통 및 언어 능력, 사회적 상호작용, 반복적 강박행동의 세 영역	• 18개월 이상~성인
한국판 자폐증 진단면담지 (Korean version of Autism Diagnostic Interview-Revised: K-ADI-R)	• 반구조화된 부모 면담지 • 의사소통 및 언어 능력, 사회적 상호작용, 반복적 강박행동의 세 영역	• 정신연령이 18개월 이상인 2세 영유아
자폐증 진단관찰 스케줄 (Autism Diagnostic Observation Schedule: ADOS)	• 아동을 직접 면담하고 관찰 4가지 모듈로 구성 • 의사소통, 사회적 상호작용, 놀이 상상 및 장초성 행동 및 관심	• 언어를 사용하여 의사 표현을 하지 못하는 만 6세 미만의 유아
자폐증 진단관찰 스케줄-2 (Autism Diagnostic Observation Schedule Second Edition: ADOS-2)	• 총 5개 모듈로 놀이와 활동을 통해 관찰평가 • 언어 전단계~유창한 말하기 단계 수준평가	• 12개월~성인
언어적 자폐진단 관찰지 (Pre-Linguistic Autism Diagnostic Observation Schedule: PL-ADOS)	• 부모 면담 및 전문가 직접 관찰 • 놀이, 상호작용, 사회적 의사소통	• 언어를 사용하여 의사 표현을 하지 못하는 만 6세 미만의 유아

자폐증 진단관찰 스케줄-2(모듈1~4/모듈T)

ADI-R 자폐증 진단면담지 개정판

ADOS 자폐증 진단관찰 스케줄 사물키트

ADOS 자폐증 진단관찰 스케줄

 진단도구 표지

이 외에도 다양한 선별 및 진단 검사가 있기 때문에 대상 아동에게 필요한 검사를 통해 자폐스펙트럼장애 유무를 확인할 수 있다. 이와 더불어 자폐스펙트럼장애아동은 손의 상동행동, 몸 앞뒤로 흔들기 및 특이한 자세를 보이기도 하고, 일부는 불러도 반응이 없어 청력검사도 필요하다. 그리고 뇌파검사에서 이상소견이 발견되는 경우도 있기 때문에 신경학적 평가도 같이 병행되어야 한다.

 자폐스펙트럼장애의 특성

1) 인지적 특성

지능은 장애정도가 심한 지적장애부터 매우 높은 수준에 이르기까지 광범위한 범위로 나타난다. 자폐범주성장애아동의 약 25% 내외는 정상 또는 경계선급 지적 능력을 보이고, 75% 내외는 낮은 지적 능력을 나타낸다.

일부 아동의 경우 암기, 암산, 달력 계산하기, 오래 전 사건의 날짜와 요일까지 상세히 기억하거나, 텔레비전 채널, 지하철 노선 등을 정확히 기억하는 등 독특한 능력을 보여 주기도 한다. 그러나 상황에 부적합하거나 무의미하게 기억만 하기 때문에 실제적인 학습이나 생활에는 도움이 되지 못한다.

자폐스펙트럼장애아동은 비장애아동에 비해 학습자극에 대한 선택적 주의집중에 어려움을 보이며, 주의집중 시간도 짧게 나타난다. 주의전환 등 전이가 어렵기 때문에 한 번에 여러 자극을 자발적으로 전환하는 데에도 어려움을 보인다. 이러한 특징을 터널비전식 집중력이라고 부르기도 하며, 주변 환경에 대한 정보나 지식습득을 저해하는 결과를 초래하기도 한다.

환경이나 일상의 변화에 대해 불안해하고 잘 참지 못하며, 같은 방식으로 행동하거나 항상 같은 길만 고집하는 등의 양상을 보인다. 일상적인 방식의 패턴이 무너지거나 자신이 원하는 것을 누군가 하지 못하게 하면 초조함을 보이기도 하고, 심하면 텐트럼(울화)과 같은 소리 지르기, 떼쓰기, 신경질 행동으로 이어질 수 있다.

2) 언어적 특성

자폐스펙트럼장애아동의 부모 보고에 의하면 대다수 자폐스펙트럼장애아동은 영아기에 옹알이를 하지 않았고, 엄마의 말을 흉내 내는 모방 행위가 없었으며, 몸짓, 손짓, 얼굴 표정 등과 같은 비언어적 신호를 이해하지 못하거나 사용하지 못하는 경우가 많았다고 한다.

말을 할 수 있어도 무의미하거나 자기 자신만이 알고 있는 특이한 방법으로 표현하고, 자신의 의도나 요구를 표현하기 위한 의사소통의 수단으로 사용하지 못하는 경우가 빈번하다. 언어의 강세, 음도, 강도, 억양, 리듬 등과 같이 운율적인 측면에서도 비장애아동과 차이를 보인다. 이 중 높은 음도의 산출이 대표적인 예다.

가장 두드러진 언어적 어려움은 화용언어 능력이다. 다른 사람이 말하는 의도를 인식하고 이해하지 못하므로 적절한 대화가 불가능하다. 이로 인해 의사소통도 제한되고 이는 사회적인 관계 형성에도 문제를 유발한다. 또한 상황에 맞는 어휘 표현이 제한적이며, 일반화하는 것에도 어려움을 나타낸다. 경우에 따라 반향어를 사용하기도 한다.

이 외에도 대화 중에 사용되는 농담, 유머, 이중 의미, 비유적 표현 등을 잘 이해하지 못하여 위축되거나 공격행동을 보이기도 한다. 상대방의 관점이나 상황에 따라 대화방식을 변화시키지 못하고, 상황과 맞지 않는 엉뚱한 이야기를 장황하게 늘어놓기도 하며 적절한 화제를 선택하는 것에도 어려움을 보인다(임경옥 외, 2017). 또한 전반적인 이해를 필요로 하는 수용 언어 및 언어를 산출해야 하는 표현 언어가 평균 수준보다 낮다.

3) 사회 · 정서적 특성

타인과 정서적인 상호반응이나 유대감 형성이 어려우며, 공감 능력 및 마음 읽기 능력도 떨어진다. 사람들과 눈을 마주치지 않는 경우가 많으며, 안아 주어도 신체적인 접촉을 좋아하지 않거나 피하는 경향이 있다. 심지어 엄마와의 유대관계 중 가장 기본적인 애착도 잘 형성되지 않는 경우가 많다. 간혹 엄마와 떨어지는 상황이 발생해도, 회피애착의 경우처럼 울거나 매달리지 않기도 한다.

또한 가까운 사람들에게도 관심을 별로 보이지 않음으로써 또래와의 관계 형성에도 부정적인 영향을 초래한다. 이로 인해 주로 혼자서 놀이하는 경우가 많다. 이는 자폐스펙트럼장애아동이 공동주의(joint attention)에 매우 취약하기 때문이다. 즉, 타인이 자신과 함께 특정한 외부 대상에 주의를 기울이고 있다는 것을 인식하면서 타인과 함께 같은 대상에 주의를 집중하는 것이 거의 불가능하다. 이로 인해 사회적 상호작용에의 관여(social engagement) 및 주의 조절(attention regulation) 능력에도 부정적인 영향을 미친다.

사회 · 정서적 측면에서 공동주의는 매우 중요하다. 예를 들어, 타인과 눈을 마주치거나 시선 교환, 가리키는 것 등 공동주의 행동은 사회성 발달에 중요한 학습의 기회를 제공한다. 왜냐하면 공동주의 상황에서 타인과 상호작용하는 것은 추후 사회성과 밀접한 상관관계가 있기 때문이다.

이들은 다른 사람들과의 공통된 관심사에서 공유되는 흥미나 즐거움에 대해 무관심하고 자신이 좋아하는 주제이거나 자신에게 의미 있는 사실에 관하여서만 이야기하려 한다. 그리고 자신의 정보를 다른 사람들과 공유하려 하지 않는 등의 일탈적 특징이 사회적 상호작용의 어려움을 더욱 가중시킨다.

4) 행동 및 감각적 특성

자기자극행동으로 빙글빙글 몸 돌리기, 손가락 계속 쳐다보기, 손 털기, 장난감 자동차 바퀴를 손바닥으로 돌리기, 의미 없이 계속 책장을 펄럭거리며 넘기기 등의 행동을 보이기도 한다. 또한 반복적으로 몸 전체나 일부를 흔드는 행동, 까치걸음으로 걷는 행동 등이 나타나기도 한다.

착석 유지에도 어려움을 나타내며 계속 돌아다니는 과잉행동을 보이기도 한다. 일부 아동들은 얼굴 부분을 씰룩거리거나 눈 깜박임, 딸꾹질 등의 틱 증상을 보이거나 갑자기 소리를 지르기도 한다.

감각기관으로 들어온 감각정보를 뇌에서 해석하고 통합하는 데도 어려움을 나타낸다. 이는 일반적인 사람들이 느끼는 감각과는 다른 독특한 느낌을 경험하기 때문인 것으로 알려져 있다. 예를 들어, 자폐스펙트럼장애를 가진 아동이 하이힐 소리를 들을 경우 건물이 무너지는 듯한 큰소리로 느끼기도 하며, 특정 음에 귀를 막기도 한다. 이는 특정 감각기관이 예민하거나 둔감하여, 감각에 대한 자극 역치가 비장애인들과 다르게 나타날 수 있기 때문이다.

감각적 자극(예: 형광등 빛, 기차 소리, 청소기 소리, 블록 일렬로 줄 세우기, 장난감 자동차 뒤집어 바퀴 돌리기, 회전물체 등)에 집착하기도 한다. 또한 통각에 둔감하여 자신의 머리를 바닥이나 책상에 박는 등의 자해행동을 해도 고통을 별로 느끼지 않는 경우도 있다.

⑤ 자폐스펙트럼장애의 지원방안

1) 교육적 지원

1960년대 이후 자폐장애에 대한 관심이 증대되면서 자폐장애아를 위한 교육적 접근이 새로운 국면으로 접어들게 되었다. 다른 장애와 마찬가지로 자폐장애도 적극적인 치료와 교육을 통해 장애를 어느 정도 완화시킬 수 있기 때문이다. 아직까지 자폐스펙트럼장애를 치료할 수 있는 특정한 방법은 없기 때문에 여러 가지 중재방법을 활용하여 다각도로 접근해야 한다.

교육적 지원방법으로는 구조화된 교수와 더불어 사회적 상황이야기, 문제행동지원을 위한 응용행동분석(Applied Behavior Analysis: ABA) 등이 있다. 그러나 자폐스펙트럼장애를 완화하기 위해서는 무엇보다 조기 발견과 적절한 중재가 가장 중요하다.

(1) 구조화된 교수
구조화된 교수는 기본적으로 다양한 요소를 사용하여 시각적 구도를 지원하는 환경의 기회를 제공한다. 구조화된 교수 요소로는 물리적 환경의 조직화, 활동 순서 예측, 시각적 단서를 지원하는 시각 일정표 등이 있다.

자폐스펙트럼장애아동은 외부에서 들어오는 감각적 자극에 대해 적절하게 조절하는 것을 매우 어려워하기 때문에 물리적으로 구조화된 환경을 제공하는 것이 중요하다. 즉, 시설 배치나 환경구성을 할 때 아동이 안정감을 느낄 수 있는 교실 환경을 제공해 주어야 한다. 이와 더불어 시각 및 청각적 산만함을 최대한 차단해 주기 위해 분명한 물리적, 시각적 경계들이 포함되어야 한다. 다시 말해 책장, 교실의 칸막이, 사무용 패널, 선반, 파일, 캐비닛 탁자, 러그 등을 이용하여 교실의 각 영역을 구분해 주어야 한다.

자폐스펙트럼장애아동은 전이 활동이 진행되거나 하루일과에 변화가 생기면 불안해한다. 그러므로 전이 활동이나 하루 일과를 예측할 수 있도록 교사는 글자와 함께 그림이나 사진을 이용하여 하루 일과표나 전이 활동의 순서를 만들어 일과 시작 전에 미리 알려주고 교실 게시판에 붙여 전체 일과를 볼 수 있도록 제공한다.

시각적 단서의 형태는, 예를 들어 교실 벽에 게시하기, 화이트보드나 칠판에 쓰기, 낱장 폴더 앞면에 붙이기, 점검표 양식으로 작성하여 책상에 붙이기, 벨트 주머니나 지갑에 넣는 메모 카드에 붙이기 등이 있다.

[그림 4-4]는 시각적 자료 예시, 〈표 4-7〉은 활동 스케줄 사용방법 교수절차이다.

ADOS 자폐증 진단관찰 스케줄 사물키트

ADOS 자폐증 진단관찰 스케줄

그림 4-4 **시각적 자료 예시: 일과표(좌), 정리정돈 규칙(우)**

출처: 한국보육진흥원(2019). 서울시 원장사전직무교육.

표 4-7 활동 스케줄 사용방법 교수절차

```
┌─────────────────────────────────────────────┐
│                  준비하기                      │
│  • 활동자료 배치하기                            │
│  • 보상 준비하기                               │
│  • 근처에 토큰 두기                            │
└─────────────────────────────────────────────┘
                      ↓
┌─────────────────────────────────────────────┐
│                 초기 지시하기                   │
│        (예: "해야 할 일을 찾아보자.")           │
└─────────────────────────────────────────────┘
                      ↓
```

완전한 신체적 안내 사용하기	보상 전달하기
• 책을 펼치거나 책장 넘기기	• 뒤에 음식물 제공
• 사진 가리키기	• 뒤에서 토큰 제공
• 활동자료 선택하기	• 토큰을 가시적으로 제끄
• 과제 완수하기	
• 활동자료 정돈하기	

```
                      ↓
┌─────────────────────────────────────────────┐
│               촉진용암 절차 사용하기             │
│  • 점진적 안내                                 │
│  • 공간용암법                                  │
│  • 그림자 전략                                 │
│  • 물리적 거리 늘리기                           │
└─────────────────────────────────────────────┘
                      ↓
┌─────────────────────────────────────────────┐
│               오류 수정 절차 사용하기            │
│  • 이전의 촉진용암 절차로 돌아가기               │
│  • 활동 스케줄 책을 덮고 회기 다시 시작하기       │
│  • 다시 시작하기, 신체적 안내로 되돌아가서 전체 활동 스케줄을 │
│    다시 가르치기                               │
│  • 보상의 가치 재평가하기                        │
│  • 오류가 많은 활동을 새로운 활동으로 대체하기     │
└─────────────────────────────────────────────┘
```

출처: 곽승철 외(2016). 자폐성 아동을 위한 활동 스케줄.

(2) 사회적 상황이야기

1991년 캐롤 그레이(Carol Gray)는 상황이야기를 통해 사회적 행동을 이해할 수 있는 방법을 개발했다. 이는 자폐스펙트럼장애를 지닌 아동의 개별적인 특성을 고려할 수 있고, 사회적 단서와 그에 해당하는 적절한 상황을 제공할 수 있기 때문에 매우 효과적인 교육적 중재방법이다. 특히 개별화된 인지적 중재방법으로 아동 주위에서 쉽게 발생할 수 있는 사회적 상황, 즉 규칙이나 또래관계, 배려, 문제해결 등을 이해하는 데 도움을 주는 그림이 그려져 있는 시각적 자료이다.

사회적 상황이야기는 의사소통과 사회적 관계에 많은 문제를 보이는 자폐스펙트럼장애 아동에게 적절한 사회적 기술 증진과 부적절한 행동 지원을 위해 활용되고 있다. 그러므로 주어진 상황에서 어떻게 해야 되는지, 어떻게 생각하고 느껴야 하는지에 대한 정보를 제공하는 데 목적이 있다.

자폐스펙트럼장애아동은 낯선 상황에서 불안감을 느끼는 경우가 많기 때문에 아동의 강점인 시각적 능력을 활용하여 다가올 상황을 예측하게 함과 아울러 사회적 상황을 이해할 뿐 아니라 적절한 사회적 행동을 하도록 도울 수 있다. 그러므로 혼란스럽거나 도전적인 사회적 상황에서 어떤 일이 왜 일어나는지와 관련해서 특정한 정보를 정확하게 제공하고, 상황 이해 및 원인과 해결책을 추론할 수 있는 질문을 통하여 사회적 단서와 일반적인 반응에 대해 지도할 수 있다. 그리고 다른 사람에게 반응하는 방법을 가르칠 수 있을 뿐만 아니라 이야기의 장면을 간단히 묘사함으로써 또래와의 사회적 상호작용을 간접 경험할 수 있다. 이를 통해 다른 아동들의 관점과 사고, 감정을 더 잘 이해하게 함으로써 사회적 상황에서 다른 사람들이 어떻게 행동하는지를 학습하는 데 도움을 준다. 또한 그러한 상황에서 자신이 어떤 행동을 해야 하는지 배우게 된다.

사회적 상황이야기는 다양한 형태로 제작할 수 있다. 문장 작성은 객관적인 사실을 설명하는 설명문, 사람들의 내적인 면을 설명하는 조망문을 비롯하여 긍정문, 미완성문, 청자에게 반응을 제안하는 청자 코칭문 등으로 작성할 수 있다.

실행 순서는 목표행동 정하기, 아동에 대한 정보수집, 수집된 정보를 바탕으로 사회적 상황 이야기 만들기, 목표 상황과 기대되는 반응에 대한 정보를 제공하면서 문장을 지도하는 순으로 진행된다. 특히 사회적 상황이야기를 아동과 읽을 경우, 집중을 유도한 후 물음을 통해 정보를 공유하거나 요청, 명명하고, 아동의 발화에 즉각적인 반응을 보여 주고, 즉시 피드백을 제공해 주어야 한다. 사회적 상황추론 카드의 예는 [그림 4-5]와 같다.

그림 4-5   사회적 상황추론 카드의 예

출처: 허은경 외(2016). 사회적 상황추론 카드.

(3) 응용행동분석

자폐스펙트럼장애아동에게 의사소통과 놀이, 사회성, 학업, 생활 및 직업훈련을 가르치고 문제행동의 빈도를 줄이기 위해 응용행동분석(Applied Behavior Analysis: ABA)이 널리 사용되고 있다.

A는 선행되는 전제 자극으로 보통 지시나 명령, 요청인데, 예를 들면 "장난감 정리하자." "휴지 가져다 줄래?" 등이다. B는 A에 해당하는 행동이다. 사회적으로 용인되는 반응이 있을 수도, 없을 수도 있다. 예를 들어, "장난감 정리하자."라고 지시했는데 "싫어요!"라고 할 수 있다. C는 결과로, 예를 들어 B(행동)에 대해 잘했을 경우 "잘했어."라고 칭찬하는 것이다.

ABA는 자폐스펙트럼장애아동에게 필요한 기술은 습득하게 하고, 바람직하지 않은 행동은 감소시키는 것을 목적으로 한다. 각각의 기술은 작은 단계로 세분화되며, 아동이 원하는 결과(행동)를 보일 때마다 칭찬과 같은 긍정적인 보상을 제공한다. 일반적으로 한 회기는 한 번에 2~3시간 정도이며, 3~5분 정도의 짧은 단위로 나누어 한 가지 과제를 지도하도록 구성되어 있다.

자폐스펙트럼장애 아동을 위한 ABA 치료는 아동의 능력과 관심사, 취약점, 선호하는 것, 가족의 상황 등을 고려하여 맞춤식으로 진행되는 경우가 많다.

2) 생태학적 지원

(1) TEACCH 프로그램

TEACCH(Training and Education of Autistic and Related Communication Handicapped Children) 프로그램은 1960년대 후반에 미국 노스캐롤라이나 대학교의 E. 쇼프라 교수와 연구원들에 의해 시작되었다.

1972년에 노스캐롤라이나 주정부가 TEACCH 지원을 공식적으로 결정하였고, 현재 지역센터, 취학 전 아동의 치료교육을 담당하는 프리스쿨, 자폐스펙트럼장애를 가진 사람들이 거주하는 그룹 홈과 취학지원센터 등 다양한 시설에서 적용하고 있다. 공립학교에도 TEACCH 교실이 도입되어 있거나 여러 지역에 걸쳐서 공식 프로그램으로 활용되고 있다.

노스캐롤라이나에서는 자폐스펙트럼장애를 가진 사람이 의사소통카드를 가지고 지역사회인 미용실, 게임센터, 야구장, 영화관 등에 혼자, 혹은 그룹으로 외출하여 일상생활을 즐기고 있는 광경을 종종 볼 수 있다. 따라서 TEACCH는 자폐스펙트럼장애를 가진 아동의 삶의 질을 올릴 수 있는 프로그램이라고 할 수 있다.

TEACCH 프로그램은 일명 '구조화된 지도'라고 불리며, 자폐스펙트럼장애아동의 상대적 강점과 정보의 시각적 처리 선호 경향을 최대한 활용하는 동시에 익히 알려진 어려움을 충분히 고려할 수 있도록 고안되었다. 또한 자폐스펙트럼장애아동을 대상으로 사전 평가를 통해 어떤 기술이 나타나고 있는지 확인하고, 이러한 기술을 유지하고 강화하기 위한 작업에 들어간다.

구조화된 지도에서는 각 아동별로 개별화된 지도 계획을 수립하여 활동이 이루어지는 환경을 최대한 자세히 기록하게 된다. 또한 시각적 보조기구를 사용하여 물리적, 사회적 환경에 대해 조직하고, 아동이 일상생활을 보다 수월하게 예측하고 이해하며 적절하게 반응할 수 있도록 하는데, 이는 아동의 개별 수행 과제에 대한 이해를 돕기 위해서도 활용될 수 있다.

TEACCH 프로그램은 대부분 교실에서 실시되나, 가정, 또는 교실과 가정에서 병행하기도 한다. 교사는 전문가들과 함께 공동 치료사로 활동하며 가정에서도 TEACCH 테크닉을 활용할 수 있다.

(2) 플로어타임

플로어타임(floortime; Developmental Individual Difference Relationship Model: DIR)은 중재자가 아동의 발달 수준에 맞춰 점진적으로 아동의 강점을 발전시켜 나가는 방법으로 의사소통 범위를 확대해 나갈 수 있다.

플로어타임의 목적은 지적·정서적 성장에 기여하는 핵심적 발달 단계에 도달하는 것으로, 첫 번째, 자기조절 및 세상에 대한 관심, 두 번째, 인간관계에 대한 친밀함 또는 특별한 애정, 세 번째, 양방향 의사소통, 네 번째, 복잡한 의사소통, 다섯 번째, 감정적 아이디어, 여섯 번째, 감정적 사고의 발달이 있다(정승환, 2018).

언어, 근육, 인지 능력을 분리하여 각각의 분야에 집중하는 대신 감정 발달은 종합적으로 발달해야 함을 강조함으로써 이러한 영역들을 한꺼번에 다룬다. 플로어타임이라고 부르는 이유는 어른이 바닥에 몸을 낮추고 아동의 눈높이에서 중재를 실시하기 때문이다. 플로어타임은 때로는 ABA 중재의 대안으로 여겨지기도 하며, ABA 중재와 병행하여 활용되기도 한다.

3) 치료지원

(1) 언어치료(Speech-Language Therapy: SLT)

말의 기술적인 면과 언어의 사회적 가치를 조화시키도록 고안되었으며 치료의 목표가 아동마다 다르지만 궁극적인 목적은 기능적 의사소통으로 실생활에서 유용한 의사소통 방식을 습득하도록 돕는 것이다. 일반적으로 1회에 40분~50분 정도 진행되며, 빈도는 아동의 발달 상황과 필요에 따라 정해진다.

(2) 작업치료(Occupational Therapy: OT)

인지적, 신체적, 근육 기능을 함께 발달시키기 위한 치료로 주된 목표는 놀이와 학습, 기본적인 생활기술을 익히는 것이다. 일반적으로 1회에 30분~1시간가량 진행되며, 빈도는 아동의 발달 상황과 필요에 따라 정해진다.

(3) 감각통합치료(Sensation Integration Therapy: SIT)

다양한 감각정보를 조직화하고 해석하는 두뇌의 과정을 감각통합이라 한다. 감각통합은 일반적으로 아동기 과정에서 시각, 청각, 미각, 촉각, 전정감각, 고유수용성감각 등이 기본적으로 통합되어 자연스럽게 발달한다. 예를 들어, 우리가 걷는 것은 각각의 감각이 뇌 속에서 잘 통합되기 때문에 적절하게 움직일 수 있는 것이다.

그러나 자폐스펙트럼장애를 가진 아동들 중 일부는 감각통합이 효율적으로 발달하지 않아 학습을 비롯하여 발달 또는 행동에서 많은 문제를 일으킨다. 그러므로 다양한 감각 정보를 처리하는 데 방해가 되는 요인을 알아내고, 생산적인 방식으로 처리할 수 있도록 지도해야 한다.

감각통합치료는 감각통합 과정에 문제를 가진 아동을 진정시키는 데 도움이 되며, 바람직한 행동을 강화하거나 각기 다른 활동 간의 전환을 돕고 중추신경계(central nervous system)의 능력을 향상시키는 것이다. 이를 위해 다양한 감각을 통합하는 데 도움을 줄 수 있는 놀이기구를 각 아동에게 적절하게 제공해 주어야 한다. 감각통합치료는 일반적으로 1회에 40~50분 정도 진행되며, 빈도는 아동의 발달 상황과 필요에 따라 정해진다.

⑷ 사회성 기술 지도

최근 사회적 소통의 어려움을 극복하기 위해 일대일 혹은 또래 모임을 통해 사회성 기술 훈련이 많이 사용되고 있다. 지도 내용은 눈을 마주치는 간단한 것에서부터 친구에게 놀이를 청하는 고차원적인 기술까지 매우 다양하다.

연구 결과에 의하면, 사회성 기술 지도 프로그램은 일반적으로 자폐스펙트럼장애를 가진 아동에게 사회적 능력과 사회성 기술을 크게 향상시킬 수 있다고 한다. 지도는 1회에 40~50분 정도 진행되며, 빈도는 아동의 발달 상황과 필요에 따라 정해진다.

요점정리

1. 자폐스펙트럼장애의 개요와 정의

1) 자폐스펙트럼장애의 개요
- 『DSM-5』에서는 자폐장애, 아스퍼거증후군, 레트증후군, 아동기 붕괴성 장애, 비전형 전반적 발달장애를 자폐스펙트럼장애로 통합

2) 자폐스펙트럼장애의 정의
- 「장애인 등에 대한 특수교육법 시행령」-사회적 상호작용과 의사소통에 결함이 있고 제한적이고 반복적인 관심과 활동을 보임으로써 교육적 성취 및 일상생활 적응에 도움을 필요로 하는 사람

2. 자폐범주성장애의 원인

1) 유전적 요인
- 유전적 요인이 작용하는 것으로 추정되며 일란성 쌍생아가 높은 장애 일치율 보임

2) 신경·생물학적 요인
- 뇌로 신호와 메시지를 전달하는 화학매개체인 신경전달물질의 영향 및 뇌 크기 차이와 구조 등의 문제, 신경전달물질인 세로토닌의 불균형, 과다한 도파민 수준 등

3) 심리·환경적 요인
- 심리적 원인 및 출산 시 부모의 높은 연령, 임신성 당뇨, 조산, 후성유전적 변화 등

4) 면역학적 요인
- 주산기 감염, 모체의 자가면역질환, 자폐스펙트럼장애아동의 면역계 이상 등

3. 자폐범주성장애의 진단 및 평가

1) 자폐범주성장애의 진단
- 『DSM-5-TR』에 명시된 자폐스펙트럼장애 진단기준, 보건복지부에서 제시한 기준 및 「장애인복지법 시행규칙」 제2조의 '자폐성 장애 판정기준'으로 진단

2) 자폐스펙트럼장애 평가
- 선별도구는 장애를 지닐 가능성이 있는 아동을 대상으로 걸음마기 아동 행동 발달 선별 척도, 영유아기 자폐증 점검표, 한국판 아동기 자폐증 평정척도 등을 사용하고, 진단도구는 장애정도를 판단하는 것으로 자폐증 진단면담지, 자폐증 진단관찰 스케

줄-2 등 사용

4. 자폐스펙트럼장애의 특성

1) 인지적 특성

- 다양한 지능, 선택적 주의집중에 어려움, 환경이나 일상의 변화를 불안해하고 같은
  방식으로 행동

2) 언어적 특성

- 옹알이 및 모방 행위가 없으며, 비언어적 신호를 이해하거나 사용하지 못하고, 언어의
  운율적인 부분의 문제와 화용언어에 대한 어려움을 동반하고 반향어를 사용하기도 함

3) 사회 · 정서적 특성

- 타인과 정서적인 상호반응이나 유대감 형성이 어려우며, 공감능력 및 마음 읽기도
  힘들고 사람에게도 관심이 없고 공동주의에 취약하여 정보를 공유하지 못함

4) 행동 및 감각적 특성

- 자기자극행동 및 감각기관으로 들어온 감각정보를 뇌에서 해석하고 통합하는 데 어
  려움. 감각적 자극에 집착하기도 하고 통각에 둔감

5. 자폐스펙트럼장애의 지원방안

1) 교육적 지원

- 구조화된 교수로 시각적 자료 및 활동 스케줄 사용, 규칙이나 또래관계, 배려 등의
  그림이 그려져 있는 시각적 자료를 이용한 사회적 상황이야기, 문제행동지원을 위한
  응용행동분석이 있음

2) 생태학적 지원

- 의사소통카드를 활용하는 TEACCH 프로그램, 아동의 발달 수준에 맞춰 점진적으로
  아동의 강점을 발전시켜 나가는 플로어타임

3) 치료지원

- 의사소통 방식을 습득하도록 돕는 언어치료, 인지적, 신체적, 근육 기능을 함께 발달
  시키기 위한 작업치료, 다양한 감각을 통합하는 데 도움을 주는 감각통합치료, 사회
  적 소통의 어려움을 돕는 사회성 기술 지도

생각나누기

학번:

이름:

1. 자폐스펙트럼장애아동을 지원하기 위한 시각적 단서 제시 방법에 대하여 토론하시오.

---

2. 자폐스펙트럼장애아동의 의사소통 발달을 촉진하기 위한 기능적 의사소통 방법에 대하여 토론하시오.

---

3. 자폐스펙트럼장애아동의 상동행동을 중재하기 위한 방법에 대하여 토론하시오.

---

4. 자폐스펙트럼장애아동을 지원하기 위한 다양한 중재방법에 대하여 토론하시오.

퀴즈

1. 이야기의 맥락에서 적절한 사회적 행동을 제공하는 중재방법은 무엇인가? (　　)

　　① 상황이야기　② 기능적 의사소통　③ 스토리텔링　④ 응용행동분석

2. 자기자극행동으로 빙글빙글 몸 돌리기, 손가락을 계속 쳐다보기 등은 자폐스펙트럼장애아동의 어떤 특성에 포함되는가? (　　　　　　　　　　　　　　　　　　　　　　)

3. 실생활에서 우선적으로 필요한 것을 중심으로 자연스러운 환경에서 의사소통하는 것을 강조하는 언어 중재방법은 무엇인가? (　　)

　　① 응용행동분석　② 스토리텔링　③ 기능적 의사소통　④ 상황이야기

4. 다음에 제시된 자폐성 장애의 정의는 어느 법에 의한 정의인가? (　　)

> 사회적 상호작용과 의사소통에 결함이 있고 제한적이고 반복적인 관심과 활동을 보임으로써 교육적 성취 및 일상생활 적응에 도움을 필요로 하는 사람

　　① IDEA　② DSM-5　③ 장애인등에 의한 특수교육법　④ 장애인복지법시행령

5. 인지적, 신체적, 근육 기능을 함께 발달시키기 위한 치료는? (　　　　　　　　　　　)

참고문헌

법제처 국가법령센터(2014). 장애인복지법 시행령.

법제처 국가법령센터(2017). 장애인 등에 대한 특수교육법 시행령.

법제처 국가법령센터(2021). 발달장애인 권리보장 및 지원에 관한 법률.

곽승철, 노진아, 조성하, 양영모(2016). 자폐성아동을 위한 활동 스케줄. 서울: 시그마프레스.

권준수, 김붕년, 김재진, 신민섭, 신일선, 오강섭, 원승희, 이상익, 이승환, 이헌정, 정영철, 조현상, 김민아(2023). DSM-5-TR 정신질환의 진단 및 통계 편람(제5판 수정판). APA 저. 서울: 학지사.

김건희, 김미경, 김민동, 박명화, 이상진, 이상훈, 이원령, 이한우, 정훈영, 조재규(2018). 자폐성 장애 학생을 위한 최상의 실제. 서울: 학지사.

보건복지부(2023). 2023년 장애등록심사 관련 법령 및 규정집. 보건복지부.

유희정 이경숙(2019). 영유아 자폐성 장애의 통합적조기선별 도구 및 서비스 개발최종보고서. 보건복지부.

이철(2018). 발달장애 아동청소년의 문제행동치료 가이드라인. 보건복지부 국립정신건강센터.

임경옥, 박경화, 조현정(2017). 특수교육학개론. 서울: 학지사.

정승환(2018). 플로어타임. 서울: 학지사.

한국보육진흥원(2019). 서울시 원장사전직무교육. 한국보육진흥원.

허은경, 김재리, 최소영(2016). 사회적 상황추론 카드. 서울: 예꿈.

제5장

지체 및 뇌병변장애의 이해

지체 및 뇌병변장애는 발달영역 전반에 걸쳐 많은 영향을 미치는 장애유형 중 하나이다. 지체 및 뇌병변장애의 선별과 판별은 다른 장애유형에 비해 의학적 진단이 매우 중요하다. 이는 지체장애와 뇌병변장애아동이 일상생활에서 기능을 최대한 발휘하기 위해 의료적, 교육적 접근에 대한 중요성이 강조되기 때문이다.

특히 교육적 측면에서 아동의 잠재능력을 발견하고 효과적인 교육방법을 적용하기 위해서 이들을 현장에서 발견하고 판별하는 과정은 필수적이다.

본 장에서는 지체 및 뇌병변장애의 정의 및 원인, 진단과 평가, 특성을 살펴본 후 이를 바탕으로 현장에서 적용할 수 있는 중재방법들에 대해 알아보고자 한다.

✅ **마인드맵**

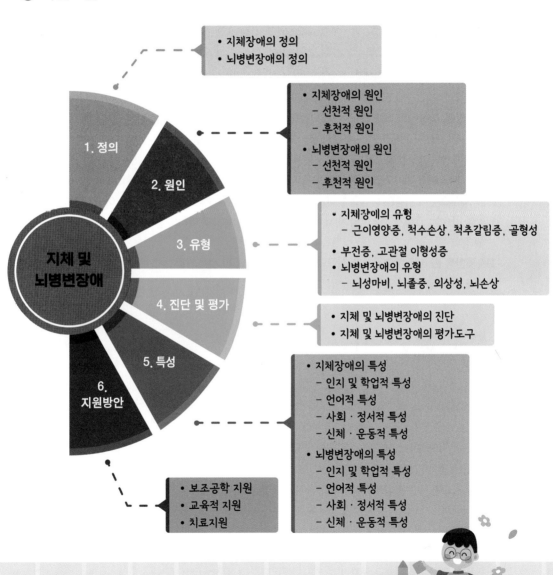

- 지체장애의 정의
- 뇌병변장애의 정의

- 지체장애의 원인
  - 선천적 원인
  - 후천적 원인
- 뇌병변장애의 원인
  - 선천적 원인
  - 후천적 원인

- 지체장애의 유형
  - 근이영양증, 척수손상, 척추갈림증, 골형성
- 부전증, 고관절 이형성증
- 뇌병변장애의 유형
  - 뇌성마비, 뇌졸중, 외상성, 뇌손상

- 지체 및 뇌병변장애의 진단
- 지체 및 뇌병변장애의 평가도구

- 지체장애의 특성
  - 인지 및 학업적 특성
  - 언어적 특성
  - 사회 · 정서적 특성
  - 신체 · 운동적 특성
- 뇌병변장애의 특성
  - 인지 및 학업적 특성
  - 언어적 특성
  - 사회 · 정서적 특성
  - 신체 · 운동적 특성

- 보조공학 지원
- 교육적 지원
- 치료지원

지체 및 뇌병변장애

1. 정의
2. 원인
3. 유형
4. 진단 및 평가
5. 특성
6. 지원방안

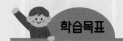
1. 지체장애와 뇌병변장애의 법적 정의를 구술할 수 있다.
2. 지체장애와 뇌병변장애의 장애유형에 대한 기준을 제시할 수 있다.
3. 지체장애와 뇌병변장애의 장애특성을 각각 분류하여 설명할 수 있다.
4. 지체장애와 뇌병변장애의 중재방법에 대하여 각각 정리할 수 있다.

주요 용어

지체장애: 기능ㆍ형태상 장애를 가지고 있거나 몸통을 지탱하거나 팔다리의 움직임 등에 어려움을 겪는 신체적 조건이나 상태로 인해 교육적 성취에 어려움이 있는 장애

뇌병변장애: 뇌성마비, 외상성 뇌손상, 뇌졸중과 같은 뇌의 기질적 병변으로 인한 신체장애

학습된 무기력: 자신이 어떤 노력을 기울여도 결과가 바뀌지 않을 것이라는 생각으로 인해 대처할 수 있는 상황에서도 아무런 시도를 하지 않게 되는 것

보속증: 자극이 바뀌어도 같은 반응을 되풀이하는 경향

좌상: 외부로부터 둔중한 충격을 받아서, 피부 표면에는 손상이 없으나 내부의 조직이나 내장이 다치는 일

외상성 뇌손상: 교통사고나 산업 재해, 폭행, 스포츠 사고 등으로 머리에 충격을 받아 외부에 의해 뇌가 손상된 장애

최소제한적 환경: 장애인들에게 제공되는 환경이 제한되거나 빈약해서는 안 되며, 불가피하게 주어지는 제한도 최소화시켜야 한다는 점을 강조한 개념

사례

수현(가명)이는 뇌병변 1급 장애를 진단 받은 16세 남아이다. 수현이는 출생 후 6개월부터 물리치료를 시작했고, 6세부터 유아용 휠체어를 사용했다. 그리고 자세 유지를 위한 의자가 집에서뿐 아니라 이동 시 차에서도 필요했기 때문에 우유팩으로 의자를 만들어 사용할 때도 있었다.

수현이 어머니는 수현이가 걷기 위해 무엇보다 체간과 다리의 힘을 기르는 것이 중요하다고 판단하여 하루 종일 재활과 치료를 하고 집에 와서도 보조기를 차고 11자로 벽에 세워 두었다. 밥은 프론스탠드 위에서 곧게 펴지도록 세워서 먹게 하고, TV도 서서 보게 하는 경우가 많았다. 다행히 수현이는 반복적인 재활뿐 아니라 집에서도 스탠딩하는 시간을 많이 가졌기 때문에 허리가 굽지 않았다.

학교에서는 선생님과 의논하여 교실에 각도 조절 책상을 맞춰서 가져다 놓고, 수현이가 최대한 친구들과 함께 일과를 보낼 수 있도록 최소제한적 환경을 제공하였다. 수현이는 고학년으로 갈수록 휠체어와 의자를 바꿔 앉는 것을 귀찮아했고 점차 맞춤 의자를 멀리하기 시작하였다.

수업시간과 쉬는 시간 외에 이동이 수월한 것은 휠체어이기 때문에 휠체어를 더 선호하였다. 사춘기가 되면서 친구들과 같은 책상을 쓰고 싶다고 하여 각도 조절 책상을 일반책상으로 바꿨다. 수현이는 여전히 자립적으로 걷지는 못하지만 스스로 이동할 수 있는 보조기기의 도움으로 혼자서 이동할 수 있고 친구들과의 놀이에도 참여할 수 있다.

① 지체 및 뇌병변장애의 정의

1) 지체장애의 정의

지체장애(physical disability)도 지적장애와 마찬가지로 시대에 따라 다양한 용어의 변천을 거쳐 왔다. 지체장애라는 용어가 사용되기 전에는 불구자 외에도 신체적인 장애의 부위에 따라 꼽추, 절름발이, 난쟁이 등으로 부르기도 했다.

1981년 「심신장애자복지법」이 제정되면서 '지체부자유자'라고 명시하다가 1989년 「장애인복지법」으로 개정되면서 지체장애로 명명되었다.

'지체'는 '팔다리와 몸'을 의미한다. 그러므로 지체장애는 질병, 사고 등으로 인해 신체의 한 부분 또는 여러 부분의 운동 능력이 손상되어 신체적인 활동을 하는 데 제한을 받게 되는 장애이다. 즉, 감각적인 원인이 아니라 팔, 다리와 체간의 신체 부위 기능장애로 인해, 일상생활과 학습을 하기 위해서 특수한 서비스, 재활훈련, 보조기구 등을 대부분 활용해야 하는 장애가 있는 경우를 말한다. 그러므로 골격 및 근육, 신경계 중 어느 부분에 질병이나 외상으로 인해 발생한 신체기능장애가 영구적으로 남아 있는 상태를 의미한다. 이들은 다른 장애유형과 달리 장애의 정도 및 범위가 다양하여 장애로 인한 의료적 문제 외에도 교육 및 재활과 관련하여 고려해야 할 사항이 많다.

지체장애에 대한 법적인 정의는 「장애인 등에 대한 특수교육법 시행령」과 「장애인복지법 시행령」에 명시되어 있다. 이를 살펴보면 〈표 5-1〉과 같다.

표 5-1 지체장애의 정의

관련법	용어	정의
「장애인 등에 대한 특수교육법 시행령」 제10조 (특수교육대상자의 선정)	지체장애	기능·형태상 장애를 가지고 있거나 몸통을 지탱하거나 팔다리의 움직임 등에 어려움을 겪는 신체적 조건이나 상태로 인해 교육적 성취에 어려움이 있는 사람
「장애인복지법 시행령」 제2조(장애의 종류 및 기준)	지체장애인	가. 한 팔, 한 다리 또는 몸통의 기능에 영속적인 장애가 있는 사람 나. 한 손의 엄지손가락을 지골(指骨: 손가락 뼈) 관절 이상의 부위에서 잃은 사람 또는 한 손의 둘째 손가락을 포함한 두 개 이상의 손가락을 모두 제1지골 관절 이상의 부위에서 잃은 사람

	다. 한 다리를 가로발목뼈관절(transverse tarsal joint) 이상의 부위에서 잃은 사람
	라. 두 발의 발가락을 모두 잃은 사람
	마. 한 손의 엄지손가락 기능을 잃은 사람 또는 한 손의 둘째 손가락을 포함한 손가락 두 개 이상의 기능을 잃은 사람
	바. 왜소증으로 키가 심하게 작거나 척추에 현저한 변형 또는 기형이 있는 사람
	사. 지체(肢體)에 위 각 목의 어느 하나에 해당하는 장애정도 이상의 장애가 있다고 인정되는 사람

지체장애의 정의에 대하여 「장애인 등에 대한 특수교육법 시행령」과 「장애인복지법 시행령」에서 각각 규정 하고 있으나 다음과 같은 차이가 있다.

첫째, 「장애인 등에 대한 특수교육법 시행령」에는 명칭을 지체장애로 표기하고 있는 반면, 「장애인복지법 시행령」에는 지체장애인이라고 규정하고 있다.

둘째, 「장애인 등에 대한 특수교육법 시행령」에는 지체장애에 대하여 교육상의 어려움이 판단 기준이며, 신체에 이상이 있다는 공통점만으로 하나의 집단으로만 분류하고 있는 반면, 「장애인복지법 시행령」에는 지체장애에 대하여 신체부위별로 구체적으로 규정하고 있으나 교육과 관련된 부분은 명시되지 않았다.

셋째, 장애등록이나 복지서비스를 받는 대상을 결정할 때 「장애인 등에 대한 특수교육법 시행령」에는 지체장애와 뇌병변장애를 구분하지 않고, 뇌병변장애를 지체장애에 포함시켜 지체장애만 명시되어 있다. 그러나 「장애인복지법 시행령」에는 뇌병변장애인과 지체장애인을 서로 다른 장애유형으로 구분하여 명시하고 있다.

이를 정리하면 〈표 5-2〉와 같다.

표 5-2 법적인 분류

분류	「장애인복지법 시행령」	「장애인 등에 대한 특수교육법 시행령」
절단, 관절, 지체기능 장애 등	지체장애	지체장애
뇌성마비, 외상성 뇌손상 등	뇌병변장애	

2) 뇌병변장애의 정의

뇌병변장애는 중추신경의 손상으로 인해 발생할 수 있는 복합적 장애로서 뇌성마비 (Cerebral Palsy: CP), 뇌졸중(중풍), 외상성 뇌손상(Traumatic Brain Injury: TBI) 등 뇌의 기질적 병변으로 인해 보행 또는 일상생활에 제한을 받는 장애이다(이미선, 신영미, 2018). 즉, 뇌의 구조적인 이상이나 기능적인 결함으로 인해 발생하는 외부 신체기능장애의 일종으로 스스로 움직이는 부분에 제한을 받거나 근육 조절이 어려워 근육 경직, 근력 저하, 운동 장애 등을 동반하는 경우가 많다. 그뿐만 아니라 일상생활에서 기능적인 도구들을 사용하는 데에도 어려움을 겪을 수 있으며, 인지 결함, 의사소통의 문제, 운동결손, 경련, 지적장애 및 지각장애 등을 동반할 수도 있다.

뇌병변장애에 대한 정의를 「장애인복지법 시행령」 제2조(장애의 종류 및 기준)에서는 〈표 5-3〉과 같이 규정하고 있다.

표 5-3 뇌병변장애의 정의

용어	정의
뇌병변장애인 (腦病變障碍人)	뇌성마비, 외상성 뇌손상, 뇌졸중(腦卒中) 등 뇌의 기질적 병변으로 인하여 발생한 신체적 장애로 보행이나 일상생활의 동작 등에 상당한 제약을 받는 사람

② 지체 및 뇌병변장애의 원인

1) 지체장애의 원인

지체장애의 원인은 매우 다양하지만 일반적으로 선천적인 원인과 후천적인 원인으로 분류할 수 있다. 선천적 원인으로는 유전적인 결함을 포함한 출생 전의 원인 및 모체의 산소 결핍 같은 출생 시의 원인, 출생 전후의 뇌막염과 같은 감염으로 태아에 문제가 생기는 것이다. 반면 95% 이상이 후천적 요인으로 인해 지체장애가 되는데, 원인으로는 교통사고, 산업재해, 신경계 손상, 만성질환으로 인한 합병증이나 후유증이 있다. 지체장애의 원인을 구체적으로 살펴보면 다음과 같다.

(1) 선천적 원인

첫째, 출생 전 원인은 불수의 운동증, 염색체의 이상과 같은 유전적 요인과 임신기간 중 약물 남용이나 약물의 부작용 및 음주, 흡연, 방사선 노출, 매독 등으로 인해 신체적인 결함이 발생할 수 있다. 그리고 태아의 톡소플라즈마증, 모체의 자궁 내 감염 및 풍진, 빈혈 등 임신 중 발생하는 요인이 원인이 되기도 한다. 이 외에도 RH 혈액형의 불일치, 모체의 중독증 등으로 발생될 수 있다. 출생 전 원인은 대부분 밝혀내지 못하는 경우가 일반적이다.

둘째, 출생 시 원인으로는 태반이 분만 시에 태아가 나오는 길목인 자궁 문을 가리고 있거나 자궁 문에 걸쳐 있는 전치태반, 난산, 태아의 산소 결핍 및 무산소증, 부적절한 겸자 사용, 외상, 모체의 영양실조 등이 있다.

(2) 후천적 원인

후천적 원인은 출생 이후 예기치 않은 질병이나 산업재해, 교통사고, 스포츠 부상 등이 있을 수 있다. 뇌손상에 기인한 것으로는 두개골절, 뇌의 타박상 등이 있으며 뇌혈관 사고, 뇌졸중, 뇌의 발육 부진, 경기, 좌상, 외상, 뇌막염, 뇌염 등으로 신체적 결함을 가질 수 있다.

당뇨병, 관절염 등 만성질환으로 인한 합병증이나 후유증도 원인이 될 수 있다. 예를 들어, 당뇨병의 합병증으로 인해 절단을 하거나 혈관성 질환을 비롯하여 골수 질환 등으로 인해 절단을 하는 경우도 있다. 그리고 노화 및 장기적인 건강 문제로 인한 근골격계의 퇴행이나 기능 저하 등 후천적 요인은 매우 다양하다.

2) 뇌병변장애의 원인

지체장애가 대부분 후천적 요인으로 인해 발생하는 데 반해 뇌병변장애는 임신과 출산 과정에서 주로 선천적으로 발생한다. 즉, 유전적인 요인을 비롯하여 출생 전, 출생 시, 그리고 출생 후의 다양한 원인으로 인해 발생할 수 있다.

후천적으로는 뇌막염 같은 질병이나 다양한 사고로 인해 발생한다. 그러나 뇌병변장애의 원인은 후천적인 경우를 제외하고는 아직 정확하게 알려지지 않았다. 뇌병변장애의 원인을 구체적으로 살펴보면 다음과 같다.

(1) 선천적 원인

첫째, 출생 전 원인으로는 유전적 요인과 임산부의 약물 남용 및 약물의 부작용, 임신 중 방사선 노출, 임신중독증, 산소 결핍, 바이러스 감염 등이 태아에게 부정적인 영향을 미치게 된다. 그리고 RH 혈액형의 불일치, 음주, 흡연, 풍진 등이 원인이 될 수 있다. 이 외에도 지체장애의 선천적 원인이 뇌병변장애의 선천적 원인이 되기도 한다. 선천적 원인은 명확히 밝혀내지 못하는 경우가 매우 많다.

둘째, 출생 시 원인으로는 난산, 뇌손상, 태아의 산소 결핍, 무산소증, 부적절한 겸자 사용, 외상, 모체의 영양실조 등이 문제가 될 수 있다. 특히 조산이나 미숙아일 경우 호흡장애로 인해 뇌에 산소가 충분히 공급되지 못해 발생할 수도 있다.

(2) 후천적 원인

후천적 원인은 일반적으로 뇌손상이나 다양한 질병으로 인해 발생할 수 있다. 즉, 뇌혈관이 막히거나 파열로 인한 뇌졸중(stroke), 충격, 혹은 어떤 물체에 의한 관통 등 외부의 물리적인 힘으로부터 뇌에 손상을 입은 상태의 외상성 뇌손상(traumatic brain injury), 두개골 내에 생기는 종양으로 인한 뇌종양(brain tumor) 등이 대표적이다. 이러한 원인은 뇌의 구조와 기능을 손상시켜 뇌병변장애를 유발할 수 있다. 이 외에 뇌염, 뇌암 등도 원인이 될 수 있다.

③ 지체 및 뇌병변장애의 유형

1) 지체장애의 유형

지체장애는 장애유형별 판정기준에 의해 절단장애와 관절의 강직 또는 관절의 불안정이 있는 관절장애, 그리고 팔, 다리의 기능장애 중 팔 또는 다리의 마비로 팔 또는 다리의 전체 기능에 장애가 있는 지체기능장애와 척추장애 및 변형 등의 장애로 분류한다.

절단장애는 상지절단장애와 하지절단장애, 관절장애는 상지관절장애와 하지관절장애, 지체기능장애는 상지기능장애, 하지기능장애, 척추장애, 변형 등의 장애로 나눈다.

지체장애는 대표적으로 신경계의 손상으로 인해 발생하는 간질, 경련장애, 근골격계의 이상으로 발생하는 근이영양증, 선천적 기형의 신체적 이상인 척추갈림증, 척수손상, 골형성부전증, 고관절 이형성증 등을 모두 포함하며, 영향을 받는 부위 및 상태에 따라 다양한 형태로 나타날 수 있다. 대표적으로 근골격계의 이상으로 발생하는 지체장애 관련질환의 유형을 살펴보면 다음과 같다.

(1) 근이영양증(muscular dystrophy)

근육이 점점 힘을 잃어 가는 질병으로, 골격근이 점차로 변성되고 위축되면서 퇴화가 진행되는 유전성 질환이며 몇 가지 형태로 분류된다.

첫째, 뒤센(Duchenne)형은 근육 약화의 정도와 유전적 패턴에 따라 가장 흔한 유형이다. 반성 열성 유전으로 2~4세 정도의 남아에게 많이 발생하며, 5세경에 뚜렷한 근육 약화가 나타나고 보통 10대에 사망한다.

둘째, 베커(Becker)형은 발병 시기가 보통 5~20세로 질환의 진행도 느리며 20대 이후에도 생존한다. 이 외에도 상염색체 열성소질 근이영양증 등이 있다.

일반적으로 근이영양증과 근위축증을 구별 없이 사용하고 있지만 근이영양증은 주로 유년기에 발생하고 근위축증은 청년기에 발생하는 등 약간의 차이가 있다.

뒤센형과 베커형은 [그림 5-1]과 같다.

뒤센형

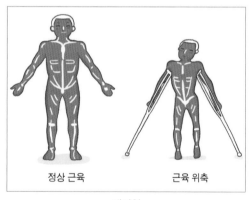

정상 근육 　　　　근육 위축

베커형

그림 5-1 뒤센형과 베커형

(2) 척수손상(spinal cord injuries)

척수는 척추 내에 존재하는 중추신경으로 사고나 질병에 의해 척추가 손상되면서 함께 손상될 수도 있고 질병에 의해 손상될 수도 있는데 70%는 외상에 의해, 30%는 질병에 의해 발생한다.

외상에 의해 생긴 외상성 척수손상은 교통사고, 승마나 다이빙 등 스포츠 손상, 낙상, 추락 사고 등이 원인이며, 비외상성 척수손상은 척추탈구나 척수종양 등으로 생길 수 있다.

손상받은 척수의 위치에 따라 경수 손상에 의한 사지 마비와 흉수 이하 손상에 의한 하지 마비로 구분한다. 그리고 손상정도에 따라 척수가 완전 횡절단된 상태인 완전 척수손상과 손상 부위 이하의 일부 감각이나 운동 기능이 보전된 상태인 불완전 척수손상으로 구분한다.

척추손상 및 척수손상과 척수손상 위치에 따른 마비 부위는 [그림 5-2]와 같다.

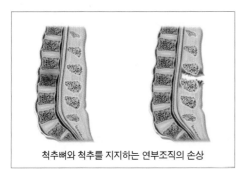

척추뼈와 척추를 지지하는 연부조직의 손상

척추손상

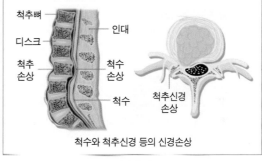

척수와 척추신경 등의 신경손상

척수손상

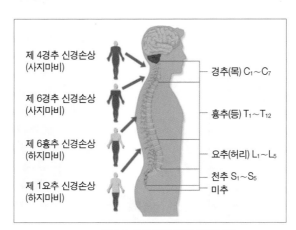

척수손상 위치에 따른 마비부위

그림 5-2 척추손상 및 척수손상과 척수손상 위치에 따른 마비부위

(3) 척추갈림증(rachischisis)

이분척추(spina bifida)라고도 불리는 척추갈림증은 척추뼈 일부가 불완전하게 닫혀, 즉 등뼈와 천수막이 완전히 닫히지 않거나 태아 상태일 때 신경관(neural tube)이 불완전하게 폐쇄되어 척수가 노출되는 선천성 기형이다.

척추갈림증은 수막과 척수의 이상에 따라 크게 세 가지 유형으로 나눌 수 있다.

첫째, 잠재 이분척추(spina bifida occulta)는 척수나 수막의 탈출이 없이 낭종이 잠재되어 있고, 척추의 추골궁 융합의 결손만 있으며, 발생빈도가 5~10%인 매우 흔한 기형이다.

둘째, 수막류(meningocele)는 후추골궁의 결손된 부위로 수막이 탈출하여 낭종의 돌출이 있는, 즉 하요부 중앙에 출렁거리는 낭성 덩어리로 나타나는데 정상 피부로 잘 덮여 있다.

셋째, 척수 수막류(myelomeningocele)는 수막과 함께 신경조직이 탈출하여 결손 부위의 척수와 신경근에 이상을 나타내는데 일반적으로 심각한 형태의 기형이다. 척추갈림증 유형은 [그림 5-3]과 같다.

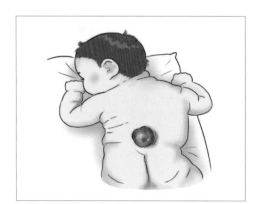
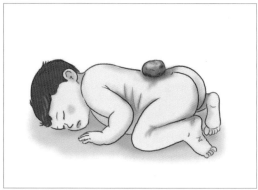

척추갈림증의 아기

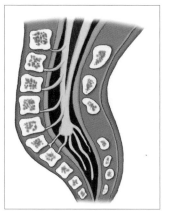
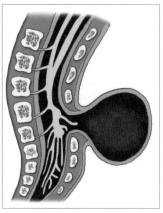
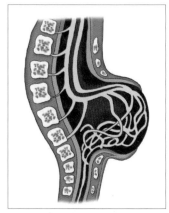

잠재성 척추갈림증   수막류   척수 수막류

그림 5-3   척추갈림증 유형

(4) 골형성부전증(osteogenesis imperfecta)

상염색체의 우성 및 열성 유전인자로 인해 신체에 큰 충격이나 특별한 원인이 없이도 뼈가 쉽게 부러지는 선천성 유전질환이며, 일반적으로 4가지 유형으로 분류된다.

첫째 유형은 가장 흔한 경우로 거의 정상이며 골절은 사춘기 이전에 생기고, 헐거운 관절과 낮은 근육 긴장도를 보인다. 세모형의 얼굴에 눈의 흰자위가 항상 푸르거나 보라색 및 회색을 띠며, 청각 손실이 있을 수 있고, 척추만곡으로 진행된다.

둘째 유형은 가장 심한 형으로 대부분 사산되거나 태어나서도 호흡기계의 문제로 단기간 내에 사망한다. 다수의 골절과 심한 뼈의 변형을 보이며, 대부분 키가 작다.

셋째 유형은 태어나면서부터 골절이 일어나며, 심한 뼈의 변형, 헐거운 관절과 팔과 다리 근육의 발달 저하, 작은 키, 세모형의 얼굴에 눈의 흰자위가 항상 푸르거나 보라색 및 회색을 띤다. 청각 손실이 있을 수 있고, 척추만곡으로 진행된다.

넷째 유형은 첫 번째 유형과 세 번째 유형의 중간으로 뼈가 쉽게 골절되며, 대부분 사춘기 이전에 생기고, 키는 평균보다 작다. 세모형의 얼굴에 눈동자는 정상이고, 청각장애가 있을 수 있으며, 척추만곡으로 진행된다. 골형성부전증 유형은 [그림 5-4]와 같다.

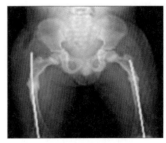

| 눈의 흰자위가 회색 | 골절 후 각변형 | 수술로 교정된 사진 |

그림 5-4 골형성부전증 유형

(5) 고관절 이형성증

국가에서 2006년부터 영유아 검진 사업에 정식으로 포함시킨 고관절 이형성증(Developmental Dysplasia of the Hip: DDH)은 대퇴골이 탈구된 상태이다. 즉, 엉덩이뼈와 다리의 뼈가 연결되는 관절이 어긋나게 되어 고관절 내 공모양의 대퇴골 머리가 부분적으로 빠져 있거나 모양이 변형되는 것이다.

고관절 이형성증은 유아의 양 다리가 잘 벌어지지 않거나, 다리의 길이가 달라 양쪽 허벅

지의 주름 위치가 다르다. 주로 오리걸음을 걷게 되며 보행장애를 가지게 되는데, 남아에 비해 여아에서 4~6배 정도 높게 발생한다. 고관절 이형성증은 [그림 5-5]와 같다.

무릎의 높이가 다름

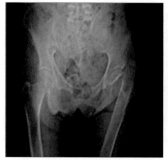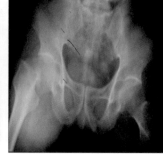
고관절이 X-ray상으로 탈구되어 있음

그림 5-5　고관절 이형성증

2) 뇌병변장애의 유형

뇌병변장애는 뇌의 기질적 병변으로 인하여 발생하는 뇌성마비, 외상성 뇌손상, 뇌졸중, 파킨슨 병, 뇌출혈 등이 있다. 이를 구체적으로 살펴보면 다음과 같다.

(1) 뇌성마비

뇌병변장애의 유형인 뇌성마비, 뇌졸중(중풍), 외상성 뇌손상 중 뇌성마비는 하나의 질병이 아니라 유사한 임상적 특징을 가진 증후군들을 집합적으로 일컫는 개념이다.

뇌성마비는 여러 원인에 의한 뇌의 손상 또는 뇌기능의 비정상적 발달에서 비롯되는 영구적인 상태를 말하며 여러 가지 질병에 의해 발생된다. 또한 비진행성 병변이나 손상이 발생하여 영구적인 운동장애 등이 나타나는 장애를 말한다. 운동장애정도는 뇌의 손상된 부위와 정도에 따라 그 양상이 다르고, 지적장애, 시각장애, 청각장애, 뇌전증(간질), 언어장애 등을 동반하는 경우가 많다.

뇌병변장애를 지닌 아동의 경우 뇌성마비 비율이 가장 많은데, 뇌성마비는 주로 자발적인 운동이나 자세 유지와 같은 기능 부전에 영향을 미치며, 하위 유형으로 경직형, 불수의 운동형, 운동실조형, 저긴장형, 혼합형으로 분류된다. 뇌성마비의 여러 유형별 뇌손상 범위는 [그림 5-6]과 같다.

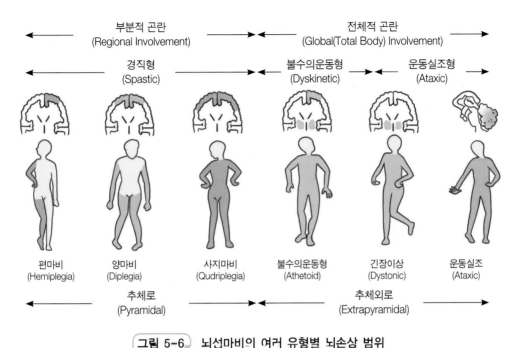

부분적 곤란
(Regional Involvement)

전체적 곤란
(Global(Total Body) Involvement)

경직형
(Spastic)

불수의운동형
(Dyskinetic)

운동실조형
(Ataxic)

편마비
(Hemiplegia)

양마비
(Diplegia)

사지마비
(Qudriplegia)

불수의운동형
(Athetoid)

긴장이상
(Dystonic)

운동실조
(Ataxic)

추체로
(Pyramidal)

추체외로
(Extrapyramidal)

그림 5-6 뇌성마비의 여러 유형별 뇌손상 범위

출처: 권순우 외(2017). 특수교육학개론, p. 213.

(2) 뇌졸중

뇌기능에 부분적 또는 전체적으로 급속히 발생한 장애가 상당 기간 이상 지속되는 것으로, 뇌혈관 벽이 막혀서 혈액이 원활하게 이동하지 못하거나 혈관에 손상을 입어 신경계통에 문제가 생긴 상태를 일컫는다. 뇌졸중은 뇌에 혈액을 공급하는 혈관이 막혀서 발생하는 뇌경색(허혈성 뇌졸중)과 뇌혈관의 파열로 인해 뇌 조직 내부로 혈액이 유출되어 발생하는 뇌출혈(출혈성 뇌졸중)을 통틀어 일컫는 진단명이다.

(3) 외상성 뇌손상

교통사고나 산업 재해 등과 같은 사고로 머리에 충격이 가해졌을 때 뇌의 육안적 구조 변화(주로 부종과 출혈 등)는 초래되지 않았으나, 물리적 충격으로 인한 동시다발적인 신경 세포들의 기능 이상으로 일시적이거나 또는 영구적으로 뇌기능(의식, 인지, 감각, 운동 등)이 감소 혹은 소실된 상태를 의미하는 진단명이다.

지체 및 뇌병변장애의 진단 및 평가

1) 지체 및 뇌병변장애의 진단

지체 및 뇌병변장애에 대한 진단은 전문의를 통해 판단되어야 한다. 특히 의사소통과 신체상의 어려움을 대부분 갖고 있기 때문에 진단 시 이러한 부분이 충분히 고려되어야 한다.

보건복지부(2023)의 장애등록심사 관련 법령 및 규정집에 고시된 지체장애 판정기준의 일부를 소개하면 〈표 5-4〉와 같고, 뇌병변장애 판정기준의 일부는 〈표 5-5〉와 같다.

표 5-4 **지체장애 판정기준**

가. 장애진단기관 및 전문의

 (1) 절단장애: X-선 촬영시설이 있는 의료기관의 의사

 (2) 기타 지체장애: X-선 촬영시설 등 검사장비가 있는 의료기관의 재활의학과 · 정형외과 · 신경외과 · 신경과 · 소아청소년과(신경분과) · 내과(류마티스분과) 전문의, 마취통증의 학과(CRPS상병인 경우) 전문의

나. 진료기록 등의 확인

 (1) 장애진단을 하는 전문의는 원인 질환 등에 대하여 6개월 이상의 충분한 치료 후에도 장애가 고착되었음을 진단서, 소견서, 진료기록 등으로 확인하여야 한다(필요시 환자에게 타 병원 진료기록 등을 제출하게 한다).

 (2) 다만 장애상태가 고착되었음이 전문적 진단에 의해 인정되는 경우 이전 진료기록 등을 확인하지 않을 수 있다. 이 경우 이에 대한 의견을 구체적으로 장애정도 심사용 진단서에 명시하여야 한다.

다. 장애진단 및 재판정 시기 / 라. 판정개요

  ······〈중략〉······

출처: 보건복지부(2023). 2023년 장애등록심사 관련 법령 및 규정집, p. 57.

| 표 5-5 | 뇌병변장애 판정기준 |

가. 장애진단기관 및 전문의

의료기관의 재활의학과 · 신경외과 · 신경과 · 소아청소년과(신경분과) 전문의

나. 진료기록 등의 확인

장애진단을 하는 전문의는 원인 질환 등에 대하여 6개월 이상의 충분한 치료 후에도 장애가 고착되었음을 진단서, 소견서, 진료기록 등으로 확인하여야 한다(필요시 환자에게 타병원 진료기록 등을 제출하게 한다).

다. 장애진단 및 재판정 시기

......〈중략〉......

라. 판정개요

(1) 뇌병변장애의 판정은 뇌성마비, 외상성 뇌손상, 뇌졸중과 기타 뇌의 기질적 병변으로 인한 경우에 한한다.

(2) 장애의 진단은 주된 증상인 마비의 정도 및 범위와 뇌병변으로 인한 경직, 불수의 운동, 균형장애, 실조증상 등에 따른 팔 · 다리 기능수행 저하를 종합적으로 고려하여 보행과 일상생활동작의 수행능력을 기초로 전체 기능장애정도를 판정한다.

(3) 전체 기능장애정도의 판정은 이학적검사 소견, 인지기능평가와 수정바델지수(Modified Barthel Index: MBI)를 사용하여 실시하며 진단서에 내용을 명기한다.

(4) 만 1세 이상~만 7세 미만 소아는 뇌성마비 대운동 기능 분류 시스템(Gross Motor Function Classification System: GMFCS), 대운동 기능평가(Gross Motor Function Measure: GMFM), 베일리발달검사 등을 참고할 수 있다.

(5) 뇌병변은 전산화단층촬영(CT), 자기공명영상촬영(MRI), 단일광자전산화단층촬영(SPECT), 양전자단층촬영(PET) 등으로 확인되고, 신경학적인 결손을 보이는 부위와 검사소견이 서로 일치하여야 한다. 다만 뇌성마비 등과 같이 뇌영상 자료에 뇌의 병변이 뚜렷이 확인되지 않는 경우에는 임상적 증상을 우선으로 한다.

(6) 뇌의 기질적 병변으로 시각 · 청각 또는 언어상의 기능장애나 지적장애에 준한 지능 저하 등이 동반된 경우는 중복장애 합산 인정기준에 따라 판정한다.

(7) 파킨슨 질환은 주요증상(운동완만, 떨림, 경직, 체위불안정, 보행장애)에 대한 진료기록이 충분히 확인되거나 단일광자전산화단층촬영(SPECT) 또는 양전자단층촬영(PET)에서 도파민성 신경세포소실을 시사하는 소견이 확인된 경우에 장애판정한다.

출처: 보건복지부(2023). 2023년 장애등록심사 관련 법령 및 규정집, pp. 69-71.

2019년부터 각 장애에 대한 등급제가 폐지되고 '장애의 정도가 심함' '장애의 정도가 심하지 않음'의 두 가지로만 구분하고 있다. 그 기준은 「장애인복지법 시행규칙」 제2조(장애인의 장애정도 등)와 보건복지부(2023)의 장애등록심사 관련 법령 및 규정집에 고시되어 있다. 일례로 지체장애 중 신체의 일부를 잃은 사람을 〈표 5-6〉과 같이 구분한다.

표 5-6 장애인의 장애정도 등

유형	분류	
지체장애	장애의 정도가 심한 장애인	장애의 정도가 심하지 않은 장애인
신체의 일부를 잃은 사람 (절단장애)	가. 두 손의 엄지손가락과 둘째 손가락을 잃은 사람 나. 한 손의 모든 손가락을 잃은 사람 다. 두 다리를 가로발목뼈관절(Chopart's joint) 이상의 부위에서 잃은 사람 라. 한 다리를 무릎관절 이상의 부위에서 잃은 사람	가. 한 손의 엄지손가락을 잃은 사람 나. 한 손의 둘째 손가락을 포함하여 두 손가락을 잃은 사람 다. 한 손의 셋째 손가락, 넷째 손가락 및 다섯째 손가락을 모두 잃은 사람 라. 한 다리를 발목발허리관절(tarsome tatarsal joint) 이상의 부위에서 잃은 사람 마. 두 발의 발가락을 모두 잃은 사람

2) 지체 및 뇌병변장애의 평가도구

지체 및 뇌병변장애를 진단하기 위해서는 다양한 평가도구가 활용된다. 특히 전문가에 의해 여러 가지 검사를 시행한 후 관찰 및 상담 등을 통해 수집한 반 구조화된 자료와 표준화된 평가도구의 결과를 바탕으로 판정을 해야 한다. 그러므로 진단을 하기 전 지체 및 뇌병변장애의 특성에 대한 이해를 바탕으로 시지각발달 및 운동발달 등에 대한 정확한 검사가 이루어져야 한다.

「장애인 등에 대한 특수교육법 시행규칙」 제2조(장애의 조기발견 등)에 표기된 별표 1에 의하면 지체장애 대상자를 선정하기 위해 기초학습기능검사를 시행하도록 명시하고 있다.

(1) 기초학습기능검사

특수교육대상자의 읽기, 수학, 쓰기 기초학습능력 수행과 발달수준을 종합적으로 평가함으로써 기초학습 문제를 진단하고 선별하기 위한 검사이다. 기초학습기능검사 도구는 〈표 5-7〉, 검사도구지는 [그림 5-7]과 같다.

표 5-7 기초학습기능검사

도구	내용	연령
국립특수교육원 기초학력 검사 (KISE-BAAT)	• 읽기, 쓰기, 수학 3개의 소검사 및 도형검사로 제작 • 읽기검사: 선수기능, 음독능력, 낱말이해, 문장완성, 어휘선택, 문장배열, 짧은글이해(독해능력)로 구성 • 쓰기검사: 선수기능, 표기능력, 어휘구사력, 문장구사력, 글구성력으로 구성 • 수학검사: 수, 도형, 연산, 측정, 확률과 통계, 문제해결로 구성	• 만 5세~14세 11개월 30일(유치원~중 3학년)
기초학습능력 종합검사(BASA: CT)	• 학생의 읽기, 수학, 쓰기 기초학습능력 수행과 발달수준을 종합적으로 평가함으로써 기초학습 문제를 진단하고 선별 • 기초학습부진, 난독증, 경계선 지능, 학습장애 위험군 학생을 위한 교육적 진단평가 정보 제공 • 읽기검사, 수학검사, 쓰기검사, 읽기유창성검사(보충검사: 개인검사)로 구성	• 초등 1학년 이상, 성인(발달장애)

국립특수교육원 기초학력검사
출처: 샤크로 홈페이지(sharkro.co.kr).

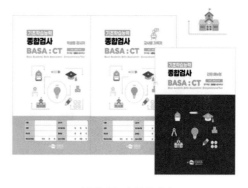

기초학습능력 종합검사
출처: 아이소리몰 홈페이지(www.isorimall.com).

그림 5-7 기초학습기능검사지

(2) 운동발달검사도구

지체 및 뇌병변장애의 경우 운동발달에 대한 평가는 필수적임에도 불구하고 특수교육대상자 선별검사 및 진단·평가 영역에 이에 대한 언급이 전혀 없는 상황이므로 시급히 시정되어야 할 필요가 있다. 운동발달검사도구는 〈표 5-8〉, 검사도구지는 [그림 5-8]과 같다.

표 5-8 운동발달검사도구

도구명	내용	대상
한국판 대동작기능평가 (K-GMFM)	• 뇌성마비(K-GMFM-66: 영역 구분 없음) 및 뇌병변 아동, 운동발달이 늦은 아동의 현행수준 평가(K-GMFM-88) • 평가항목: 대항목 5개와 소항목 88개의 문항으로 구성 • 대항목 5개: 눕기와 뒤집기 17항목, 앉기 20항목, 네발기기와 무릎서기 14항목, 서기 13항목, 걷기, 달리기, 뛰기 24항목	• 만 2~90세
피바디 운동발달척도-3 (PDMS-3)	• 취학 전의 아동을 대상으로 대근육과 소근육의 기능을 평가, 측정, 훈련하는 도구 • 유아의 섬세한 운동발달의 양과 질의 양상을 종합적으로 평가 • 1개의 보충 검사(체력)와 5개의 핵심 하위 검사(신체조절, 신체이동, 물체조절, 손조작, 눈과 손의 협응력)로 구성	• 0~5세 11개월
운동숙련도 평가도구 (BOT-2)	• 대동작: 달리기 속도, 민첩성, 균형, 양측협응, 힘, 상지협응을 평가하는 도구 • 소동작: 반응속도, 시운동 조절, 상지속도, 기민성을 평가하는 도구	• 만 4세 6개월 ~21세 11개월

한국판 대동작 기능 평가

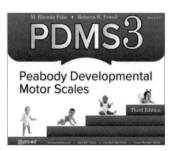

피바디 운동발달척도-3

운동숙련도 평가도구

그림 5-8 운동발달 검사지

(3) 뇌성마비아동을 위한 대근육운동 기능분류시스템-확장개정판

대동작기능분류시스템-확장개정판(GMFCS-E&R)은 뇌성마비아동이 자발적으로 할 수 있는 움직임에 초점을 맞추어 기능을 평가하는 것이다. 이는 기존 대동작기능분류시스템의 문제점, 즉 5단계의 불명확성 및 12세까지의 평가를 보완하여 18세까지의 연령대를 포함하였다. 그리고 단계별이 아닌 연령별로 2세 미만 영아, 생후 2~4년 미만, 생후 4~6년 미만,

생후 6년~12년 미만, 생후 12~18년 미만으로 나누어 각 연령별로 단계를 세분화하였다.

생후 2년 미만의 예시는 〈표 5-9〉, 대근육운동 기능분류시스템-확장개정판 레벨은 [그림 5-9]와 같다.

표 5-9 생후 2년 미만

단계	특징
1단계	바닥에 앉아 자유롭게 양손으로 사물을 다루고, 기고, 붙잡고 일어서서 가구를 붙잡고 몇 발자국 걷기 가능. 18~24개월 사이에는 독립 보행
2단계	바닥에 앉아 손을 짚어 균형 유지. 배밀이 혹은 손과 무릎으로 기기 가능. 붙잡고 일어서서 가구를 붙잡고 몇 발자국 걸을 수 있음
3단계	허리를 받쳐 주면 바닥에 앉기 가능. 뒤집거나 배밀이로 이동
4단계	목을 가누지만 몸통을 잡아 주어야 바닥에 앉기 가능. 뒤집기 가능
5단계	신체장애로 인해 동작을 자발적으로 조절 못함. 엎드리거나 앉은 자세에서 목과 몸통 가누기 어려움

GMFCS Level I

GMFCS Level II

GMFCS Level III

GMFCS Level IV

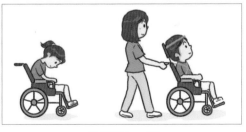

GMFCS Level V

그림 5-9 6~12세 뇌성마비아동을 위한 대근육운동 기능분류시스템-확장개정판

출처: Russell (2021). 대동작기능평가(2판).

⑤ 지체 및 뇌병변장애의 특성

1) 지체장애의 특성

(1) 인지 및 학업적 특성

지체장애아동은 뇌손상의 손상정도 및 부위에 따라 다양한 인지 능력을 보이기 때문에 일반화하기는 어렵다. 즉, 모두 지적 능력에 문제를 나타내는 것은 아니다. 심한 인지적 결함을 나타낼 수도 있지만, 평균 지능보다 높은 우수한 수준을 보일 수도 있다. 예를 들어, 소아마비 및 이분척추의 경우 다른 문제를 동반하지 않으면 비장애아동과 지능에 차이를 보이지 않는다. 경우에 따라 더 우수한 지적 능력을 가질 수도 있다.

그러나 인지적 결함이 동반되거나 복합 장애를 가질 경우 정보를 받아들이고 처리하는 데 어려움을 갖기 때문에 대부분 학업 성취 부분이 낮게 나타나고, 다양한 영역에서 문제를 수반하기도 한다. 일부 지체장애의 경우 치료 및 수술이나 입원 등으로 인하여 결석이 잦아 학업 성취에 부정적인 영향을 미칠 수 있다.

신체적, 의료적 문제로 학습에 어려움을 보이기도 한다. 학습의 준비성을 이루는 경험적 배경 면에서 직접경험은 물론, 간접경험마저 제한되어 있어 각종 사물이나 사상에 관한 개념 형성이 왜곡된다. 지각-운동장애, 언어장애, 정서 불안정, 학습장애, 전경-배경 변별 장애 등의 현상이 나타나서 사고력에도 영향을 미친다(도명애 외, 2016).

(2) 언어적 특성

지체장애아동은 일반적으로 신체적인 문제로 인해 구어로 표현하는 과정이 어렵고, 호흡 조절이 쉽지 않아 발음의 문제 등이 나타난다. 즉, 호흡을 유지하며 말을 산출하는 것이 어렵고, 구강구조의 문제로 인해 부정확한 발음이 발성된다.

이와 더불어 미성숙한 사고를 지닌 인지적 취약점은 언어발달에도 부정적인 영향을 미친다. 낮은 지적 능력은 그로 인해 부적절한 발음 및 빈약한 소통, 의사소통의 실패 등을 경험하게 되어 의사소통의 욕구를 저해하는 하나의 요인이 되고 있다.

특히 지체장애아동 중에는 호흡의 이상으로 정상적으로 말하는 것이 어려워 말을 뚝뚝 끊거나, 말을 더듬거나, 말하는 소리가 느린 특성 등을 가지고 있는 경우도 있다.

(3) 사회·정서적 특성

지체장애아동은 외모 때문에 또래로부터 차별을 받음으로 인해 심리 및 정서뿐만 아니라 사회적 관계에서도 부정적인 결과를 초래한다. 실제 다른 장애유형에 비해 초등학교 입학 및 전학에서 사회적 차별 경험이 지체장애의 경우 41. 8%, 뇌병변장애 44.8%(김현지 외, 2023)로 가장 높게 나타났다. 이는 외현적으로 보이는 외모에 대한 부분이 가장 크게 영향을 미쳤다고 보아야 한다.

신체적인 문제는 외부적으로 드러나기 때문에 사회·정서적으로 매우 부정적인 영향을 미칠 가능성이 크다. 신체적 제한으로 인한 주변인들의 과잉보호 및 스스로 의존하게 되는 습관 등으로 인해 학습된 무기력(learned helplessness)을 보이기도 한다.

이 외에도 잦은 병원 치료 및 입원, 수술과 장애아 전문 교육기관에서의 인지, 언어, 놀이, 감각통합치료 등을 받아야 하기 때문에 또래들과 상호작용할 수 있는 경험이 부족하다. 이로 인해 사회적 관계 맺기와 사회성 발달에 있어서도 어려움이 나타난다.

(4) 신체·운동적 특성

지체장애의 경우 상당수가 수의적인 움직임에 어려움을 보이고, 불수의적 움직임 및 근육의 긴장도에 대한 조절력이 떨어져 신체를 자유롭게 움직이는 것이 쉽지 않다. 뿐만 아니라 비정상적인 운동패턴을 보이기도 하고, 관절의 움직임도 자유롭지 못한 경우도 있으며, 근육의 협응능력도 뒤떨어진다. 그리고 특정 근육이 위축되거나 마비되기도 하고, 신체 일부를 상실한 경우도 있어 이동성이 어렵기 때문에 타인의 도움을 받거나 휠체어를 사용하기도 한다.

이러한 신체적인 제한으로 정상적인 운동발달이 이루어지기 어렵고 비장애아동에 비하여 운동경험이 부족해져서 비정상적인 운동형태를 보이기도 한다. 이와 더불어 운동발달의 지연 및 신체적 형태의 이상으로 인해 기능장애가 발생하는 경우도 있다.

2) 뇌병변장애의 특성

(1) 인지 및 학업적 특성

뇌병변장애는 일반적으로 인지기능에도 부정적인 영향을 미치며 이는 장애정도에 따라 다르게 나타날 수 있다. 선천적인 뇌의 손상에 의한 장애인 경우는 앞서 살펴본 지체장애와 유의한 특성이 나타나며, 후천적으로 외상성 뇌손상과 같은 경우라면 산만함과 혼란스러움으로 인해 과제에 집중하거나 참여하는 데 문제가 발생할 수 있고 전이의 어려움이 나타난다.

환경을 조직하는 능력의 부재도 나타나며 과제가 주어졌을 때 계획, 조직하거나 과업과 활동을 조정하는 데에도 문제점을 보인다. 이와 더불어 일상적인 일들에 대한 관리가 어렵고, 판단력이 떨어질 수 있으며, 주의력 결핍과 기억력 저하의 문제가 발생할 수 있다. 이런 문제는 결과적으로 수업에 집중하기 힘들게 만들고, 다양한 과제를 완수하는 데에도 어려움을 겪게 한다.

(2) 언어적 특성

의사소통 기술 중 하나인 발성에 있어서, 음성을 만드는 안면근육이나 운동기능에 문제가 있으면 의사소통이 곤란한 경우가 빈번하게 발생한다.

뇌병변장애의 언어적 특성은 근육의 움직임 조절로 인해 특정한 내용을 반복하여 말하는 이상언행 반복중인 보속증(perseveration)이 나타날 수 있으며, 생각에 있어서도 유연성이 결여되는 경우가 종종 나타난다.

청자의 입장에서 구어를 수용하는 능력에 손상이 나타나기도 한다. 뇌의 우반구 손상이 동반된 경우라면 말의 억양이나 비언어적인 단서를 인식하는 데 있어서 어려움을 보일 수 있다. 그러므로 지체장애와 마찬가지로 뇌병변장애도 구어로 의사소통이 어려운 경우에는 보완대체의사소통을 할 수 있도록 도와주어야 한다.

(3) 사회 · 정서적 특성

뇌병변장애아동은 일상생활에 필요한 신체 기능과 표현의 부자유로 인하여 비장애인과 동일한 욕구를 가지고 있더라도 그들의 욕구가 제지되거나 좌절되므로 이로 인한 불만이나 억압, 포기, 부적응 문제가 야기될 수 있다. 이러한 특성들은 사회적 행동 기술 습득을 방해하며 타인과의 사회적 관계를 형성하는 데 부정적인 영향을 미치는 요소로 작용한다(이미선, 심영미, 2018). 또한 또래들과의 상호작용 활동에서 말을 오랜 시간 늘어지게 하거나 뚝뚝 끊어서 하고, 언어를 발화하는 데 있어서도 상대방이 알아듣기 힘든 발음의 문제 등으로 인해 원활한 의사소통이 어렵다. 이런 상황은 사회적 관계를 지속적으로 유지하는 것을 어렵게 만들어 고립될 수 있는 하나의 요인이기도 하다.

정서적인 부분에서는 감정조절이 어렵거나, 감정표현이 적절하지 않을 수 있다. 또한 침을 흘린다거나, 뒤틀린 신체 및 보장구 착용으로 인해 사회적 기준인 신체적인 미와 자신의 외모를 비교하게 되고, 이로 인해 스스로에 대해 낮은 자존감과 자긍심을 가지게 되어 동기유발이 낮고 자아에 대해 상당수가 부정적이다.

(4) 신체·운동적 특성

뇌병변장애는 비장애아동의 체력에 비해 체력수준 및 심폐지구력 수준이 낮고, 불균형적 근육을 가지고 있어 근육 조절, 균형 유지, 협응력, 움직임의 조절 등을 포함하는 운동기능에도 부정적인 영향을 미친다. 즉, 근력 유연성과 관절의 가동 범위가 작음으로 인해 신체적 움직임이 어렵기 때문에 운동발달 및 운동기능도 뒤떨어진다. 또한 운동기능이 손상되면 걷기, 옷 입기, 식사 등과 같은 일상적인 활동들을 수행하는 데 움직임이 불안정하여 다양한 제약을 받을 수 있다.

장시삼 등(2018)에 의하면 뇌의 손상으로 인한 운동기능 장애의 경우 근육의 약화, 근긴장, 불수의적 동작 등으로 나타나며, 일상생활에 필요한 걷기, 계단 오르내리기 등의 수행적인 능력도 제한되는 특징을 보인다. 또한 뇌병변장애아동들은 비대칭적인 자세 및 신체의 불균형과 같은 하지정렬의 문제와 체중이동 능력 감소, 운동실조 등의 문제로 독립적인 보행에 어려움이 나타난다.

⑥ 지체 및 뇌병변장애의 지원방안

1) 보조공학 지원

보조공학의 주요 목표 중 하나는 장애가 있는 사람의 기능을 최대화하고, 이동성 향상과 독립성을 증진시켜 삶의 질을 향상시키는 것이다. 보조공학은 지체 및 뇌병변장애를 지닌 아동들의 기능을 향상시켜 주며, 이들의 가정, 학교, 지역사회 환경에 대한 접근성을 높이는 데 매우 중요한 역할을 한다.

지체 및 뇌병변장애아동에게 일상생활을 지원하는 일반적인 보조공학 유형인 보행기나 휠체어 등 이동보조기, 자세 잡기 및 착석 보조기, 환경조절용 보조공학과 삶의 질을 높여 주는 레크리에이션 및 여가용 보조공학 등이 지원되어야 한다.

학령기 아동들에게는 보완대체의사소통 및 학습을 지원하는 컴퓨터 보조공학이 제공되어야 한다. 예를 들어 읽기 활동에서 독서대, 페이지 넘기기 마우스 스틱, 페이지 고정 자, 전자 페이지 터너, 책을 쉽게 이동하고 주요 사항을 표식하여 텍스트를 큰소리로 읽어 주는 북스캐너 소프트웨어 등이 있다.

2) 교육적 지원

지체 및 뇌병변장애아동에게는 다른 장애아동들과 마찬가지로 각 개인의 특성과 능력을 고려하여 수립된 개별화된 교육계획하에서 이루어지는 체계적인 교육이 필요하다. 즉, 아동의 강점과 약점을 파악하여 아동의 특성에 적합한 교육방법과 자원이 제공되어야 한다.

특히 이들에게는 보완대체의사소통뿐 아니라 구강을 이용한 근육 운동, 발음(조음)훈련과 학습적인 면까지 균형 있는 지원을 하는 것이 중요하다. 다시 말해 지체 및 뇌병변장애아동이 의사소통에 어려움이 있다면, 보완대체의사소통 방법과 함께 조음기관의 움직임을 통한 훈련, 호흡유지 훈련, 체간이 근육의 힘을 키울 수 있는 근육 훈련이 같이 이루어지는 것이 바람직하다.

이와 더불어 시각적 자극을 활용한 그림, 사진, 도형 등을 활용하여 개념을 이해시키는 교육방법이 효과적이다. 교육 시 적극적 참여와 동기유발을 유도하기 위해 아동이 직접 수행할 수 있는 활동을 제공해야 하며, 이를 통해 일상생활에 필요한 기술을 습득할 수 있도록 지원해야 한다.

3) 치료지원

많은 장애유형 중 지체 및 뇌병변장애의 경우 다양한 형태의 치료와 지원이 필요하다. 치료 효과를 높이기 위해서는 의료진, 교사, 가정 및 사회지원기관 등 다양한 전문가의 협력과 지지 및 이해가 선행되어야 한다.

특히 이들이 가진 특성을 고려한다면 지원과 중재에서 가장 중요한 부분이 언어적 특성을 고려한 의사소통 기술이다. 그리고 물리치료와 작업치료는 근육 강화, 자세 개선, 일상활동 능력 향상에 필수적이기 때문에 개인의 상태와 필요에 따라 다양하게 이루어져야 한다. 즉, 개인의 장애정도에 따라 맞춤형 지원 및 치료가 수립되어야 한다.

(1) 언어치료

언어치료(speech therapy)의 목적은 각 개인에 적합한 치료를 통해 학습 및 일상생활을 함에 있어 의사소통 능력을 향상시키는 것이다. 그러므로 언어치료실에서는 각 개인의 수준에 맞는 개별 진단 및 평가를 바탕으로 효율적으로 의사소통을 할 수 있도록 도와 주어야한다.

지체 및 뇌병변장애의 경우 대부분 조음장애, 유창성장애, 기호 언어장애, 음성장애를 가지고 있다. 특히 뇌성마비의 경우 대부분 보완대체의사소통을 사용해야 하는 상황이기 때문에 언어치료적 지원은 필수적이라 할 수 있다. 그러므로 언어치료는 수용적 언어, 언어의이해, 단어의 발음, 조음, 말을 할 때 음성의 톤 등도 포함하여 치료를 진행하게 된다. 일반적으로 1회에 40~50분 정도 진행되며, 빈도는 아동의 발달 상황과 필요에 따라 협의하여정해진다.

(2) 물리치료

물리치료(physiotherapy)는 지체 및 뇌병변장애아동에게 신체적인 기능과 삶의 질 향상등 다양한 목적으로 물리치료사가 제공하는 포괄적인 서비스라고 할 수 있다.

물리치료 중 목표한 움직임을 용이하게 수행할 수 있도록 실시하는 운동치료로, 일반적으로 근력, 심폐지구력, 근지구력, 균형 감각, 유연성, 통증 완화 등의 향상을 통하여 기능적 활동을 개선하기 위해 실시하고 있다. 그리고 여러 치료기기를 통한 온열이나 전기적 자극을 이용하여 일상생활에 불편함을 야기하는 통증 및 염증, 마비 등의 완화를 목적으로 시행한다. 이 외에도 마비된 근육에 특성화된 전기 자극 기기를 적용하여 신경근 자극을 유발함으로써 근력 강화 및 기능적 활동을 향상하기 위해 실시하는 기능적 전기 자극 치료(FES)등이 있다. 일반적으로 1회에 40~50분 정도 진행되며, 빈도는 아동의 발달 상황과 필요에따라 협의하여 정해진다.

(3) 작업치료

작업치료(occupational therapy)는 지체 및 뇌병변장애아동이 최대한 독립적으로 일상생활을 수행하고 사회생활에 참여함으로써 질 높은 삶을 영위할 수 있도록 치료 · 중재하는것이다. 그러므로 기능이 저하된 이들을 위하여 신체적 · 정신적 · 사회적으로 기능을 회복시켜 사회적응 기술을 높이고 일상생활에 참여하는 데 중점을 두고, 다양한 방법으로 치료하게 된다. 즉, 작업치료는 치료 목적에 따라 분류된 여러 분야 중 적절한 작업 활동을 선택하여 지원하게 되는데, 지체 및 뇌병변장애아동에게 일반적으로 기능적 작업치료를 시행한다. 이는 힘과 연관되고 신체균형 유지에 적용되며, 근육의 힘과 지구력, 말초신경, 관절의 운동범위 등 신체 기능을 회복하는 치료이기 때문에 필수적이다.

이 외에도 자조기술, 예를 들어 옷 입고 벗기, 식사하기 등을 비롯하여 일상생활의 모든 기능을 다른 사람의 도움 없이 독립적으로 수행할 수 있도록 훈련하게 된다. 그러므로 지체 및 뇌병변장애아동은 작업치료를 통해 독립심 및 잠재 능력을 키우고, 가정이나 사회에서 생활하는 데 필요한 기능과 동작을 독립적으로 수행하도록 지원받을 수 있다. 일반적으로 1회에 40~50분 정도 진행되며, 빈도는 아동의 발달 상황과 필요에 따라 협의하여 정해진다.

요점정리

1. 지체 및 뇌병변장애의 정의
- 지체장애의 정의: 기능 · 형태상 장애를 가지고 있거나 몸통을 지탱하거나 팔다리의 움직임 등에 어려움을 겪는 신체적 조건이나 상태로 인해 교육적 성취에 어려움이 있는 사람
- 뇌병변장애의 정의: 뇌성마비, 외상성 뇌손상, 뇌졸중 등 뇌의 기질적 병변으로 인하여 발생한 신체적 장애로 보행이나 일상생활의 동작 등에 상당한 제약을 받는 사람

2. 지체 및 뇌병변장애의 원인
1) 지체장애의 원인
   (1) 선천적 원인: 출생 전 원인은 유전적 요인과 약물 남용이나 약물의 부작용 및 음주, 등이며, 출생 시 원인은 전치태반, 난산, 태아의 산소 결핍 및 부적절한 겸자 사용 등
   (2) 후전적 원인: 출생 이후 예기치 않은 질병이나 신업제해, 교통사고, 스포츠 부상 등
2) 뇌병변장애의 원인
   (1) 선천적 원인: 출생 전 원인은 유전적 요인과 임신중독증, 산소 결핍, 풍진 등이며, 출생 시 원인은 난산, 뇌손상, 조산이나 미숙아일 경우 호흡장애 등
   (2) 후천적 원인: 뇌졸중, 충격, 외상성 뇌손상 등

3. 지체 및 뇌병변장애의 유형
1) 지체장애의 유형: 절단장애, 관절장애, 지체기능장애, 척추장애 및 변형 등으로 분류
   - 근이영양증: 근육이 점점 힘을 잃어가는 질병으로, 유전성 질환
   - 척수손상: 척수는 척추 내에 존재하는 중추신경으로 70%는 외상에 의해, 30%는 질병에 의해 발생, 외상성 척수손상은 교통사고, 스포츠 손상, 추락 사고 등
   - 척추갈림증: 척추뼈 일부가 불완전하게 닫혀 척수가 노출되는 선천성 기형
   - 골형성부전증: 원인이 없이도 뼈가 쉽게 부러지는 선천성 유전질환
   - 고관절 이형성증: 대퇴골 머리가 부분적으로 빠져 있거나 모양이 변형되는 것
2) 뇌병변장애의 유형
   - 뇌성마비: 여러 원인에 의해 뇌손상 또는 뇌기능의 비정상적 발달에서 비롯되는 영구적인 상태를 말하며 여러 가지 질병에 의해 발생
   - 뇌졸중: 뇌혈관 내벽이 막혀서 혈액이 원활하게 이동하지 못하거나 혈관에 손상을 입어 신경계통에 문제가 생긴 상태
   - 외상성 뇌손상: 사고로 일시적 또는 영구적으로 뇌기능이 감소 혹은 소실된 상태

4. 지체 및 뇌병변장애의 진단 및 평가

1) 지체 및 뇌병변장애의 진단

- 전문의를 통해 판단되어야 하며, 지체 및 뇌병변장애의 판정기준은 장애등록심사 관련 법령 및 규정집에 고시되어 있음

2) 지체 및 뇌병변장애의 평가도구

- 시각-운동통합발달검사, 지각-운동발달 진단검사, 한국판 대동작기능평가 등

5. 지체 및 뇌병변장애의 특성

1) 지체장애의 특성

- 인지 및 학업적 특성: 뇌손상의 손상정도 및 부위에 따라 다양한 인지 능력 보임
- 언어적 특성: 구어로 표현하는 것과 발음의 문제 등
- 사회·정서적 특성: 외모 때문에 또래로부터 차별을 받고, 학습된 무기력 보임
- 신체·운동적 특성: 불수의적 움직임 및 근육의 긴장도에 대한 조절력이 쉽지 않음

2) 뇌병변장애의 특성

- 인지 및 학업적 특성: 판단력 감소, 주의력 결핍과 기억력 저하의 문제 발생
- 언어적 특성: 보속증 및 의사소통이 곤란한 경우가 빈번하게 발생
- 사회·정서적 특성: 낮은 자존감과 자긍심 및 자아에 대해 상당수가 부정적
- 신체·운동적 특성: 근육 조절, 협응력, 운동발달 및 운동기능이 뒤떨어짐

6. 지체 및 뇌병변장애의 지원방안

1) 보조공학 지원

- 보행기 및 휠체어 등 이동보조기, 자세 잡기 및 착석 보조기, 환경 조절용 보조공학, 레크리에이션 및 여가용 보조공학 등

2) 교육적 지원

- 개별화된 교육계획 수립, 시각적 자극 활용 및 적극적 참여 유도

3) 치료지원

- 언어치료: 조음장애, 유창성장애, 기호 언어장애, 음성장애에 대한 치료
- 물리치료: 근력, 심폐지구력, 근지구력, 균형 감각, 유연성, 통증 완화 등의 향상
- 작업치료: 지체 및 뇌병변장애아동은 일반적으로 신체 기능을 회복하는 치료 시행

생각나누기

학번:

이름:

1. 일상생활에서 지체장애를 지원할 수 있는 방법 중 보조공학기기의 다양한 활용방법에 대해 토론하시오.

----

2. 지체 및 뇌병변장애와 관련된 영상을 감상한 후 각자의 느낌을 토의하시오.

----

3. 지체 및 뇌병변장애아동을 위한 물리적 환경 지원방안에 대해 토론하시오.

퀴즈

1. 뇌성마비, 외상성 뇌손상, 뇌졸중 등 뇌의 기질적 병변으로 인하여 발생한 신체적 장애는?
   (   )

2. 근육이 점점 힘을 잃어가는 질병으로, 골격근이 점차로 변성되고 위축되면서 퇴화가 진행되는
   유전성 질환은? (   )

3. 지체 및 뇌병변장애의 치료적 지원과 관련이 없는 것은? (   )

   ① 물리치료   ② 언어치료   ③ 보조공학   ④ 작업치료

4. 다음 중 지체장애의 발생 원인 중 출산 전 요인이 아닌 것은? (   )

   ① 전치태반   ② 교통사고   ③ 태아의 톡소플라즈마증   ④ 모체의 풍진 감염

5. 조음장애, 유창성장애, 기호 언어장애, 음성장애를 완화하는 치료는? (   )

참고문헌

법제처 국가법령센터(2016). 장애인 등에 대한 특수교육법 시행령.

법제처 국가법령센터(2022). 장애인복지법 시행령.

김현지, 김용진, 오윤지, 김태용, 현지원, 권준성(2023). 2023 장애통계연보. 한국장애인개발원.

권순우, 김영익, 정은, 팽재숙(2017). 특수교육학개론. 서울: 창지사.

도명애, 서석진, 최성욱, 김성화(2016). 특수아동의 이해. 서울: 창지사.

보건복지부(2023). 2023년 장애등록심사 관련 법령 및 규정집. 보건복지부.

이미선, 신영미(2018). 집단통합예술치료가 중증 뇌병변장애인의 사회적 행동과 대인관계 및 삶의 만족도에 미치는 효과. 예술인문사회융합멀티미디어논문지, 8(11), 435-447.

장시삼, 변재문, 이성일, 김진희, 송상협(2018). 불안정한 지면에서 체중이동 운동이 뇌병변청소년들의 보행 및 하지정렬(Q-angle)에 미치는 영향. 한국발육발달학회지, 26(4), 421-428.

Russell, D. J. (2021). 대동작기능평가(2판). 고수연, 심민영, 오냉화, 강시현, 권빔신, 권징이, 김민영, 박주현, 서미리, 신용범, 양신승, 이소영, 이지인, 홍보영, 홍지연 공역. 서울: 학지사메디컬.

사크로 www.sharkro.co.kr

아이소리몰 www.isorimall.com

제6장

정서 · 행동장애의 이해

정서 · 행동장애는 정서불안, 행동장애, 정서장애 또는 사회부적응 등의 다양한 용어로 불려 왔지만, 현재는 정서 · 행동장애라는 용어로 통일되어 사용되고 있다. 정서 · 행동장애는 생물학적 요인과 환경적 요인 간 상호작용의 부조화로 인해 발생한다. 주의력결핍 과잉행동장애, 품행장애, 불안장애, 우울장애, 틱장애, 섭식장애, 배설장애 등이 이에 포함된다.

정서 · 행동장애 아동은 다양한 상황에서 부적절한 행동을 지속적으로 보이고 정서적인 어려움을 느끼기 때문에 아동의 연령에 맞는 적절한 교육적 방안을 수립하여 지원하는 것이 중요하다.

이 장에서는 정서 · 행동장애에 대하여 정의, 원인, 진단 및 평가, 특성 및 분류, 지원방안에 대하여 살펴보고자 한다.

✅ 마인드맵

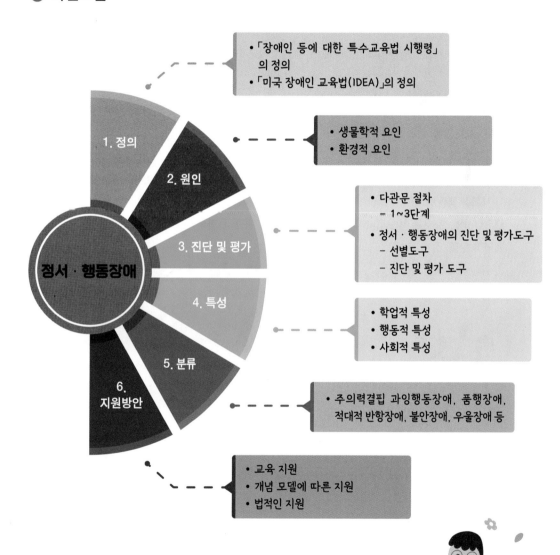

정서 · 행동장애

1. 정의
- 「장애인 등에 대한 특수교육법 시행령」의 정의
- 「미국 장애인 교육법(IDEA)」의 정의

2. 원인
- 생물학적 요인
- 환경적 요인

3. 진단 및 평가
- 다관문 절차
  - 1~3단계
- 정서 · 행동장애의 진단 및 평가도구
  - 선별도구
  - 진단 및 평가 도구

4. 특성
- 학업적 특성
- 행동적 특성
- 사회적 특성

5. 분류
- 주의력결핍 과잉행동장애, 품행장애, 적대적 반항장애, 불안장애, 우울장애 등

6. 지원방안
- 교육 지원
- 개념 모델에 따른 지원
- 법적인 지원

학습목표

1. 정서 · 행동장애의 정의를 구술할 수 있다.
2. 정서 · 행동장애의 원인을 제시할 수 있다.
3. 정서 · 행동장애의 특성을 설명할 수 있다.
4. 정서 · 행동장애를 분류할 수 있다.
5. 정서 · 행동장애에 대한 지원방안을 활용할 수 있다.

주요 용어

정서 · 행동장애: 다양한 양상으로 나타나는 문제행동으로 인해 학습에 방해가 되고 자신의 성취 능력 저하 와 정서적 · 신체적 어려움을 겪는 장애

외현화 행동: 공격적이고 겉으로 드러나는 행동문제로 거부적이고 적대적인 행동, 충동성, 불복종 행동, 반 사회적 행동 등

내재화 행동: 겉으로 잘 드러나지 않는 행동으로 불안, 위축, 사회적 미성숙 등

개념적 모델: 정서 · 행동장애의 복잡하고 다면적인 변인과 정보를 체계화하고 장애에 대한 예측과 이해를 위해 사고의 틀 제공

사례

진영(가명)이는 만 3세의 남아이다. 돌이 지난 후부터 호명 반응이나 눈 맞춤 빈도가 적어 대학병원 소아 정신과에서 자폐스펙트럼장애 관련 평가를 받았다. 평가 결과 자폐스펙트럼장애 성향이 나타나지만, 아직 나이가 어려서 진단을 받지는 않았다.

평가를 바탕으로 소아정신과 의사로부터 언어치료, 감각통합치료, ABA(응용행동분석)치료를 받으라는 제안을 받고 현재 1년 동안 세 가지 치료를 꾸준히 받고 있다. 진영이의 어머니는 치료사들로부터 진영이가 치료실에서 교육을 잘 받고 태도도 좋다는 피드백을 받았다.

그러나 어린이집 교사로부터는 친구를 밀거나 갑자기 소리를 지르고 물건을 집어 던지며, 오랜 시간 우는 행동 등을 자주 보인다는 말을 들었다.

진영이 어머니는 치료실 선생님께 진영이의 어린이집 생활에 대해 논의하였고, 치료사 또한 치료실에서 도 1:1 수업에서는 잘하지만, 또래들과 그룹 활동을 할 때는 종종 또래를 향해 소리를 지르거나 물건을 집어 던지고, 교사의 지시에 순응하지 않는 태도를 보인다고 하였다.

진영이 어머니는 진영이의 이러한 행동의 원인을 파악하기 위해 어린이집 선생님과 치료실 선생님께 도 움을 요청하였다.

행동 관찰 결과, 교사의 관심을 얻고 싶을 때와 하고 싶지 않은 과제를 회피할 때 이러한 행동을 보인다는 결론을 얻을 수 있었다. 또한 진영이가 예상하지 못한 상황에 대해 불안해하고 그러한 상황에서 감정을 다스리는 데 어려움을 보인다는 것을 발견할 수 있었다. 이러한 행동의 빈도수가 상당히 높았고, 행동이 굉장히 충동적이며 강도가 심하게 나타난다는 것이 관찰되었다.

이러한 행동을 해결하기 위한 방안으로 교사가 진영이에게 꾸준한 관심을 보였고, 과제의 난이도를 줄이는 것을 통해 행동을 중재하고자 하였으나, 진영이의 행동은 이러한 지원을 받는 중에도 지속적으로 발생하였다. 때론 행동의 강도가 너무 심해 교사가 진영이를 달래 줘도 1시간 이상 떼를 부리고 감정을 추스르지 못하는 행동을 보였다.

진영이의 어머니는 진영이가 처음 검사를 받은 소아정신과 의사 선생님을 만나 그동안 관찰된 진영이의 행동과 상황을 전달하였다. 의사는 관찰된 상황과 재평가를 시행한 결과 진영이가 ADHD와 불안장애의 성향을 보이므로 이와 관련된 약물을 복용할 것을 권유하였다. 단순히 자폐스펙트럼장애가 보이는 문제행동일 것이라고만 생각했던 진영이 어머니는 이러한 평가와 권유를 받고 약물을 복용시켜야 할지에 대한 고민에 빠졌다.

① 정서 · 행동장애의 정의

1) 장애인 등에 대한 특수교육법 시행령에서의 정의

일반적으로 '정서 · 행동장애'를 각자가 보는 관점에서 행동문제아, 정서장애아, 사회부적응아 등의 용어로 지칭하다가 1994년 「특수교육진흥법」이 개정되면서 '정서장애자'가 '정서장애(자폐성 포함)'로 바뀌게 되었다. 이후 2007년 「장애인 등에 대한 특수교육법」이 제정 · 공포되면서 '정서장애'는 '정서 · 행동장애'와 '자폐성 장애'로 각각 분리하여 특수교육대상자로 선정되었다.

법률적으로 「장애인 등에 대한 특수교육법 시행령」 제10조(특수교육대상자의 선정)와 관련하여 별표 1의 특수교육대상자 선정 기준에 명시된 '정서 · 행동장애'에 대한 정의는 〈표 6-1〉과 같다.

표 6-1 「장애인 등에 대한 특수교육법 시행령」의 정서 · 행동장애 정의

장기간에 걸쳐 다음 각 목의 어느 하나에 해당하여, 특별한 교육적 조치가 필요한 사람

가. 지적 · 감각적 · 건강상의 이유로 설명할 수 없는 학습상의 어려움을 지닌 사람
나. 또래나 교사와의 대인관계에 어려움이 있어 학습에 어려움을 겪는 사람
다. 일반적인 상황에서 부적절한 행동이나 감정을 나타내어 학습에 어려움이 있는 사람
라. 전반적인 불행감이나 우울증을 나타내어 학습에 어려움이 있는 사람
마. 학교나 개인 문제에 관련된 신체적인 통증이나 공포를 나타내어 학습에 어려움이 있는 사람

2) 미국 장애인 교육법(IDEA)의 정의

미국은 1997년 전까지 '심각한 정서 장애(serious emotional disturbance)라는 용어를 사용했으나 1997년 「장애인 교육법」을 개정한 후에는 정서장애(emotional disturbance)라는 용어를 사용하였다.

그리고 미국 특수교육학회(CEC)는 아동의 일탈된 행동 문제에 초점을 두고 '행동장애(behaviorally disordered)'라는 용어를, 국립정신건강 및 특수교육협회(NHMHSEC)는 교육현장에서 가장 폭넓게 사용되고 선호하는 '정서 및 행동장애(emotionally or behaviorally disordered)'라는 용어를 제시하고 있다.

미국의 「장애인 교육법」(2004)에서 제시하고 있는 정서 · 행동장애의 정의를 살펴보면 〈표 6-2〉와 같다.

표 6-2 「미국 장애인 교육법(IDEA)」에서의 정서 · 행동장애 정의

(1) 이 용어는 아래의 5가지 특성 중 하나 또는 그 이상이 장기간에 걸쳐 현저한 정도로 나타나되, 그것이 교육적 수행에 부정적인 영향을 미치는 상태를 의미한다.
  (a) 지적, 감각적 또는 다른 신체적 요인으로는 규명될 수 없는 학습의 무능력
  (b) 또래나 교사들과 만족스러운 대인관계를 형성하거나 유지하지 못함
  (c) 정상적 상황하에서 부적절한 행동이나 감정을 표현함
  (d) 항상 불행감과 우울감을 느낌
  (e) 학교나 개인 문제에 관련된 정서적 장애 때문에 신체적인 증상, 통증, 공포가 나타나는 경향이 있음
2) 이 용어는 조현병은 포함하되, 정서장애로 판명되지 않은 사회 부적응 아동(socially maladjusted)은 포함되지 않는다.

출처: 윤점룡 외(2017). 정서 및 행동장애아 교육, p. 19.

'교육적 수행에 부정적 영향을 미치는 경우'라는 조항을 전제 조건으로 두고 있는 이 정의는 미국 내에서 크게 두 가지 관점에서 중대한 문제점이 지적되었지만, 법령을 개정하지는 못하고 있다.

첫째, 5가지 특성 중 하나 또는 그 이상이 '장기간에 걸쳐 현저한 정도'로 나타나지만 교육적 수행이 높은 학생에 대한 판단은 어떻게 할 것인가이다.

둘째, 사회부적응 아동이 5가지 특성 중 하나 또는 그 이상을 '장기간에 걸쳐 현저한 정도'로 보이지 않으면서 사회적으로 부적응할 수 없다는 것이다.

이러한 문제점 때문에 미국 국립 정신건강 및 특수교육협회가 '심각하게 정서적으로 일탈된'이란 표현을 '정서·행동장애'로 바꾸어 줄 것을 요구하였다. 이후 1993년 국제 장애아협의회 연차대회(International Convention of the Council for Exceptional Children)에서는 정서·행동장애에 대하여 〈표 6-3〉과 같이 정의하였다.

표 6-3 국제 장애아협의회 연차대회에서의 정서·행동장애 정의

① 정서·행동장애란 학교에서 정서 및 행동 반응이 적절한 연령, 문화, 인종적 규준과 너무 달라서 학업적, 사회적, 직업적, 개인적 기술을 포함하는 교육적 수행에 부정적 영향을 미치는 경우를 의미한다. 이 장애는 다음과 같은 특징을 보인다.
  a. 환경 내의 스트레스 사건에 대해 오랫동안 지나치게 반응한다.
  b. 두 가지 다른 환경에서 지속적으로 나타난다. 적어도 하나의 환경은 학교와 관련된 환경이다.
  c. 일반적인 교육에서 적용되는 직접적 중재에 반응하지 않거나 아동의 상태가 일반적인 교육 중재로 충분하지 않다. 정서·행동장애는 다른 장애와 함께 나타날 수 있다.
② 조현병, 정동장애(affective disorder), 불안장애, 품행 또는 적응장애가 교육적인 수행능력에 영향을 미치면 정서·행동장애 범주에 포함된다.

출처: 윤점룡 외(2017). 정서 및 행동장애아 교육, p. 20.

② 정서·행동장애의 원인

1) 생물학적 요인

현대사회는 의학, 생리학, 유전학의 발달로 인해 정서·행동장애의 원인을 생물학적 요인에서 찾고자 시도하였다. 물론 생물학적 요인이 절대적인 것은 아니지만, 모든 행동에 전반적인 영향을 미칠 수 있다는 전제하에 정서·행동 문제를 이해할 필요가 있다.

생물학적 요인에는 유전적 문제, 뇌손상 및 뇌기능 이상 등이 포함된다.

첫째, 유전적 관련성은 가족과 친척, 쌍생아, 입양아 연구 등에 의해 확인되고 있는데, 대부분 일차 친족 범위에서 유전의 가능성이 증가한다. 예를 들면, 부모가 임신 중에 주요우울장애를 가졌을 경우 태어난 태아는 이후 주요우울장애를 가질 가능성이 높아진다는 연구 보고가 있다. 또한, 대부분의 정서·행동문제는 이란성 쌍둥이보다 일란성 쌍둥이에서 높은 일치율을 보이고, 입양 부모보다는 생물학적 부모와의 일치율이 높은 것으로 확인된다. 하지만, 동일 유전적 요인이라도 환경적 요인과 어떻게 상호작용하느냐에 따라 장애의 유무가 달라질 수 있고, 전혀 다른 장애가 초래될 수 있다는 점을 고려할 때, 유전적 요인이 정서·행동장애를 유발하는 단일 요인이라고 하기에는 무리가 있다.

둘째, 뇌손상과 뇌기능의 이상은 대부분 뇌장애를 초래하며, 이러한 경우 정서·행동문제를 유발할 가능성이 높아진다. 뇌는 출생 전, 출생 시, 출생 후 다양한 원인들로 인해 손상을 받을 수 있는데, 예를 들어 임신 중 산모가 섭취한 약물 등에 의해 태아의 뇌손상이 유발될 수 있다.

신경화학적 불균형으로 인한 뇌기능 이상이 발생되기도 하는데, 특히 전두엽 영역에서의 도파민과 노르에피네프린의 감소는 주의력결핍 과잉행동장애(Attention-Deficit Hyperactivity Disorder: ADHD)와 관련성이 높은 것으로 밝혀졌다.

2) 환경적 요인

정서·행동장애는 생태학적 측면도 고려해야 한다. 생태학적 측면에서는 정서·행동장애를 타고난 기질과 같은 아동의 내부 요인과 가족, 학교, 문화 등과 같은 아동을 둘러싼 환경적 요인 간 상호작용의 부조화에서 그 요인을 찾는다.

환경적 요인에는 가족 요인, 학교 요인, 문화적 요인이 있다.

첫째, 가족은 아동의 정서·행동발달에 가장 지대한 영향을 미치는 환경적 요인이다. 부모와의 애착 문제, 잘못된 양육방식, 가족으로부터의 거절 경험, 부부 갈등, 빈곤한 생활 여건 등은 아동의 정서 및 행동 형성에 부정적인 영향을 미친다.

또한 우울증 부모는 자녀에 대한 관심 부족과 더불어 자녀의 행동을 적절하게 관리하는 데에 어려움을 겪기 쉽다. 자녀에게 쉽게 화를 내고 정서적인 혼란과 부적절하고 일관성 없는 양육을 하게 되는데, 이러한 양상은 자녀에게 불안감을 조성한다.

높은 스트레스를 경험하는 부모의 경우에도 자녀의 정서에 부정적인 영향을 미칠 수 있다. 부모의 스트레스는 자녀에게 스트레스를 유발하며 학교생활 적응에도 문제를 야기할 수 있다.

둘째, 기질적 요인은 환경과의 상호작용을 통해 개인의 성격을 형성하게 된다. 토마스와 체스(Thomas & Chess, 1986)는 기질을 순한(easy) 기질, 까다로운(difficult) 기질, 느린(slow-to-warm-up) 기질로 구분하였다. 이 중 까다로운 기질은 정서·행동장애 유발의 가능성을 높이는 요인이라고 보고되어 있다.

그러나 기질 자체가 장애를 유발하기보다는 자녀의 기질과 이를 양육하는 양육자의 태도가 서로 상호작용하여 아동의 성격과 행동을 형성한다고 이해해야 한다.

아동의 기질과 부모의 양육태도 간의 관계는 복합적이다. 이는 까다롭고 다루기 어려운 아동이라 할지라도 부모가 명확한 규칙을 제시하고 강화를 일관되게 제공하면 행동문제 발생의 가능성을 낮출 수 있다는 것을 의미한다. 반대로 규칙이 불분명하고 부모의 양육 태도가 일관되지 않은 환경에서 자란 아동은 문제행동을 보일 확률이 높아질 수 있다.

가족 요인은 때론 다른 위험 요인들과 함께 동반되기 때문에, 가족 요인 자체가 아동의 정서·행동문제 발생의 직접적인 요인이라고 보기보다는 이러한 요인이 장애의 심각성에 영향을 미칠 수 있다고 보는 것이 타당하다.

둘째, 학교는 아동의 생태체계에서 매우 중요한 의미를 지닌다. 정서·행동장애학생은 대부분의 교과 영역에서 한 학년 또는 그 이상의 지체된 학력 수준을 보인다(Lane & Menzies, 2010). 이러한 낮은 학업 성취도와 학생에 대한 부적절한 기대감 및 교사의 일관성 없는 행동 관리는 정서·행동문제를 일으킬 수 있다. 이와 더불어 학생의 개인차가 고려되지 않은 비효과적인 교수 적용, 교사의 바람직하지 않은 언행 등도 정서·행동문제를 유발하거나 이미 발생된 행동문제를 만성화하는 요인이 되기도 한다.

셋째, 아동을 둘러싼 사회문화적 요소는 적응행동과 부적응행동에 영향을 미친다. 정서·행동문제를 유발하는 문화적 요인에는 대중매체, 또래 집단, 이웃과 지역사회, 사회계급, 종교 제도 등이 포함될 수 있다. 이 중 지역사회 내 또래 집단과의 부적절한 상호교류는 아동의 공격성 및 반사회적 행동발달과 관련이 깊다. 예를 들면, 또래가 공격적인 행동을 통해 다른 아동을 쉽게 굴복시키는 장면을 목격했을 경우, 이러한 행동을 모방할 가능성이 높아진다.

또한 최근 디지털 시대에서는 각종 매체를 통해 쉽게 음란물이나 폭력물에 노출될 수 있는 문제가 증가하고 있다. SNS(소셜 네트워크 서비스)는 청소년들이 손쉽게 접근할 수 있는 플랫폼 중 하나로, 다양한 콘텐츠가 공유되는 이러한 공간에서 걸러지지 않은 정보에 무작위로 노출될 우려가 있다. 특히 아동과 청소년은 이러한 콘텐츠에 민감하게 반응하며, 이는 정서 및 행동발달에 부정적인 영향을 미친다.

 정서·행동장애의 진단 및 평가

1) 다관문 절차

정서·행동장애 아동에 대한 정보를 수집할 때 아동 본인, 부모, 교사, 또래 등을 포함하고, 단일 특정에 의한 평가가 아닌 다관문 절차(multiple gating procedure)의 방법을 사용하면 진단의 정확성을 높일 수 있다고 보고된다(Kilgus, Chafouleas, Riley-Tillman, & Welsh, 2012).

체계적 선별(systematic screening for behavior disorders)이라고도 불리는 다관문 절차는 총 3단계의 선별 절차로 구성된다. 1단계에서는 아동의 담임교사가 자신의 학급에서 외현화 행동을 가장 심하게 보이는 아동 3명과 내재화 행동을 가장 심하게 보이는 3명의 아동을 선별한다.

1단계에서 선별된 6명의 아동은 2단계의 대상이 되는데, 담임교사는 이 6명의 아동을 대상으로 위기사건 척도(Critical Events Index: CEI)와 문제행동총빈도 척도(Combined Frequency Index: CFI)를 작성한다. CEI와 CFI 중 하나라도 분할점수를 초과한 학생은 3단계의 대상이 된다.

3단계에서는 직접 행동 관찰을 통해 아동의 수업참여와 사회적 행동 등을 평가하게 되고, 이 단계에서 성별, 연령별 규준을 초과한 아동은 개별화교육지원을 받기 위해 개별화교육지원팀에 의뢰되거나 의뢰 전 중재를 받게 된다.

다관문 절차는 [그림 6-1]과 같다.

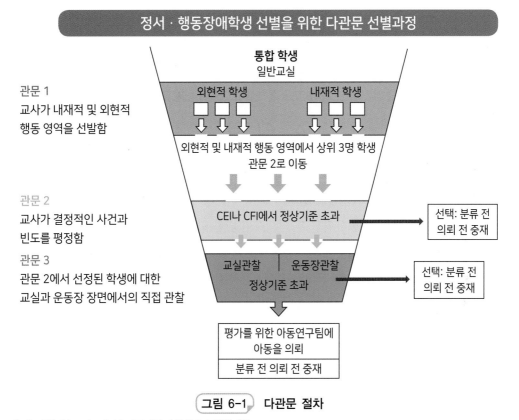

그림 6-1   다관문 절차

출처: 서현아(2022). 예비유아교사를 위한 특수 교육학개론.

2) 정서 · 행동장애의 진단 및 평가도구

정서 · 행동장애는 아동기와 청소년기에 가장 흔하게 발생하는 장애 중 하나이지만, 정확하게 진단된 사례는 많지 않다. 이는 정서 · 행동장애가 다른 장애와 혼합되어 발생하는 경우가 많고, 특히 장애의 증상이 경미할 경우 정상발달 단계에 있는 일반 또래가 보이는 행동과 유사하게 나타나기 때문이다. 그러므로 정서 · 행동장애를 정확하게 판별하기 위해서는 판정기준, 평정척도, 표준화 검사, 직접 관찰 및 면접 등의 다양한 평가 절차와 도구가 필요하다.

그러나 2023년 보건복지부에서 출간한 장애등록심사 관련 법령 및 규정집에 정서 · 행동장애에 대한 부분은 명시되어 있지 않다. 이는 정서 · 행동장애가 「장애인 등에 대한 특수교육법 시행령」에는 명시되어 있는 장애유형이지만 「장애인복지법 시행령」에는 명시되어 있지 않기 때문이다.

2016년 개정된 「장애인 등에 대한 특수교육법 시행규칙」 제2조(장애의 조기발견 등) 제1항에 의하면 교육장 또는 교육감은 「장애인 등에 대한 특수교육법」 제14조 제1항에 따른 선별검사나 진단 · 평가를 실시하는 경우에 정서 · 행동장애는 적응행동검사, 성격진단검사, 행동발달평가, 학습준비도검사를 하도록 명시되어 있다.

위의 명시된 검사 외에도 선별 및 평가, 진단을 하기 위한 검사는 매우 다양하다. 법적으로 규정하고 있는 선별 및 진단, 평가 도구를 살펴보면 다음과 같다.

(1) 선별도구

선별(screening)은 장애를 지닐 가능성이 있는 아동을 조기 발견하기 위한 매우 중요한 절차이다. 그러므로 선별검사를 통해 전반적인 영역을 평가하여 심층적 또는 진단을 필요로 하는 정서 · 행동장애 아동을 확인한 후 의뢰하기 위한 필수적인 과정이라고 할 수 있다.

특히 교육부는 2024학년도 3월부터 초 · 중 · 고에 상시 활용이 가능한 위기학생 선별검사 도구(마음 EASY 검사-정서 · 불안, 대인관계 · 사회성, 외현화문제, 심리외상문제, 학교적응 등 37여 개 문항)를 도입하여 위기학생을 조기에 발견하고, 위기학생이 치유 · 회복할 수 있도록 전문기관 연계를 지원한다. 마음 EASY 리플릿은 [그림 6-2]와 같다.

또한, 교육부에서 시행하고 있는 「정서 · 행동특성검사」 도구를 정신건강 전문가를 통해 신뢰도 · 타당도 검증 및 선별 효과를 높일 수 있도록 보완한 후 2025년에 학교 현장에 보급하겠다고 발표했다.

그림 6-2 마음 EASY 리플릿

출처: 교육부 홈페이지(https://www.moe.go.kr/).

이러한 정책은 위험 요소가 있는 아동을 조기에 발견하여 장애의 발생률을 감소시킬 수 있으며, 적절한 시기에 중재를 할 수 있으므로 장애를 완화시키는 데 기여할 수 있다. 정서·행동장애를 조기 선별하기 위해 국내·외에서 빈번하게 사용되고 있는 대표적인 선별검사도구는 〈표 6-4〉와 같고, 일례로 선별도구지는 [그림 6-3]과 같다.

표 6-4 선별 검사도구

도구명	내용	대상
한국판 아동발달검사 (K-CDI)	• 교사용, 부모용이 있음 • 교사의 관찰 및 일부 문항은 부모 보고 • 사회성, 자조 행동, 대근육 운동, 소근육 운동, 표현 언어, 언어 이해, 글자와 숫자 영역, 전체 발달 진단, 문제행동	• 15개월~ 만 6세 5개월
한국판 정서행동문제 검사(K-SAED)	• 목적: 아동, 청소년의 정서·행동문제를 파악하여 예방 및 중재 • 법적 정의에 근거한 정서·행동 문제가 나타나는 영역과 심각한 정도를 사전 선별하고 추가 정밀 진단하기 위한 평가도구 • 규준참조 평정척도(평정척도 검사): 정서행동 문제지수(학습에 대한 어려움, 대인관계 문제, 부적절한 행동, 불행감이나 우울, 신체적 증상이나 공포) • 발달과 교육에 관한 질문지(면담 검사): 기본정보, 개인배경정보, 출생과 건강정보, 학생의 발달상황, 가족상황, 면담기록 • 관찰 기록지(직접관찰 검사)로 구성: 기본정보, 관찰 및 기록상의 유의점, 행동의 정의, 관찰기록표, 기록 요약, 교실에서의 일화 관찰, 관찰자 의견	• 만 6~18세
학생정서·행동발달 선별 검사(CPSQ)	• 학생들의 정신건강을 위한 지원책으로 2007년부터 교육부 주관으로 학생정서·행동특성검사 실시 • 검사절차: 2단계 검사(학교 1차, 전문기관 2차)로 온라인 • 정서·행동문제 및 성격특성 • 인지·정서·사회성 발달과정의 어려움을 조기 평가	• 초 1·4학년 • 중 1학년 • 고등 1학년

한국판 아동발달검사

한국판 정서·행동문제검사

그림 6-3 선별 도구지

(2) 진단 및 평가 도구

근래에는 정서·행동장애를 검사하기 위해 다양한 평가도구들이 개발되고 있다. 이들을 진단 및 평가하기 위해서 국가에서 규정된 검사영역, 즉 적응행동검사, 성격진단검사, 행동발달평가, 학습준비도 검사 실시하는 것이 바람직하다.

정서·행동장애아에 대한 대표적인 적응행동검사는 〈표 6-5〉, 일례로 검사지는 [그림 6-4], 행동발달평가 및 성격진단검사는 〈표 6-6〉, 검사지는 [그림 6-5], 학습준비도 검사는 〈표 6-7〉, 학습준비도 검사지는 [그림 6-6]과 같다.

표 6-5 적응행동검사

도구명	내용	대상
한국판 바인랜드 적응행동척도 2판 (K-Vineland-II)	• 의사소통, 생활기술, 사회화, 운동기술의 4개 주 영역(433문항) 및 선택적으로 실시할 수 있는 부적응행동 영역으로 구성 • 주 영역과 하위영역별로 표준화된 지수 제공 • 개인 간 비교 및 여러 기능영역 간 개인 내 비교 가능	• 0~만 90세
한국판 적응행동 검사(K-SIB-R)	• 표준화된 규준지향 평가 • 부모 또는 양육자 면담으로 검사 • 학교, 가정, 지역사회에서의 독립 및 적응기능 측정 • 적응행동 영역: 운동기술, 사회적 상호작용 및 의사소통기술, 개인생활기술, 지역사회기술 • 문제행동 영역: 내적·외적 부적응행동, 반사회적 부적응행동	• 만 11개월~17세

국립특수교육원
적응행동검사
(NISE-K.ABS)
	• 유아용: 총 125문항
	  – 개념적기술: 인지(18문항), 언어(8문항), 수(7문항)
	  – 사회적 기술: 자기표현(9문항), 타인인식(14문항), 대인관계(26
	    문항)
	  – 실제적 기술: 운동 및 식사(14문항), 의복(9문항), 위생(7문항),
	    일상(13문항)
	• 초 · 중등용: 총 158문항
	  – 개념적기술: 인지(25문항), 언어(12문항), 수(12문항)
	  – 사회적 기술: 자기표현(10문항), 타인인식(17문항), 대인관계(19
	    문항)
	  – 실제적 기술: 운동 및 식사(27문항), 의복(10문항), 위생(14문
	    항), 일상(112문항)
		• 유아용: 만 24
		개월~77개월
		• 초 · 중등용: 만
		6세~만 18세

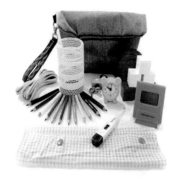
한국판 바인랜드 적응행동척도 2판

한국판 적응행동검사

국립특수교육원 적응행동검사

그림 6-4   적응행동검사지

출처: 인싸이트 홈페이지(https://inpsyt.co.kr/).

표 6-6   행동발달평가 및 성격진단검사

도구명	내용	연령

한국판 정서 ·
행동평가 시스
템(K.BASC-2)
	• 적응적 성격특성과 부정적 정서 증상 및 문제행동을 포괄적으로 평
	  가하는 정신건강 선별검사이자 성격검사
	• 보고자 유형에 따라 자기보고형, 부모보고형, 교사보고형 검사로 구성
	• 종합척도 4개(학교문제, 내면화 문제행동, 주의력결핍/과잉행동, 정
	  서증상 지표)
	• 소척도(불안, 우울, 주의집중문제, 대인관계, 자긍심 등)
		• 만 2~25세

국립특수교육원 정서·행동검사 (NISE-K·EBS)	• 유아용 　- 내면화 3문항, 외현화 5문항, 관계성 2문항, 신체성 2문항 총 12문항 • 초등학교 저학년용: 총 11문항 　- 내면화 4문항(불안위축, 자기평가, 신체증상, 감정상태) 　- 외현화 4문항(주의산만, 일탈행동, 분노조절, 자폐성향) 　- 관계성 3문항(타인의존, 상호작용, 교류의지) • 초등학교 고학년 및 중등용 　- 내면화 6문항, 외현화 6문항, 관계성 4문항, 총 16문항	• 유아용: 3세~초 등학교 입학 전 • 초등학교 저학년 용: 초 1~3학년 • 초등학교 고학년 및 중등용: 초 4학 년~고 3학년
한국판 아동 청소년 행동 평가척도 (K-CBCL)	• 아동 및 청소년과 생활하는 양육자가 기록하는 평가도구 • 사회적 적응, 정서 및 행동상의 문제 평가 • 사회능력 척도: 3개 척도(사회성 척도, 학업수행 척도, 총사회능력 척도) 13문항 • 문제행동증후군 척도: 12개 척도, 117문항(119문항-2문항: 문항 2(알레 르기)와 문항 4(천식)를 제외) 　- 12개의 하위척도: 위축, 신체증상, 불안/우울, 사회적 문제, 사고 의 문제, 주의집중 문제, 비행, 공격성, 내재화 문제, 외현화 문제, 총문제행동 척도 특수척도 2개(성문제: 4~11세에만 적용, 정서불 안정: 6~11세만 적용)	• 만 4~17세

한국판 정서·행동평가 시스템

국립특수교육원 정서·행동검사

한국판 아동 청소년 행동평가척도

그림 6-5 **행동발달평가 및 성격진단검사지**

표 6-7 학습준비도 검사

명칭	내용	연령
국립특수교육원 기초학력검사 (KISE-BAAT)	• 읽기, 쓰기, 수학 3개의 소검사, 도형검사로 제작 • 읽기검사는 선수기능, 음독능력, 낱말이해, 문장완성, 어휘선택, 문장배열, 짧은글이해(독해능력)로 구성 • 쓰기검사는 선수기능, 표기능력, 어휘구사력, 문장구사력, 글구성력으로 구성 • 수학검사는 수, 도형, 연산, 측정, 확률과 통계, 문제해결로 구성	• 만 5~14세 • 11개월 30일 (유치원~중 3학년)
학업동기검사 (AMT)	• 학업동기적 특성이해 및 동기적 측면에 대한 세분화된 정보제공 • 하위검사 　- 학업적 자기효능감: 자신감(8문항), 자기조절(10문항), 과제수준(8문항) 　- 학업적 실패내성: 감정(6문항), 행동(6문항), 과제난이도선호(6문항)	• 아동, 청소년, 대학생

국립특수교육원 기초학력검사

학업동기검사

 그림 6-6 학습준비도 검사지

4 정서 · 행동장애의 특성

1) 학업적 특성

　정서·행동장애 학생의 지능은 평균 90 정도로 약간 낮은 지능 수준을 보이며, 매우 심각한 지적장애부터 영재 수준에 이르기까지 다양한 분포를 보인다. 또한 주의집중력, 조직력, 반응정확도 등 학업준비 기술을 습득하는 것도 어려우며, 주의력결핍 과잉행동장애의 경우

약 절반 이상이 학습장애를 수반한다고 한다.

학업 성취도에서도 잠재적인 지적 능력과는 별개로 자기 학년보다 1년 이상 낮은 경우가 일반적이다. 저학년 시기에 낮은 학업 성취도를 보인 경우 고학년이 되면 더 많은 어려움을 겪게 된다. 계속되는 학업 실패는 학습 동기를 저하시키고 흥미를 상실하게 하며, 스트레스를 증가시켜 학교에 대한 부정적인 인식을 가질 수 있다. 이는 학생의 정서적 안녕을 위협하며, 학업에 대한 부정적인 자아 이미지를 형성하는 원인이 될 수 있다.

정서·행동장애 학생들은 다른 장애군의 학생들보다 더 높은 비율로 학교를 중퇴하는 경향을 보인다. 이는 학업적 어려움이 누적되면서 학교에서의 적응이 힘들어지고, 학업 성취도가 낮아짐에 따라 학교 관련 스트레스의 증가가 하나의 요인일 것으로 추정된다.

2) 행동적 특성

(1) 외현적 행동

외현화 행동은 내부에서 적절히 통제하지 못하고 겉으로 심하게 표출되는 통제결여(undercontrolled)로 인해 문제가 발생하는 것을 말한다. 대표적으로 때리기, 소리 지르기, 반항하기, 울기, 기물 파손 등의 행동 특성을 포함한다. 학교에서 흔히 볼 수 있는 문제행동은 장기간 결석, 낙제, 과제 미완성, 교사 지시 불순응, 수업 방해 등이 있다. 이러한 행동은 비장애아동들에게도 볼 수 있지만, 행동이 지나치게 충동적이거나 빈번하게 발생한다면 문제가 된다.

외현적 행동을 보이는 아동들은 문제가 겉으로 표출되기 때문에 주목받기 쉬우며, 아동기 때의 공격적이고 반사회적인 행동은 청소년기의 자퇴, 약물 흡입, 범죄 등과 연관될 가능성이 높은 요인으로 보고되고 있다.

외현화 행동은 주로 남아에게서 많이 목격되는데, 이는 성별에 따라 행동이나 사회화의 방식이 다르기 때문인 것으로 추정된다. ADHD, 품행장애, 적대적 반항장애 등이 외현화 행동장애에 해당된다.

(2) 내재적 행동

내재적 행동은 과잉통제(overcontrolled)로 인해 개인의 정서 및 행동의 어려움이 외적으로 표출되기보다는 내면적인 문제로 나타나는 것을 의미한다. 이는 주로 우울, 불안, 위축 등과 같은 정서행동 문제로 특정되며 외부에서 발견하기 어려울 수 있다.

내재적 행동문제는 주변 환경에서 쉽게 인지되지 않기 때문에 조기에 적절한 지원을 받지 못하는 경우가 많으며, 이는 행동문제를 더욱 악화시키는 요인이 된다. 이와 더불어 주변과의 소통 및 다른 사람과의 친밀한 관계 형성에 어려움을 보이며 이는 사회적 고립을 야기한다. 또한 우울, 불안 등이 학업 시 집중하는 데 어려움을 줄 수 있고 이는 학업 성적의 저하로 이어질 수 있다.

　내재화 행동은 주로 여성이 더 많이 보이는데, 예를 들면 우울증의 경우 여성이 남성에 비해 두 배 이상의 출현율을 보인다. 내재적 행동문제를 보이는 아동들은 주로 불안장애, 외상후스트레스장애, 틱장애, 우울장애, 사회적공포증, 공황장애 등과 관련될 수 있다.

3) 사회적 특성

　인간은 일반적으로 자신과 타인의 권리를 인식하고, 집단 내 정해진 규칙을 지키며, 타인과의 긍정적인 관계를 형성해 나간다. 그러나 정서·행동장애아동은 새로운 환경에 적응하는 것이 쉽지 않고, 문제행동의 빈도가 높아 타인과의 관계 형성이 어렵다.

　정서·행동장애아가 겪는 일련의 사회적 어려움은 여러 측면에서 나타난다.

　첫째, 또래나 교사와의 상호작용에서 적절한 소통과 협력 능력이 부족해 사회적 고립이나 교류의 한계를 경험한다.

　둘째, 사회적 규칙을 따르는 것이 어렵기 때문에 사회 활동이나 집단 활동 참여에 제약을 받는다.

　셋째, 자신과 타인의 감정을 공감하고 이해하며 표현하는 데 어려움이 있다. 이는 또래 및 교사와의 갈등 시 적절하게 해결할 수 있는 문제해결능력이 제한되고, 과도한 분노나 불안을 통제하기 어려워 대인관계에서 문제를 발생시킬 수 있다. 이로 인해 사회성 발달에도 부정적인 영향을 미친다.

　넷째, 어렸을 때부터 부모와 주위로부터 행동으로 인한 통제와 부정적 반응을 받는 경우가 많다. 이런 경험이 쌓이게 되면 사회적, 정서적으로 위축되고, 자기 존중감 형성에도 부정적이어서 품행장애 또는 적대적 반항장애가 될 수 있는 요인이 된다.

⑤ 정서·행동장애의 분류

현재 대표적으로 활용되고 있는 정신의학적 분류체계는 미국정신의학회(American Psychiatric Association: APA, 2022)에서 제정한『정신질환의 진단 및 통계편람(Diagnostic and Statistical Manual of Mental Disorders-5th edition Text Revision: DSM-5-TR)』이다. DSM-5-TR 에서는 정신질환을 22개의 주요범주와 300여 개의 하위범주로 명시하고 있는데 이를 바탕으로 정서·행동장애의 하위 유형을 몇 가지 제시하면 다음과 같다.

(1) 주의력결핍 과잉행동장애

주의력결핍 과잉행동장애(Attention Deficit Hyperactivity Disorder: ADHD)는 아동기의 대표적인 신경발달장애이며 부주의, 과잉행동, 충동성이 주요 증상으로 나타나 여러 가지 문제를 야기하는 장애로 학령기 아동의 약 5~20%에서 출현율을 보인다.

ADHD의 특성은 다음과 같다.

첫째, 주의력결핍이다. ADHD 아동은 적절한 자극에 집중하며 부적절한 자극에는 주의를 빼앗기지 않는 선택적 주의와 시간이 지나도 필요에 따라 집중을 유지하는 능력인 지속적 주의에 문제를 보이며, 불안정하고 산만해지기 때문에 주의력결핍 과잉행동장애 아동은 학습장애아동이 겪는 문제와 유사한 학업 결함을 보인다(임경옥 외, 2017).

둘째, 과잉행동이다. 일반적으로 자리에 가만히 앉아 있지 못하고 불안정하며, 수시로 뛰어다니는 등 끊임없이 활동한다. 이로 인해 자신의 행동을 조절하는 데 어려움을 보이며, 주어진 과제를 완성하지 못하고 과제와는 상관없는 활동을 하는 경우가 많다.

셋째, 충동성이다. 특정한 상황에서 적절한 행동이 무엇인지를 생각해 내기 전에 즉각적으로 행동을 먼저 하는 양상을 보인다. 예를 들어, 교사가 질문을 마치기도 전에 엉터리 답을 한다든지 수업 중 마음대로 불쑥 일어나서 돌아다니기도 한다.

(2) 품행장애

품행장애(conduct disorder)는 문제행동이나 적대적 행동 등의 다양한 양상으로 나타나는데, 전체 학령기 아동의 약 5~10% 정도에서 출현율을 보인다. 품행장애는 아동기에 빈번하게 보고되는 행동장애로 환경적 요인에 많은 영향을 받아 발생한다. 특히 열악한 가정환경에 노출되어 있는 아동의 경우 그렇지 않은 아동에 비해 품행장애의 출현율이 높게 보고되고 있다.

『DSM-5-TR』(APA, 2022)에서는 품행장애로 진단되기 위한 필수 요인을 '지난 6개월 동안 다른 사람의 기본적 권리를 침해하고 연령에 적절한 사회적 규범 및 규칙을 위반하는 지속적이고 반복적인 행동 양상'으로 정의하였다. 대표적으로 다음 4가지 유형으로 분류할 수 있다.

첫째, 사람과 동물에 대한 공격성으로, 괴롭힘, 위협, 협박, 신체적 싸움 걸기, 신체적 손상을 입힐 수 있는 무기 사용, 타인과 동물에 대한 잔인함, 도둑질, 성적 행동 강요이다.

둘째, 재산 파괴로, 고의적 방화, 타인의 재산에 대한 고의적 파괴이다.

셋째, 사기 또는 절도로, 타인의 집, 건물 또는 자동차에 무단 침입, 거짓말, 도벽이 포함된다.

넷째, 심각한 규칙 위반으로, 외박, 가출, 무단결석을 하는 경우이다.

(3) 적대적 반항장애

적대적 반항장애(oppositional defiant disorder)는 규칙을 어기거나 반사회적 행동 또는 공격적 행동이 두드러지게 나타나지는 않지만, 반항적이고 불복종적이며 도발적인 행동을 보인다. 약 1~11%의 출현율을 보이며, 청소년기 이전의 적대적 반항장애는 여아에 비해 남아에게서 빈번하게 발생하는 것으로 보고된다.

(4) 불안장애

불안(anxiety)이란 사람이 미래에 발생할지도 모르는 나쁜 사건에 대해 걱정을 하거나, 현재 일어나고 있는 위험에 대해 강한 두려움으로 압도되어 그로부터 회피나 도피를 유발하는 정서적 반응을 의미한다.

불안장애(anxiety disorder)는 아동과 청소년들이 겪는 가장 흔한 심리 및 정신건강 문제로 시간의 경과에 따라 정도가 악화될 수 있으며, 성인기 우울증을 유발할 수 있기 때문에 조기에 중재하는 것이 중요하다. 불안장애는 크게 세 가지 양상으로 나타나는데, 외현적 행동 반응, 생리적 반응, 그리고 주관적 반응이다.

첫째, 외현적 행동 반응은 행동체계의 반응으로 눈을 감는다거나 떨리는 목소리로 말하기, 상황으로부터 도망치기 등의 행동적 양상을 보인다.

둘째, 생리적 반응은 신체적 반응으로 심장박동 및 호흡의 변화, 복통, 근육 긴장 등의 신체적 양상을 보인다.

셋째, 주관적 반응은 인지 반응으로 자신에 대한 부정적 인식 또는 상황에 대한 공포심 등의 인지적 양상을 보인다. 불안장애는 분리 불안장애, 선택적 함구증, 특정 공포증, 광장 공포증, 공황장애, 사회적 불안장애, 범불안장애의 7개 유형으로 분류된다(APA, 2013).

(5) 우울장애

우울장애(depressive disorder)는 파괴적 기분조절부전장애, 주요우울장애, 지속적 우울장애(기분저하증)로 분류된다.

첫째, 파괴적 기분조절부전장애(disruptive mood dysregulation disorder)는 주로 10세 이전에 시작되며, 주요 특성은 잦은 분노 발작이 행동적, 언어적으로 반복 표출된다.

둘째, 주요우울장애(major depressive disorder)는 적어도 2주 이상 연속적으로 우울한 기분이나 즐거움의 상실을 경험한다. 주요우울장애는 전체 인구에서 약 7% 정도의 유병률을 보이며, 여성이 남성보다 1.5~3배 정도 높게 나타난다.

셋째, 지속성 우울장애(기분저하증; persistent depressive disorder, dysthymia)는 최소 2년(아동 및 청소년은 1년) 동안 거의 하루 종일 우울한 기분이 있는 경우이다.

우울장애는 유전적, 생물학적, 심리 사회적, 환경적 요소들 간의 상호작용으로 발생한다. 15세 이전까지는 성별에 따른 차이가 거의 없으나, 15세 이후에는 남성보다 여성에서 2배 이상의 출현율을 보인다.

(6) 양극성장애

양극성장애(bipolar disorder)는 우울증과 조증이 교차되어 나타나며 일상생활에 어려움을 주는 장애로 과거에는 조울증(manic depressive illness)으로 불리던 장애이다. 양극성장애는 제1형 양극성장애(bipolar I disorder), 제2형 양극성장애(bipolar II disorder), 순환기분장애(cyclothymic disorder)로 분류된다.

첫째, 제1형 양극성장애는 한 번 이상의 조증 삽화를 보이거나 주요우울 삽화가 동반된다.

둘째, 제2형 양극성장애는 한 번 이상의 경조증 삽화가 있고 한 번 이상의 주요우울 삽화를 경험한다. 제1형 양극성장애보다 만성적 및 중증으로 나타나고, 자살의 위험이 높다.

셋째, 순환기분장애는 양극성장애와 비슷하지만 심각도가 상대적으로 낮고, 슬픔, 공허감 등의 감정이 적게 나타나며 일반적으로 수일간만 지속되고 비정기적인 간격으로 재발한다. 양극성장애 I이나 II의 세부 기준을 충족하지 않는 경우에 해당된다.

(7) 틱장애

틱장애(tic disorder)는 불수의적으로 나타나며, 비율동적인 근육운동 또는 음성으로 1~2초 이상 지속되는 행동을 보인다. 그리고 18세 이전에 발병하며, 운동틱과 음성틱으로 분류할 수 있다.

첫째, 운동틱(motor disorder)은 눈 깜빡임, 얼굴 찌푸림, 머리 흔들기, 어깨 들썩임 등이 있다.

둘째, 음성틱(vocal disorder)은 코 킁킁거림, 헛기침, 코웃음, 코골기, 단어나 구절을 반복하여 말하기 등이 포함된다.

틱은 본인의 의지와 상관없이 발생하며 전체 아동 중 약 12% 이상의 출현율을 보이는데, 뇌 신경 전달체계의 이상, 유전적 요인, 심리적 요인, 생태학적 요인 등에 의해 발생한다.

(8) 섭식장애

섭식장애(eating disorder)는 정신적인 문제로 인해 음식 섭취에 문제가 생겨 발생하는 장애로 생물학적 요인과 심리 사회적 요인이 서로 상호작용하여 발생한다.

생물학적 요인에는 유전적 원인, 식욕과 포만감에 관여하는 신경 물질의 변화, 에너지 대사 과정의 변화 등이 있다. 심리 사회적 요인에는 날씬함을 강조하는 사회적 경향, 가정불화, 여성의 사회적 역할 변화로 인한 갈등, 대중매체의 영향 등이 있다. 섭식 관련 장애에는 신경성 식욕부진증(거식증), 신경성 폭식증(폭식증)과 비만, 이식증, 되새김장애, 회피적/제한적 음식 섭취장애가 포함된다.

(9) 배설장애

일반적으로 유아들의 배설 진행 순서는 밤에 대변 가리기, 낮과 밤에 대변 가리기, 낮과 밤에 소변 가리기, 밤에 소변 가리기 순서로 이루어진다.

배설장애(elimination disorder)는 쉽게 말하면 일정 연령이 되어도 대소변 가리기를 제대로 못하는 경우를 말한다.

유뇨증(enuresis)은 발달에 문제가 없는 유아가 5세 이후에도 적절하지 않은 곳, 예를 들면 옷이나 침대에 반복적으로 소변을 보는 경우이다. 최소한 3개월 이상 지속적으로 일주일에 2회 이상 이런 현상을 보여야 한다.

유분증(encopresis)은 발달에 문제가 없는 유아가 4세 이상이 되어도 최소한 3개월 이상 지속적으로 월 1회 이상 적절치 못한 장소나 옷 등에 반복적으로 대변을 보거나 지리는 경우에 해당된다.

(10) 기타

조현병(schizophrenia)은 낮은 유병률을 보이며, 여자보다 남자에게서 더 흔하게 발병되는 것으로 보고 된다. 일반적으로 10대에 발병되는데, 부모가 조현병일 경우 영유아기 때의 발병률은 약 8% 정도이다. 조현병의 증상으로는 망각, 환각, 언어 와해이며, 이는 정신병의 전형적인 증상들이다.

반응성 애착장애(reactive attachment disorder)는 5세 이전에 두드러지게 나타나며 대부분의 상황에서 성인과 부적절한 강도의 애착을 형성한다. 반응성 애착장애 아동의 경우 부모의 잘못된 양육 방식 또는 양육자의 빈번한 교체 등에 의해 발생하는데, 적절한 교육과 환경의 지원으로 장애의 증상이 많이 호전될 수 있다고 보고된다.

정서·행동장애의 지원방안

1) 교육 지원

정서·행동장애아를 지원하는 가장 대표적인 방법은 긍정적행동중재와 지원(Positive Behavioral Interventions and Supports: PBIS)이다. PBIS는 행동에 대한 응징적이고 반응적 형태인 전통적 중재에서 벗어나 행동을 예방하고 대안적 행동을 교수하기 위해 개발된 지원 체계이다.

PBIS는 학생에게 기대되는 행동과 교육적 목표를 명확하게 제시하여 행동의 예측 가능성을 높이며, 이를 통해 학생들은 어떤 행동이 기대되는지 알고 적절한 선택을 할 수 있게 된다. 또한 긍정적인 학교의 분위기 형성에 효과적이며, 학생을 둘러싼 지역사회와의 협력으로 행동 변화가 지속될 수 있도록 3단계로 지원하는 체계적 접근이다.

첫째, 제1단계는 모든 학생을 포함하는 학교 수준의 중재로 문제행동 발생 시 적절하게 대응하고, 행동의 예방을 위해 노력한다.

둘째, 제2단계는 제1단계에 반응하지 않은 약 10~15%의 학생 또는 특정한 학급을 대상으로 개별화(individualized)되고 포괄적인(comprehensive) 중재를 제공하는 단계로 행동적,

사회적, 정서적, 학업적 기술 개선을 위한 추가적인 교수 및 중재 제공이다.

셋째, 제3단계는 제2단계에 반응하지 않은 5~10%의 학생을 대상으로 고도의 집중된 (intensive) 개별화 지원을 제공한다.

2) 치료 지원

국립중앙청소년디딤센터에서는 정서·행동 영역에 어려움을 가지고 있는 만 9~18세의 청소년을 대상으로 다양한 치료 지원을 하고 있다. 이를 살펴보면 〈표 6-8〉과 같다.

표 6-8　정서·행동장애아동에 대한 치료 지원

구분		내용
치료지원	대상	• 연령: 만 9~18세(만 9세는 입교시기 기준, 수료 시 만 18세는 유지) • 대상: 정서·핵동 영역에서 어려움을 가지고 있는 청소년 • 신청: 보호자 또는 청소년상담복지센터, 학교밖지원센터, 학교 및 시·군·구 교육지원청, 청소년쉼터, Wee센터, 청소년 및 아동복지시설을 통해 신청
	내용	• 개인·집단 상담 • 심리검사(MBTI, MMPI, SCT 등) • 음악·놀이·모래놀이·미술·승마치료 등 • GRIP(게슈탈트 관계성 향상) 프로그램 • 가족 캠프 및 드라마치료 • 치료 레크리에이션, 공동체 프로그램 • 대안교육(오름과정 제외), 체험학습, 자립지원

3) 개념 모델에 따른 지원

장애아동을 지도하는 다양한 방법 및 치료들이 있지만 근간은 주요 이론에서 도출되었다. 의료적 모델의 일종인 신체생리학적모델, 무의식적 충동과 의식적 욕구 간의 갈등을 기반으로 하는 정신역동적모델, 행동문제를 잘못된 학습에 의한 결과라고 보는 행동주의적모델, 개인의 지각과 사고를 가장 중요하게 여기는 인지주의적모델, 정서·행동문제를 환경과의 관계로 보는 생태학적모델 등이 있다. 각 모델을 비교하면 〈표 6-9〉와 같다.

표 6-9　개념 모델 비교

개념 모델	기본 관점	평가 절차	중재 방법
신체생리학적 모델 (biophysical model)	• 의료적 모델의 일종 • 아동의 정서 및 행동문제를 신체 질환이나 신경생리학적 요인 및 기질적 요인으로 봄	• 아동 발달력 조사 • 신체 기능 평가 • 기능적 행동분석 • DNA 검사	• 유전공학 • 정신약물치료 • 영양요법
정신역동적 모델 (psychodynamic model)	• 정신 내적 과정상의 기능문제에 기인, 정서적 성숙이라는 측면에서 지체되었을 경우 • 문제행동을 무의식적 동기에 의해 나타나는 것으로 봄	• 투사적 기법 • 인물화 검사 • 문장완성 검사 • 자기보고식 평정척도	• 인간중심 교육 • 생활공간 면접 • 현실치료 • 심리치료 • 놀이치료
행동주의적 모델 (behavioral model)	• 부적응행동은 학습되고 유지됨 • 행동문제는 잘못된 학습에 의한 결과이며 아동이 어떻게 행동하는가에 관심	• 행동체크리스트 • 행동평정척도 • 행동기록법 • 기능적 행동평가	• 응용행동분석 • ABC 모델 사용 • 사회성 기술훈련
인지주의적 모델 (cognitive model)	• 왜곡된 인지과정이나 신념 등 잘못된 인지에서 발생 • 외적인 사건에 대한 개인의 왜곡된 해석이 불안감과 두려움을 만들어 냄	• 자기보고식 • 질문지법 • 사고목록 기록법 • 면담	• 노출치료 • 인지처리치료 • 이완훈련 • 합리적 정서행동치료
생태학적 모델 (ecological model)	• 아동과 주위의 체제 및 사회적 제도 간의 상호작용 강조 • 아동을 둘러싼 사회적 체계에 균형이 어긋날 때 문제 발생 • 환경적 요구와 아동의 능력 간 불일치로 인해 유발	• 교수환경척도 • 교실 및 교수 요구 분석 • 행동평정 프로파일 2 • 기능적 행동평가	• 부모 참여의 가족 중재 • 학교 차원의 긍정적 행동 지원 • 랩어라운드

4) 법적인 지원

정서·행동장애아는 「장애아동복지지원법」 제21조(발달재활서비스지원)에 의해 인지, 의사소통, 적응행동, 감각·운동 등의 기능향상과 행동발달을 위하여 적절한 발달재활서비스, 즉 청능훈련, 미술·음악 활동, 행동·놀이·심리운동 재활서비스 등을 국가와 지방자치단체로부터 지원받을 수 있다. 그리고 발달재활서비스 지원기간은 장애아동이 발달재활서비스 지원 대상자로 선정된 달의 다음 달부터 장애아동이 만 18세가 되는 달까지로 한다. 만약 학교에 재학 중인 경우에는 만 20세가 되는 달까지로 한다.

이와 더불어 「특수교육법」에 의해 개별화교육 및 다양한 치료적 지원을 받을 수 있다.

요점정리

1. 정서 · 행동장애의 정의

1) 「장애인 등에 대한 특수교육법 시행령」에서의 정의
- 지적 · 감각적 · 건강상의 이유로 설명할 수 없는, 또래나 교사와의 대인관계에 어려움. 일반적인 상황에서 부적절한 행동이나 감정을 나타냄. 전반적인 불행감이나 우울증을 나타냄. 학교나 개인 문제에 관련된 신체적인 통증이나 공포를 나타내어 학습에 어려움이 있는 사람

2) 「미국 장애인 교육법(IDEA)」의 정의: '교육적 수행에 부정적 영향을 미치는 경우'라는 조항을 전제 조건으로 두고 있는 정의

2. 정서 · 행동장애의 원인

1) 생물학적 요인
- 생물학적 요인에는 유전적 문제, 뇌손상 및 뇌기능 이상, 타고난 기질적 문제 등이 포함

2) 환경적 요인
- 정서 · 행동장애는 타고난 기질과 같은 아동의 내부 요인과 가족, 학교, 문화 등과 같은 아동을 둘러싼 외부 요인 간 상호작용의 부조화로 인해 발생

3. 정서 · 행동장애의 진단 및 평가

1) 다관문 절차
- 1단계에서는 교사가 외현화 및 내재화 행동을 보이는 6명을 선별한 후 2단계에서 위기사건 척도와 문제행동 총빈도 척도를 작성한 다음 3단계에서는 직접 행동 관찰을 통해 아동의 행동 평가

2) 정서 · 행동장애의 진단 및 평가도구
(1) 선별도구: 장애를 지닐 가능성이 있는 아동을 조기 발견하기 위한 매우 중요한 절차
(2) 진단 및 평가 도구: 국가에서 규정된 적응행동검사, 성격진단검사, 행동발달평가, 학습준비도 검사를 통해 진단하는 것이 바람직

4. 정서 · 행동장애의 특성

1) **학업적 특성**: 지능은 평균 90 정도로 약간 낮은 수준을 보이며, 학업 성취도에서 자기 학년보다 1년 이상 낮은 경우가 일반적

2) **행동적 특성**

  (1) 외현화 행동: 공격적이고 겉으로 드러나는 행동으로 거부적이고 적대적인 행동 등

  (2) 내재화 행동: 겉으로 잘 드러나지 않는 행동으로 불안, 위축, 사회적 미성숙 등

3) **사회적 특성**

- 또래나 교사와의 상호작용에서 적절한 소통과 협력 능력 부족, 사회적 규칙 비준수, 자신과 타인의 감정을 공감 및 이해하고 표현하는 데 어려움, 주위로부터 부정적 반응

5. 정서 · 행동장애의 분류

- 주의력결핍 과잉행동장애, 품행장애, 적대적 반항장애, 불안장애, 우울장애, 양극성장애, 틱장애, 섭식장애, 배설장애, 조현병, 반응성 애착장애 등

6. 정서 · 행동장애의 지원 방향

1) **교육적 지원**

- 긍정적 행동중재와 지원으로 문제행동을 예방하고 대안적 행동 교수

2) **개념적 모델에 따른 지원**

- 의료적 모델의 일종인 신체생리학적모델, 무의식적 충동과 의식적 욕구 간의 갈등을 기반으로 하는 정신역동적모델, 행동문제를 잘못된 학습에 의한 결과라고 보는 행동주의적 모델, 개인의 지각과 사고를 가장 중요하게 여기는 인지주의적모델, 정서 · 행동문제를 환경과의 관계로 보는 생태학적모델 등이 있음

3) **법적인 지원**

- 청능훈련, 미술 · 음악 활동, 행동 · 놀이 · 심리운동 재활서비스, 개별화교육 및 다양한 치료적 지원

생각나누기

학번:

이름:

1. 학급에서 아동의 문제행동이 지속될 경우 이를 중재하기 위한 교사의 노력에는 어떠한 것들이 필요할지 토론하시오.

---

2. 정서·행동장애아동을 교육하기 위해 교사가 갖추어야 할 가장 중요한 자질은 무엇인지 토의하시오.

---

3. 정서·행동장애의 교육적 지원을 위한 개념적 모델 중 학급에서 사용하고 싶은 유형의 모델은 무엇인지 토의하시오.

퀴즈

1. 최소한 6개월 동안 사회적 규범이나 연령에 적합한 규준에 위배되는 활동 또는 타인의 권리를 침해하는 행동 패턴의 지속과 반복적인 행동을 보이는 장애는? (   )

    ① ADHD   ② 품행장애   ③ 우울장애   ④ 불안장애

2. (   ) 속에 들어갈 적절한 단어는?

    > ADHD는 아동기의 대표적인 신경발달장애로 부주의, 과잉행동, (   )이 주요 증상으로 나타난다.

3. 자신과 타인의 감정을 공감하고 이해하며 표현하는 데 어려움이 있는 것은 정서 · 행동장애 아동의 어떤 특성인가? (   )

4. 다관문 절차는 총 몇 단계의 선별 절차로 구성되는가? (   )

5. 행동문제는 잘못된 학습에 의한 결과라고 보며 아동이 어떻게 행동하는가에 관심이 있는 개념적 모델은? (   )

    ① 생태학적 모델   ② 인지주의적 모델   ③ 행동주의적 모델   ④ 정신역동적 모델

법제처 법령센터(2012). 장애인 등에 대한 특수교육법 시행령.

서현아(2022). 예비유아교사를 위한 특수 교육학개론. 경기: 양서원.

윤점룡, 이상훈, 문현미, 서은정 등(2017). 정서 및 행동장애아 교육. 서울: 학지사.

임경옥, 박경화, 조현정(2017). 특수교육학개론. 서울: 학지사.

American Psychiatric Association (2013). *Diagnostic and Statistical Manual of Mental Disorders* (5th ed.). Arlington, VA: Author.

Kilgus, S. P., Chafouleas, S. M., Riley-Tillman, T. C., & Welsh, M. E. (2012). Direct behavior rating scales as screeners: A preliminary investigation of diagnostic accuracy in elementary school. *School Psychology Quarterly*, *27*(1), 41.

Lane, K. L., & Menzies, H. M. (2010). Reading and writing interventions for students with and at risk for emotional and behavioral disorders: An introduction. *Behavioral Disorders*, *35*(2), 82-85.

Thomas, A., & Chess, S. (1986). *Temperament and development*. New York: Bruner/Matzel.

교육부 www.moe.go.kr/

인싸이트 https://inpsyt.co.kr/

제 7장

학습장애의 이해

학습장애는 서구에서 이미 사무엘 커크(Samuel Kirk)에 의해 1963년 학습장애라는 용어 사용이 제안되었고, 전 세계적으로 가장 많은 장애유형이지만 한국에는 뒤늦게 알려진 장애유형이다.

다른 장애와 달리 영유아 시기에는 발견하기 어려우며, 학령기에 접어들어 읽기, 쓰기, 추론, 수 셈하기 등 학습영역에서 유난히 어려움을 보이는 경우 뒤늦게 발견되기 시작한다. 그러나 특별히 원인을 발견하기 어려워 단순히 공부를 못하는 아동으로 치부하는 경향이 있다.

이 장에서는 학습장애의 정의와 원인, 진단 및 평가, 학습장애로 분류되는 하위 유형과 특성에 대해 살펴보고, 이를 바탕으로 학습장애아동들을 지원하기 위한 중재 방안에 대하여 고찰하고자 한다.

✅ 마인드맵

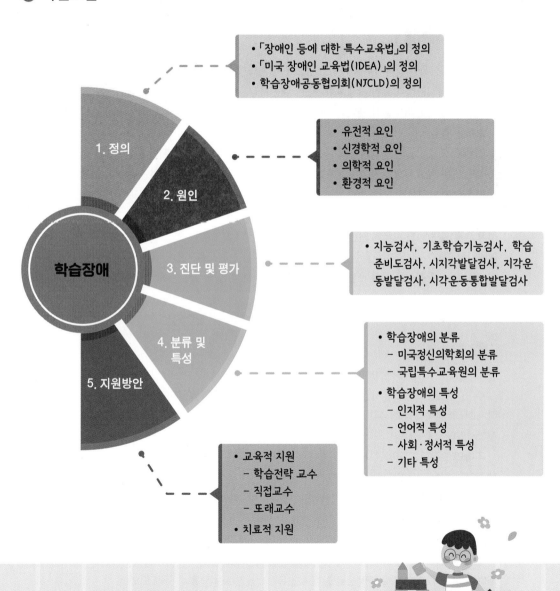

학습장애

1. 정의
- 「장애인 등에 대한 특수교육법」의 정의
- 「미국 장애인 교육법(IDEA)」의 정의
- 학습장애공동협의회(NJCLD)의 정의

2. 원인
- 유전적 요인
- 신경학적 요인
- 의학적 요인
- 환경적 요인

3. 진단 및 평가
- 지능검사, 기초학습기능검사, 학습준비도검사, 시지각발달검사, 지각운동발달검사, 시각운동통합발달검사

4. 분류 및 특성
- 학습장애의 분류
  - 미국정신의학회의 분류
  - 국립특수교육원의 분류
- 학습장애의 특성
  - 인지적 특성
  - 언어적 특성
  - 사회·정서적 특성
  - 기타 특성

5. 지원방안
- 교육적 지원
  - 학습전략 교수
  - 직접교수
  - 또래교수
- 치료적 지원

1. 학습장애의 정의를 설명할 수 있다.
2. 학습장애의 하위 유형을 분류할 수 있다.
3. 학습장애의 영역별 특성을 구술할 수 있다.
4. 학습장애의 중재방법을 현장에 적용할 수 있다.

주요 용어

학습부진: 정상적인 지능지수를 가지고 있고 신경계의 이상이 전혀 없으나 정서적 문제(우울증, 불안증, 강
    박증)나 사회환경적 요인(가정불화, 빈곤, 결손가정, 스트레스) 때문에 학습성취도가 떨어지지만 이러한
    환경적, 정서적 요인들이 제거되거나 치료적 개입을 통해 교정되면 정상적인 학습능력과 학업성취도를
    보이는 경우
학습장애: 학습과 관련된 뇌기능의 특정 영역이 결함을 보이거나, 발육지연 또는 장애가 있는 경우로 정상
    적인 또는 정상 이상의 지능지수를 보여 주고, 정서적인 혹은 사회환경적 문제가 없음에도 학업성취도
    가 떨어지는 경우
지각: 감각기관을 통하여 들어온 대상을 인식하고 그 결과로 무엇인지 아는 것
시각 종결: 불완전한 자극의 완전한 형태를 알아내는 것
상위인지 전략: 자신의 사고과정을 계획, 점검, 평가하는 능력으로 자신의 사고과정에 대한 인식 또는 지식
실서증: 스스로 감정을 글로 쓰는 것, 받아쓰기, 사자(寫字) 등의 글쓰는 행위가 대뇌의 국한성 병변에 의해
    장애를 받는 것을 말함

사례

　　주아(가명)는 6세로 유치원에 다닐 때부터 담임교사에게 읽기 발달이 또래보다 느리다는 말을 종종 들었
다. 교사의 염려에 비해 주아의 부모는 읽기가 느리다는 것에 대해 크게 개의치 않았고 초등학교에 주아를
진학시켰다.
　　주아의 초등학교 담임교사는 주아를 1년간 지켜본 후 주아 어머니에게 면담을 요청하였고, 주아가 읽기
에 문제가 있는 것 같다고 말씀드렸다.
　　그러나 주아의 어머니는 주아가 한글 읽기와 쓰기를 제외하고는 수학, 집중력, 사회적 기술 등은 잘하였
기 때문에 크게 문제가 되지 않는다고 생각했다. 얼마 뒤 주아는 엄마에게 한글을 읽을 줄 몰라 짝꿍이 놀렸
다고 울음을 터트렸다. 주아의 부모는 고민 끝에 담임교사가 권한 읽기 검사를 받아 보기로 하였다.
　　검사 결과 주아는 글을 거의 읽을 수 없었고, 읽기장애로 판별되어 특수교육대상자로 선정되었다. 그 후
주아는 개별화교육계획을 바탕으로 한 특수교육서비스를 지원받을 수 있게 되었다.
　　주아는 국어시간에 도움반 교실에서 특수교사에게 소리-낱말 짝짓기 등을 직접 교수 받고 통합교실에서
는 또래교수를 활용하여 주아의 교육적 요구에 적합한 개별화된 수업을 진행하였다. 또한 국어시험 시간은
특수교사가 문제를 읽어 주어 평가하기도 하였다. 주아는 아직까지 글을 완벽하게 읽지는 못하지만 종성이
없는 단어는 읽을 수 있게 되었다.

① 학습장애의 정의

학습장애의 용어는 특정학습장애란 용어를 도입하기 전 난독증, 뇌손상, 미세뇌손상, 인지장애, 난산증, 실산증 등 다양한 의학적 진단용어로 불렸다. 학습장애아동의 교육적 지원을 위해 교육적 용어로 대체한 것이 특정학습장애였지만, 'specific learning disabilities'라는 용어 자체가 말해주듯 이 역시 학습이란 말만 덧붙여졌을 뿐 손상에 의한 기능장애를 의미하는 disability란 어휘를 벗어나지 못했다.

학습장애는 언어성 및 비언어성 정보를 습득, 조직하며, 이해와 사용뿐 아니라 상위언어적인 추론의 발달에도 영향을 미치며, 학습에 부정적인 영향을 주는 장애를 의미한다.

학습장애는 지적장애와는 구별되며, 구어, 읽기, 문어 표현, 수학 영역 중 한 가지 또는 그 이상 영역의 습득 및 사용에 어려움이 나타나는 경우를 포함한다.

「장애인 등에 대한 특수교육법 시행령」 제10조 특수교육대상자 선정 기준에 명시된 학습장애의 정의는 〈표 7-1〉과 같다.

표 7-1 「장애인 등에 대한 특수교육법」의 정의

개인의 내적요인으로 인하여 듣기, 말하기, 주의집중, 지각, 기억, 문제해결 등의 학습기능이나 읽기, 쓰기, 수학 등 학업 성취 영역에서 현저하게 어려움이 있는 사람

「미국 장애인 교육법(IDEA)」(2004)에서는 학습장애에 대한 개념을 일반, 포함장애, 비포함장애로 구분하여 규정하고 있다. 「미국 장애인 교육법(IDEA)」에서 제시한 정의는 〈표 7-2〉와 같다.

표 7-2 「미국 장애인 교육법(IDEA)」의 정의

• 일반: 특정학습장애란 구어나 문어 형태의 언어 이해와 활용을 내포하는 기본심리처리과정이 하나 혹은 그 이상 손상된 것을 말하며, 이 손상은 듣기, 사고하기, 말하기, 읽기, 쓰기, 철자 익히기 또는 수학계산능력의 결함으로 나타날 수 있다. • 포함장애: 특정학습장애는 지각장애, 뇌손상, 미세뇌손상장애, 난독증, 발달적 실어증 등의 조건을 포함한다. • 비포함장애: 특정학습장애는 주로 시각장애, 청각장애 또는 운동장애, 지적장애, 정서장애 또는 환경적, 문화적 및 경제적 실조에 의한 학습문제는 포함시키지 않는다.

미국 학습장애공동협의회(National Joint Committee on Learn Disabilities: NJCLD, 1990)에서는 IDEA의 정의가 지각장애, 미세뇌기능장애, 난독증과 같은 분명하게 정의하기 어려운 개념을 포함하고 있어서 학습장애아동을 판별하기 어렵다고 지적하면서 학습장애를 〈표 7-3〉과 같이 정의하였다.

> **표 7-3   학습장애공동협의회(NJCLD)의 정의**
>
> 학습장애란 듣기, 말하기, 읽기, 쓰기, 추리하기 및 수학 능력의 습득과 사용에 있어 현저한 어려움을 나타내는 이질적인 장애 집단을 지칭하는 일반적인 용어이다. 이들 장애는 개인에게 내재된 것으로 중추신경계 기능 이상에 기인하는 것으로 추정되며, 평생에 걸쳐 나타날 수도 있다. 자기-조절 행동, 사회적 지각, 사회적 상호작용 등에 있어서 문제가 있을 수 있지만 이런 특성들만으로는 학습장애로 판별하지 않는다.
>
> 학습장애가 다른 장애조건(예: 감각장애, 지적장애, 정서·행동장애) 또는 외부적인 영향(예: 문화적인 차이, 불충분하거나 부적절한 지도)에 수반되어 발생할 수 있지만 학습장애는 위에 열거한 제반 조건이나 영향으로 인하여 발생한 것이 아니다. (1994년 정의, 2016년 개정)

② 학습장애의 원인

1) 유전적 요인

학습장애의 원인은 다양한 관점에서 논의되어 왔고, 명확한 근거를 제시하기 어렵지만 병리적 문제가 대두될 때마다 끊임없이 제기되는 원인 중의 하나가 유전이다.

학습장애가 유전에 의해 나타난다는 근거로 이란성쌍생아 집단보다 일란성쌍생아 집단에서 학습장애가 동시에 나타나는 비율이 높은 편이라고 보고되고 있다. 또한 유전적 요인의 다른 근거는 읽기장애의 경우로, 읽기장애와 연관된 염색체의 위치와 특정 유발 유전자가 확인되었다. 그렇다고 모든 학습영역에 유전자와 관련이 확인된 것은 아니다. 쓰기장애나 산수장애의 경우 관련 유전자가 아직까지 명확하게 밝혀지지 않았다.

읽기장애의 유전적 요인을 가계성 유전과 유전 가능성, 분자유전학으로 나누어 살펴보면(박현숙 외, 2008) 다음과 같다.

- **가계성 유전**: 읽기장애가 특정 가정에서 더 높게 발생함(학습장애아동의 친족 중 35~40% 가 읽기장애를 가지고 있음)
- **유전 가능성**: 같은 난자에서 출생한 많은 유전적 요소를 공유하고 있는 일란성 쌍둥이 가 이란성 쌍둥이보다 읽기장애 및 말-언어장애에 대한 일치도가 더 높음
- **분자유전학적 연구**: 6번 염색체가 음운처리와 표기처리, 개별 단어 읽기, 음소 인식에 관여, 15번 염색체는 철자 장애 후보 염색체로 읽기 및 철자 장애는 유전적으로 상관 있음

2) 신경학적 요인

최근 발전된 기술로 인하여 학습에 핵심적인 기능을 담당하고 있는 뇌손상 부위를 보다 정교하게 밝혀내고 있다. 많은 연구자들은 학습장애를 뇌손상에 의해 파생된 것이라고 가정한다. 예를 들어, 학습장애와 비장애아동의 뇌 활성화를 비교하면 두 집단에서 적어도 한쪽 뇌의 구조, 균형, 활동 수준 등에서 차이를 보인다는 것이다.

또 다른 예는, 후두부에 경미한 손상을 입으면 발생되는 미세뇌기능장애(minimal brain dysfunction)로 후두부 손상이 뇌의 가장 효율적 기능을 담당하는 부분에 영향을 주어 학습장애의 근원적인 이유가 된다고 본다. 즉, 중추신경계에 어떤 문제가 있을 것으로 추측하지만, 실제 학습장애아의 상당수가 신경학적 검사에서 이상이 없다는 보고도 있다.

일반적으로 유전자의 발현에 문제가 생기면 뇌와 연관된 기능에 영향을 미친다. 뇌 영상 연구를 통해서 읽기장애, 산수장애, 쓰기장애를 갖는 아동이 비장애아동에 비해서 언어 정보 처리와 관련된 측두엽(특히 상부 측두엽)의 구조와 기능상에 문제가 있다는 것이 확인되었다. 또한 이 부위와 연결망을 형성하고 있는 두정엽, 후두엽, 소뇌의 일부 부위도 구조 및 기능상의 결함이 있는 것으로 알려져 있으며, 전두엽의 일부도 영향이 있는 것으로 확인되고 있다.

대뇌의 기능적 결함은 정보처리과정 중 특히 음소 인식, 음운 처리, 단어 이해, 단기기억 능력의 저하를 가져와 장애를 유발한다. 그러나 실제로 학습장애가 뇌의 손상에 의한 것이라고 증명하기란 쉽지 않다.

3) 의학적 요인

학습장애를 유발하는 요인 중 의학적 요인으로는 생리학적 어려움으로 발생되는 영양결핍, 알레르기나 비타민 소화작용의 이상으로 인한 생화학적인 뇌의 불균형을 들기도 한다.

그러나 과학적으로 정확하게 증명된 것은 아니다. 또한 조산, 당뇨, 뇌막염 등으로 임신기나 출산 시 미세한 뇌손상이 발생할 수도 있다.

강대옥 등(2012)에 의하면 조산아동은 신경학적 손상, 학습장애 및 다른 장애의 발생률을 높이는 고위험 요소를 지니며, 저체중, 조산아동에게서 19% 정도 학습장애가 나타났다.

당뇨병은 학습장애와 신경정신성 문제를 유발하고, 특히 만 5세 이전 당뇨병 발병 아동은 학습장애가 발생될 수 있다고 보고되고 있다.

뇌막염의 경우 바이러스나 세균 감염에 의해 발생되기 때문에 뇌의 손상에 영향을 주어 학습장애가 발생할 수 있다.

4) 환경적 요인

학습장애의 요인 중 환경적 요인은 앞서 언급된 요인들과 달리 직접적인 원인이 되지 않는 것으로 알려지고 있다. 이는 대다수의 학습장애아동들이 빈곤해서 나타나는 것은 아니기 때문이다.

영유아기부터 아동기에 겪은 학대나 방임으로 인한 부정적인 정서발달의 경험 및 심각한 영양결핍은 학습장애의 원인이 될 수 있다. 따라서 정서발달에 꼭 필요한 심리적 자극이 결여되고, 영양이 결핍된 환경은 각각 독립적으로 영향을 미치기보다는 한 아동에게 동시에 영향을 미칠 수 있다.

학교의 부정적인 환경, 즉 교사의 기대치, 부적절한 교수 방법 등이 학습장애의 원인이 될 수 있다는 견해도 제기되었다. 실제 많은 학습장애아동들이 교사의 체계적이고 동기부여가 높은 교수활동에 의해 교정되었다는 보고는 이러한 주장을 뒷받침해 준다. 그러므로 교사의 역량도 중요하다. 교사는 학습에 특별한 요구가 있는 아동들을 선별하고 이들을 가르치기 위해 사전에 많은 준비를 해야 한다. 조기에 발견된 아동에게 적용되는 중재로 인해 아동은 학습장애로 나타날 수 있는 부정적인 영향을 최소화할 수 있다.

환경적 요인에 대해 논란의 쟁점이 되는 이유는 환경적 불이익이나 부적절한 학습경험 때문에 학습장애가 나타나는 것인지 다른 요인들 때문인지를 규명하는 것이 쉽지 않기 때문이다.

③ 학습장애의 진단 및 평가

『DSM-5-TR』에서는 신경발달장애의 하위분류에 지적장애, 특정학습장애, 운동장애, 의사소통장애, 자폐스펙트럼장애, 주의력결핍 과잉행동장애, 틱장애, 기타신경발달장애를 포함시키고 있다. 『DSM-5-TR』에 명시된 학습장애의 진단기준은 〈표 7-4〉와 같다.

표 7-4 『DSM-5-TR』의 학습장애 진단기준

A. 학업기술을 배우고 사용하는 데 어려움이 있고, 그러한 어려움에 대한 중재를 제공했음에도 불구하고, 적어도 6개월 동안 다음과 같은 증상이 1개 이상 나타난다.

   1. 부정확하거나 느리고 힘겨운 단어 읽기(예: 어떤 단어를 부정확하거나 느리게 더듬더듬 소리 내어 읽기, 단어를 자주 억측하기, 소리 내어 단어 읽기 곤란)

   2. 읽은 것의 의미 이해 곤란(예: 본문을 정확하게 읽을 수 있으나 내용의 순서, 관계, 추론 또는 깊은 의미를 이해하지 못함)

   3. 철자쓰기 곤란(예: 모음이나 자음을 추가, 생략, 대치시킴)

   4. 글쓰기 곤란(예: 문장 내에서 여러 문법요소 또는 구두점 오류, 빈약한 문단구성, 생각을 글로 표현하는 데 있어 명료성 부족)

   5. 수 이해, 수 개념 혹은 계산하기 곤란(예: 수의 크기 및 관계에 대한 이해 부족, 또래들처럼 산수계산을 암산으로 하지 못하고 손가락으로 한 자릿수 계산하기, 수학 계산을 하는 도중에 어찌할 바를 모르다가 계산 절차 바꾸기)

   6. 수학적 추리 곤란(예: 양적 문제를 풀기 위하여 수학적 개념, 실제 혹은 절차 응용이 심히 곤란)

B. 보유한 학습 기술이 개별적으로 실시한 표준화된 성취도 검사와 종합적인 임상 평가를 통해 생활연령에서 기대되는 수준보다 현저하게 양적으로 낮으며, 학업적 또는 직업적 수행이나 일상생활의 활동을 현저하게 방해한다는 것이 확인되어야 한다. 17세 이상인 경우 학습의 어려움에 대한 과거력이 표준화된 평가를 대신할 수 있다.

C. 학습의 어려움은 학령기에 시작되나 해당 학습 기술을 요구하는 정도가 개인의 능력을 넘어서는 시기가 되어야 분명히 드러날 수도 있다.

D. 학습의 어려움은 지적장애, 교정되지 않은 시력이나 청력 문제, 기타 정신질환 또는 신경학적 장애, 정신사회적 불행, 학습 지도사가 해당 언어에 능숙하지 못한 경우 또는 불충분한 교육적 지도로 더 잘 설명되지 않는다.

〈세부 유형〉
- 읽기 손상 동반형: 단어 읽기 정확도, 읽기 속도 또는 유창성, 독해력
- 쓰기 손상 동반형: 절차 정확도, 문법 및 구두점 정확도, 글쓰기의 명료도 또는 구조화
- 수학 손상 동반형: 수감각, 단순 연산값의 암기, 계산의 정확도 또는 유창성, 수학적 추론의 정확도

〈심도〉
- 경도, 중등도, 고도

보건복지부는 2023년 장애등록심사 관련 법령 및 규정집을 발간했지만 학습장애는 「장애인 복지법」에 명시되어 있지 않은 장애유형이기 때문에 이에 대한 진단 기준 및 평가와 관련된 내용이 전무하다.

그러나 「장애인 등에 대한 특수교육법 시행규칙」 제2조(장애의 조기발견 등)에 학습장애 대상자는 지능검사, 기초학습기능검사, 학습준비도검사, 시지각발달검사, 지각운동발달검사, 시각운동통합발달검사를 하도록 명시되어 있다.

1) 지능검사

지적 능력을 측정하기 위한 검사로, 다양한 영역의 교육 및 지도를 하기 위해서 필요하다. 지능검사는 〈표 7-5〉와 같고 검사지는 [그림 7-1]과 같다.

표 7-5 지능검사

도구명	내용	대상
한국 웩슬러 아동 지능검사 5판 (K-WISC-V)	• 인지능력 평가로 총 16개의 소검사로 구성 • 5개의 기본지표척도(언어이해, 시공간, 유동추론, 작업기억, 처리속도) • 5개의 추가지표척도(양적추론, 청각작업기억, 비언어, 일반능력, 인지효율)	• 만 6세~16세 11개월
한국판 라이터 비언어성 검사 (K-Leiter-R)	• 개별적으로 실시되는 표준화된 비언어적 지능측정도구 • 시각화 추론, 주의력 및 기억력으로 구성 • 총 19개의 소검사로 구성	• 2세~7세 11개월
한국판 그림 지능검사 (K-PTI)	• 검사문항과 응답의 선택지가 전부 그림으로 되어 있음 • 주위가 산만하거나 학습에 흥미가 없는 유아들도 쉽게 검사 • 총 125문항으로 어휘능력검사, 형태변별검사, 상식 및 이해검사, 유사성 찾기 검사, 크기와 수 개념검사, 회상능력검사의 6개 하위검사로 구성	• 4~7세

한국 웩슬러 아동 지능검사(5판)

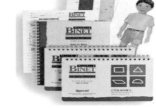
스텐포드-비네검사

한국판 그림 지능검사

그림 7-1 지능검사지

출처: 아이소리몰 홈페이지(www.isorimall.com).

2) 기초학습기능검사

선별 및 진단대상자의 기초학습능력을 평가하기 위해 개발된 검사로 다양한 종류가 있다. 대표적으로 활용하고 있는 기초학습기능검사의 몇 가지 예를 제시하면 〈표 7-6〉과 같고, 그에 따른 검사지는 [그림 7-2]와 같다.

표 7-6 기초학습기능검사

도구	내용	연령
기초학습기능수행평가 (BASA)-읽기	• 대상의 읽기수행 수준에 대한 평가 • 기초평가(읽기검사자료 1, 읽기검사자료 2), 형성평가(읽기검사자료)로 이루어져 있음	• 1학년
기초학습기능수행평가 (BASA; WE)-쓰기	• 쓰기문제를 가진 아동의 현재 수행 수준을 정량적·정상적으로 평가 및 아동의 쓰기 능력 발달과 성장 측정에 용이 • 기초평가(정량적 평가, 정성적 평가) 및 형성평가로 구성	• 1학년 이상
기초학습기능수행평가 (BASA)-수학	• 아동의 수학 수행 수준에 관해 평가 • Ⅰ·Ⅱ·Ⅲ 수준의 학년 단계 검사와 통합단계 검사로 구성 • I단계 검사는 1학년, Ⅱ단계 검사는 2학년, Ⅲ단계 검사는 3학년 수준, 통합단계는 1, 2, 3학년의 내용을 모두 다루는 문제를 담고 있음	• 1학년 이상

기초학습기능수행평가-읽기　　기초학습기능수행평가-쓰기　　기초학습기능수행평가-수학

그림 7-2 **기초학습기능검사지**

출처: 인싸이트 홈페이지(https://inpsyt.co.kr/).

3) 학습준비도검사

학습준비도검사는 선별검사로서 학습에 문제가 있는 아동을 선별하기 위한 검사도구이다. 대표적으로 활용되고 있는 학습준비도 검사는 〈표 7-7〉과 같고, 그에 따른 검사지는 [그림 7-3]과 같다.

표 7-7 **학습준비도검사**

도구	내용	연령
학습장애선별검사 (LDST)	• 초등학교 3학년 이후의 학습장애 학생들 선별 • 기초적인 학업능력(수용언어, 표현언어, 수학)과 학교적 응능력(주의집중 및 조직화, 사회성)으로 이루어져 있음 • 간결하고 짧은 문장으로 구성되어 있어 학습장애 학생도 간편하게 실시 및 평가	• 초등학교 3~6학년
학습장애 선별검사 (LDSS)	• 읽기, 쓰기, 수학, 듣기, 말하기, 사고추론 영역에의 학습장애 위험학생을 선별하는 목적을 지닌 평정척도 • 학생의 구체적인 학업특성을 파악함으로써 교육적 특성에 맞는 교수 계획 지원	• 초등학교 1~2학년 • 초등학교 3~6학년
한국판 학습장애평가 척도(K-LDES)	• 표준화된 평가도구로서 학습문제를 주의력, 생각하기, 말하기, 읽기, 쓰기, 철자, 수학적 계산영역으로 범주화하여 교사나 부모가 평가하도록 하는 학습장애 선별검사 • 아동들의 학습문제를 진단하기 위한 하위 척도 88문항	• 6~12세

학습장애선별검사(LDST)

학습장애 선별검사(LDSS)

한국판 학습장애평가척도

그림 7-3 학습준비도검사지

출처: 인싸이트 홈페이지(https://inpsyt.co.kr/).

4) 시지각발달검사

시각과 지각을 합쳐 시지각(visual perception)이라고 한다. 즉, 사물이 비슷한지 차이가 있는지를 구별하는 시각변별(visual discrimination) 및 시각종결(visual closure) 등을 비롯하여 시각을 통하여 들어온 어떤 대상을 인식하고 그 결과로 무엇인지 아는 것 등을 일컫는다. 시지각발달검사의 예는 〈표 7-8〉과 같고, 그에 따른 검사지는 [그림 7-4]와 같다.

표 7-8 시지각발달검사

도구	내용	연령
시지각 발달검사-2 (K-DTVP-2)	• 유아의 시지각 능력과 시각-운동 통합능력 측정 • 하위검사 구성: 눈-손 협응, 공간위치, 따라 그리기, 도형-배경, 공간관계, 시각통합, 시각운동속도, 형태항상성	• 만 4~8세
한국판 아동 시지각발달검사-3(K-DTVP-3)	• 아동의 시지각 결함의 유무와 정도를 객관적으로 확인 • 2개의 종합척도와 5개의 하위검사 - 시지각 통합지수: 눈-손 협응, 따라 그리기(하위검사) - 운동축소화-시지각 지수: 도형-배경, 시각통합, 형태항상성(하위검사)	• 만 4~12세

시지각 발달검사-2
출처: 네이버 스마트스토어(https://smartstore.naver.com/).

한국판 아동 시지각발달검사-3
출처: 인싸이트 홈페이지(https://inpsyt.co.kr/).

그림 7-4 시지각발달검사지

5) 시각운동통합발달검사

시각운동통합발달검사는 시지각과 소근육운동 및 협응능력을 한꺼번에 평가할 수 있다. 학습장애를 선별하기 위해서 반드시 해야 하는 검사로, 검사도구는 〈표 7-9〉와 같고, 그에 따른 검사지는 [그림 7-5]와 같다.

표 7-9 시각운동통합발달검사

도구	내용	연령
시각-운동통합발달검사-6(VMI-6)	• 아동의 시각적 관찰력, 운동 조절 능력, 눈-손 협응 능력 평가 • VMI(시각-운동통합검사: 보고 똑같이 그리기)와 두 개의 보충검사(시지각 보충검사: 같은 그림 찾기, 운동협응 보충검사: 길 따라 그리기)로 구성	• 만 2~90세
아동 색 선로검사 (CCTT)	• 지각 추적 능력, 정신 운동 속도, 순차적 처리 능력 및 분할 시각 주의력과 지속적 시각 주의력을 측정하는 전두엽 관련 검사 • 언어적 능력이나 상징화 능력이 손상되어 있는 언어 및 특정 읽기장애아동들에게 실시 가능 • CCTT-1(특정 숫자가 적혀 있는 원들을 가능한 한 빨리 순서대로 연결하도록 하는 검사)과 CCTT-2(숫자가 적힌 원을 순서대로 연결하되 원 안의 색을 번갈아 가며 연결하도록 하는 검사)로 구성	• 만 5~15세
시각운동능력 테스트 (TVMS-3)	• 연령별 시각운동능력 측정 • 도안을 따라 그리면서 개인의 소동작 움직임과 시각 협응 정도 파악 • 점점 더 복잡해지는 39개의 기하학적 디자인을 하나씩 제시하고, 따라 그리거나 밑그림 없이 재현하도록 하는 검사	• 만 3~90세

시각-운동통합발달검사-6   아동 색 선로검사   시각운동능력 테스트

그림 7-5 시각운동통합발달검사지

출처: 아이소리몰 홈페이지(www.isorimall.com).

학습장애의 분류 및 특성

1) 학습장애의 분류

학습장애는 바라보는 관점에 따라 분류 방법에 차이가 있다. 즉, 발달적 학습장애와 학업적 학습장애로 분류하거나 신경심리학적·발달적 학습장애, 학업적·성취장애, 사회적 장애로 구분하기도 하고 언어성 학습장애와 비언어성 학습장애로 나누기도 한다.

미국정신의학회(American Psychiatric Association: APA)는 2022년 개정된 『정신질환의 진단 및 통계 편람-제5판 수정판(DSM-5-TR)』에서 학습장애를 읽기 손상 동반형, 쓰기 손상 동반형, 수학 손상 동반형으로 분류하고 있다.

미국정신의학회(2013)에서 제시한 학습장애의 하위 유형은 [그림 7-6]과 같다.

국립특수교육원(2009)에서는 학습장애의 하위 유형으로 학습장애 발현 시점에 따라 발달적 학습장애와 학업적 학습장애라고 분류하고 있다. 발달적 학습장애는 학령전기 아동들 중 학습과 관련된 기능에 현저한 어려움을 보이는 아동으로 구어, 주의집중, 지각, 기억, 사고 장애 등으로 나타난다. 반면 학업적 학습장애는 학령기 이후 학업과 관련된 영역에서 현저한 어려움을 보이는 읽기·쓰기·수학 장애로 나타난다.

이를 정리하면 [그림 7-7]과 같다.

〈읽기장애〉 〈수학장애(산술장애)〉

〈문자에 의한 표현장애(쓰기장애)〉

그림 7-6 미국정신의학회(2022) 학습장애 하위 유형

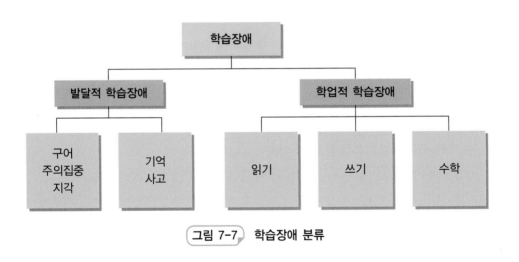

그림 7-7 학습장애 분류

[그림 7-7]과 같이 보편적으로 분류되고 있는 발현 시점에 따른 하위 유형을 살펴보면 다음과 같다.

(1) 발달적 학습장애

발달적 학습장애(developmental learning disabilities)는 학령기를 전후하여 학업과 관련된 영역에서 매우 어려움을 나타내는 아동으로 전기 아동 중 구어 · 주의집중 · 지각 · 기억 · 사고 장애 등으로 나타난다.

① 구어장애

구어장애(speech disorder)는 의사소통장애의 일종으로 조음장애, 유창성장애, 음성장애가 있다. 조음장애는 말소리의 산출과 관련된 장애로 단어를 첨가, 삭제, 왜곡, 대치하는 것으로 나타난다. 유창성장애는 말의 흐름과 관련된 장애로 문장을 말하는 데 어려움이 있고, 일반적으로 말을 더듬는 증상을 보인다. 음성장애는 목소리의 고저 및 목소리의 질, 즉 허스키 목소리, 코맹맹이 소리 등으로 인해 다른 사람과 의사소통을 하는 데 문제가 있는 경우를 의미한다.

② 주의집중장애

주의집중장애(attention deficit disorder)는 다양한 자극이 주어졌을 때 필요한 특정 자극에 대해 집중하지 못하는 것이 가장 큰 특징이다. 이들은 주의력이 결핍되어 또래들에게 기대할 수 있는 여러 부분에서 미흡하여 일상적인 생활에 지장을 초래하게 된다.

③ 지각장애

지각장애(perception disorder)는 환경 내의 다양한 물체나 상황을 정확하게 인식하는 데 사용되는 감각, 즉 시각, 촉각 미각, 후각, 청각 등의 감각처리에 결함을 가진 상태를 의미한다. 따라서 이들은 문자학습의 기초 기능인 읽기 및 쓰기, 그리기 등을 수행하는 것이 어렵고 여러 가지 식별 활동, 예를 들어 소리, 냄새, 맛, 형태나 크기 등을 구분하는 데도 곤란을 겪는다.

지각장애는 지각을 전혀 못하는 지각상실 및 지각이 둔해지는 지각감퇴를 비롯하여 뒤늦게 상황이나 물체를 감지하는 지각 전도완서(傳導緩徐), 감각이 유달리 예민한 지각과민, 감각을 정상적으로 느끼지 못하는 지각이상 등으로 구분된다.

④ 기억장애

기억장애(defects of memory)는 기억하는 것이 어렵거나 불가능한 상태를 말한다. 즉, 사람이나 사물의 이름, 과거의 경험 등을 생각해 내는 것이 어렵다. 기억장애는 다양하게 구분하지만 가장 보편적으로 단기기억과 장기기억으로 구분한다. 단기기억은 아주 잠깐 기억하는 것으로, 예를 들어 친구의 전화번호를 듣고 전화를 건 후 잊어버리는 경우이다. 반면 장기기억은 이미 저장된 상태로, 예들 들면 우리가 자주 사용하는 전화번호는 기억하고 있는 경우이다.

기억은 학습과 밀접한 관계가 있으므로 학습장애아동은 기억장애로 인해 학습에 더 큰 어려움을 겪는다.

⑤ 사고장애

사고장애(disturbance of thinking)는 생각하는 과정이나 생각하는 내용 등과 관련된 장애로 사고과정장애와 사고형태장애, 사고내용장애로 구분할 수 있다. 사고과정장애는 대부분 동문서답을 하거나 생각의 흐름이 일반적이지 못하거나 사고의 내용이 예상치 못하게 빗나가는 등의 문제를 보인다. 사고형태장애는 비논리적인 생각을 하거나 추상적인 사고가 힘들며, 어떤 특정한 생각에 집착하는 경우이다. 사고내용장애는 망상이 대표적으로, 어떤 상황에 대한 사실과 전혀 다른 불합리적인 믿음으로 인해 현실과 동떨어진 엉뚱한 생각을 하는 경우를 의미한다. 이들은 대부분 현실에 맞지 않는 사고를 하고, 인지 전략을 사용하는 능력이 부족하며 실행적 기능의 결함 및 자기 조절 능력에도 문제를 보인다.

(2) 학업적 학습장애

학업적 학습장애(academic learning disabilities)는 학교에 입학한 후 학업과 관련된 영역에 매우 어려움을 나타내는 장애로 읽기장애, 쓰기장애, 수학장애 등으로 나타난다.

① 읽기장애

읽기장애(reading disorder)는 그 나이에 수행할 수 있는 적절한 기대 수준에 비해 이해 능력과 읽기 능력에서 낮은 수준을 보이는 장애이다. 그러므로 이들은 일반적으로 글씨를 잘 읽지 못하거나, 너무 느린 속도로 읽거나, 읽은 내용을 잘 이해하지 못하는 경우를 포함한다. 예를 들어, 글자를 빼고 읽거나 순서를 바꾸어 읽거나 더듬거리면서 읽는다.

읽기장애는 단어를 정확하게 이해 못하는 단어인지 읽기장애, 글을 적정한 속도로 읽는

데 어려움을 보이는 유창성 읽기장애, 읽은 내용의 의미를 이해하는 데 어려움을 보이는 이해 읽기장애가 있다.

② 쓰기장애

쓰기장애(disorder of written expression)는 기본적으로 본인의 연령, 지능, 교육 정도에 비해 쓰기에 현저한 어려움을 나타내는 장애이다. 그러므로 글자를 틀리게 쓰고, 글자를 생략하거나 첨가하기도 하며, 다른 글자로 대체하기도 한다. 이뿐만 아니라 글자를 소리나는 대로 적거나 글을 쓰는 속도도 매우 느리다. 글을 쓸 때 철자법에 오류가 많아 글씨를 알아보기 힘들며, 쓰는 어휘도 제한되어 있다.

쓰기장애는 글자를 쓸 때 맞춤법과 틀리게 쓰거나 글자를 빠뜨리는 철자 쓰기장애와, 작문을 할 때 단순한 문자 구조 및 어휘 수가 제한되어 있거나 문장이 불완전한 작문 쓰기장애가 있다. 쓰기장애는 일반적으로 읽기장애 및 산술장애와 함께 동반되는 경우가 일반적이다.

③ 수학장애

수학장애(mathematics disabilities)는 수학 과목에서 어려움을 나타내며, 일반적으로 숫자나 가장 기본이 되는 수학 계산에서 잦은 실수를 한다. 이와 더불어 수학에서 사용되는 부호의 의미를 잘 모르며, 차트나 그래프에 숫자가 포함되면 이를 이해하는 데도 어려움을 나타낸다.

수학장애는 가장 기본적인 수 개념 및 연산에 어려움을 나타내는 연산 수학장애와 보다 구체적인, 즉 표를 활용하거나 그림 및 구체물을 활용하여 문제를 해결하는 것이 어려운 문제해결 수학장애가 있다.

2) 학습장애의 특성

(1) 인지적 특성

학습장애아동의 학업에 대해 '설명 불가능한 저성취'라고 설명하기도 한다. 아동의 언어, 인지, 사회성 발달과 태도, 환경적 부분 등을 보면 상황을 이해하기 어려울 정도로 유독 학업에 있어서 낮은 성취를 보여 주기 때문이다.

이들은 자신의 생활을 체계적으로 계획하거나 구성하는 데 어려움을 보이는 조직적 사고

능력에 문제를 보인다. 조직적 사고 능력은 인지능력을 의미하며, 여기에서의 인지능력은 사고를 조직하고 문제를 해결하는 능력을 말한다.

기억에도 어려움을 보여 재인하는 능력에 결함이 나타나는데, 단어재인에도 어려움이 있지만 특히 장기기억보다는 단기기억에서 낮은 능력을 보인다. 예를 들어, 암기를 할 경우 기억하는 정보에 집중하기 위해 정보를 조직적으로 분류해야 하고 암기 전략도 필요한데, 이러한 부분에 어려움을 보인다.

(2) 언어적 특성

학습장애아동은 일반적으로 이해언어인 수용언어보다는 표현언어에 어려움을 보인다. 말로 표현하고자 하는 적절한 단어가 떠오르지 않는 단어재인의 어려움으로 부적절한 표현의 문제가 나타나거나 질문에 대답하는 데 많은 시간이 소요되기도 한다.

시간 배열에 따라 조리 있게 설명하는 능력도 부족하며, 두서없이 말하거나 이야기를 전달할 때 내용과 순서를 혼동하는 경우도 많다.

또한 듣기의 어려움으로 인해 정확한 정보를 기억하고 교사의 지시를 이해해야 하는 상황에서도 문제가 나타난다. 특히 교사의 지시를 정확하게 이해하지 못하고 반응하는 경우 듣기 문제로 인한 것임에도 불구하고 아동의 태도 문제로 잘못 이해되는 경우도 많다.

학습장애아동은 얼굴 표정 등 비언어적인 단서를 파악하는 데에도 어려움을 보이며, 말의 운율을 만드는 것도 힘들어하는 경우가 종종 나타난다.

(3) 사회 · 정서적 특성

학습장애아동은 자신의 능력보다 낮은 학업성취로 인해 실패의 경험을 많이 가지고 있다. 이로 인해 정서적으로 낮은 자존감이 형성되고, 자신감 없음으로 인해 또래보다 사회성 발달도 저해된다. 그러나 이들이 반드시 사회적 기술이 부족하거나 정서적으로 문제가 있다고 단정할 수는 없다.

그럼에도 불구하고 앞에서 언급한 학업의 어려움이나 언어문제 등으로 인해 정서적으로 위축되어 사회적 관계를 맺는 것을 힘들어하게 된다. 이로 인해 불안감이 높은 스트레스 상태에 놓이게 되는 경우가 많아 자칫 공격성과 분노로 표출될 수 있다. 그리고 정서적으로 불안정하고 위축된 상태가 지속되면 자신보다는 상대방의 판단에 자꾸 의존하게 되어 학습된 무력감이 발생할 수도 있다.

(4) 기타 특성

학습장애아동 중 대다수는 행동 문제를 보인다. 주의집중과 과잉행동, 충동성에 문제가 있을 경우 주의력결핍 과잉행동장애(Attention Deficit Hyperactivity Disorder: ADHD)로 진단 받기도 한다. 이러한 행동적 문제는 학습성취에도 부정적인 영향을 미친다.

또 다른 특성은 시각, 청각, 촉각 등 감각을 통해서 들어온 정보처리에 어려움을 보인다. 난독증 주인공을 소재로 한 영화 〈지상의 별처럼〉에서의 한 에피소드를 소개하면, 주인공 소년이 프랑스어를 배우는 수업시간에 책에 있는 페이지를 읽어 보라는 교사 지시가 있었다. 주인공 소년은 프랑스어가 글자(글자 모양 그대로)로 인식되는 것이 아니고 '물고기가 많다(주인공 소년의 눈에는 글자가 꼬불꼬불 물고기로 보임)'라고 표현한다. 주인공 소년이 글자를 볼 때는 정상으로 보였지만 정보를 처리하는 과정에서 보이는 글자를 변별하고 지각하지 못하게 되어 이런 현상으로 나타난 것이다. 이런 현상이 각 부분에 지속적으로 영향을 미치게 되면 글자 인식의 어려움은 난독증, 얼굴을 잘못 인식하면 실인증, 쓰기에 어려움은 실서증이 된다.

지각의 문제는 신체 균형 감각과도 연관이 있다. 특히 와우관(달팽이관)이 전정기관을 조절하는 기능을 적절하게 처리하지 못하면 평행감각이 떨어지게 되는 것이다. 이런 경우 계단으로 이동하거나 엘리베이터를 탈 때 심각한 어려움이 나타날 수 있다.

⑤ 학습장애의 지원방안

1) 교육적 지원

교육적 중재의 가장 중요한 부분은 학습장애아동의 개인차와 특별한 요구를 존중해 주는 것이다. 즉, 강점과 보완점을 잘 이해하고, 각 아동의 개인적인 특별한 요구와 우선 지원해야 하는 교육적 계획하에 중재 계획을 수립해야 한다. 이들을 교육적으로 지원할 수 있는 방법을 학습전략 교수와 직접교수 및 또래교수로 나누어 살펴보고자 한다.

(1) 학습전략 교수

학습내용보다는 학습하는 방법을 가르쳐 주는 것이 학습전략(earning strategy) 교수이다.

예를 들어, 물고기가 필요한 사람에게 물고기를 잡아 주는 것이 아니라 물고기 잡는 방법을 알려 주는 것과 같은 이치이다.

학습장애아동은 발달시기에 따라 각기 다른 전략이 필요하다.

첫째, 학령전기에는 아동이 어휘 발달이 늦고, 숫자, 색깔, 모양 등의 학습을 어려워하기 때문에 발달수준에 맞게 지시를 짧고 단순하게 하면서 반복 학습과 함께 다양한 예를 보여 주어야 한다.

둘째, 초등학교 저학년 때는 가장 기본적인 단어를 혼동하기도 하고, 숫자의 순서를 바꾸어 읽기도 하며, 읽기에서도 동일한 실수를 지속적으로 보인다. 그러므로 핵심내용은 여러 번 반복해 주고 이미지 연상 및 상위인지 전략을 사용하도록 지도한다.

셋째, 초등학교 고학년 이후부터는 읽기 기술도 빈약하고, 글자 쓰기 및 주관식 문제 풀기, 요약하기 등을 어려워하며 본격적으로 또래와 학습차이가 나기 시작한다. 그러므로 이 시기에는 자기교수 훈련 전략을 가르치는 것이 효과적이다.

최근에는 특정학습장애아동에게 상위인지 전략 훈련과정으로 자기교수(self-instruction), 자기조절(self-regulation), 자기질문법(self-questioning)의 전략을 사용하기도 한다. 자기 교수법은 학습장애뿐 아니라 다양한 장애유형을 대상으로 읽기, 쓰기, 수학 등의 학습과제 수행에 널리 활용되어 왔다. 자기교수법의 기본 모델을 만든 마이켄바움과 굿맨(Meichenbaum & Goodman, 1971)에 의한 자기교수 훈련내용은 다섯 가지 단계로 절차화되어 있다(임경옥 외, 2017 재인용). 자기교수 훈련 절차는 〈표 7-10〉과 같다.

> **표 7-10** **자기교수 훈련 절차**

- 1단계-인지적 모델링(cognitive modeling): 아동은 교사가 혼잣말(자기교수)하면서 과제수행하는 것을 관찰한다.
- 2단계-외현적 지도(overt guidance): 아동은 교사의 자기교수 내용을 따라서 말하면서 동시에 교사가 수행하는 것과 같은 과제를 수행한다.
- 3단계-외현적 자기지도(overt self-guidance): 아동은 교사의 시범 없이 소리 내어 자기교수하면서 과제를 수행한다.
- 4단계-외현적 자기지도의 감소(faded overt self-guidance): 아동은 작은 소리나 혼잣말로 스스로 자기교수하면서 과제를 수행한다.
- 5단계-내재적 자기지도(covert self-guidance): 아동은 혼자서 스스로 내적 언어를 통해 자기교수하면서 과제를 수행한다.

자기조절은 과제를 얼마나 성취했는지 스스로 점검하는 방법을 말한다. 그리고 자기질문은 학습자가 과제를 수행하는 과정에서 스스로 자신에게 질문함으로써 얼마나 이해했는지 점검하여 자기조절 능력을 향상시키는 방법이다.

(2) 직접교수

학습장애아동을 위해 가장 일반적으로 사용되고 있는 방법이 직접교수법(direct instruction)이다. 행동주의에 근거하여 발달한 직접교수법은 말 그대로 교사가 아동에게 학습내용을 명확하게 직접적으로 가르치는 것이다. 직접교수법은 아동 중심이 아닌 교사 중심으로 학습내용과 학습자료 등을 구조화하여 통제하고 구체적이면서 명확하게 안내하는 방식의 교수방법이다.

학습장애아동은 교사의 지시에 대한 수행과 학업에서의 잦은 실수로 인해 학업에 대한 부담감이 높고 학습 과제 자체에 주의를 기울이는 것이 어렵다. 그러므로 교사는 구체적으로 학습 정보에 대한 안내를 해 주어야 한다.

직접교수법은 학습내용을 분석하고, 분석된 내용을 순서대로 세분화하여 학습장애아동에게 제시한다. 이때 각 단계별로 완전히 숙달할 때까지 연습의 기회를 충분히 제공하는 과정이 필요하다. 가장 중요한 것은 아동이 포기하지 않고, 학습 참여에 대한 동기가 높아야 교육적 효과도 증대될 수 있다.

학습동기 향상을 위한 전략으로는 긍정적인 환경을 구성하여 동기화를 위한 계획을 세우고, 아동의 흥미와 일상생활을 연관시켜 주어야 한다. 또한 교사는 목표 설정을 가르치고 아동이 노력을 결과와 연관시킬 수 있도록 지원하며, 적절한 기대를 가질 수 있도록 동기화시켜 주어야 한다.

내적 동기에 어려움을 보이는 아동에게는 수행에 대해 보상하는 외적 강화제를 제공하며, 아동이 반응할 수 있는 기회를 자주 제공하고 아동의 반응에 즉각적인 피드백을 주어야 한다.

그러나 아동이 너무 외적 동기에 치중하는 것은 장기적으로 볼 때 학습동기 유지에 도움이 되지 않기 때문에 교사는 내적 동기를 강화시켜 주어야 한다. 이를 위해 아동이 자신의 동기를 개발할 수 있도록 유도하며, 외현적 동기에서 내적 동기로 옮겨 갈 수 있도록 아동을 격려하는 것이 바람직하다.

(3) 또래교수

또래교수(peer tutoring)는 또래 훈련자 교육을 통해 또래로 하여금 학습장애아동의 학습이나 참여를 촉진하게 하는 학습전략이다. 또래교수는 특히 교과나 사회적 기술 습득에 적용하는 방법으로 활용되고 있다.

또래교수는 규범적이고 학습 목표가 구체적인 경우에 일정한 시간 동안 계획에 맞추어 실시하는 것이 바람직하다. 교사는 또래교수를 실시하기 전 또래교수를 하는 아동에게 대상자 아동을 지원하기 위해 분명하게 지시하는 방법과 최소한의 도움으로 대상자 아동 스스로 학습을 하도록 돕는 방법을 설명해야 한다. 그리고 대상자 아동 스스로 오류를 수정하는 방법, 적절하게 학습자료들을 다루는 방법 등에 대해 사전 또래교수 훈련자 교육을 실시해야 한다.

또래교수는 단순한 도우미의 역할이 아니라는 것을 교사나 또래교수를 실시하는 아동 모두 인식해야 한다. 또한 반드시 교사는 정기적으로 또래교수 과정을 점검하고 피드백을 구체적으로 제공해 주어야 한다.

또래교사는 자신이 학습한 내용을 또래에게 교수하는 과정을 통해 자신의 학습에 대한 이해수준을 높일 수 있고, 더 오래 기억할 수 있으므로 자신의 학업성취도도 높일 수 있다. 뿐만 아니라 같은 또래가 사용하는 언어를 사용함으로써 의사소통 기술 및 사회성도 향상시켜 주고, 교사의 개입을 줄이면서도 학습효과는 더 증진시킬 수 있다.

2) 치료적 지원

치료적 지원은 몇 가지 방법이 있다. 그중 대표적으로 아동의 학습을 저해하는 원인과 연관된 약물적 중재는 문제행동을 감소시켜 학교생활에 원활히 참여하고 사회성을 증진할 수 있도록 지원하는 것이 목적이다.

학습장애의 아동 중 50% 가까이가 주의력결핍 과잉행동장애를 동반하기도 한다. 주의집중을 유지하는 시간이 짧거나 행동통제가 잘 안 되는 것은 학습하는 데 저해 요인이 된다. 주의력결핍 과잉행동장애를 치료하는 가장 핵심적인 방법은 약물치료이다. 그러므로 주의력결핍 과잉행동장애가 동반된 것으로 진단된 경우에는 클로니딘(clonidine)과 중추신경자극제[Central Nervous System(CNS) stimulants]인 메틸페니데이트(methylphenidate)와 같은 약물치료와 인지적 행동 중재를 병행하는 것이 필요하다.

이는 교육적 효과를 높이는 데에도 바람직하며, 학습장애 문제로 발생되는 이차적인 우울증이나 불안 및 충동 조절 문제가 심각한 경우에도 증상에 합당한 약물치료로 감소시킬 수 있다. 이는 약물에만 의존한다는 의미가 아니라, 약물치료가 학습에 저해되는 문제행동을 감소시킬 수 있는 방법 중 하나이며, 다양한 교육현장에서의 적응을 가능하게 할 수 있다.

요점정리

1. 학습장애의 정의
- 개인의 내적 요인으로 인하여 듣기, 말하기, 주의집중, 지각, 기억, 문제해결 등의 학습 기능이나 읽기, 쓰기, 수학 등 학업 성취 영역에서 현저하게 어려움이 있는 장애

2. 학습장애의 원인
1) 유전적 요인
- 유전적인 요인의 근거로 이란성쌍생아 집단보다 일란성쌍생아 집단에서 학습장애가 동시에 나타나는 비율이 높고, 읽기장애와 관련된 염색체 및 유전자 확인됨
2) 신경학적 요인
- 뇌손상에 의해 파생된 것이라는 가정 및 후두부 손상, 두정엽, 후두엽, 소뇌의 일부 부위도 구조 및 기능상의 결함 가능성, 신경학적 검사에서 이상이 없다는 보고도 있음
3) 의학적 요인
- 영양결핍, 알레르기나 비타민 소화 이상, 생화학적인 뇌의 불균형 및 조산, 당뇨, 뇌막염 등, 임신기나 출산 시 미세한 뇌손상 발생 가능성 등
4) 환경적 요인
- 아동기의 학대나 방임, 학교의 부정적인 환경 등이 원인이 될 수 있지만 논란 많음

3. 학습장애의 진단 및 평가
- 「장애인 등에 대한 특수교육법 시행규칙」에 지능검사, 기초학습기능검사, 학습준비도검사, 시지각발달검사, 지각운동발달검사, 시각운동통합발달검사를 하도록 명시

4. 학습장애의 분류 및 특성
1) 학습장애의 분류
- 미국정신의학회: 읽기 손상 동반형, 쓰기 손상 동반형, 수학 손상 동반형으로 분류
- 국립특수교육원: 발달적 학습장애(구어, 주의집중, 지각, 기억, 사고 장애), 학업적 학습장애(읽기, 쓰기, 수학 장애)

2) 학습장애의 특성

(1) 인지적 특성: 유독 학업에 있어서 낮은 성취 및 재인하는 능력 결함

(2) 언어적 특성: 수용언어보다는 표현언어에 어려움, 지시이해 및 비언어적인 단서를 파악하는 데에도 어려우며, 말의 운율을 만드는 것도 힘들어함

(3) 사회·정서적 특성: 낮은 자존감 형성 및 자신감이 없음, 사회성 발달 저해 및 학습된 무력감

(4) 기타 특성: 주의력결핍 과잉행동장애 동반 및 시각, 청각, 촉각 등 감각을 통해서 들어온 정보처리의 어려움

5. 학습장애의 지원방안

1) 교육적 지원

(1) 학습전략 교수: 초등학교 저학년때는 상위인지 전략, 초등학교 고학년 이후부터는 자기교수 훈련 전략이 효과적

(2) 직접교수: 교사 중심으로 학습내용과 학습자료 등을 구조화하여 구체적이면서 명확하게 안내하는 방식의 교수방법

(3) 또래교수: 또래 훈련자 교육을 통해 또래로 하여금 학습장애아동의 학습이나 참여를 촉진하게 하는 학습전략

2) 치료적 지원

• 약물적 중재로 문제행동 감소 및 학교생활 적응과 사회성을 증진할 수 있도록 지원

생각나누기

학번:

이름:

1. 내가 교사라면 학습장애아동을 어떻게 지원하고 교육하고 싶은지에 대해 토론하시오.

----

2. 통합상황에서 또래교수를 활용한 학습장애 지원방안에 대하여 토론하시오.

----

3. 학습장애유형에 적합한 중재방법에 대해 토론하시오.

----

4. 학습장애아동의 정서를 지원하기 위한 방안들에 대해 토론하시오.

퀴즈

1. 학습장애의 정의 중 '개인의 내적 요인으로 인하여 듣기, 말하기, 주의집중, 지각, 기억, 문제해결 등의 학습기능이나 읽기, 쓰기, 수학 등 학업성취 영역에서 현저하게 어려움이 있는 사람'이란 정의는 어느 법에 명시된 정의인가? (   )

   ① 장애인 등에 대한 특수교육법   ② 아동복지법   ③ IDEA   ④ NJCLD

2. 학업적 학습장애의 하위 유형이 아닌 것은? (   )

   ① 수학장애   ② 읽기장애   ③ 듣기장애   ④ 쓰기장애

3. 아동이 교사의 시범 없이 소리 내어 자기교수하면서 과제를 수행하는 단계는? (   )

   ① 외현적 자기지도   ② 외현적 지도   ③ 내재적 자기지도   ④ 인지적 모델링

4. 교사 중심으로 학습내용과 학습자료 등을 구조화하여 구체적이면서 명확하게 안내하는 방식의 교수방법은? (   )

5. 학습과 관련된 기능에 현저한 어려움을 보이며 구어, 주의집중, 지각, 기억, 사고 장애 등으로 나타나는 학습장애유형은? (   )

참고문헌

강대옥, 강병일, 김기주, 김남진, 김창평(2012). 특수교육학개론. 서울: 학지사.

국립특수교육원(2009). 특수교육학 용어사전.

박현숙, 신현기, 정대영, 정해진(2008). 학습장애: 토대, 특성, 효과적 교수. 서울: 시그마프레스.

법제처 국가법령정보센터(2016). 장애인 등에 대한 특수교육법 시행규칙.

법제처 국가법령정보센터(2022). 장애인 등에 대한 특수교육법.

American Psychiatric Association (2004). *Diagnostic and statistical manual of mental disorders* (4th ed.). Washington DC: Author.

American Psychiatric Association (2013). *Diagnostic and statistical manual of mental disorders* (5th ed.). Washington, DC: Author.

Meichenbaum, D., & Goodman, J. (1971). Training impulsive children to talk to themselves: A means of developing self-control. *Journal of Abnormal Psychology*, 77, 115-126.

네이버 스마트스토어 https://smartstore.naver.com

아이소리몰 www.isorimall.com

인싸이트 https://inpsyt.co.kr

제8장

의사소통 및 청각장애의 이해

인간은 사회적인 동물로 사회적 관계 속에서 끊임없이 서로의 생각과 느낌을 전달하며 소통한다. 의사소통 전달 시 문법 및 담화능력, 사회언어학적 능력, 전략능력 등에 어려움이 생기면 청자와 화자 사이에 원활한 메시지를 주고받는 데 문제가 발생한다. 따라서 타인과의 관계 속에서 소통에 어려움이 생길 때 발생할 수 있는 점들을 고려하여 의사소통 및 청각장애의 특성을 이해해야 한다.

이 장에서는 소통에 문제가 발생할 수 있는 장애유형인 의사소통장애와 청각장애에 대한 정의, 각 장애의 발생 원인, 진단 및 평가와 각 장애의 주요 특성들에 대해 살펴보고자 한다. 그리고 이를 기반으로 현장에서 적용할 수 있는 장애유형별 중재방법에 대해 고찰하고자 한다.

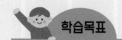

학습목표

1. 의사소통장애 및 청각장애의 정의를 구술할 수 있다.
2. 의사소통장애와 청각장애의 원인을 제시할 수 있다.
3. 의사소통장애와 청각장애를 각각 분류할 수 있다.
4. 의사소통장애와 청각장애의 특성을 영역별로 정리할 수 있다.
5. 의사소통장애와 청각장애의 중재방법에 대하여 설명할 수 있다.

주요 용어

의사소통: 인간이 사회생활을 하기 위해서 가장 필수적으로 가지고 있어야 하는 능력으로, 상호 간 소통을 위해 사용되는 매체로는 구어(口語)와 문어(文語)는 물론 몸짓, 자세, 표정, 억양, 노래, 춤 등과 같은 비언어적 요소들까지 포함함

담화: 서로 이야기를 주고받음

언어: 생각, 느낌 따위를 나타내거나 전달하는 데에 쓰는 음성, 문자 따위의 수단. 또는 그 음성이나 문자 따위의 사회 관습적인 체계

말(구어): 구어(口語, 입말)는 음성을 표현 수단으로 하는 언어이고, 이와 대비되는 문어(文語, 글말, written language)는 문자를 표현 수단으로 하는 언어

청능훈련: 청각장애인의 남아 있는 청력을 최대한으로 활용하여 음 및 말소리를 수용하는 능력을 신장시켜서 원활한 의사소통을 촉진하는 훈련

난청: 청각기관의 장애로 청력(聽力)이 약해지거나 들을 수 없는 상태

독화: 음소의 구형, 화용적 맥락, 비음성적 단서, 음성 단서 모두 활용해 화자의 말을 이해하는 시각적 수용

메트로놈: 악곡의 박절(拍節)을 측정하거나 템포를 지시하는 기계. 박절기

구화법: 청각장애인이나 언어장애인이 상대가 말하는 입술 모양을 보고 말을 알아듣고, 또 소리 내어 말을 하게 하는 방법

사례

올해 초등학교에 입학한 동민(가명)이는 8세 남자아이이다. 지난해부터 말을 간간이 더듬기 시작하더니 학교 입학 후 더듬는 빈도가 더 높아졌다. 예를 들면, '자전거 타고 싶어요.'라는 말을 하려고 하면 '자자자전거 타타타고 시싶어요.'라고 한다. 그럴 때마다 가족들은 동민이에게 '다시 말해 봐.'라고 지적하기도 하고, 동민이 주변에서는 '뭐라고?'라고 묻기도 한다.

동민이네 가족 중에 말을 더듬은 사람은 없었고, 동민이 사촌이 어릴 때부터 말을 심하게 계속 더듬었다고 한다. 동민이가 말하는 것을 좋아해서 아직까지 말을 더듬어도 불편해하지는 않는 것 같다.

그러나 최근 들어 어깨를 움츠리거나 눈을 찡그리는 모습을 보이기도 한다. 그리고 어떤 경우는 말을 하는 상황을 회피하기도 한다. 동민이 어머니는 동민이가 말을 더듬는 빈도가 높아지기도 하고 혹시나 또래 아이들에게 놀림을 받게 될까 봐 얼마 전부터 발달센터에서 언어 및 놀이치료수업을 받게 하고 있다.

동민이 어머니는 동민이가 말을 더듬기 때문에 언어재활만 받으려고 하다가 말을 더듬는 경우 심리적인 원인에 의해 생길 수도 있다는 전문가의 소견에 따라 놀이치료도 병행하고 있다. 동민이의 경우 말더듬이 1년 이상 지속되고 있기 때문에 꾸준히 재활 수업을 받고 있는데 말더듬는 빈도도 줄고 어깨를 움츠리는 행동도 감소되어 조금씩 상태가 호전되고 있다.

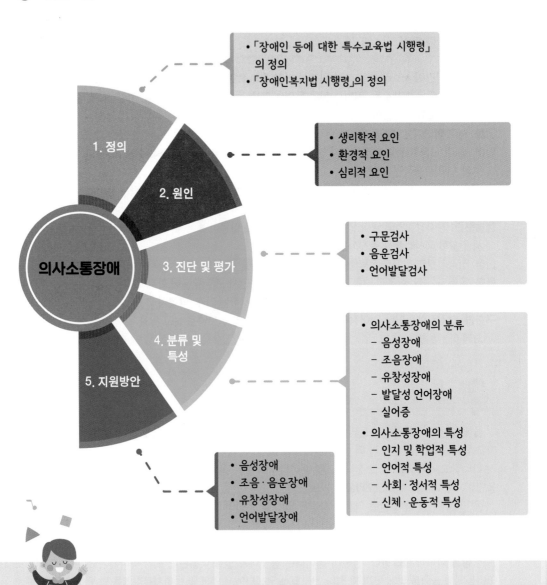

마인드맵

- 「장애인 등에 대한 특수교육법 시행령」의 정의
- 「장애인복지법 시행령」의 정의

- 생리학적 요인
- 환경적 요인
- 심리적 요인

- 구문검사
- 음운검사
- 언어발달검사

- 의사소통장애의 분류
  - 음성장애
  - 조음장애
  - 유창성장애
  - 발달성 언어장애
  - 실어증
- 의사소통장애의 특성
  - 인지 및 학업적 특성
  - 언어적 특성
  - 사회·정서적 특성
  - 신체·운동적 특성

- 음성장애
- 조음·음운장애
- 유창성장애
- 언어발달장애

의사소통장애

1. 정의
2. 원인
3. 진단 및 평가
4. 분류 및 특성
5. 지원방안

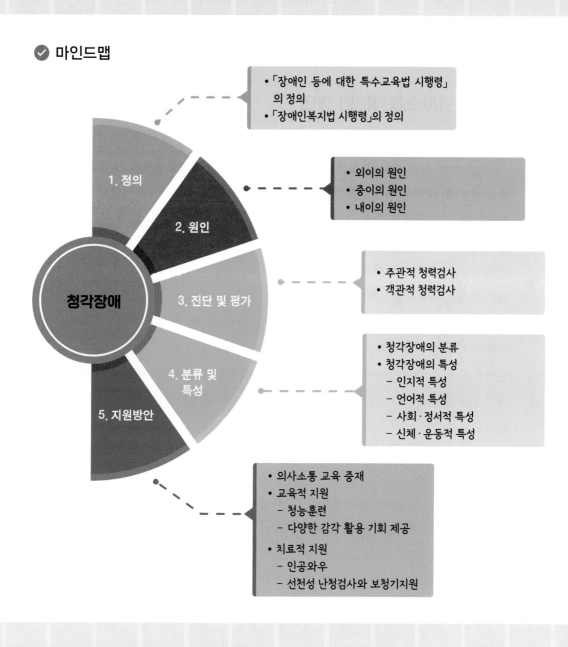

✅ 마인드맵

- 「장애인 등에 대한 특수교육법 시행령」의 정의
- 「장애인복지법 시행령」의 정의

- 외이의 원인
- 중이의 원인
- 내이의 원인

- 주관적 청력검사
- 객관적 청력검사

- 청각장애의 분류
- 청각장애의 특성
  - 인지적 특성
  - 언어적 특성
  - 사회·정서적 특성
  - 신체·운동적 특성

- 의사소통 교육 중재
- 교육적 지원
  - 청능훈련
  - 다양한 감각 활용 기회 제공
- 치료적 지원
  - 인공와우
  - 선천성 난청검사와 보청기지원

청각장애

1. 정의
2. 원인
3. 진단 및 평가
4. 분류 및 특성
5. 지원방안

I. 의사소통장애의 이해

 ## 1 의사소통장애의 정의

의사소통은 말을 하는 사람(화자)과 듣는 사람 사이(청자)에 생각과 느낌을 주고받는 과정을 말한다. 따라서 의사소통장애(communication disorders)란 두 명 이상의 사람들 사이에서 자신의 생각이나 느낌을 전달하기 위해 사용하는 수단인 언어, 말에 어려움이 있는 것을 말한다. 의사소통은 듣기, 말하기, 읽기, 쓰기 등 언어적인 요소와 억양, 강세 등 언어 외적인 요소로 나뉘며, 언어적인 요소나 언어 외적인 요소에 어려움을 가진 모든 언어와 말에 관한 장애를 의사소통장애라고 한다.

의사소통장애는 치료나 중재적인 접근이 반드시 필요한 것은 아니다. 지역이나 상황에 따라 중재 여부가 달라질 수 있다. 예를 들어, 지역에 따라 나타날 수 있는 사투리나 발음은 언어의 사용에 있어 달라지는 경우이지 언어에 어려움이 있어 의사소통이 저해되는 문제가 나타나는 것은 아니다. 다시 말해 표준어가 아닌 지역 사투리를 사용한다고 조음에 문제가 있다고 판단되는 것이 아니라 지역적 특성에 따라 언어의 사용에 차이가 나타날 수 있다는 것을 인식해야 한다. 의사소통장애는 원활한 소통을 저해하고 기능적 사용에 있어서 어려움이 나타나야 한다.

의사소통장애와 관련하여 「장애인 등에 대한 특수교육법 시행령」 제10조(특수교육대상자의 선정)와 「장애인복지법 시행령」 제2조(장애의 종류 및 기준)에 명시된 정의를 살펴보면 〈표 8-1〉과 같다.

表 8-1   의사소통장애의 정의

관련법	용어	정의
「장애인 등에 대한 특수교육법 시행령」 제10조 (특수교육대상자의 선정)	의사소통장애	다음 각 목의 어느 하나에 해당하여 특별한 교육적 조치가 필요한 사람 가. 언어의 수용 및 표현 능력이 인지 능력에 비하여 현저하게 부족한 사람 나. 조음능력이 현저하게 부족하여 의사소통이 어려운 사람 다. 말 유창성이 현저하게 부족하여 의사소통이 어려운 사람 라. 기능적 음성장애가 있어 의사소통이 어려운 사람
「장애인복지법 시행령」 제2조(장애의 종류 및 기준)	언어장애인 (言語障碍人)	음성 기능이나 언어 기능에 영속적으로 상당한 장애가 있는 사람

② 의사소통장애의 원인

1) 생리학적 요인

의사소통장애는 생리학적 요인으로 발생될 수 있다. 생리학적 요인은 크게 선천적 요인과 후천적 요인으로 구분한다.

첫째, 선천적 요인은 말산출 구조의 문제, 즉 말을 산출하는 조음(발음)기관(입술, 혀, 치아, 턱 등)에 이상이 있는 경우이다.

둘째, 후천적 요인은 생후 발생되는 뇌손상과 외상에 의한 구강구조의 손상 등으로 발생한다. 특히 발음에 중요한 영향을 미치는 조음기관의 구조적 문제와 관련된 대표적인 예로는 설소대 단축증과 부정교합, 구개파열 등이 있다.

2) 환경적 요인

언어의 발달은 아동을 둘러싼 생태학적인 부분, 즉 부모의 양육 태도 및 사회경제적 지위, 주변의 반응 등이 매우 중요한 요인이 된다. 즉, 일반적인 가정보다 언어적 상호작용이 매우 부족하거나, 부모의 낮은 교육 수준, 열악한 가정 환경, 다문화가정의 이중언어 환경 및 장애부모가정 등이 경우에 따라 부정적으로 작용할 수 있다.

언어발달은 언어이전기 발달단계부터 매우 중요하다. 예를 들어, 영아가 울음으로 표현을 시도하였는데 양육자가 즉각적으로 반응하지 않는 경우가 빈번했다면 영아는 상호작용 규칙인 주고-받기(turn-taking) 반응에 어려움이 발생할 수 있다. 또한 부모가 자녀에게 제공해야 하는 적절한 언어적 자극의 부족 및 부적합한 모델링과 더불어 무관심한 경우에도 문제가 생길 수 있다.

다문화가정 아동의 경우 겪게 되는 언어적 발달의 어려움은 그 가정이 가지고 있는 고유한 언어 환경적 특성으로 인해 영향을 받을 수 있다.

장애를 가진 부모도 장애로 인한 제한성 때문에 자녀들에게 적절한 양육 및 질 높은 언어 환경을 제공하지 못할 가능성이 높다. 이로 인해 자녀들은 성장기에 언어발달의 어려움을 겪을 수 있다.

3) 심리적 요인

심리적 요인은 기능적인 어려움으로 설명할 수 있다. 기능적 어려움이란 뚜렷이 드러나는 원인이 없는 경우로, 육체적으로 건강하고 언어를 관장하는 신경계와 발음기관도 정상적이지만 언어습득에 어려움이 있는 경우를 말한다.

말더듬이나 선택적 함묵증의 경우 대부분 밝혀지지 않은 심리적인 원인에 의해 발생한다. 예를 들어, 아동의 경우 갑작스러운 부모의 죽음 및 이혼, 이사 등 환경이 바뀌게 되면 심리적 어려움으로 인해 말더듬이나 선택적 함묵증 등이 발생할 수 있다.

③ 의사소통장애의 진단 및 평가

「장애인 등에 대한 특수교육법 시행규칙」 제2조(장애의 조기발견 등)에 의하면 의사소통장애 대상자를 선정하기 위해 구문검사, 음운검사, 언어발달검사를 받도록 명시하고 있다. 구문검사는 〈표 8-2〉, 음운검사는 〈표 8-3〉, 음운검사지는 [그림 8-1], 언어발달검사는 〈표 8-4〉, 언어발달검사지는 [그림 8-2]와 같다.

표 8-2　구문검사

도구명	내용	대상
구문의미 이해력 검사 (KOSECT)	• 구문의미를 이해하는 데 어려움이 있는 아동 판별 • 이해언어에서의 언어발달장애 판별 • 단순언어장애 아동의 하위 유형 판별	• 4~9세

표 8-3　음운검사

도구명	내용	대상
한국 조음음운장애 프로파일(K-APP)	• 아동기 말실행증 및 말 산출과정을 다각적으로 평가 • 아동의 자음, 모음 정확도 및 오류 패턴 분석 • 조음기관 구조와 기능검사, 낱말검사, 연결발화 검사	• 만 2세 6개월 ~9세 11개월
우리말조음음운검사 2(UTAP2)	• 아동의 조음음운 능력의 발달 및 문제 선별검사 • 단어수준검사, 문장수준검사(3~7세), 비일관성검사	• 만 2세 6개월 ~7세
한국어 표준 그림 조음음운검사 (KS-PAPT)	• 선별 및 진단검사로 분류되어 있음 • 우리말 자음과 모음 산출에 문제가 있는 조음음운장애 아동 및 성인 선별 • 선별된 조음음운장애 아동 정밀 진단	• 3세~성인

한국 조음음운장애 프로파일

우리말조음음운검사 2

한국어 표준 그림 조음음운 검사

그림 8-1　음운검사지

표 8-4　언어발달검사

도구명	내용	대상
영유아 언어 및 의사소통 발달검사(K-SNAP)	• 영유아 아동의 언어 및 의사소통 발달수준 선별 및 모니 터링용 평가로 주 양육자가 체크 • 52개의 설문문항: 발성, 제스처, 단어 및 의미 사용 등	• 만 6개월~36 개월

학령기 아동 언어검사
(LSSC)
	• 학령기 아동의 언어능력 평가와 언어지체 및 언어장애
	  판별
	• 전반적인 언어영역 평가: 의미, 문법, 화용 및 담화 등
	  총 11개의 하위검사
	• 언어 영역을 수용과 표현의 두 가지 측면에서 모두 평가
		• 만 7~12세

한국판 맥아더-베이츠
의사소통발달평가(K M-B
CDI)
	• 아동의 의사소통 능력을 잘 알고 있는 주 양육자가 체크
	• 어휘사용력과 제스처와 놀이 및 문법 수준 평가
	  - 영아: 표현 및 이해(8~17개월) / 제스처와 놀이(9~17개월)
	  - 유아: 표현(18~36개월) / 문법(18~35개월)
		• 영아용(8~
		  17개월)
		• 유아용(18~36
		  개월)

영유아 언어 및 의사소통 발달검사

학령기 아동 언어검사

한국판 맥아더-베이츠
의사소통발달평가

그림 8-2 언어발달검사지

「장애인 등에 대한 특수교육법 시행규칙」에 명시된 검사 외에 2023년 보건복지부에서 출간한 『장애등록심사 관련 법령 및 규정집』에 수록된 언어장애에 대한 판정개요에는 언어장애의 유형에 따라 〈표 8-5〉와 같이 객관적인 검사를 통하여 진단하도록 되어 있다. 일례의 검사지는 [그림 8-3]과 같다.

표 8-5 언어장애에 대한 판정개요 검사

도구명	내용	대상

파라다이스 유창성 검사II
(P-FA-II))
	• 말더듬 및 의사소통 태도 평가
	• 구어 평가: 취학전 아동, 초등학생, 중학생 이상
	  - 검사과제: 낱말그림, 따라말하기, 문장그림, 읽기, 이야
	  기그림, 말하기그림, 대화 등의 7가지
	• 의사소통 태도 평가: 초등학생과 중학생 이상
	  - 말하기 및 말더듬에 대한 생각과 심리적 부담감, 실제
	  생활에서의 어려움 등 평가
		• 취학전 아동
		• 초등학생
		• 중학생 이상
		  (3그룹)

한국 아동 말더듬검사 (KOCS)	• 말더듬 아동의 선별 및 진단 • 말더듬 수준 평가 • 말더듬 평가: 4항목, 관찰평가: 5항목, 부가적 평가: 2항 목의 하위 유형으로 구성	• 만 4~12세
아동용 발음평가(APAC)	• 조음·음운능력을 측정하는 표준화된 평가도구 • 37개의 단어로 우리말 자음을 다양한 음운환경에서 검사	• 3~6세
조음-음운평가(U-TAP)	• 낱말과 문장에서 산출하는 발음 문제 여부 및 정도 평가 로 조음평가에 적합 • 우리말 자음 19개, 모음 10개 • 그림 낱말 검사 및 그림 문장 검사	• 만 2~12세
수용언어 및 표현언어 발달 척도(PRES)	• 표현언어능력과 수용언어능력 평가 • 연령 단계를 3개월, 6개월 단위로 세분화하여 단계별로 구체적인 검사 항목 제시 • 컬러 그림책과 친숙한 여러 가지 장난감, 일상 사물들로 구성	• 2~6세
영유아 언어발달검사 (SELSI)	• 영유아의 수용언어와 표현언어 발달 지체를 조기에 선별 할 목적으로 만들어진 선별검사 • 검사 영역: 수용언어검사 56문항, 표현언어검사 56문항 총 112문항	• 생후 5~36 개월
파라다이스 한국판 웨스턴 실어증검사 개정판 (PK-WAB-R)	• 표준화된 언어적, 비언어적 능력 평가 검사도구 • 뇌졸중, 치매 및 기타 후천적인 신경학적 장애로 인한 환자의 의사소통 기능을 개별적으로 평가 • 실어증 유무 판단, 실어증 정도에 대한 판정	• 18~89세
아동용 한국판 보스턴 이름대기검사(K-BNT-C)	• 표현 어휘력 측정 및 표현언어장애 선별 • 대상자에게 흑백으로 그려진 사물의 그림을 보여 주고 이름을 말하게 함 • 그림에 대한 '시각적 인지력', 그림에 대응하는 '단어인출 력' 등 측정	• 3~14세
한국판 프렌차이 실어증 선별검사	• 프렌차이 실어증 선별검사를 한국판으로 수정하여 표준 화한 검사 • 준거점수를 기준으로 실어증의 유무 판단 • 이해, 표현, 읽기, 쓰기 영역의 평가	• 급성기 뇌졸 중 환자
어음청각검사(KSA)	• 청력역치의 확인 및 어음인지도 측정 • 단음절, 이음절, 문장 등을 이용하여 어음인지역치, 단어 인지도, 문장인지도 측정 • 하위검사: 어음인지역치검사, 단어인지도검사, 문장인지 도검사	• 학령 전기 아 동(6세 미만) • 학령기 아동 (6~12세) • 일반인(13세 이상)

파라다이스 유창성검사

한국 아동 말더듬검사

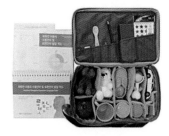

수용언어 및 표현언어 발달척도

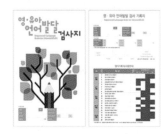

영유아 언어발달검사

아동용 한국판 보스턴 이름대기검사

어음청각검사

그림 8-3　일례의 검사지

④ 의사소통장애의 분류 및 특성

1) 의사소통장애의 분류

의사소통장애의 유형은 언어학적 차원에 문제가 생기거나 생리학적 문제로 언어이해에 어려움이 생기는 언어장애와 말을 산출하는 데 문제가 생기는 말장애를 모두 포함한다.

하위 유형인 언어장애는 학자에 따라 차이가 있지만 일반적으로 언어 구성에 따라 의미론, 화용론, 구문론, 형태론, 음운론에 어려움이 있는 경우로 분류된다.

반면, 말장애는 말소리를 내는 조음, 적절한 말의 흐름을 유지하는 유창성, 상황에 맞게 목소리의 강도나 음성을 조절하는 발성 등에 어려움이 나타남을 의미한다.

[그림 8-4]는 언어장애와 말장애에 대한 이해를 돕기 위한 설명이다.

의사소통 장애와 관련하여 보건복지부(2023)에서 출간한 『장애등록심사 관련 법령 및 규정집』에 수록된 언어장애 판정개요에 '언어장애는 음성장애, 구어장애, 발달기에 나타나는

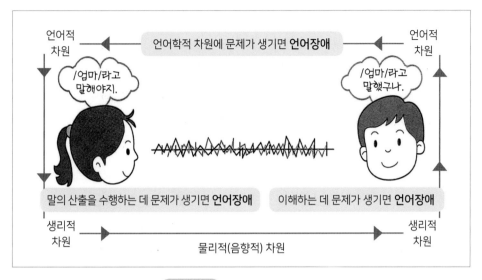

언어적
차원

언어학적 차원에 문제가 생기면 **언어장애**

언어적
차원

/엄마/라고
말해야지.

/엄마/라고
말했구나.

말의 산출을 수행하는 데 문제가 생기면 **언어장애**

이해하는 데 문제가 생기면 **언어장애**

생리적
차원

생리적
차원

물리적(음향적) 차원

그림 8-4   언어장애와 말장애

출처: 권순우 외(2017). 특수교육학개론, p. 289.

발달성 언어장애, 뇌질환 또는 뇌손상에 의한 언어중추의 손상에 따른 실어증을 포함한다.

음성장애는 단순한 음성장애와 발성장애를 포함하며, 구어장애는 발음 또는 조음장애와 유창성장애(말더듬)를 포함한다.'라고 명시되어 있다. 이를 바탕으로 각 유형에 대해 설명하고자 한다.

(1) 음성장애

의사소통은 몸짓언어를 사용하는 경우도 있지만 대부분 음성을 통하여 이루어진다. 그러므로 의사표현을 할 때 가장 중요한 수단은 음성이다. 일반적으로 타인과의 대화 시 부적절한 음성의 산출, 즉 음의 고저 및 크기, 목소리의 질에 결함을 보이게 되면 음성장애(voice disorder)이다. 예를 들어, 목소리의 질에 있어 쉰 소리, 콧소리, 숨 새는 소리 등이 해당된다. 이 외에도 음성을 완전 소실한 실성증(aphoni)도 포함된다.

(2) 조음장애

성대와 혀, 입술, 입천장과 턱, 치아 등 말소리를 만들어 내는 데 관여하는 기관을 조음기관이라고 한다. 이 기관을 통해 말소리가 만들어지는 과정에 결함이 생기게 될 경우 조음장애(articulation disorder)라고 한다. 조음장애는 말-언어장애의 70%를 차지할 정도로 발생 빈도가 높은데 음소 생략, 첨가, 대치, 왜곡의 특성을 나타낸다.

생략(omission)은 음소를 빠뜨리고 발음하는 것으로, 예를 들어 '아버지'를 '아지'로 발음하는 것이고, 첨가(addition)는 필요 없는 음소를 첨가하는 것으로 '아버지'를 '아바버지'로 발음하는 것이다. 대치(substitution)는 다른 음소로 바꾸어 발음하는 것으로 일반적으로 'ㅅ'을 'ㄷ'이나 'ㅌ'으로, 'ㄹ'을 'ㄷ'으로 대치하는데, 예를 들어 '사탕'을 '타탕'이라고 발음하는 것이다. 왜곡(distortion)은 잘 알아들을 수 없는 부정확한 발음으로, '아버지'를 '아봐지'로 발음한다.

반면, 중추 및 말초 신경계나 발성에 관여하는 근육이 특정 질환 등으로 인해 손상되어 발음에 장애가 생길 경우는 구음장애라고 하며, 무조음증은 전혀 발성을 하지 못하는 경우를 의미한다.

(3) 유창성장애

쉽게 말하면 말이 유창하지 못한, 즉 말의 흐름이나 속도에 있어서 문제를 지니는 경우를 말한다. 대표적으로 말의 흐름이 매끄럽지 못하거나 말의 막힘, 단어를 반복하거나 지연되는 말더듬이 이에 속한다.

유창성장애(fluency disorder)는 크게 말더듬(stuttering)과 말빠름(cluttering)으로 나눌 수 있다. 말더듬은 남아에게 자주 발생한다고 보고되며, 같은 소리를 반복하거나 오래 끌거나 멈춘다. 말더듬을 감추기 위해 눈 깜빡이기, 입 벌리기, 입술 오므리기 등의 행동을 보이기도 한다.

말빠름은 속화라고도 하고, 말의 속도가 너무 빠르고 동시에 조음, 생략, 대치, 왜곡 등으로 내용 전달이 잘 되지 않는다. 그러나 주의를 기울이면 말의 속도를 조절할 수 있다(임경옥 외, 2017).

(4) 발달성 언어장애

발달성 언어장애는 신경학적 또는 인지적 장애로 인해 음성을 습득하고 생성하는 데 어려움을 겪는 경우로 생후 6개월까지 옹알이를 하지 않거나 2세가 되어도 두 단어를 잘 조합하지 못한다. 또한 3세 전후에 50단어 미만을 구사하거나 4세가 되어도 또래들과 말하는 데 문제가 발생한다. 즉, 정상적인 아동에 비해 언어발달이 지체되어 초기 낱말 산출이 늦고, 의사소통이나 몸짓언어에도 결함을 나타낸다. 그리고 언어의 이해와 표현 및 새로 학습한 낱말을 적용하는 데도 어려움을 겪는다.

표현성 언어장애의 경우 어휘가 기대 수준보다 다양하지 못하며 어휘량이 적고, 주로 단순한 문장을 사용한다. 반면 수용성 언어장애는 언어를 이해하는 데 결함이 있어 단어의 의미를 정확하게 알지 못하고 새로운 단어와 문장을 잘 기억하지 못한다.

(5) 실어증

실어증은 뇌손상으로 인해 생기는 언어장애로 손상된 뇌 부위와 언어적 특징으로 실어증을 분류할 수 있다. 브로카 실어증(Broca's aphasia; motor aphasia, 운동 실어증)은 말을 산출하는 영역이 손상되어 말은 유창하게 못하지만 다른 사람의 말을 이해하는 데는 지장이 없다. 반면, 베르니케 실어증(Wernicke's aphasia; sensory aphasia, 이해 실어증)은 말을 이해하는 영역이 손상되어 조음장애는 거의 없고, 말을 유창하게 할 수 있지만 말에 조리가 없으며 다른 사람의 말을 이해하지 못한다. 그리고 전도 실어증(conduction aphasia; fluent aphasia)은 따라 말하기 장애가 두드러지게 나타나지만 유창성 및 이해력에는 문제가 없다. 브로카 영역과 베르니케 영역의 위치는 [그림 8-5]와 같다.

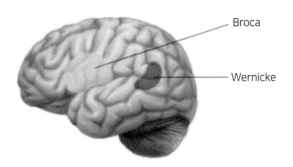

Broca

Wernicke

그림 8-5 브로카 영역과 베르니케 영역의 위치

출처: 서울대학교병원 홈페이지(http://www.snuh.org).

2) 의사소통장애의 특성

(1) 인지 및 학업적 특성

의사소통장애아동의 상당수가 지적 능력과 성취도에서 낮게 평가되며, 단어에 대한 독해력이나 개념 형성이 부족해 학업에도 어려움을 겪을 수밖에 없다. 특히 언어발달과 인지발달은 상호 연관성을 가지고 있어 학습에 필요한 기술 습득 면에 부정적인 영향을 미치게 된다.

그러나 의사소통장애를 가진 대부분의 아동들이 지적장애, 학습장애, 뇌병변장애 등과 중복된 경우가 많아 성공적인 학업성취를 방해하는 요인이 되기 때문에 의사소통장애 자체가 지적 능력이나 학업에 결정적인 영향을 미친다고 보기는 어렵다.

(2) 언어적 특성

의사소통장애의 가장 두드러진 특징은 언어적 특징에서 나타난다. 언어를 크게 수용언어와 표현언어로 살펴보면, 수용언어는 듣는 사람인 청자가 말하는 사람인 화자가 말하는 것을 이해하는 것이고, 표현언어는 화자가 자신의 생각과 느낌을 언어로 표현하는 것을 말한다.

의사소통장애를 보이는 아동 중 수용언어의 결함은 반응, 추상, 암기, 기억 등의 기술에서 나타난다. 표현언어의 결함은 문법, 구문, 유창성 등에서 나타나 타인과의 관계에서 의사소통의 어려움을 겪는다.

(3) 사회 · 정서적 특성

의사소통장애 중 조음 · 음운장애, 유창성장애 등의 말장애는 학업성취에 크게 영향을 미치지 않지만, 또래와의 상호작용에 부정적인 영향을 끼칠 수 있다.

특히 말장애로 인해 적절하게 자신의 요구를 표현하지 못하게 되면 감정 표현을 위해 공격성을 지닌 행동을 보이고, 이는 사회성 기술의 결여나 문제행동으로 지목되어 더 고립되고 위축된다. 특히 언어로 인한 부정적인 경험은 좌절감, 분노 및 적대감 등으로 나타나 낮은 자존감과 열등감을 유발할 수 있다.

(4) 신체 · 운동적 특성

운동 프로그래밍에 문제가 있거나 뇌손상을 동반한 경우가 아니라면 의사소통장애아동과 비장애아동의 신체 및 운동발달에 차이가 없다.

⑤ 의사소통장애의 지원방안

1) 음성장애

음성장애의 경우 기질적, 혹은 기능적인 원인에 따라 각각 다른 접근이 필요하다. 성대의 오용 및 남용으로 발생할 수 있는 음성장애의 경우 성대를 사용하는 방법을 바꾸어 주는 것으로 중재할 수 있다.

예를 들어, 성대결절의 경우 큰 목소리로 말하거나 말을 많이 하는 상황이 잦으면 발생할 수 있다. 이럴 경우 성대가 세게 부딪히지 않도록 적당한 강도로 말하는 습관을 가지면 성대결절이 완화될 수 있다. 또한 자음에 많은 오류가 있거나 생략 등에 심각한 오류가 있는 경우, 정확한 모델링을 보여 주고 그대로 모방하는 말하기 치료가 가장 효과적이다.

2) 조음 · 음운장애

발음이 부정확한 조음 · 음운장애의 경우 언어발달 연령처럼 음소가 발달하는 연령을 파악하는 것이 매우 중요하다. 아동의 연령에 따라 조음치료를 해야 하는 경우도 있지만 생활연령과 비교하여 음소발달단계가 연령과 맞지 않는 음소라면 음소가 발달하는 연령까지 기다려 주어도 좋다.

예를 들어, 24개월의 영아가 '엄마'의 /ㅁ/의 조음 산출이 없는 경우라면 음소 발달단계의 완전 습득단계가 지난 시기이므로 조음치료가 필요하다. 이런 경우 두 입술의 움직임을 보고 모방할 수 있도록 하고 아동이 입술을 모을 수 있도록 지도하는 방법들을 사용하게 된다.

3) 유창성장애

유창성에 어려움이 생겨 말더듬이 나타난 경우, 말더듬 초기에는 아동이 말하는 것에 대해 부정적인 생각을 갖지 않도록 정서적으로도 함께 지원하는 것이 중요하다. 아동이 말을 더듬는 경우 질문은 되도록 하지 않는 것이 바람직하며, 아동 주변의 대화 상대자는 말 속도를 느리게 하고, 아동의 말더듬는 행동을 지적하거나 다시 말하게 하는 것은 바람직하지 않다.

말더듬이 진전된 경우에는 새로운 언어 패턴으로 현재의 말더듬 증상을 완화시키는 유창성 완성법이나 말더듬는 것에 대한 부정적 정서와 두려움을 감소시켜 말의 유창성을 향상시키는 말더듬 수정법의 중재가 필요하다. 이와 함께 적절한 호흡훈련과 이완요법 및 언어치료를 함께 병행하면 효과적이다.

4) 언어발달장애

언어발달이 느린 경우라면 아동의 언어발달 정도를 파악한 후 발달 수준에 적절한 지원을 하는 것이 필요하다. 특히 어린 아동의 경우라면 일상생활에서 매일 반복적, 지속적으로 언어적 자극을 주도록 한다. 이와 더불어 놀이 활동 안에서 상황에 맞는 표현을 단어, 구, 문장으로 간결하게 들려주는 혼잣말기법, 평행발화기법, 모방 등의 중재방법을 사용할 수 있다. 일상생활에서 언어로 표현할 수 있는 상황을 의도적으로 자주 제공해 주는 것이 좋다.

II. 청각장애의 이해

 ### 1 청각장애의 정의

청각장애는 두 귀의 청력손실이 90dB 이상이며, 보청기를 착용하여도 청각을 통해 음성적 정보를 처리하는 데 어려움이 있는 농(deaf)과 두 귀의 청력손실이 90dB 미만으로 보청기를 사용하여 음성적 정보처리가 부분적으로 가능한 난청(hard of hearing)으로 구분된다. 또한 청력손실의 전 범위를 포괄하며 소리를 지각하는 청각 경로인 귀의 외이, 중이, 내이, 청신경의 어느 한 부분에라도 문제가 생겨 소리를 듣지 못하거나, 곤란을 겪는 상태를 말한다.

청각장애는 관점에 따라 의학적인 관점과 교육적인 관점으로 다르게 정의할 수 있다.

의학적인 관점에서는 청력손실의 정도 여부에 따라 정의하며, 교육적인 관점에서는 청력손실이 언어발달 및 교육 성취와 같은 학업 수행에 영향을 미치는 정도에 따라 정의한다. 법률적인 관점에서는 「장애인 등에 대한 특수교육법 시행령」 제10조(특수교육대상자의 선정)에 청각장애가 교육적 성취에 미치는 영향에 따라 정의하고 있으며, 「장애인복지법 시행령」 제2조(장애의 종류 및 기준)에서는 의사소통의 가능성 여부를 강조하고 있다.

법적으로 명시된 청각장애에 대한 정의는 〈표 8-6〉과 같다.

표 8-6 청각장애에 대한 정의

관련법	용어	정의
「장애인 등에 대한 특수교육법 시행령」 제10조(특수교육대상자의 선정)	청각장애	청력손실이 심하여 보청기를 착용해도 청각을 통한 의사소통이 불가능 또는 곤란한 상태이거나 청력이 남아 있어도 보청기를 착용해야 청각을 통한 의사소통이 가능하여 청각에 의한 교육적 성취가 어려운 사람
「장애인복지법 시행령」 제2조(장애의 종류 및 기준)	청각장애인 (聽覺障碍人)	가. 두 귀의 청력손실이 각각 60데시벨(dB) 이상인 사람 나. 한 귀의 청력손실이 80데시벨 이상, 다른 귀의 청력손실이 40데시벨 이상인 사람 다. 두 귀에 들리는 보통 말소리의 명료도가 50퍼센트 이하인 사람 라. 평형 기능에 상당한 장애가 있는 사람

② 청각장애의 원인

1) 외이의 원인

외이의 구성은 이개와 외이도를 포함한다. 이개는 외부에 돌출된 귓바퀴를 말하며 소리를 모으는 역할을 하고, 외이도는 이개에서 고막에 이르는 통로를 말한다. 귀의 구조상 밖으로 노출되어 있는 이개는 선천적인 기형으로 인해 구조의 모양이 변형되어 있거나, 화상 등의 사고로 인해 발생될 수 있으나 청력 손상에는 크게 영향을 주지 않는다.

외이도는 외청도라고 표현하기도 하는데 귓구멍의 어귀에서 고막에 이르기까지의 'S'자의 터널 모양으로 된 부분을 말한다. 귀지와 같은 이물질 등이 외이도를 막았을 때에도 청력에 영향을 줄 수 있으나, 외이의 역할은 단순히 음을 전달하는 것이므로 장애가 발생되는 정도는 경미하게 나타나 대화하는 데 크게 영향을 미치지 않는다.

만약 귓바퀴가 흔적만 남고 외이도가 생기지 않은 선천성 기형인 경우는 대부분 중이의 기형까지 있어 심한 경우 전음성 청력장애를 초래하기도 한다. 이러한 선천성 기형은 유전으로 발생되는 빈도보다 임신 초기(약 2~3개월 사이)에 태아에게 영향을 주는 바이러스성 감염으로 풍진이나 인플루엔자 등에 감염되거나 피임약 등을 잘못 복용함으로 인해 태아의 발육이 잘못되어 생기게 된다.

귀의 구조는 [그림 8-6]과 같다.

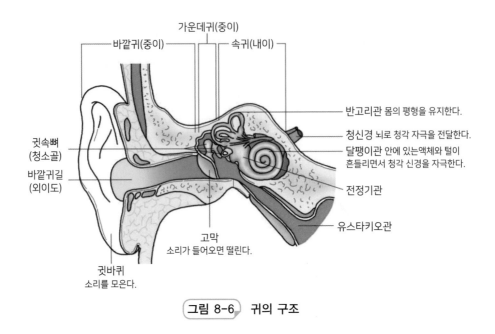

그림 8-6 귀의 구조

2) 중이의 원인

영유아기에 발병할 수 있는 가장 흔한 난청의 원인은 감기로 인한 중이염이다. 급성중이염의 경우 발견과 동시에 조기에 치료하지 않으면 만성중이염으로 이환되어 청력이 저하될 수 있다.

중이에 위치하고 있는 고막은 소리를 증폭시키는 역할을 하는데, 큰소리로 인해 고막이 파열되는 경우 청력손실이 30dB 내외로 나타나 일상생활에 큰 지장을 주지 않는다.

대표적으로 중이에서 장애가 나타나는 원인은 급성중이염, 삼출성중이염, 만성중이염, 외상성 고막파열 등이 있다. 외상성 고막파열의 경우 날아오는 공에 볼과 귀 사이를 세게 맞은 경우에 발생될 수 있다.

3) 내이의 원인

내이의 구성 기관은 전정기관과 와우(달팽이관)이다. 와우는 소리를 받아들이는 기관이며 전정기관은 균형감각을 담당한다. 소리를 듣게 되는 경로는 2가지로 나뉜다.

첫째, 기도 전달경로로 공기를 통해 귓바퀴에서 외이, 중이, 내이로 전달된다.

둘째, 골도 전달경로로 유양돌기나 머리뼈와 같은 골도를 통해 내이로 바로 전달된다. 내이 중에는 특히 중요한 곳이 코르티 기관이다. 코르티 기관의 병변은 주로 유모세포 표면에 있는 섬모의 퇴행성 변화에 의한 것으로 일단 변화가 생기면 의학적으로 재생이 불가능해진다. 이 외에도 내이에 질환을 일으킬 수 있는 원인은 다양한데 유전성, 선천성, 이질환성, 정신질환성, 약물중독성, 직업성, 외상성, 노인성 난청 등이다.

귀의 내부 구조는 [그림 8-7]과 같다.

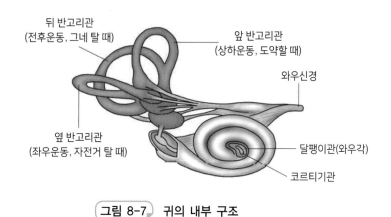

뒤 반고리관
(전후운동, 그네 탈 때)

앞 반고리관
(상하운동, 도약할 때)

와우신경

옆 반고리관
(좌우운동, 자전거 탈 때)

달팽이관(와우각)

코르티기관

그림 8-7   귀의 내부 구조

출처: 임경옥 외(2017). 특수교육학개론, p. 262.

이러한 원인 외에도 유전적 청각장애의 경우 가족력이 있으며, 사고 등으로 외상에 의해 청신경이 손상되어 난청이 될 수도 있다.

③ 청각장애의 진단 및 평가

「장애인 등에 대한 특수교육법 시행규칙」 제2조(장애의 조기발견 등)에 의하면 청각장애 대상자는 기초학습기능검사 및 청력검사를 하도록 명시되어 있다. 기초학습기능검사는 7장 학습장애를 참고하기 바란다.

청각장애의 진단 방법은 청각장애 아동이 여러 자극에 적극적으로 반응해서 진단하는 방법인 주관적인 평가와 여러 전기적 신호 자극에 반응이 나타난 결과로 평가하는 방법인 객관적인 평가로 분류할 수 있다.

주관적 청력검사는 기본적으로 순음청력검사, 어음청력검사, 유희청력검사, 시각강화청력검사 등이 있다. 반면 객관적 청력검사는 이음향방사검사, 청성뇌간유발반응검사, 임피던스청력검사 등이 있다. 이를 정리하면 〈표 8-7〉과 같고 일반적인 검사 장면은 [그림 8-8]과 같다.

표 8-7　**청각장애 검사의 종류**

평가방법	검사명	평가내용
주관적 청력검사	순음청력검사 (pure tone audiometry)	• 3세 이상 아동에게 음차에서 발생되는 '삐~'와 같은 신호음인 순음의 강도를 조절하며 청력역치 측정 • 기도청력검사: 이어폰을 끼고 외이와 중이를 통해 전달되는 순음으로 검사하는 것 • 골도청력검사: 골도 이어폰을 사용하여 진동이 직접 두개골을 통해 내이에 전해지게 하여 청력을 검사하는 것
	어음청력검사 (speech audiometry)	• 모든 단어의 강도가 동일하게 발생되는 동일음압단어(예: 신발, 땅콩, 달걀 등)를 들려주어 일상생활의 의사소통능력을 측정하기 위한 검사 • 언어의 청취 능력과 이해 능력 평가
	놀이청력검사 (play audiometry)	• 2세 이상의 아동을 대상으로 발달 상태에 맞는 놀이를 이용하여 이어폰의 소리 반응(예: 아동이 소리가 들릴 때만 고리 끼우기)을 통한 청력 역치 측정
	시각강화청력검사 (visual reinforcement audiometry)	• 6개월~2세를 대상으로 청각 자극에 대한 반응을 유발하게 하기 위해 소리가 나는 쪽으로 고개나 시선을 돌릴 때 빛을 깜박이거나 재미있는 장난감 등을 이용하여 반응을 유도하고 관찰
	행동관찰청력검사 (behavioral observation audiometry)	• 약 5~6개월 신생아가 부모에게 안겨 진행하는 검사로 소리 자극에 대한 행동 변화 관찰 • 대략의 주파수로 나뉘어진 자극음을 주는 방법으로 북소리, 호루라기 소리, 장난감 소리 등 사용
객관적 청력검사	이음향방사검사 (otoacoustic emissions)	• 소리자극에 대한 반응으로 중이와 외이도를 통해 전달되는 이음향방사를 측정하여 청력 문제 평가
	청성뇌간유발 반응검사 (auditory brainstem response)	• 중추신경계의 청성 경로 측면에서 청력 평가 • 뇌까지 전달하는 소리의 자극을 들려준 후 전극을 통하여 신경과 뇌간에서 나타나는 반응 측정 • 신생아청각선별검사, 청각장애 진단에 사용
	임피던스청력검사 (impedance audiometry)	• 외이도를 막은 상태에서 외이도 내의 압력을 변화시키면서 고막에서 반사되는 음향 에너지를 측정하는 검사 • 난청의 원인 부위(고막과 중이, 외이 등)를 발견하기 위해 시행
	고막운동성검사 (tympanometry)	• 소리를 주면서 압력을 변화시켜 고막에서 반사되는 에너지를 외이도에서 용적 등을 측정하는 검사로 중이의 상태 파악
	등골근반사검사 (stapedial reflex)	• 80dB HL 이상의 큰소리가 전달되었을 때 등골근이 잘 수축하는지 확인하는 검사로 중이 상태와 등골근반사에 작용하는 청신경 등의 이상을 간접적으로 평가

그림 8-8　검사 장면

4 청각장애의 분류 및 특성

1) 청각장애의 분류

「장애인 등에 대한 특수교육법」에는 청각장애에 대한 분류가 명시되어 있지 않다. 반면 「장애인 복지법 시행규칙」은 장애정도에 따라 구분하고 있으며, 일반적으로는 임상적 분류를 할 수 있다.

장애정도에 따른 분류는 〈표 8-8〉과 같고 임상적인 분류는 〈표 8-9〉와 같다.

표 8-8　장애정도에 따른 분류

구분		내용
「장애인 복지법 시행규칙」(2022)	장애의 정도가 심한 장애인	• 두 귀의 청력을 각각 80데시벨 이상 잃은 사람(귀에 입을 대고 큰 소리로 말을 해도 듣지 못하는 사람)
	장애의 정도가 심하지 않은 장애인	가) 두 귀에 들리는 보통 말소리의 최대의 명료도가 50퍼센트 이하인 사람 나) 두 귀의 청력을 각각 60데시벨 이상 잃은 사람(40센티미터 이상의 거리에서 발성된 말소리를 듣지 못하는 사람) 다) 한 귀의 청력을 80데시벨 이상 잃고, 다른 귀의 청력을 40데시벨 이상 잃은 사람

표 8-9 임상적 분류

명칭	내용
전도성 난청 (conductive hearing loss)	• 외이, 고막, 중이 등 소리를 전달해 주는 기관의 장애로 인하여 음파의 전달이 정상적으로 이루어지지 못해 발생 • 소리의 왜곡 현상은 없지만 진동을 내이로 전도하거나 내이까지 도달하는 소리의 양이 줄어들어 생김 • 원인은 만성 중이염, 중이에서 소리의 전달을 담당하는 이소골 연쇄의 파괴, 심한 귀지로 인한 외이도 폐쇄 등 • 수술 및 약물 등의 의학적 처치와 보청기로 교정 가능
감각신경성 난청 (sensorineural hearing loss)	• 신경계에 손상을 입어 발생 • 원인은 뇌수막염, 이독성 약물, 외상, 유전적인 요인 등 다양함 • 노화 현상이나 큰소리에 오래 노출되어 생기는 경우도 있음 • 수술이나 약물치료 등의 의학적 치료로 회복 불가 • 인공와우이식, 청각 뇌간 이식술 등으로 치료 가능성 높아짐
혼합성 난청 (mixed hearing loss)	• 전도성 및 감각 신경성 난청이 혼합된 유형 • 염증에 의하여 중이의 증폭기능이 장애를 받고 내이까지 파급되어 내이의 감각신경성 난청 일으킴 • 중이의 전도성 난청은 치료가 가능하나 감각신경성 난청은 치료가 불가능하며 골도 청력보다 기도 청력의 손실이 더 큼
중추성 난청 (central hearing loss)	• 뇌와 소리 신호를 전달하는 경로를 포함하는 중추청각계에 손상이나 기능 장애가 있을 때 발생하나 매우 드묾 • 다른 난청과 달리 뇌의 소리 정보 처리 능력에 문제가 생겨 언어 이해나 소리의 변별 등이 어려울 수 있음 • 원인은 뇌졸중이나 다른 유형의 뇌손상, 종양, 감염, 신경 퇴행성 질환, 특정한 약물 및 유전 등 포함

2) 청각장애의 특성

(1) 인지적 특성

유아기에는 비언어성 검사나 동작성 검사에서 일반적으로 지적인 잠재능력은 청각장애가 없는 유아와 큰 차이가 없다. 그러나 지적 능력 발달면에서 주위의 사물이나 사건을 표면적으로만 이해하는 경우가 많으며, 시간적 개념 형성이 어렵고, 눈으로 확인이 어려운 인지적 개념에 대한 이해도 느리게 나타난다. 특별히 지적장애를 동반하지 않는 경우라면 지적 능력은 비장애아동과 차이가 거의 없다.

(2) 언어적 특성

청각장애의 언어적 특성은 다른 발달 영역보다 직접적이고 집약적으로 영향이 나타난다. 언어는 모방과 학습으로 이루어지고, 영·유아기부터 듣고 모방하고 상호 교환하는 과정의 결과로서 획득된다. 언어습득 이전에 청력이 손상된 경우 구어 습득이 매우 어렵다. 그리고 순환적인 학습 과정이 힘들기 때문에 듣고 말하기, 읽고 쓰기 등 언어적 학습에 지장을 초래하게 된다.

이와 더불어 어휘 표현이 제한적이고 또래에 비해 언어 발달도 늦으며, 난청학생의 어휘 발달은 2년, 농의 경우 4~5년 정도 지체된다. 조사사용과 문법규칙 습득 등에 어려움을 보이고 과다비성이 나타나거나 음도 및 강도조절의 문제가 나타난다. 또한 복잡한 구문 및 간접적인 표현, 즉 은유적이며 추상적인 표현 등을 이해하기 어렵다.

그러나 수어를 사용하는 아동의 경우 또래와 동일한 발달지표상 습득을 보인다.

(3) 사회 · 정서적 특성

청각장애아동의 경우 사회·정서적 특성은 건청인과 유사하다. 그러나 원활하지 못한 의사소통으로 인해 사회성이 결여되는 경우도 있고, 또래와 친밀한 관계를 형성하기도 어렵다. 그리고 문법상의 오류나 어휘력의 부족으로 자신의 요구를 잘 전달할 수 없어 좌절감을 느끼기도 하고 적응상의 문제를 갖기도 한다. 이러한 경험이 빈번해지면 열등감을 느끼게 되고 자긍심이 낮아지며, 고립감 및 무력감을 느낄 수 있다.

(4) 신체 · 운동적 특성

귀로 듣고 자신의 행동을 통제하는 일이 어려운 경우에는 신체적 발달의 지체로 영아기부터 앉거나 걷기를 시작하는 연령이 약간 늦는 경향이 있다. 그리고 영아기에 세반고리관에 손상을 입는 경우 평형기능에 문제가 생길 수 있다. 이로 인해 신체의 균형을 잡기 어렵고, 발을 바닥에 질질 끄는 걸음걸이를 하기도 한다. 이런 경우 학령기에 신체 발달의 어려움이 나타나며, 특히 눈을 감고 한쪽 발로 서는 등 평형기능이 중심적인 역할을 하는 운동은 전혀 못할 수도 있다. 이 외에는 신체 및 운동적 발달에 있어 비장애아동과 차이가 없다.

청각장애의 지원방안

1) 의사소통 교육 중재

의사소통 중재는 청력손실의 발생 시기가 매우 중요하다. 왜냐하면 언어습득 이전과 이후 여부에 따라 중재방법에 차이가 있기 때문이다.

언어습득 전에 청력손실이 발생했다면 언어에 대한 경험이 없기 때문에 적절한 언어발달과 의사소통 방법 습득을 위해 체계적인 언어 발달을 촉진하기 위한 지원이 필요하다. 반면, 언어습득 후라면 청각보조기기 착용으로 의사소통이 가능하나 발음이 점차 왜곡될 수도 있다. 그러므로 정확한 말소리 유지와 적절한 언어발달을 함께 고려해야 한다. 보조공학기기는 의사소통 교육을 위한 중재에 있어 매우 중요하므로 13장을 참고하기 바란다.

청각장애를 지원해 줄 수 있는 대표적인 의사소통 교육 중재는 청각-구화법, 청각-구어법, 종합적 의사소통, 이중언어-이중문화 접근, 지문자 등이 있다. 이를 구체적으로 살펴보면 〈표 8-10〉과 같다.

표 8-10 의사소통 지원

구분	특징
청각-구화법 (auditory-oral approach)	• 보청기나 인공와우 등을 사용하여 청각장애아동이 잔존청력만으로 구화 습득이 가능하다는 것이 전제 • 수화나 지화 사용을 지양하고 중도청각장애인이 비장애인과 의사소통하기 위해 청능훈련, 입술읽기, 독화 등을 주 사용하도록 말하는 방법 교육
청각-구어법 (auditory-verbal approach)	• 가족지원에 초점을 두며 잔존청력을 활용하여 구어 및 의사소통기술 발달에 대한 가능성 확장 및 듣기와 말-언어를 통합할 수 있도록 지도 • 듣기훈련을 통해 구어발달이 이루어질 수 있도록 제시
종합적 의사소통법 (total communication)	• 모든 의사소통 양식, 즉 구어, 수어, 독화, 필담, 몸짓 등을 결합하여 의사소통을 하며, 일반적으로 청각-구화법과 청각-구어법 사용 • 손을 사용하는 의사소통(예: 수화)과 잔존청력을 통한 구어적 의사소통을 동시에 사용하므로 1~2개의 숙련된 의사소통 가능

이중언어-이중문화 접근 (bilingual-bicultural method)	• 두 가지 언어와 두 가지 문화를 배우는 접근법 • 1차 언어로 수화를 가르치고 그를 통해 2차 언어인 문어를 획득하게 함 • 청각장애인 사이의 문화를 '제1문화'로 보고 2문화는 건청인의 문화 습득 • 목적은 농문화를 받아들여 건강한 자아정체감 형성 및 지원
지문자 (finger spelling)	• 시각적 의사소통 수단의 하나로 각 자음과 모음의 철자를 손과 손가락의 모양으로 나타내는 것으로 필기구 대신 손으로 허공에 쓰는 것 • 학령 전 난청아동들이 말하기와 함께 사용

2) 교육적 지원

청각-구화법 중의 하나인 청능훈련과 다양한 감각 활용 기회 제공은 현장에서 손쉽게 활용할 수 있는 교육적 지원이므로 이를 구체적으로 살펴보면 다음과 같다.

(1) 청능훈련

청각장애 아동의 경우 남아 있는 청력을 최대한 활용하기 위해 청능훈련 및 말하기 기술 활용을 강조한다.

효과적인 청능훈련을 위해서 청각장애 아동의 청능 및 말지각 평가와 발달 수준을 파악하여 이를 기초로 청능훈련의 구체적인 장단기 목표와 계획을 수립하여야 한다.

청능훈련은 감지, 변별, 확인, 이해의 순서로 이루어진다.

첫째, 감지는 다양한 악기나 익숙한 말소리, 여러 가지 다양한 환경 음이 존재 한다는 것을 인지하는 단계로, 소음이 없는 조용한 상황에서 문을 쾅 닫거나 소리 나는 장난감을 이용한다.

둘째, 변별은 2가지 이상의 소리를 듣고 제시된 소리가 같은 소리인지, 다른 소리인지를 구별로 반응하는 것이다. 이 단계에서 아동은 소리마다 독특한 특징이 존재한다는 것을 알게 되며, 아동이 좋아하는 악기나 놀잇감에서 나는 소리를 이용하여 소리가 다름을 변별해 볼 수 있다.

셋째, 확인은 제시된 소리의 특징을 알고 이를 학습하는 단계이다. 즉, 여러 가지 다양한 소리를 듣고 변별하는 것에 더해 이것이 무슨 소리인지 아는 것을 의미한다. 예를 들어, 강아지 짖는 소리를 듣고 강아지 그림 카드를 찾거나, 들려주는 동물 울음소리를 듣고 들은 순서에 따라 배열하는 활동이 여기에 속한다. 또는 아동이 좋아하는 캐릭터 이름을 들려주고 피규어를 찾아보는 활동을 할 수 있다.

넷째, 이해는 말의 의미까지 파악해야 하는 단계이다. 아동이 짧은 글이나 문장을 듣고 질문에 답을 하거나 지시를 따르는 등의 활동을 한다. 단순하게 대답을 따라 하는 것이 아닌 생각을 통해 스스로 자극에 반응하는 것을 의미한다. 가정이나 학교, 기관에서는 책을 활용하여 짧은 스토리를 읽거나 듣고 등장인물에 대해 이야기 나누기 및 동화 내용의 순서에 따라 제시된 그림을 배열하는 활동을 할 수 있다.

(2) 다양한 감각 활용 기회 제공

듣는 것이 쉽지 않기 때문에 다양한 감각을 활용하면 보다 효율적으로 청각장애아의 발달을 도울 수 있다.

첫째, 의사소통 중에는 일반적 음성과 몸짓을 같이 사용하되, 의존성을 줄이기 위해 너무 과장되게 사용하지 않는다.

둘째, 음성정보를 가능하면 시각자료로, 예를 들어 사과를 그림으로 제시해 준다.

셋째, 활동 중 소리 단서(예: 호루라기)를 시각적 단서(예: 깃발 흔들기)로 대체해 준다.

넷째, 특히 음악 수업 시 가사나 음, 높낮이, 박자 등을 메트로놈(metronome) 및 그림, 몸짓 등으로 시각화해 주고 타악기의 진동을 활용하는 것이 효과적이다.

이 외에도 듣기 평가에 대한 대안적 방법으로 시험의 경우 필답고사로 대체해 주는 등의 지원방법이 있다.

3) 치료적 지원

(1) 인공와우

인공와우(cochlear implantation)이식술은 보청기를 사용하여도 도움을 받지 못하는 고도 이상의 양측 감각신경성 난청 환자에게 와우(달팽이관)의 나선신경절세포(spiral ganglion cells)나 말초 청각신경을 전기적으로 자극하는 와우이식기를 이식함으로써 대뇌 청각중추에서 이를 소리로 인지할 수 있도록 해 주는 수술이다(http://www.snuh.org).

[그림 8-9]는 인공와우 기계 삽입 부위이고, [그림 8-10]은 인공와우를 착용한 모습이다.

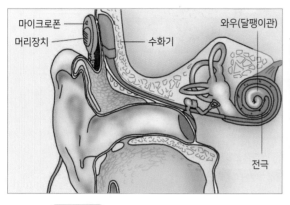

마이크로폰 — 머리장치 — 수화기 — 와우(달팽이관) — 전극

그림 8-9 **인공와우 기계 삽입 부위**   그림 8-10 **인공와우를 착용한 모습**

출처: 임경옥 외(2017). 특수교육학개론, p. 273.

(2) 선천성 난청검사와 보청기지원

보건복지부는 선천성 난청검사와 보청기 지원사업을 1-3-6원칙, 즉 생후 1개월 이내 청각선별검사, 생후 3개월 이내 난청확진검사, 생후 6개월 이내 난청아 재활지료라는 목표를 가지고 〈표 8-11〉과 같이 지원하고 있다. [그림 8-11]은 선천성 난청검사와 보청기 지원사업 홍보이다.

표 8-11 **선천성 난청검사와 보청기 지원사업**

가. 난청 검사비 지원	나. 보청기 지원

1) 지원대상 및 지원내용(*2024년부터 가구 소득과 관계없이 지원)
 * 신생아 난청 외래 선별검사비의 (일부)본인부담금 지원
   – 출생 후 28일 이내에 실시하여 건강보험이 적용된 선별검사를 대상으로 함
 * 단, 출생일 기준 28일 이후에 실시하였어도 건강보험이 적용된 선별검사는 지원 가능
   – 검사방법 불문하고 1회 지원이 원칙이나, 재검(refer) 판정 등에 따라 추가 청력 검진을 위해 청각선별검사를 재실시한 경우에는 1회에 한하여 추가 지원 가능(최대 2회)
 * 난청 선별검사 결과 재검(refer) 판정 후, 난청 확진검사를 받은 경우 확진검사비의 (일부)본인부담금 지원
	1) 지원대상(*2024년부터 가구 소득과 관계없이 지원)
	   – 만 5세(만 60개월) 미만 영유아
	   – (양측성 난청) 청력이 좋은 귀의 평균 청력역치가 40~59dB로서, 청각장애등급을 받지 못하는 난청이 있는 경우 보청기 2개 지원
	   – (일측성 난청) 나쁜 귀의 평균 청력역치가 55dB 이상이면서 좋은 귀의 평균 청력역치가 40dB 이하인 경우 보청기 1개 지원
	 2) 지원내용: 보청기 1개 또는 2개(개당 135만 원 한도)

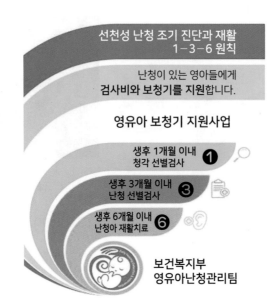

선천성 난청 조기 진단과 재활
1-3-6 원칙

난청이 있는 영아들에게
검사비와 보청기를 지원합니다.

영유아 보청기 지원사업

생후 1개월 이내
청각 선별검사 **①**

생후 3개월 이내
난청 선별검사 **③**

생후 6개월 이내
난청아 재활치료 **⑥**

**보건복지부
영유아난청관리팀**

그림 8-11 선천성 난청검사와 보청기 지원사업

출처: 보건복지부 영유아난청 관리팀.

이 외에도 운동발달 지원 및 다양한 지원, 예를 들어 문자전화기, 전화중계 서비스, 자막 서비스 등이 있다.

요점정리

1. 의사소통장애의 정의

- 음성 기능이나 언어 기능에 영속적으로 상당한 장애가 있는 사람

2. 의사소통장애의 원인

1) 생리학적 요인

- 선천적 요인: 말을 산출하는 조음(발음)기관(입술, 혀, 치아, 턱 등)에 이상이 있는 경우
- 후천적 요인: 생후 발생되는 뇌손상과 외상에 의한 구강구조의 손상 등으로 발생

2) 환경적 요인

- 언어적 상호작용 부족, 부모의 낮은 교육 수준, 열악한 가정 환경, 다문화가정의 이중언어 환경 및 장애부모가정 등이 경우에 따라 부정적으로 작용

3) 심리적 요인

- 뚜렷이 드러나는 원인이 없는데도 불구하고 언어습득에 어려움이 있는 경우

3. 의사소통장애의 진단 및 평가

- 의사소통장애 대상자를 선정하기 위해 구문검사, 음운검사, 언어발달검사를 받도록 명시
- 파라다이스 유창성 검사, 아동용 발음평가, 영유아 언어발달검사 등 실시

4. 의사소통장애의 분류 및 특성

1) 의사소통장애의 분류

- 언어장애: 의미론, 화용론, 구문론, 형태론, 음운론에 어려움이 있는 경우
- 말장애: 조음, 유창성, 음성의 질, 음성의 고저 등에 어려움이 나타나는 경우
- (1) 음성장애: 타인과의 대화 시 음의 고저 및 크기, 목소리의 질에 결함, 실성증 포함
- (2) 조음장애: 말-언어장애의 70%를 차지, 음소 생략, 첨가, 대치, 왜곡의 특성
- (3) 유창성장애: 말의 흐름이나 속도에 있어서 문제를 지니는 경우
- (4) 발달성 언어장애: 음성을 습득하고 생성하는 데 어려움을 겪는 경우
- (5) 실어증: 뇌손상으로 인해 생기는 언어장애로 브로카 실어증과 베르니케 실어증

2) 의사소통장애의 특성

(1) 인지 및 학업적 특성: 지적 능력과 성취도에서 낮게 평가되며, 학업성취 방해

(2) 언어적 특성: 수용언어 및 표현언어의 결함으로 의사소통에 어려움 겪음

(3) 사회 · 정서적 특성: 좌절감, 분노, 적대감 및 낮은 자존감과 열등감 가질 수 있음

(4) 신체 · 운동적 특성: 비장애아동의 신체 및 운동발달과 차이가 없음

5. 의사소통장애의 지원방안

1) 음성장애: 성대를 사용하는 방법 수정, 모델링 및 말하기 치료 시행

2) 조음 · 음운장애: 음소가 발달하는 연령을 파악하여 상황에 맞게 지도함

3) 유창성장애: 정서적으로 지원하고 호흡훈련과 이완요법 및 언어치료 병행

4) 언어발달장애: 놀이 및 혼잣말기법, 평행발화기법, 모방 등의 중재방법 사용

II. 청각장애의 이해

1. 청각장애의 정의

- 두 귀의 청력손실 정도에 따라 농과 난청으로 구분

2. 청각장애의 원인

1) 외이의 원인: 선천성 기형, 풍진이나 인플루엔자 등에 감염, 약 등

2) 중이의 원인: 급성중이염, 삼출성중이염, 만성중이염, 외상성 고막파열 등

3) 내이의 원인: 코르티 기관의 병변, 유전성, 선천성, 외상성, 노인성 난청 등

3. 청각장애의 진단 및 평가

- 주관적 청력검사: 순음청력검사, 어음청력검사, 유희청력검사, 시각강화 청력검사 등
- 객관적 청력검사: 이음향방사검사, 청성뇌간유발반응검사, 임피던스청력검사 등

4. 청각장애의 분류 및 특성

1) 청각장애의 분류

- 법적으로는 장애정도에 따라 구분하고, 임상적으로는 전도성 난청, 감각신경성 난청, 혼합성 난청, 중추성 난청으로 분류

2) 청각장애의 특성

(1) 인지적 특성: 지적인 능력은 비장애유아와 큰 차이가 없으나 사물에 대해 표면적으로만 이해, 시간적 개념, 인지적 개념 형성이 어려움

(2) 언어적 특성: 언어습득 이전에 청력이 손상된 경우 구어 습득이 어렵고, 듣고 말하기, 읽고 쓰기 등 언어적 학습에 지장 초래

(3) 사회·정서적 특성: 건청인과 유사하나 사회성 결여, 좌절감 및 열등감, 고립감 등

(4) 신체·운동적 특성: 영아기에 세반고리관에 손상을 입는 경우 평형기능에 문제

5. 청각장애의 지원방안

1) 의사소통 교육 중재

- 청각-구화법, 청각-구어법, 종합적 의사소통, 이중언어-이중문화 접근, 지문자 등이 있음

2) 교육적 지원

(1) 청능훈련: 청능 및 말지각 평가를 바탕으로 감지, 변별, 확인, 이해의 순서로 진행

(2) 다양한 감각 활용 기회 제공: 음성정보를 시각자료로, 소리 단서를 시각적 단서로 대체

3) 치료적 지원

(1) 인공와우: 보청기를 사용하여도 도움을 받지 못하는 고도 이상의 양측 감각신경성 난청 환자에게 와우이식기를 이식하는 수술

(2) 선천성 난청검사와 보청기지원: 보건복지부에서 가구 소득과 관계없이 지원

생각나누기

학번:

이름:

1. 의사소통장애 및 청각장애를 조기 선별해야 하는 중요성에 대하여 토론하시오.

----

2. 발성으로 의사소통이 어려운 경우 지원할 수 있는 방법들에 대해 토론하시오.

----

3. 청능훈련 단계 중 변별의 단계에서 지원할 수 있는 활동들에 대해 토론하시오.

----

4. 의사소통장애의 요인 중 심리적 원인인 경우 불안감을 낮춰 줄 수 있는 방법들에 대해
토론하시오.

퀴즈

1. 귀의 구조는 외이, (   ), 내이로 구성된다.
   괄호에 들어갈 알맞은 단어는?

2. 의사소통장애의 원인인 생리학적 요인이 아닌 것은? (   )
   ① 설소대 단축증   ② 부정교합   ③ 언어적 자극의 결핍   ④ 구개파열

3. 말의 흐름이 매끄럽지 못하거나 단어가 반복 및 지연되는 장애 명칭은?(   )
   ① 유창성장애   ② 조음장애   ③ 발달성 언어장애   ④ 음성장애

4. 청능훈련 단계는 감지, 확인, (   ), 이해로 진행된다.
   괄호에 들어갈 단계는 무엇인가?

5. 순음의 강도를 조절하며 청력역치 측정하는 검사방법은 무엇인가? (   )
   ① 이음향방사검사   ② 순음청력검사   ③ 유희청력검사   ④ 청성뇌간유발반응검사

법제처 국가법령정보센터(2016). 장애인 등에 대한 특수교육법 시행규칙.

법제처 국가법령정보센터(2022). 장애인 등에 대한 특수교육법 시행령.

법제처 국가법령정보센터(2022). 장애인복지법 시행규칙.

법제처 국가법령정보센터(2022). 장애인복지법 시행령.

보건복지부(2023). 2023년 장애등록심사 관련 법령 및 규정집. 보건복지부.

권순우, 김영익, 정은, 팽지숙(2017). 특수교육학개론. 창지사.

임경옥, 박경화, 조현정(2017). 특수교육학개론. 학지사.

서울대학교병원 http://www.snuh.org

보건복지부. 영유아난청 관리팀 리플릿.

제9장

시각장애의 이해

시각은 인간이 가지고 있는 오감 중에 하나로 일상생활에서 가장 중요한 역할을 하는 감각으로 인식되고 있다. 왜냐하면 일반적으로 우리가 획득하는 정보의 80% 이상은 시각을 통해 얻기 때문이다. 그러므로 시각이 어느 시기에 손상되었는지에 따라 다소 차이는 있겠지만 일반적으로 학업과 관련된 영역뿐만 아니라 일상생활 전반에 걸쳐 지속적으로 다양한 어려움을 초래한다.

이와 관련된 내용을 살펴보기 위해 이 장에서는 시각장애의 정의와 원인, 그리고 진단 및 평가와 특성을 살펴보고자 한다. 이와 아울러 시각장애에 대한 교육적 지원 방향에 대하여 제시하고자 한다.

마인드맵

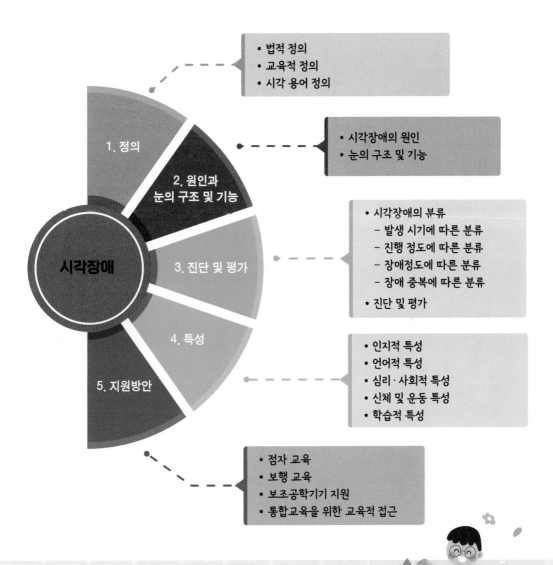

- 법적 정의
- 교육적 정의
- 시각 용어 정의

- 시각장애의 원인
- 눈의 구조 및 기능

- 시각장애의 분류
  - 발생 시기에 따른 분류
  - 진행 정도에 따른 분류
  - 장애정도에 따른 분류
  - 장애 중복에 따른 분류
- 진단 및 평가

- 인지적 특성
- 언어적 특성
- 심리·사회적 특성
- 신체 및 운동 특성
- 학습적 특성

- 점자 교육
- 보행 교육
- 보조공학기기 지원
- 통합교육을 위한 교육적 접근

시각장애

1. 정의

2. 원인과
눈의 구조 및 기능

3. 진단 및 평가

4. 특성

5. 지원방안

1. 시각장애의 개념을 설명할 수 있다.
2. 시각장애의 원인을 제시할 수 있다.
3. 시각장애의 특성을 설명할 수 있다.
4. 시각장애에 대한 지원방안을 현장에서 활용할 수 있다.

 주요 용어

시력: 사물의 모양이나 형태를 인식하고 해석하는 능력
시야: 눈으로 한 점을 주시할 때 그 점에서 눈이 볼 수 있는 범위
굴절이상: 수정체와 각막이 제대로 기능하지 못해 눈에 들어간 빛이 망막에 초점을 맞추지 못할 때 발생
점자: 시각장애인을 위해 개발된 문자로, 볼록한 점들의 위치를 사용해서 문자를 나타냄
이동: 목적지에 도착할 때까지 사용하는 신체적 동작과 행동
방향정위: 시각 외의 잔존 감각을 통해 현재 자신의 위치를 알고 이동해야 하는 방향에 대해 판단하고 이해하는 인지능력

 사례

　　지우(가명)는 만 6세 여아로 출생 시에는 정상 시력을 가지고 있었지만, 유전적인 장애로 인해 나이가 듦에 따라 점차적으로 시력을 잃는 망막색소변성증을 앓고 있다. 현재는 정상근접시력을 가지고 있으며, 특별한 도움 없이 과제 수행이 가능하기 때문에 일반유치원에 재원하고 있다.

　　지우의 어머니는 지우의 외할머니께서 같은 질병을 겪으셨기 때문에 지우가 앞으로 경험할 여러 가지 어려움과 관련하여 교육적 지원을 받기 위해 특수교육지원청에 문의를 하였다.

　　현재는 특별한 어려움을 겪고 있지 않지만, 앞으로 지우에게 필요한 점자 교육과 보행 훈련에 대한 설명을 듣고 유치원에 재원하면서 이 두 가지 교육을 받을 수 있는 센터와 학교의 정보를 제공받았다.

　　잔존시력이 있을 때부터 교육을 하는 것이 이후에 더 효과적이라는 생각을 가지고 있는 지우의 부모는 지금부터 아이를 어떻게 교육할 것인지, 그리고 앞으로 어떻게 지우를 지원해 줄 수 있을지에 대해 논의하였고, 점자교육과 보행훈련을 받을 수 있는 복지관에 문의를 하였다. 다행히 집 근처의 장애인복지관에서 시각장애인을 위한 서비스를 지원하고 있었고, 다음 달부터 일주일에 두 번씩 점자교육과 보행훈련 교육을 시작하기로 결정하였다.

1 시각장애의 정의

1) 법적 정의

「장애인 등에 대한 특수교육법 시행령」 제10조(특수교육대상자의 선정)와 「장애인복지법 시행령」 제2조(장애인의 종류 및 기준)에 명시된 시각장애에 대한 정의는 〈표 9-1〉과 같다.

표 9-1 시각장애에 대한 법적 정의

관련법	용어	정의
「장애인 등에 대한 특수교육법 시행령」 제10조	시각장애	시각계의 손상이 심하여 시각기능을 전혀 이용하지 못하거나 보조공학기기의 지원을 받아야 시각적 과제를 수행할 수 있는 사람으로서 시각에 의한 학습이 곤란하여 특정의 광학기구, 학습 매체 등을 통하여 학습하거나 촉각 또는 청각을 학습의 주요 수단으로 사용하는 사람
「장애인복지법 시행령」 제2조	시각장애인 (視覺障碍人)	가. 나쁜 눈의 시력(공인된 시력표에 따라 측정된 교정시력을 말한다. 이하 같다)이 0.02 이하인 사람 나. 좋은 눈의 시력이 0.2 이하인 사람 다. 두 눈의 시야가 각각 주시점에서 10도 이하로 남은 사람 라. 두 눈의 시야 2분의 1 이상을 잃은 사람 마. 두 눈의 중심 시야에서 20도 이내에 겹보임[복시(複視)]이 있는 사람

2) 교육적 정의

시각장애아동의 일상생활과 교육적 상황에서는 아동에 대한 적절한 지원이 이루어질 수 있도록 교육적 정의를 사용한다. 교육적 정의는 시각의 손상정도를 기준으로 장애를 구분하는 법적 정의와는 달리, 시각장애아동의 잔존 시각 수준에 맞는 교육을 제공하는 것에 초점을 맞추고 있기 때문에 기능적 정의(functional definition)라고도 한다.

「장애인 등에 대한 특수교육법 시행령」의 특수교육대상자 선정 기준에서 보는 바와 같이 교육적 정의에서의 시각장애는 시각 이상으로 인해 학습을 수행하거나 교수 활동에 참여하는 것이 어렵고 학습에서의 낮은 성취도를 보이는 학생으로 해석할 수 있다(이태훈, 2021). 장애정도에 따른 교육적 정의는 〈표 9-2〉와 같다.

표 9-2 장애정도에 따른 교육적 정의

장애정도	조문	해석
교육적 저시력	시각에 의한 학습이 곤란하여 특정의 광학기구·학습 매체 등을 통하여 학습하는 사람	학습활동에 주로 잔존 시각을 사용하되, 이를 위해 확대자료, 확대기기 등이 필요한 학생
교육적 맹	촉각 또는 청각을 학습의 주요 수단으로 사용하는 사람	학습활동에 시각이 아닌 청각과 촉각 같은 다른 감각을 주로 사용하되, 이를 위해 점자 및 촉각 자료, 보조공학기기 등이 필요한 학생

출처: 이태훈(2021). 시각장애 학생 교육의 이해와 실제, p. 18.

3) 시각 용어 정의

시각(視覺)은 인간의 오감(五感) 중 하나로, 인간이 습득하는 정보의 80% 이상을 이 감각을 통해 얻게 된다. 즉, 시각은 눈으로 들어오는 빛으로 정보를 얻는 감각으로, 사물의 크기와 모양, 빛깔뿐만 아니라 멀고 가까운 정도를 인지할 수 있도록 한다. 눈을 통해 받아들인 정보는 시신경을 통해 뇌로 전달되어 시각으로 나타나게 하는 역할을 한다. 그러므로 시각의 손상은 자극의 수용과 뇌의 정보처리 능력에 심각한 문제를 초래한다.

일반적으로 시각 능력은 시력(visual acuity), 시야(visual field), 광각(the optic sense), 색각(color perception)으로 구분된다. 따라서 시각장애를 이해하기 위해 이에 대한 각각의 개념을 살펴보고자 한다.

(1) 시력

시력(visual acuity)은 단순히 눈으로 보이는 물체 존재의 유무를 판별하는 것을 넘어 사물의 모양이나 형태를 인식하고 해석하는 능력으로 정의된다. 예를 들면, 앞에 글자가 적혀 있는지 그렇지 않은지에 대한 판별을 넘어 그 글자의 모양이 어떠한지에 대한 인식과 해석을 가능하게 하는 것이 시력의 기능이다.

시력검사를 할 때 한쪽 눈을 번갈아 가며 가리면서 앞에 보이는 글자나 숫자를 읽어 보게 하는 것이 이러한 시력 기능을 측정하기 위한 이유이다. 시력은 렌즈를 통해 교정할 수 있는데, 학령기 아동의 약 0.1%는 렌즈로 교정이 어려운 심각한 난시나 근시를 가지고 있다.

(2) 시야

시야(visual field)는 눈으로 한 점을 주시할 때 그 점에서 눈이 볼 수 있는 범위를 의미한다. 인간의 경우 양안을 다 사용할 때 수평 시야가 180° 정도이며, 동물은 360°까지 되는 경우도 있다. 시력이 나빠지는 경우에만 사물이 흐리게 보이는 것이 아니라 시야의 일부분이 검게 되거나 흐려졌을 경우에도 잘 보이지 않거나 보이는 범위가 좁아질 수 있다.

녹내장이나 황반변성증, 또는 망막증 등은 시야에 이상이 생겨 발생하는 대표적인 질병이다. 시야의 결손이 중심시야에 있는지 주변시야에 있는지 또는 결손의 심각도가 어느 정도인지에 따라 지원의 정도와 종류가 달라지기 때문에, 시야가 결손된 아동을 지도할 때 시야 결손의 유형을 파악하는 것이 중요하다. 예를 들면, 아동의 주변시야에 암점이 생겼을 경우 주변시야에 있는 사물이 보이지 않기 때문에 읽기를 지도할 때 속독하는 것이 어렵게 된다. 이러한 경우 글자 크기나 읽기 거리 등의 조절을 통해 결손된 시야를 보조해 줄 수 있다.

(3) 광각

광각(the optic sense)은 빛을 느끼고 이것의 강도 차이를 구별하는 능력이다. 광각에 손상을 입은 아동은 밝은 곳에서 어두운 곳으로, 또는 어두운 곳에서 밝은 곳으로 이동할 때 사물을 식별하는 데에 문제를 보인다.

밤에 사물을 인식하는 데 어려움을 겪는 야맹증은 광각의 기능이 약해져서 생기는 대표적인 질환으로, 증상이 심할 경우 밤에 외출하는 것조차 어려울 수 있다. 이러한 야맹증을 치료하기 위한 방법으로 비타민A의 섭취와 렌즈로 교정하는 등의 방법이 포함된다.

(4) 색각

색각(color vision)은 사물의 색상을 인식하고 구분하는 능력으로 색각 이상은 시각장애를 판정하는 기준으로 사용하지 않는다. 색각 이상이 있는 경우 색맹 또는 색약이라는 진단을 받게 되는데, 빨간색을 다른 색상으로 인식하거나 전혀 인식하지 못하는 적색맹과 녹색을 노란색으로 인식하는 녹색맹이 색각 이상의 대표적인 질환이다.

색각 이상이 선천성일 경우 이를 완벽하게 치료할 수 있는 방법은 없다. 다만 색각 이상

이외의 다른 시각적 측면에서는 정상인 경우가 많기 때문에 상황에 적응할 수 있는 기술을 훈련하거나 환경의 조건을 조절해 주는 것이 요구된다.

시각 능력과 관련된 용어에 대한 정의와 관련 질환, 치료방법을 정리하면 〈표 9-3〉과 같다.

표 9-3 시각 능력 관련 용어 정의

시각 능력	정의	관련 질환	치료 방법
시력	사물의 모양이나 형태를 인식하고 해석하는 능력	난시, 근시	렌즈 교정
시야	눈으로 한 점을 주시할 때 그 점에서 눈이 볼 수 있는 범위	녹내장, 황반변성증, 망막증	환경 조절, 약물치료, 수술 치료, 레이저 치료
광각	빛을 느끼고 이것의 강도의 차이를 구별하는 능력	야맹증	비타민A 섭취, 렌즈 교정
색각	사물의 색상을 인식하고 구분하는 능력	적색맹, 녹색맹	환경 조절, 상황 적응 기술 훈련

② 시각장애의 원인과 눈의 구조 및 기능

1) 시각장애의 원인

(1) 굴절 이상

굴절 오류라고도 하는 이 현상은 수정체와 각막이 제대로 기능하지 못해 눈에 들어간 빛이 망막에 초점을 맞추지 못할 때 발생하는데, 근시, 원시, 난시, 노안이 이에 포함된다. 굴절 이상은 굴절을 조절하는 수정체의 굴절 조절 능력에 이상이 생겨 발생하는데, 우리나라 초등학생의 50~60%가 이러한 문제를 겪는다(김혜동, 2001).

① 근시

근시(myopia)는 빛이 눈에 들어와 망막에 정확히 상을 맺지 못하고 앞쪽에 상이 맺히는 상태를 의미한다. 이에 의해 가까운 거리의 물체는 정상으로 보이지만, 먼 거리의 물체는 흐리게 보이게 된다. 근시가 있는 경우 두통과 잦은 피로감을 느낄 수 있으며, 고도 근시의 경우 망막박리, 백내장, 녹내장 등이 합병증으로 나타날 수 있다. 근시는 오목렌즈로 교정할 수 있고, 교정되지 않는 경우 다른 원인으로 인한 시력 이상에 대해 정밀한 진단이 요구된다.

② 원시

원시(hypermetropia)는 물체의 상이 망막 뒤에 맺히는 굴절이상으로, 근시와는 반대로 먼 거리의 물체는 정상적으로 보이지만 가까운 거리의 물체는 흐리게 보인다. 원시가 있는 경우 시야가 흐리게 보이는 현상과 피로감을 느낄 수 있으며, 원근조절 장애와 양안시 장애, 약시, 사시 등이 합병증으로 나타날 수 있다.

③ 난시

난시(astigmatism)는 각막이나 수정체의 불규칙 또는 원환체 만곡으로 인해 눈에 들어오는 빛이 망막 위의 한 점에서 초점을 맺지 못해 시야가 흐려지는 상태를 의미한다. 난시에는 규칙난시와 불규칙난시가 있는데, 불규칙난시는 각막의 흉터나 수정체의 산란에 의해 발생하며 일반 안경으로는 교정할 수 없다. 규칙난시는 각막이나 수정체에 이상이 생겨 발생하며 안경이나 난시렌즈를 통해 교정할 수 있다. 난시가 교정되지 않는 경우 하드콘택트렌즈 또는 라식·라섹 수술 등을 통해 난시를 교정할 수 있다.

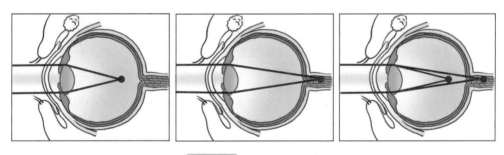

그림 9-1   눈의 굴절 이상

④ 노안

노안은 수정체의 탄력이 감소되어 가까운 거리에 있는 물체의 초점을 잘 맞추지 못해 발생하는 현상으로, 빛이 부족한 곳에서 작은 글자를 읽을 때 또는 가까이에 있는 물체가 흐리게 보이는 등의 증상이 나타난다. 노안이 있는 경우 잦은 피로감과 두통을 겪기도 한다. 노안만 있는 경우 볼록렌즈로 교정하며, 근시가 함께 있는 경우에는 다초점 교정렌즈 등을 통해 교정할 수 있다.

(2) 구조적 기능 이상

시각장애는 눈 자체의 손상 또는 구조적 기능 이상으로 발생되기도 한다. 가장 대표적인 증상으로는 녹내장과 백내장이 있다.

① 사시

사시(strabismus)는 안구 운동의 이상으로 발생하며, 눈 주위의 근육 기능에 이상에 생겨 두 눈이 똑바로 정렬되지 않은 상태를 말한다. 즉, 하나의 물체를 주시할 때 한쪽 눈의 시선은 그 물체를 주시하지만, 다른 쪽 눈의 시선은 그렇지 못한 경우를 의미한다. 내사시, 외사시, 일차성 사시, 이차성 사시, 조절성 사시 등이 이에 포함된다.

사시를 검사하기 위해서는 눈의 구조적 이상과 기능적 이상에 대한 평가가 필요하고, 결과에 따라 안경과 교정렌즈를 통하여 치료할 수 있다. 그러나 적절한 교정 시기를 놓치게 된 경우 사시가 된 눈의 기능이 퇴행하여 약시가 초래될 수 있기 때문에 빠른 진단과 치료 개입이 필요하다.

② 복시

복시(diplopia)는 한쪽 눈의 근육에 이상이 생기거나, 외안근 염증이나 손상 또는 신경 마비 등에 의해 두 눈의 초점이 달라질 때 발생한다. 한 개의 물체가 두 개로 보이거나 그림자가 생겨 이중으로 보이는 것이 복시의 대표적인 증상이다. 원인에 따라 치료법이 달라지는데, 교정 수술이나 특수 콘택트렌즈, 안경을 사용하여 교정할 수 있다.

③ 안진

안진(nystagmography) 또는 안구진탕은 각막혼탁, 백내장, 시신경 위축 등에 의해 발생된다. 대표적인 증상으로는 안구가 좌우, 상하로 불규칙적으로 흔들리거나 회전하는 경우가 있다. 안진을 치료하기 위한 방법으로는 프리즘 안경을 이용한 안구 고정과 보톡스를 이용한 외완근 약화, 약물치료 및 수술 등이 있다.

④ 백내장

백내장(cataract)은 수정체의 혼탁으로 눈에 들어온 빛이 수정체를 제대로 통과하지 못하여 시야가 뿌옇게 보이는 상태를 말한다. 백내장이 있는 경우 시력의 저하와 빛에 대한 눈부심 증가, 물체가 비틀려 보이거나 여러 개로 보이는 증상이 나타난다. 노화는 백내장의 가장 주된 원인이며, 50~60대에 발생한 노인성 백내장의 경우 수술로 치료가 가능하다.

⑤ 녹내장

녹내장(glaucoma)은 시각을 통한 정보를 뇌에 전달하는 시신경의 손상으로 인해 발생하는 질환으로, 눈의 통증, 시력 감소, 주변시야 손상, 중심시력 감소, 암점, 두통 등이 증상으로 나타난다. 녹내장은 시야 검사, 시신경 입체 촬영 검사, 망막신경 섬유층 촬영 검사 등을 통해 진단할 수 있고, 약물, 레이저, 수술 등의 방법을 통해 치료할 수 있다.

⑥ 황반변성

황반변성(macular degeneration)은 망막의 중심인 황반의 변성으로 인해 발생하는 질환이다. 황반은 물체를 정확하게 볼 수 있게 하는 기능을 하는 기관으로 황반에 변성이 생기는 경우 시야가 어두워지거나 물체가 왜곡되어 보이는 증상이 나타난다. 망막 검사와 형광망막촬영, 빛간섭단층촬영을 통해 검사하며, 안구 내 주사, 광역학 요법, 레이저광 응고술 등을 통해 치료할 수 있다.

⑦ 망막 색소변성

망막 색소변성(retinitis pigmentosa)은 망막에 색소가 쌓이면서 망막의 기능이 소실되는 유전성 질환으로, 시각세포의 손상으로 인해 시력의 감소와 야맹증 등의 증상이 나타난다. 심한 야맹증이 나타났을 경우 망막 색소변성을 의심할 수 있는데, 가족력 검사, 안과 검사, 유전자 검사, 망막전위도 검사로 이를 진단할 수 있다. 망막 색소변성은 유전적 질환으로 근본적인 치료 방법은 없지만, 선글라스나 교정 안경 착용, 항산화제 복용 등을 통해 질환의 진행을 막을 수 있다.

⑧ 망막박리

망막박리(retinal detachment)는 망막이 찢어지면서 망막이 안구 벽으로부터 떨어져 나가 발생하는 질환이다. 이러한 경우 망막에 영양공급이 되지 않고, 이는 시세포의 기능을 저하시킨다. 망막박리는 가족력이 있거나 수술의 경험이 있는 경우, 또는 당뇨 환자에게 더 많이 발생한다. 세극등검사, 직접 검안경검사, 간접 검안경검사를 통해 진단하고, 결과에 따라 레이저광 응고술, 안구 내 가스주입술, 유리체절제술 등으로 치료할 수 있다.

⑨ 백색증

백색증(albinism)은 멜라닌 세포에서 멜라닌 색소를 만들어 내지 못해 발생하는 유전질환으로, 눈에만 증상이 나타나는 눈 백색증과 신체 전반에 걸쳐 증상이 나타나는 눈 피부 백색증이 있다. 백색증이 있는 경우 눈부심, 안진, 시력 감퇴 등의 증상을 보인다. 특별한 치료법이 없기 때문에 햇빛을 차단할 수 있는 색깔 렌즈 및 모자를 착용하거나, 햇빛 차단제를 사용하여 최대한 눈과 피부에 닿는 햇빛을 차단하도록 한다.

(3) 기타 원인

굴절이상이나 구조적 기능의 원인 외에도 소안구증, 무안구증, 무수정체안, 무홍채증과 같은 선천적 안구 질환으로 시각장애가 발생하기도 한다. 한쪽 눈 또는 양쪽 눈 망막에 종양이 생겨 발생하는 안암의 경우와 대뇌피질의 후두엽 병변으로 인해 발생하는 시력 이상도 시각장애의 원인이 된다.

2) 눈의 구조 및 기능

인간은 눈을 통해 사물을 인식하게 되고 인식된 정보는 시신경을 통해 뇌로 전달되어 그 사물에 대한 정보를 얻을 수 있도록 도와준다. 그렇기 때문에 눈의 한 부분이나 기능상에 문제가 생겼을 경우 시각 이상뿐만 아니라 인간의 지각에도 문제가 유발될 수 있다. 눈의 구조는 [그림 9-2]와 같다.

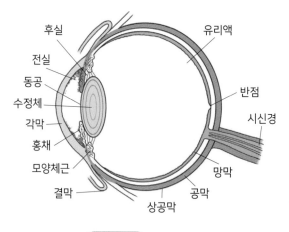

그림 9-2 눈의 구조

눈은 크게 안구와 시신경, 그리고 눈물샘, 눈물길, 외안근 등과 같은 부속기로 이루어져 있다. 안구는 동공과 홍채로 이루어진 각막과 공막, 눈 속의 구조물로 구성된다.
 이 중 각막, 홍채, 수정체는 카메라와 비슷한 기능을 한다. 각막은 눈 앞쪽의 보호 덮개로 기능하고 눈 뒤쪽에 있는 망막에 빛의 초점을 맞추도록 도와주는 역할을 한다. 홍채는 카메라의 조리개처럼 눈에 들어오는 빛의 양을 조절해 주고, 수정체는 카메라의 렌즈와 비슷한 기능을 한다. 자세한 눈의 구조와 기능은 〈표 9-4〉와 같다.

표 9-4 눈의 구조와 기능

구성	세부 구성	기능
외막	각막	외부 이물질로부터 안구를 보호하고 빛을 굴절시켜 망막에 도달시키는 역할
	공막	안구의 형태를 유지하고 안구 운동에 중요한 역할
중막	홍채	빛의 양 조절
	모양체	수정체의 크기 조절과 방수를 생산하고 공급
	맥락막	공막을 통해 들어오는 빛을 흡수하여 시력 결손을 방지하는 역할
내막	망막	빛의 파장을 탐지하고 상을 시신경을 통해 대뇌로 보내는 역할
안내용물	수정체	망막에 빛의 초점을 맞추기 위해 큰 굴절을 일으키는 부분
	모양체 소대	모양체와 수정체를 연결하는 섬유로 조절에 관여하는 역할
	유리체	안구의 외형을 유지하고 망막을 안구 내면에 밀착시키는 역할
	방수	각막에 영양 공급
시신경		망막에 맺힌 상을 뇌에 전달하는 신경절세포섬유 다발

③ 시각장애의 분류와 진단 및 평가

1) 시각장애의 분류

(1) 발생 시기에 따른 분류

 발생 시기에 따른 분류는 실명 시기에 따른 분류라고도 할 수 있으며, 이는 선천성 시각장애와 후천성 시각장애로 나눌 수 있다. 선천성 시각장애는 출생 전, 출생 시, 또는 출생 직후 장애를 입게 된 경우를 말하며, 후천성 시각장애는 출생 시에는 정상 시력이었으나 일생 중 사고나 질병으로 장애를 얻은 경우를 의미한다.

일부 학자들은 시각 기억이 생기기 전후로 선천성과 후천성을 나누기도 하는데, 학자에 따라 2세 또는 5세를 기준으로 발생 시기를 구분하기도 한다(Corn & Lusk, 2010).

시각 기억이 없는 아동은 시각 이외의 잔존 감각들을 통해 세상의 자극을 받아들이기 때문에 경험적 제한이 있다. 반면 시각 기억이 있는 아동은 시각에 이상이 생기기 전까지 오감을 통해 자극을 받아왔기 때문에 자극에 대한 경험을 가지고 있다. 그러므로 시각장애의 발생 시기에 대한 분류는 아동이 어떠한 방식으로 학습해 왔는가를 파악하는 데 중요한 기초자료가 된다.

(2) 진행 정도에 따른 분류

인간의 시력은 시간이 지남에 따라 달라진다. 대부분의 경우, 시력은 인간이 노화하면서 자연스럽게 퇴화하게 된다. 노안은 나이가 들수록 안구의 조절력이 감소하여 발생하는 것으로 대부분 40대 중반 정도에 진행되는 것으로 보고 있다.

장애의 진행이 급격히 이루어지는 경우를 급성(acute)이라고 하며, 장애의 진행이 서서히 진행되면서 이후 실명되는 경우를 만성(chronic) 또는 진행성이라고 한다.

법적 정의를 기준으로 현재는 시각장애가 아닐지라도 장애의 원인과 발병 시기를 알면 급성 시각장애인지 진행성 시각장애인지에 대한 예후를 알 수 있다.

「장애인복지법 시행령」에는 시각장애의 판정 시기와 관련하여 '장애의 원인 질환 등에 관하여 충분히 치료하여 장애가 고착되었을 때 등록하며, 기준 시기는 원인 질환 또는 부상 등의 발생 후 또는 수술 후 6개월 이상 지속적으로 치료한 후로 한다(지체절단, 척추고정술, 안구적출, 청력기관의 결손, 후두전적출술, 선천적 지적장애 등 장애상태의 고착이 명백한 경우는 예외로 한다).'라고 명시되어 있다.

(3) 장애정도에 따른 분류

장애의 정도는 시각장애 아동의 과제 수행 수준에 대한 이해와 학습을 위한 지원 정도를 결정하는 중요한 기준이 된다. 〈표 9-5〉는 세계보건기구(WHO, 1980)에서 제시한 시각장애 정도에 따른 분류이다.

표 9-5   세계보건기구의 분류

분류	시력 정도	과제 수행 수준
정상 (normal)	정상시력(normal) 정상근접시력 (near normal)	특별한 도움 없이 과제 수행이 가능하다.
	중증도(moderate)	특별한 도움을 받으면 거의 정상적으로 과제 수행이 가능하다.
저시각 (low vision)	중도(severe)	도움을 받아 속도, 정확도, 지속도가 낮아진 수준에서 시각적 과제 수행이 가능하다.
	최중도(profound)	시각 과제에 전반적으로 어려움이 있고 아주 섬세함을 요구하는 시각 과제 수행은 불가능하다.
맹 또는 실명 (blind)	실명근접시력 (near blind)	시력에 의존할 수 없다. 기본적으로 다른 잔존 감각에 의존해야 한다.
	맹 또는 실명(blind)	시력이 전혀 없다. 오로지 다른 잔존 감각에 의존해야 한다.

출처: 박순희(2014). 시각장애아동의 이해와 교육, p. 67.

2019년 장애 등급제가 폐지된 후「장애인복지법 시행규칙」제2조에 명시된 시각장애의 장애정도에 따른 분류는 〈표 9-6〉과 같다.

표 9-6   「장애인복지법 시행규칙」의 분류

장애정도	장애상태
장애의 정도가 심한 장애인	1) 좋은 눈의 시력(공인된 시력표로 측정한 것을 말하며, 굴절이상이 있는 사람은 최대 교정시력을 기준으로 한다. 이하 같다)이 0.06 이하인 사람 2) 두 눈의 시야가 각각 모든 방향에서 5도 이하로 남은 사람
장애의 정도가 심하지 않은 장애인	1) 좋은 눈의 시력이 0.2 이하인 사람 2) 두 눈의 시야가 각각 모든 방향에서 10도 이하로 남은 사람 3) 두 눈의 시야가 각각 정상시야의 50퍼센트 이상 감소한 사람 4) 나쁜 눈의 시력이 0.02 이하인 사람 5) 두 눈의 중심 시야에서 20도 이내에 겹보임[복시(複視)]이 있는 사람

(4) 시각 중복장애에 따른 분류

두 가지 이상의 장애를 동시에 가지고 있는 경우를 중복장애라고 하는데, 시각장애 아동의 50~60%는 시각장애 이외에 다른 장애를 중복적으로 보인다고 보고 된다(Chen, 1999). 농맹(deaf-blind)의 경우 시각장애와 청각장애 두 가지 장애를 동시에 가지고 있는데,「미국

공법 94-142」에서는 농맹을 '시각장애나 청각장애만을 위한 특별 프로그램에 적용될 수 없는 심한 의사소통과 발달, 교육 문제가 복합되어 있는 경우로 시각과 청각 손상이 중복되어 있는 경우'라고 정의하고 있다. 이 외에 지적장애, 자폐성 장애, 지체장애, 건강장애, 유전적 증후군 등과 함께 중복적으로 나타나는 경우가 있다. 이 중 대부분은 장애의 정도가 심하기 때문에 단일 장애를 가지고 있는 아동에 비해 더 많은 지원을 필요로 한다. 시각 중복장애에 대한 분류를 정리하면 〈표 9-7〉과 같다.

표 9-7 시각 중복장애에 따른 분류

분류		내용
발생 시기	선천성	출생 전, 출생 시, 또는 출생 직후 장애를 입게 된 경우
	후천성	출생 시에는 정상 시력이었으나 일생 중 사고나 질병으로 장애를 얻은 경우
진행 정도	급성	장애의 진행이 급격히 이루어지는 경우
	만성	장애의 진행이 서서히 진행되면서 이후 실명되는 경우
장애 정도	정상	정상시력과 중증도
	저시각	중도와 최중도
	맹 또는 실명	실명근접시력과 실명
장애 중복	농맹	시각장애와 청각장애 두 가지 장애가 중복적으로 나타남

2) 진단 및 평가

시각장애는 일반적으로 부모나 교사에 의해 발견되지만 정확한 진단을 위해서는 전문의에 의해 평가를 받는 것이 필요하다. 시각장애와 관련된 진단검사가 필요한 아동으로 의뢰된 경우 전문의에 의한 시력검사가 실시된다.

문진을 통해 먼저 아동의 병력을 파악하고, 안외 검사와 안내 검사, 시력검사를 통해 눈의 구조적 이상과 내부적 상태를 검사한다. 안외 검사에서는 안구의 위치와 빛에 대한 동공 반응, 눈의 움직임과 정렬을 확인한다. 안내 검사에서는 세극등 검사, 안압측정, 검안경 검사, 망막 전도 등을 평가하고, 시력검사를 통해 시력, 시야, 색각, 광감도 등을 평가한다. 이를 통해 저시력 및 맹아동을 진단하게 된다.

시각장애 판정을 위해 복지부에서 제시한 기준을 살펴보면 〈표 9-8〉과 같다.

> **표 9-8** 보건복지부의 시각장애 판정기준

가. 장애진단기관 및 전문의

시력 또는 시야결손 정도, 겹보임(복시) 정도의 측정이 가능한 의료기관의 안과 전문의

나. 진료기록 등의 확인

장애진단을 하는 전문의는 원인 질환 등에 대하여 6개월 이상의 충분한 치료 후에도 장애가 고착되었음을 진단서, 소견서, 진료기록 등으로 확인하여야 한다. (필요시 환자에게 타 병원 진료기록 등을 제출하게 한다.)

다만 장애상태가 고착되었음이 전문적 진단에 의해 인정되는 경우 이전 진료기록 등을 확인하지 않을 수 있다. 이 경우 이에 대한 의견을 구체적으로 장애정도 심사용 진단서에 명시하여야 한다.

다. 장애진단 및 재판정 시기

······〈중략〉······

라. 판정개요

(1) 시력장애와 시야결손장애, 겹보임(복시)으로 구분하여 판정한다.

(2) 시력은 안경, 콘택트렌즈 등을 포함한 시력 교정법을 이용하여 측정된 최대교정시력을 기준으로 한다.

(3) 시력은 공인된 시력표에 의해 측정된 것을 사용할 수 있다. 시력표에 규정된 거리에서 같은 줄의 여러 시표 중 옆으로 반 이상의 시표를 정확하게 읽은 경우에만 그 줄의 시력으로 인정한다.

······〈중략〉······

출처: 보건복지부(2023). 2023년 장애등록심사 관련 법령 및 규정집, pp. 74-76.

 시각장애의 특성

1) 인지적 특성

시각장애가 다른 장애와 중복으로 나타나지 않고 단일 장애일 경우 비장애아동과 지능의 차이는 거의 없다.

그러나 인간이 습득하는 정보의 대부분은 시각을 통해 얻어지기 때문에, 시각의 손상은 아동의 지각 능력, 개념 습득 등에 직간접적인 영향을 미치게 된다. 즉, 시각 손상 시기에 따라 인지적 능력을 발달시키는 데에 제한이 있을 수 있어 부정적인 영향을 받을 수 있다.

이와 더불어 시각에 의한 정보수집의 기능이 취약하므로 다른 감각 기능을 통하여 정보를 받아들여야 하기 때문에 인지발달을 방해할 수 있다. 그리고 생리학적 혹은 환경적인 변인 등의 요인 때문에 다양한 개념을 형성하고 습득하는 시기가 지연될 수 있다.

2) 언어적 특성

언어의 습득에 있어서 비언어적, 언어적 의사소통 기술은 중요한 역할을 한다. 즉, 우리는 태어나면서부터 다양한 비언어적 및 언어적 자극을 통해 의사소통 기술을 습득하게 된다.

비언어적 의사소통에는 얼굴 표정이나 눈짓, 몸동작 등이 포함되는데, 시각장애아동은 이러한 형태의 의사소통을 습득하고 사용하는 데 어려움을 보인다. 즉, 비장애아동에 비하여 표정이나 몸짓을 적절하게 사용하지 못할 뿐만 아니라 덜 사용하게 된다. 이와 더불어 상대와 대화 시 주의집중 및 시선이동 등 가장 기본적인 의사소통을 위한 단서를 잘 활용하지 못한다.

언어사용에 있어서도 상대와 의사소통을 하거나 나의 의사를 전달하는 것이 쉽지 않으며, 정보를 주고받는 것도 용이하지 못하다. 그리고 표현 시에도 일반적으로 음을 적절하게 조절하지 못할 뿐만 아니라 크게 혹은 느리게 말하며, 입술 움직임이 작거나 억양에 변화가 없고 어색하다. 이뿐만 아니라 경험의 제한으로 인하여 단어의 의미를 모르고 사용하는 경우도 많다. 또한 추상적 표현을 구체적 의미도 모르면서 과도하게 사용하는 언어주의에 빠지기도 한다.

3) 심리 · 사회적 특성

시각장애의 경우 사회적으로 상호작용하고 모방을 통해 자연스럽게 학습할 수 있는 기회가 제한되기 때문에 사회적 기술을 습득하는 데 어려움을 겪는다. 이와 더불어 시각의 제한은 타인과의 상호작용에 있어서 소극적이거나 수동적으로 대처하게 만드는 원인이 되고, 새로운 환경이나 상황에서 적응하고 생활하는 것에 불안을 느끼거나 이를 거부하는 양상을 보이기도 한다. 그리고 부모의 과보호로 인해 자기중심적이거나 의존성이 높을 수 있으며, 새로운 상황에 적응하는 것이 어렵기 때문에 고집이 강한 경향이 있다.

특히 시각장애에 대한 사회의 부정적인 인식으로 인해 심리 · 정서적으로 왜곡된 자아상을 가질 수 있다. 즉, 사회의 부정적인 인식이 시각장애 자체보다 더 심각하게 자아존중감

뿐만 아니라 심리·사회적으로 영향을 미칠 수 있다.

4) 신체 및 운동 특성

시각장애아동의 신체는 일반적으로 비장애아동의 성장모형과 유사하게 발달한다. 즉, 시각장애 자체가 기초체력이나 신체발달에 영향을 주지 않기 때문에 비장애아동과 크게 다르지 않다.

그러나 신체적인 움직임을 시각적으로 관찰하거나 모방할 수 없기 때문에 다양한 신체기능을 습득하기는 쉽지 않다. 이는 시각 자극의 결함으로 공간에 물체가 존재한다는 것을 인식하기 어려워 공간에서 움직이고자 하는 의욕이 없으며, 낯선 공간에서 신체적 위치를 파악할 수 있는 능력도 매우 부족하다. 이로 인해 부자연스러운 보행 패턴을 유지하게 되고 신체적 자세를 불안정하게 만드는 요인이 되기도 한다.

시력 손상은 적절한 운동 기회가 제한됨으로 인해 운동량 및 운동 경험이 부족하게 되고 이는 다양한 측면의 운동발달에서 지연을 가져올 수 있다. 특히 한 발로 서 있거나 뛰기, 또는 장애물 건너기 등과 같이 신체적으로 균형을 잡아야 하는 활동이 요구될 경우 큰 어려움을 겪는다. 이와 더불어 시력 손상으로 인한 부모의 과잉보호 및 소극적인 양육방식은 아동이 신체적 활동을 마음대로 할 수 없게 할 뿐만 아니라 운동발달에도 부정적인 영향을 미칠 수 있다.

5) 학습적 특성

시각장애의 경우 학업성취에 있어 비장애아동과 큰 차이는 없으나 정보습득이 쉽지 않으며, 제한된 학습의 제공으로 경우에 따라 학습지체 현상을 보일 수 있다.

시각적 정보의 습득 지체는 모든 학습에 부정적인 영향을 미칠 수 있다. 즉, 시력 손상으로 인해 점자를 사용하더라도 읽기 및 쓰기 속도가 느릴 수 있다. 그리고 안과 치료 및 수술로 인한 수업 결손 등은 더 낮은 학업성취도를 보일 수 있다. 특히 적절한 학습 경험의 부족으로 추상적 사고를 요구하는 과제 수행에 있어 보다 큰 어려움을 겪을 수 있다.

이를 방증하는 연구결과들은 시각장애아동이 또래에 비해 낮은 학업 성취도를 보인다고 보고하고 있다. 하지만 이러한 결과는 대부분 인지능력의 제한으로 인한 것이 아닌 시각장애아동에 대한 낮은 학습 기대감과 다양한 보조공학 사용에 대한 기능 부족 때문이라고 한다(Beal & Shaw, 2008).

그러나 조기 판별 및 조기 특수교육의 실시와 더불어 다양한 공학기기의 발달로 인해 적절한 보조공학기기의 사용 및 멀티미디어 기기의 활용이 증가되고 있다. 이와 더불어 점자 사용의 용이성, 시각장애인을 위한 학습 매체의 다양화로 인해 시각 손상에도 불구하고 학업성취도가 과거에 비해 높아지고 있다.

 시각장애의 지원방안

1) 점자 교육

점자 교육은 시각장애아동에게 중요한 정보습득 수단의 역할을 한다. 이는 점자를 읽음으로써 눈으로 보지 못하는 세상을 간접적으로 경험할 수 있게 도와주기 때문이다.

한글 점자는 1926년 박두성이 '훈맹정음(訓盲正音)'이란 이름으로 발표하면서 사용되었다. 점자는 한 칸을 구성하는 6개의 점(세로 3점, 가로 2점)으로 구성되고, 총 63개의 점형을 자음과 모음, 숫자, 문장부호 등에 번호를 붙여 사용한다.

점자의 특성은 다음과 같다(임안수, 2008).

- 초성 자음과 중성 자음이 다르게 만들어졌다.
- 점자에서는 초성 'ㅇ'을 사용하지 않는다.
- 초성 'ㄲㄸㅃㅆㅉ'을 표기할 때 앞의 'ㄱㄷㅂㅅㅈ'에 된소리표를 덧붙여 적는다.
- 부피를 줄이고 읽기와 쓰기 속도를 증가시키기 위하여 27개의 약자와 7개의 약어를 사용한다.
- 양자 '영'은 그 앞에 'ㅅㅆㅈㅉㅊ'이 올 때 '엉'이 된다.
- 모음 겹글자 '얘'는 '야+이'가 아니라 '와+애'로 '웨'는 '우+에'가 아니라 '워+애'로 쓴다.
- 모음 겹글자는 '왜'는 '오+애'가 아니라 '와+애'로, '웨'는 '우+웨'가 아니라 '워+애'로 쓴다.
- 점자는 모아 쓰지 않고 풀어 쓴다. 예를 들면, '국'을 'ㄱ+ㅜ+ㄱ'으로 적는다.

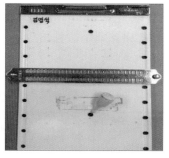

한소네 브레일 라이트　점필, 점판, 점자틀(필기도구)　점자

그림 9-3　브레일노트와 점자도구

출처: 임경옥 외(2017). 특수교육학개론, pp. 244, 247.

2) 보행 교육

보행 기술은 시각장애아동이 독립적 생활을 영위할 수 있도록 도와주는 기초 기술이다. 보행은 이동과 방향정위가 있어야 가능하다.

「장애인 등에 대한 특수교육법 시행령」에서 특수교육 관련 서비스로 '교육부 장관 또는 교육감은 제23조부터 제28조까지의 규정에서 정한 특수교육관련 서비스 외에 보행 훈련, 심리 · 행동 적응훈련 등 특정한 장애유형의 특수교육대상자에게 필요한 특수교육 관련 서비스를 제공하여야 한다.'라고 명시하고 있다.

① 방향정위 훈련

목적지를 찾아가기 위해 시각 단서를 사용하는 일반아동과는 달리 시각장애아동은 시각 외의 잔존 감각들을 통한 정보를 얻기 위해 방향정위를 최대한 활용한다. 방향정위 훈련은 '지각단계(이동하는 구간에서 촉각, 후각, 청각, 잔존 시각으로 정보 수집) → 분석단계(수집된 정보를 분석 및 확인) → 선별단계(수집 · 분석된 자료 중 목적지까지의 방향을 판단하는 데 도움이 되는 정보 확인) → 계획단계(선택한 정보를 통해 이동 계획 결정) → 실행단계(계획에 따라 적절한 방향으로 이동)'를 통해 진행된다(임안수, 1999).

② 안내 보행

시각장애아동과 안내자는 상호 편안하고 안전하게 이동할 수 있도록 기본 안내법을 숙지한다. 안내 보행 표준 자세는 두 사람이 서로가 상대방의 보행을 방해하지 않을 정도로 알맞은 간격을 유지하고, 시각장애아동은 안내자의 반보 뒤에서 반보 측면으로 선 후 안내인의 팔꿈치 상단을 가볍게 잡는다. 안내를 거절할 때는 안내인의 팔목을 잡아 정중하게 떼어내면서 혼자 보행할 수 있음을 이야기한다.

출처: 사단법인 한국시각장애인연합회 홈페이지(www.kbuwel.or.kr).

③ 흰 지팡이 사용

흰 지팡이는 시각장애아동의 단독 보행에 있어 안전과 보행 정보를 제공하고, 시각장애라는 것을 타인에게 알림으로써 위험으로부터 보호받을 수 있는 역할을 한다. 국제적으로 흰색으로 통일하여 사용되며, 손잡이, 자루, 팁으로 구성되어 있다. 종류에는 4단, 5단, 6단, 7단 접이형이 있고, 롱케인, 안테나형 지팡이, 초음파형 지팡이로 제작된다. 시각장애아동은 지팡이를 두드려 나는 소리와 진동을 통해 앞에 있는 장애물이나 보행길의 표면 변화를 파악할 수 있다.

그림 9-4 흰 지팡이 보행법

출처: 임경옥 외(2017). 특수교육학개론, p. 245.

④ 안내견 보행

안내견의 도움을 받는 시각장애인의 보행 방법으로, 안내견은 장애인 보조견 전문 훈련 기관에서 특별훈련을 거친 후 시각장애인에게 분양된다. 분양되기 전 보건복지부 장관이 「장애인복지법」 제40조 제1항 및 제2항, 「장애인복지법 시행규칙」 제29조에 따라 장애인 보조견 표지를 발급한다.

안내견은 시각장애인의 보행을 안전하게 도와주는 동반자로서 일상생활의 불편함과 제약을 감소시켜 주는 역할도 하고 있다.

시각장애인은 보행 시 안내견 몸통에 끼운 핸들인 하네스(harness)를 잡고 보행하게 되는데 일반적으로 안내견의 오른편에 서서 걷는다.

3) 보조공학기기 지원

잔존 시각을 사용하는 경우 시각 활용 보조공학기기를 통하여 시각장애아동을 지원한다. 시각 활용 보조공학기기에는 확대 독서기, 확대 화면 프로그램 등이 있다. 잔존 시각을 사용하기 어렵거나 점자를 사용하는 아동의 경우 촉각적·청각적 보조공학기기를 사용하여 지원한다. 촉각 활용 보조공학기기에는 점자정보단말기, 점자 프린터, 점역 프로그램, 점자 도서, 점자타자기, 점자 라벨러 등이 포함된다. 청각 활용 보조공학기기로는 화면 읽기 프로그램, 데이지 플레이어, 카세트 녹음기, 음성시계, 광학문자인식시스템, 보이스아이 등이 있다.

4) 통합교육을 위한 교육적 접근

(1) 수용적인 학급 분위기

2023년 교육부에서 발표한 특수교육통계 자료에 의하면 시각장애 특수교육대상자 수는 총 1,745명이다. 이 중 일반학교에 배치되어 있는 학생은 665명으로 전체 학령기 시각장애 학생의 약 38%를 차지하며, 특수학교에 배치되어 있는 학생은 62%이다. 이는 시각장애 학생을 위한 적절한 통합교육 환경이 부재함을 방증하는 것이라고 볼 수 있다.

1980년대 이후 통합교육에 대한 관심이 급증하면서 통합학급에 대한 요구와 더불어 필요성은 인식하고 있다. 그러나 여전히 특수학교에서 분리교육을 받고 있는 학생이 60%를 넘는다는 것은 통합을 위한 일반학급의 준비가 선행되어야 함을 시사하고 있다. 그러므로 효과적인 통합교육을 위해서 수용적이고 긍정적인 학급 분위기가 먼저 조성되어야 한다. 이를 위해서 가장 먼저 시각장애를 이해할 수 있는 교육이 효과적으로 반복하여 이루어져야 한다. 교육을 통해 시각장애에 대한 특성을 이해함과 동시에 공동체적인 사회의 일원으로 받아들일 수 있는 인식개선이 필요하다.

이 외에도 조명 및 적절한 자리 배치, 이동의 편의성 등을 고려한 물리적 환경이 시각장애 아동의 입장을 고려하여 갖추어져 있어야 한다. 이와 더불어 이들이 이용할 수 있는 촉각적·청각적 보조공학기도 구비되어 있어야 한다.

(2) 시각장애 학생을 위한 교수지침

통합환경에서 적절한 교육적 지원이 이루어지기 위해서 먼저 장애 교육에 대한 신념과 전문성을 갖춘 교사를 배치하고, 통합교육을 적절하게 지원해 줄 수 있는 보조인력을 투입하는 것이 필요하다. 특수교사와 일반교사, 특수교육 보조원, 순회교사들이 각자의 역할에 대하여 정확하게 인식하고 서로 협력하여 교육한다면 시각장애 학생에게 보다 효과적인 교육적 지원을 제공할 수 있다. 따라서 교사가 교수 시 참고해야 할 지침 및 일반교사의 역할을 살펴보고자 한다.

　이소현과 박은혜(2014)는 통합학급에서 시각장애아동을 위해 교사가 교수해야 하는 지침을 다음과 같이 제시하고 있다.

① 교수방법은 꼭 필요할 때만 수정하도록 하고, 교육목표는 시각장애 학생과 일반학생 모두에게 동일하게 적용된다.

② 일반학급에서 사용하는 인쇄자료를 시각장애아동이 필요로 하는 형태의 자료로 제공한다.

● 특수교사와 협의하여 확대복사물, 점자 또는 녹음된 교재를 준비한다.

● 필요한 때 제공할 수 있도록 하기 위하여 충분한 시간 두고 자료를 준비한다.

● 수업내용뿐 아니라 시험, 과제물 등에도 대안적 방법을 활용한다.

● 책 읽을 때 충분한 시간을 준다. 시각장애 학생들은 책을 찾고, 읽기 시작할 곳을 찾는 데 시간이 더 걸릴 수 있다.

③ 워드프로세서 사용을 장려한다.

● 묵자(보편적으로 사용하고 있는 일반 문자/한글)로 자신의 의사를 표시할 수 있도록 하기 위해 워드프로세서를 사용하도록 지도하는 것이 좋다.

● 자신이 쓴 묵자를 컴퓨터가 읽어서 확인해 주는 프로그램이 국내에서도 개발되어 있으므로 이를 이용하여 스스로 워드프로세서를 사용할 수 있도록 지도한다.

④ 칠판이나 OHP를 사용할 때 내용을 크게 말하면서 적는다.

⑤ 시각장애 학생에게도 강도 높은 운동이 필요하다. 가능한 한 일반 또래들과 경쟁하도록 한다.

⑥ 시각장애 학생이 사용하는 다양한 특수기기에 익숙해지도록 한다. 점자타자기, 점필과 점판 등이 점자 쓰는 데 필요한 대표적인 필기도구이다.

⑦ 저시력아동을 위하여 가능한 한 대비효과가 큰 자료를 사용하도록 한다.

● 배경 그림 위에 글씨가 있는 자료는 사용하지 않는다.

● 흐린 부분은 사인펜으로 진하게 사용한다.

● 칠판은 항상 깨끗이 지운 후 사용한다.
● 종이의 한쪽 면만 사용한다.
● 한 페이지에 글자가 너무 많이 몰려 있어 혼동스럽지 않도록 한다.

시각장애 학생을 위한 통합교육 지원 인력 중 이태훈(2021)이 제시한 일반교사의 역할은 다음과 같다.

● 교과 수업에 필요한 교과서, 참고 자료 등을 시각장애 학생에게 적합한 점자, 확대, 음성 등 대체 자료로 제공해야 하고, 이 자료들의 제작·신청 방법을 알고 있어야 한다.
● 점자 인쇄 자료를 제공하기 어려운 경우, 전자 파일을 학생에게 제공하면 점자정보단말기나 화면 읽기 프로그램 같은 보조공학기기를 사용하여 읽을 수 있다.
● 학교 시험에서 시각장애 학생이 불리나 불편을 겪지 않도록 점자 또는 확대 시험지와 답안지 제공, 시험 시간 연장, 점자정보단말기나 컴퓨터 사용 등 적절한 시험 편의를 제공해야 한다.
● 시각장애 학생이 수업에서 겪는 어려움과 지원 요구를 주기적인 면담과 관찰을 통해 파악하여야 한다.
● 교과별 학습 단원 및 수업 계획을 살펴보고, 각 활동에서 시각장애 학생을 위해 어떠한 교수적 적합화가 필요한지 순회교사에게 자문을 구하고 함께 교육 지원 계획을 세워야 한다.
● 시각장애 학생이 다음 학기에 필요로 하는 교육 자료, 특수한 교구 등을 확보하기 위해 순회교사와 협의하여 예산을 확보해야 한다. 예를 들어, 다음 학기에 시각장애 학생이 과학 교과에서 온도계를 읽어야 하고, 역사 교과에서 발해 지역의 양각 지도가 필요하다면 음성 온도계와 발해 지역 양각 지도의 확보 계획을 세워야 한다.

요점정리

1. 시각장애의 정의

1) **법적 정의**

- 「장애인 등에 대한 특수교육법 시행령」 제10조: 시각계의 손상이 심하여 시각기능을 전혀 이용하지 못하거나 보조공학기기의 지원을 받아야 시각적 과제를 수행할 수 있는 사람으로서 시각에 의한 학습이 곤란하여 특정의 광학기구, 학습 매체 등을 통하여 학습하거나 촉각 또는 청각을 학습의 주요 수단으로 사용하는 사람

2) **교육적 정의**

- 시각 이상으로 인해 학습을 수행하거나 교수 활동에 참여하는 것이 어렵고 학습에서의 낮은 성취도를 보이는 학생

3) **시각 용어 정의**

- 사물의 모양이나 형태를 인식하는 시력, 눈으로 한 점을 주시할 때 그 점에서 눈이 볼 수 있는 범위의 시야, 빛을 느끼고 이것의 강도의 차이를 구별하는 능력인 광각, 사물의 색상을 인식하고 구분하는 색각 등

2. 원인과 눈의 구조 및 기능

1) **시각장애의 원인**

- 굴절이상은 눈에 들어간 빛이 망막에 초점을 맞추지 못할 때 발생하는 근시, 원시, 난시, 노안이 포함됨
- 구조적 장애는 눈 자체의 손상 또는 구조적 기능 이상으로 발생하는 사시, 복시, 녹내장과 백내장 등

2) **눈의 구조 및 기능**

- 안구를 보호하고 빛을 굴절시켜 망막에 도달시키는 각막, 빛의 양을 조절하는 홍채, 상을 시신경을 통해 대뇌로 보내는 망막, 카메라의 렌즈와 비슷한 기능을 하는 수정체, 망막에 맺힌 상을 뇌에 전달하는 시신경

3. 시각장애의 분류와 진단 및 평가

1) 시각장애의 분류

(1) 발생기기에 따른 분류: 선천성 시각장애는 출생 전, 출생 시, 또는 출생 직후 장애를 입게 된 경우이며, 후천성 시각장애는 일생 중 사고나 질병으로 장애를 갖게 된 경우

(2) 진행 정도에 따른 분류: 장애의 진행이 급격히 이루어지는 급성 및 장애의 진행이 서서히 진행되면서 이후 실명되는 만성

(3) 장애정도에 따른 분류: 섬세함을 요구하는 시각 과제 수행이 불가능한 저시각 및 시력보다 잔존 감각에 의존해야 하는 맹 또는 실명

(4) 장애 중복에 따른 분류: 시각과 청각 손상이 중복되어 있는 농맹

2) 진단 및 평가

• 전문의에 의한 진단은 문진을 통해 아동의 병력 파악 및 안외 검사와 안내 검사, 시력검사 실시 등

4. 시각장애의 특성

• 인지적 특성: 지능의 차이는 없지만 지각 능력, 개념 습득 등에 부정적인 영향

• 언어적 특성: 비언어적, 언어적 의사소통을 습득하고 사용하는 데 어려움을 보임

• 심리 · 사회적 특성: 소극적, 수동적이며 자기중심적이고 의존성이 높을 수 있음

• 신체 및 운동 특성: 신체기능 습득 및 운동발달 지연

• 학습적 특성: 또래에 비해 낮은 학업 성취도를 보임

5. 시각장애의 지원방안

• 점자 교육: 시각장애아동에게 중요한 정보습득 수단의 역할을 함

• 보행 교육: 방향정위 훈련, 안내 보행, 흰 지팡이 사용, 안내견 보행 등 시각장애아동이 독립적 생활을 영위할 수 있도록 도와주는 기술

• 보조공학기기 지원: 다양한 보조공학기기를 통하여 시각장애아동 지원

• 통합교육을 위한 교육적 접근: 수용적인 통합교육환경 조성 및 시각장애 아동을 위해 적절한 자료제공 및 대안적 방법 활용

생각나누기

학번:

이름:

1. 시각장애에 대한 나의 인식은 어떠한지에 대해 토의하시오.

---

2. 시각장애아동의 특성에 대해 토의하시오.

---

3. 시각장애아동을 교육하고 지원하기 위한 교사의 노력 및 역할에 대해 토의하시오.

---

4. 시각장애아동의 성공적인 통합교육을 위해 어떠한 지원이 필요한지에 대해 토의하시오.

퀴즈

1. 다음은 시각 능력 중 어떤 것에 대해 설명하고 있는가? (   )

> 눈으로 한 점을 주시할 때 그 점에서 눈이 볼 수 있는 범위를 의미한다.

2. 눈의 구조에서 카메라의 렌즈와 비슷한 기능을 하는 기관은 어떤 것인가? (   )

   ① 각막   ② 수정체   ③ 홍채   ④ 망막

3. 괄호에 들어갈 적절한 단어를 쓰시오.

> (   )라고도 하는 이 현상은 수정체와 각막이 제대로 기능하지 못해 눈에 들어간
> 빛이 망막에 초점을 맞추지 못할 때 발생한다.

4. 다음은 시각장애인의 행동적 특성 중 어떤 것에 대해 설명하고 있는가? (   )

> 맹인이 자기 자신에게 자극을 주기 위해 습관적으로 하는 행동의 총칭이다.

5. 시각장애아동을 위한 효과적인 통합교육을 위해 특수교사가 해야 할 역할은 무엇인가?

   (   )

참고문헌

교육부(2023). 2023년 특수교육통계.

김혜동(2001). 서울지역 초등학동 비정시안의 굴절상태에 대한 조사. 한국안광학회지, 6(1), 65-69.

박순희(2014). 시각장애아동의 이해와 교육. 서울: 학지사.

법제처 국가법령센터(2007). 장애인복지법.

법제처 국가법령센터(2021). 장애인복지법 시행령.

법제처 국가법령센터(2022). 장애인 등에 대한 특수교육법 시행령.

보건복지부(2023). 2023년 장애등록심사 관련 법령 및 규정집. 보건복지부.

이소현, 박은혜(2014). 특수아동교육. 서울: 학지사.

이태훈(2021). 시각장애 학생 교육의 이해와 실제. 서울: 학지사.

임경옥, 박경화, 조현정(2017). 특수교육개론학개론. 서울: 학지사.

임안수(2008). 시각장애아 교육. 서울: 학지사.

임안수(1999). 시각장애 재활 전문가 양성에 관한 연구. 시각장애연구, 15, 1-20.

Beal, C., & Shaw, E. (2008). Working memory and math problem solving by blind middle and high school students: Implications for universal access. In *Society for Information Technology & Teacher Education International Conference* (pp. 5011-5016). Association for the Advancement of Computing in Education (AACE).

Chen, D. (1999). Learning to communicate: Strategies for developing communication with infants whose multiple disabilities include visual impairment and hearing loss. *ReSources-California Deaf-Blind Services, Comunication Issue, Summer*, (5).

Corn, A. L., & Lusk, K. E. (2010). Perspectives on low vision. *Foundations of low vision: Clinical and functional perspectives*, 3-34.

Individuals With Disabilities Education Act. (1990). *Public Law* 105-17 (20 U.S.C. §1400 et seq.).

사단법인 한국시각장애인연합회 www.kbuwel.or.kr

제10장

장애아동 교육방법

장애아동은 일반교육환경에서 교육을 받는 비장애아동과는 달리, 대다수가 특수교육 환경 또는 특수교육과 일반교육이 통합된 환경에서 교육을 받게 된다. 어떤 환경에서 교육이 진행되는지의 여부와 관계없이 장애아동에게 보다 적절한 교육적 서비스를 지원하기 위해 개별화교육계획을 개발하고 이를 실행하기 위한 노력이 선행되어야 한다.

이는 장애아동의 학령기뿐 아니라 직업을 탐색하고 성인기로의 성공적인 전환을 위해서 반드시 실행되어야 한다. 특히 특수교육과정을 통한 직업재활은 사회통합이 목표인 장애아동에게 필수적이다.

이 장에서는 장애아동을 위한 개별화교육계획 개발 및 실행을 비롯하여 통합교육과 특수교육을 살펴본 후 직업교육에 대한 이해를 돕고자 한다.

✅ **마인드맵**

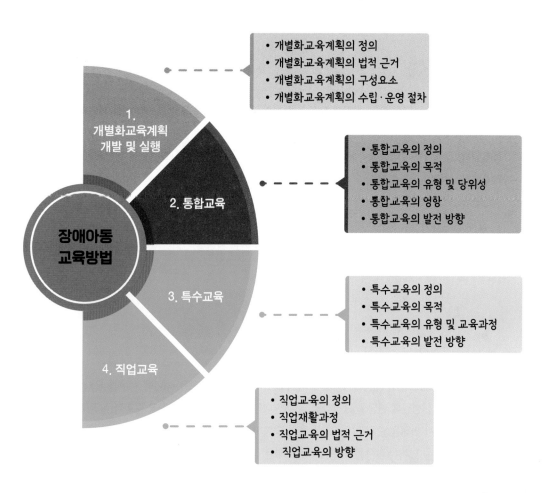

- 개별화교육계획의 정의
- 개별화교육계획의 법적 근거
- 개별화교육계획의 구성요소
- 개별화교육계획의 수립·운영 절차

1. 개별화교육계획 개발 및 실행

- 통합교육의 정의
- 통합교육의 목적
- 통합교육의 유형 및 당위성
- 통합교육의 영향
- 통합교육의 발전 방향

2. 통합교육

장애아동 교육방법

3. 특수교육

- 특수교육의 정의
- 특수교육의 목적
- 특수교육의 유형 및 교육과정
- 특수교육의 발전 방향

4. 직업교육

- 직업교육의 정의
- 직업재활과정
- 직업교육의 법적 근거
- 직업교육의 방향

학습목표

1. 개별화교육계획의 개념을 정의할 수 있다.
2. 개별화교육계획을 실행하는 절차를 구술할 수 있다.
3. 통합교육의 개념에 대하여 정의할 수 있다.
4. 특수교육의 개념에 대하여 정의할 수 있다.
5. 직업교육의 중요성에 대해 설명할 수 있다.

주요 용어

개별화교육계획: 장애아동 각 개인의 요구에 적합한 개별화된 교육과 관련 서비스를 제공하기 위해 작성되는 핵심적인 문서
통합교육: 장애아동이 비장애아동과 같은 환경에서 물리적·학문적·사회적으로 통합되는 교육
특수교육: 특별한 교육적 요구를 지닌 아동을 대상으로 실시되는 교육
장애영유아: 심신의 기능에 어떤 장애가 있거나 심리적, 환경적인 부적응의 문제 때문에 발달상에서 어려움을 겪는 영유아
직업교육: 기본적인 사회생활을 영위하기 위한 기능 훈련과 직업을 갖기 위한 기초적인 직업기능을 교육
직업재활: 장애인에 대한 적절한 직업을 확보하고 고용을 유지할 수 있도록 지원하는 일련의 서비스

사례

서우는 만 3세로 현재 가정어린이집에 다니고 있다. 서우의 부모는 내년에 서우를 유치원에 입학시키기 위해 어린이집 선생님께 면담을 요청하였다. 어린이집 선생님은 서우가 아직 발화가 잘 되지 않아 친구들과의 상호작용에서 어려움을 겪고 있고, 다 같이 함께하는 활동을 좋아하지 않는다고 하였다. 또한 대부분의 시간을 혼자 누워 있거나 친구들과 떨어져 선호하는 장난감을 가지고 혼자 노는 시간이 많다고 하였다.

서우의 부모는 선생님과의 면담을 통해 서우가 일반 유치원으로 입학하는 것이 어렵다고 판단하였고, 지역의 특수교육지원청에 의뢰하여 특수교육지원대상자 신청에 대한 문의를 하였다.

특수교육지원청의 특수교사는 서우의 부모님께 서우가 특수교육지원대상자가 되었을 때 선택할 수 있는 교육기관 및 지원받을 수 있는 교육적 서비스, 그리고 개별화교육계획에 대하여 자세히 설명해 주었다.

서우의 부모는 집 근처의 단설 유치원에 올해 특수학급이 신설되었다는 것과 그곳에 입학하였을 때 서우를 위한 교육적 서비스가 지원된다는 이야기를 듣고 특수교육지원대상자를 신청하기로 결정하였다.

① 개별화교육계획 개발 및 실행

1) 개별화교육계획의 정의

「장애인 등에 대한 특수교육법」 제2조에 명시된 개별화교육의 정의를 살펴보면 '개별화교육'이란 "각급학교의 장이 특수교육대상자 개인의 능력을 계발하기 위하여 장애유형 및 장애특성에 적합한 교육목표 · 교육방법 · 교육내용 · 특수교육 관련서비스 등이 포함된 계획을 수립하여 실시하는 교육을 말한다."라고 되어 있다.

그러나 개별화교육계획(Individualized Education Plan: IEP)이 아닌 개별화교육만 명시됨으로써 현장에서는 개별화교육과 개별화교육계획을 혼용해서 사용하고 있는 실정이기 때문에 이에 대한 개념 정립이 필요하다.

정주영(2019)은 '개별화교육'이란 특수교육대상학생의 능력을 계발하기 위하여 제공되는 교육 및 종합적 지원을 개인의 장애 특성, 능력, 교육적 요구, 흥미 등을 고려하여 학생이 가장 쉽게 경험할 수 있도록 재구조화한 것이라고 설명한다. 개별화교육은 학생별 또는 집단별 수업을 포함하여 개인차에 부합해 제공되는 모든 교육 활동을 의미한다.

이에 반해 '개별화교육계획'이란 특수교육대상학생의 개별화교육을 위해 필요한 교육 및 종합적 지원 계획의 수립, 운영, 평가 결과를 포함하여 교육과 관련된 제반 사항을 기록한 개인별 문서이며 이를 수립하는 과정 및 결과를 포함한다. 즉, 개별화교육계획은 특수교육대상학생의 교육과 종합적 지원에 관련된 모든 내용을 결정하기 위한 의사결정의 과정이자 도구이며 결과라고 하였다.

개별화교육계획은 장애아동 개개인이 가지고 있는 특성이나 능력, 교육적 요구, 선호 및 관심 등을 고려한 교육적 서비스를 제공하는 절차와 방법을 포함하는 법적 문서로서, 특수교육에서 가장 중요한 요소 중 하나라고 할 수 있다. 따라서 장애아동에게 필요한 교육뿐만 아니라 생활지원, 특수교육 관련 서비스, 행동지원, 전환지원 등 장애와 관련된 다양한 서비스를 제공하기 위한 종합적인 역할을 한다.

개별화교육계획의 기능은 다음과 같다(교육부, 2015).

● 장애학생을 위하여 특별히 고안된 교육(교육과정 및 특수교육 관련 서비스)을 보장하기

위한 계획이다.

● 장애학생의 교육방향(목표, 내용, 방법)을 제시하는 계획서이다.

● 장애학생의 교육성취를 점검하고 평가하는 평가계획서이다.

● 장애학생 및 보호자의 권리를 옹호하는 주요 문서이다.

● 개별화교육지원팀의 개별화교육계획의 실행에 대한 책무성을 강화하는 실질적 문서이다.

● 개별화교육지원팀의 협력적 체계 구축 및 의사소통을 돕는 문서이다.

2) 개별화교육계획의 법적 근거

개별화교육계획의 수립과 운영은 「헌법」 「교육기본법」 그리고 「장애인 등에 대한 특수교육법」 및 「장애인 등에 대한 특수교육법 시행규칙」에 법적 토대를 두고 있다. 즉, 법적으로 모든 국민은 각 개인이 가진 능력과 적성에 따라 적절한 교육을 받을 권리를 가지며 국가는 각 개인에게 적합한 교육을 제공해야 할 의무가 있음을 명시하고 있다.

개별화교육계획의 법적 근거를 살펴보면 〈표 10-1〉과 같다.

표 10-1 개별화교육계획의 법적 근거

구분	내용
「헌법」 제31조	• 모든 국민은 능력에 따라 균등하게 교육을 받을 권리가 있다.
「교육기본법」 제3조(학습권)	• 모든 국민은 평생에 걸쳐 학습하고, 능력과 적성에 따라 교육받을 권리를 가진다.
「교육기본법」 제12조(학습자) 제2항	• 교육내용 · 교육방법 · 교재 및 교육시설은 학습자의 인격을 존중하고 개성을 중시하여 학습자의 능력이 최대한으로 발휘될 수 있도록 마련되어야 한다.
「장애인 등에 대한 특수교육법」 제22조(개별화교육)	① 각급학교의 장은 특수교육대상자의 교육적 요구에 적합한 교육을 제공하기 위하여 보호자, 특수교육교원, 일반교육교원, 진로 및 직업교육 담당 교원, 특수교육 관련서비스 담당 인력 등으로 개별화교육지원팀을 구성한다. ② 개별화교육지원팀은 매 학기마다 특수교육대상자에 대한 개별화교육계획을 작성하여야 한다. ③ 특수교육대상자가 다른 학교로 전학할 경우 또는 상급학교로 진학할 경우에는 전출학교는 전입학교에 개별화교육계획을 14일 이내에 송부하여야 한다. ④ 특수교육교원은 제1항부터 제3항까지의 규정에 따른 업무를 수행하기 위하여 각 업무를 지원하고 조정한다. ⑤ 제1항에 따른 개별화교육지원팀의 구성, 제2항에 따른 개별화교육계획의 수립 · 실시 등에 관하여 필요한 사항은 교육부령으로 정한다.

「장애인 등에 대한 특수교육법 시행규칙」 제4조(개별화교육지원 팀의 구성 등)	① 각급학교의 장은 법 제22조 제1항에 따라 매 학년의 시작일부터 2주 이내에 각각의 특수교육대상자에 대한 개별화교육지원팀을 구성하여야 한다. ② 개별화교육지원팀은 매 학기의 시작일부터 30일 이내에 개별화교육계획을 작성하여야 한다. ③ 개별화교육계획에는 특수교육대상자의 인적사항과 특별한 교육지원이 필요한 영역의 현재 학습수행수준, 교육목표, 교육내용, 교육방법, 평가계획 및 제공할 특수교육 관련서비스의 내용과 방법 등이 포함되어야 한다. ④ 각급학교의 장은 매 학기마다 개별화교육계획에 따른 각각의 특수교육대상자의 학업성취도 평가를 실시하고, 그 결과를 특수교육대상자 또는 그 보호자에게 통보하여야 한다

3) 개별화교육계획의 구성요소

개별화교육계획은 장애아동의 다양한 교육적 요구에 부합하기 위해 아동에 대한 종합적인 정보가 포함되어 있어야 한다. 개별화교육계획의 구성요소는 「장애인 등에 대한 특수교육법 시행규칙」 제4조 3항에 〈표 10-2〉와 같이 명시하고 있다.

표 10-2　개별화교육계획의 구성요소

• 인적사항	• 현재 학습수행수준	• 교육목표	• 교육내용
• 교육방법	• 특수교육 관련서비스	• 평가계획	

그러나 구성요소에 대한 세부사항이 각각 명시되어 있지 않아 실제 작성자들은 혼란스러울 수 있다. 예를 들어, 현재 학습수행수준이 학습영역, 즉 교과교육 부분에 한정하여 작성하라는 것인지 아니면 특수교육대상자의 학습 외 부분인 적응행동 등에 대한 부분까지 포함하라는 것인지 혼동될 수 있으므로 이에 대해 명확한 제시가 필요하다.

4) 개별화교육계획의 수립 · 운영 절차

개별화교육계획의 수립 · 운영 절차는 의뢰, 진단 · 평가, 선정, 배치, 개별화교육계획 작성, 개별화교육계획 실행, 개별화교육계획 평가 및 검토로 이루어진다.

개별과교육지원팀은 이러한 과정을 거치면서 장애아동의 교육적 요구를 파악하고, 적합한 교육목표와 교수방법, 지원 방향 등을 결정하여, 장애영유아는 개별화 가족서비스 계획을, 장애아동은 개별화교육 프로그램을 계획하여야 한다.

　교육과학기술부(2009)는 개별화교육계획의 수립·운영에 대한 절차를 [그림 10-1]과 같이 제시하고 있다.

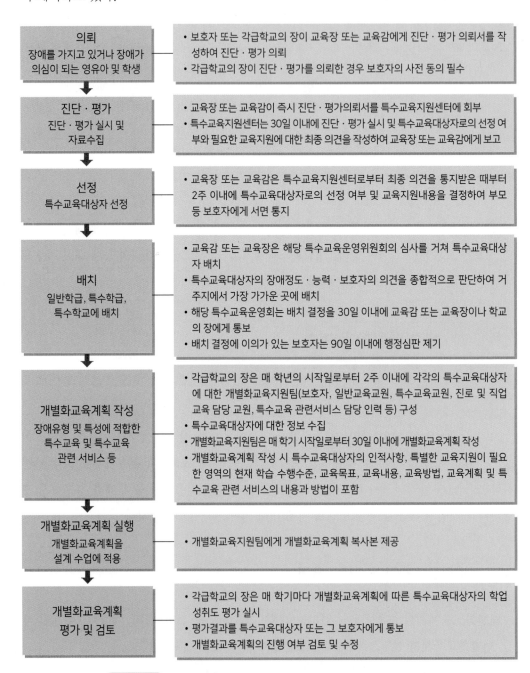

의뢰
장애를 가지고 있거나 장애가 의심이 되는 영유아 및 학생

- 보호자 또는 각급학교의 장이 교육장 또는 교육감에게 진단·평가 의뢰서를 작성하여 진단·평가 의뢰
- 각급학교의 장이 진단·평가를 의뢰한 경우 보호자의 사전 동의 필수

진단·평가
진단·평가 실시 및 자료수집

- 교육장 또는 교육감이 즉시 진단·평가의뢰서를 특수교육지원센터에 회부
- 특수교육지원센터는 30일 이내에 진단·평가 실시 및 특수교육대상자로의 선정 여부와 필요한 교육지원에 대한 최종 의견을 작성하여 교육장 또는 교육감에게 보고

선정
특수교육대상자 선정

- 교육장 또는 교육감은 특수교육지원센터로부터 최종 의견을 통지받은 때부터 2주 이내에 특수교육대상자로의 선정 여부 및 교육지원내용을 결정하여 부모 등 보호자에게 서면 통지

배치
일반학급, 특수학급, 특수학교에 배치

- 교육감 또는 교육장은 해당 특수교육운영위원회의 심사를 거쳐 특수교육대상자 배치
- 특수교육대상자의 장애정도·능력·보호자의 의견을 종합적으로 판단하여 거주지에서 가장 가까운 곳에 배치
- 해당 특수교육운영회는 배치 결정을 30일 이내에 교육감 또는 교육장이나 학교의 장에게 통보
- 배치 결정에 이의가 있는 보호자는 90일 이내에 행정심판 제기

개별화교육계획 작성
장애유형 및 특성에 적합한 특수교육 및 특수교육 관련 서비스 등

- 각급학교의 장은 매 학년의 시작일로부터 2주 이내에 각각의 특수교육대상자에 대한 개별화교육지원팀(보호자, 일반교육교원, 특수교육교원, 진로 및 직업교육 담당 교원, 특수교육 관련서비스 담당 인력 등) 구성
- 특수교육대상자에 대한 정보 수집
- 개별화교육지원팀은 매 학기 시작일로부터 30일 이내에 개별화교육계획 작성
- 개별화교육계획 작성 시 특수교육대상자의 인적사항, 특별한 교육지원이 필요한 영역의 현재 학습 수행수준, 교육목표, 교육내용, 교육방법, 교육계획 및 특수교육 관련 서비스의 내용과 방법이 포함

개별화교육계획 실행
개별화교육계획을 설계 수업에 적용

- 개별화교육지원팀에게 개별화교육계획 복사본 제공

개별화교육계획 평가 및 검토

- 각급학교의 장은 매 학기마다 개별화교육계획에 따른 특수교육대상자의 학업 성취도 평가 실시
- 평가결과를 특수교육대상자 또는 그 보호자에게 통보
- 개별화교육계획의 진행 여부 검토 및 수정

그림 10-1　개별화교육계획의 수립·운영에 대한 전반적인 절차

출처: 교육과학기술부(2009). 개별화교육계획 수립·운영자료, p. 10.

② 통합교육

1) 통합교육의 정의

통합교육은 특수교육적 요구를 지닌 학생들이 가능한 한 일반교육환경에서 교육을 받을 수 있어야 한다는 정상화라는 철학을 바탕으로 출발하였다. 따라서 통합교육은 장애학생과 비장애학생이 편견 없이 서로를 이해하고 수용하며 같은 교육환경에서 배움으로써 서로에게 공동체 의식을 함양시킬 수 있는 가장 바람직한 교육 형태라고 할 수 있다.

이를 위해 국가에서는 「장애인 등에 대한 특수교육법」 제2조에 통합교육에 대한 정의를 규정하였고, 동법 21조에 통합교육환경 조성을 위한 내용을 구체적으로 명시하였다. 이를 살펴보면 〈표 10-3〉과 같다.

표 10-3   통합교육에 대한 정의

관련법	정의
「장애인 등에 대한 특수교육법」 제2조(정의)	• 통합교육이란 특수교육대상자가 일반학교에서 장애유형·장애정도에 따라 차별받지 아니하고 또래와 함께 개개인의 교육적 요구에 적합한 교육을 받는 것을 말한다.
「장애인 등에 대한 특수교육법」 제21조(통합교육)	① 교육감은 특수교육대상자가 일반학교에서 또래와 함께 교육받을 수 있도록 시책을 수립·시행하여야 한다. ② 각급학교의 장은 교육에 관한 각종 시책을 시행하는 경우 특수교육대상자가 통합교육을 원활히 받을 수 있도록 하여야 한다. ③ 특수교육대상자가 배치된 일반학교의 장은 일반교육교원 및 특수교육교원의 협력을 통하여 차별의 예방, 교육과정의 조정, 제28조에 따른 지원인력의 배치, 교구·학습보조기·보조공학기기의 지원 및 교원연수 등을 포함한 통합교육계획을 수립·시행하여야 한다. ④ 일반학교의 장은 제3항에 따라 통합교육을 실시하는 경우에는 제27조의 기준에 따라 특수학급을 설치·운영하고, 대통령령으로 정하는 시설·설비 및 교재·교구를 갖추어야 한다. ⑤ 교육부장관 및 교육감은 특수교육대상자의 통합학급 교육활동을 지원하기 위하여 대통령령으로 정하는 바에 따라 특수교육교원을 둘 수 있다.

2) 통합교육의 목적

「장애인 등에 대한 특수교육법」 제1조 목적에서 '이 법은 「교육기본법」 제18조에 따라 국가 및 지방자치단체가 장애인 및 특별한 교육적 요구가 있는 사람에게 통합된 교육환경을 제공하고 생애주기에 따라 장애유형·장애정도의 특성을 고려한 교육을 실시하여 이들이 자아실현과 사회통합을 하는 데 기여함을 목적으로 한다.'고 명시되어 있다. 즉, 통합교육의 목적을 자아실현과 사회통합에 두고 있다.

반면, 정대영(2005)은 통합교육의 목적을 교육의 평등성, 교육의 수월성, 다양성의 인정 및 수용 추구, 공동체 사회구현 추구로 분류하여 〈표 10-4〉와 같이 구체적으로 설명하고 있다.

표 10-4 **통합교육의 목적 및 내용**

목적	내용
교육의 평등성 추구	개인이 지닌 학습 능력과 요구에 적합한 교육 서비스 제공 및 이 서비스가 양적 및 질적으로 보장되어야 함
교육의 수월성 추구	수월성은 영재교육 또는 우수학생교육으로 인식되고 있지만 모든 학습자 개개인의 잠재력을 최대한 계발시켜 주는 것이 수월성을 보장해 주는 것임
다양성의 인정 및 수용	다양성은 차이를 인정하고 수용하며 존중하는 것이 필수적 요소이므로, 개인의 다양한 능력 수준을 차별로 보지 않고 각 개인차와 독특한 교육적 요구로 인정
공동체 사회구현	공동체 사회에서는 능력, 성별, 종교, 인종, 빈부, 문화 등의 조건에 따라 편견과 차별이 없으므로, 모든 구성원들이 각자의 역할과 기능을 발휘하여 집단의 공동의 이익을 위해 기여하고 조화를 이루며, 더불어 살아감으로써 공동체 사회구현

출처: 정대영(2005). 통합교육에서의 주요쟁점과 실천과제 고찰, p. 25 수정.

통합교육은 장애아동과 비장애아동 모두에게 적절한 사회적 상호작용의 기회와 다양한 환경적 자극을 제공할 뿐만 아니라 학령기와 성인기로의 사회적 통합을 위한 첫 단계라 할 수 있다. 결국 통합교육을 통해 지향하는 것은 다름에 대한 수용을 통해 서로에 대한 이해도를 높이고 이를 바탕으로 공동체로서 함께하는 것이다. 그러므로 통합교육은 장애아동만을 위한 교육이 아니다. 장애아동이 비장애아동과 함께 상호작용하며 통합된 환경에서 학습의 기회를 부여받아 공통의 사회적 가치와 목표를 실현하는 것이다. 또한 지역사회의 구성원으로 서로 더불어 살아갈 수 있는 능력을 신장하는 데 그 목적이 있다.

3) 통합교육의 유형 및 당위성

(1) 통합교육의 유형

통합교육은 장애아 통합 어린이집을 비롯하여 일반 어린이집, 장애아 전문 어린이집, 유아학교 통합반, 장애아 전문 유아학교, 일반학교 통합학급, 일반학교 등 다양한 유형으로 분류할 수 있다. 특히 장애아 전문 어린이집과 유아특수학교의 경우 일반적으로 장애영유아만을 대상으로 보육 및 교육을 하는 것으로 인식되어 있으나 실제 역통합이 활발하게 이루어지고 있다.

반면, 장애진단을 받았지만 부모님의 결정에 의해 통합반에 입소하지 않고 일반 어린이집과 일반학교에 통합되어 있는 경우도 있다. 통합교육의 각 유형을 살펴보면 〈표 10-5〉와 같다.

표 10-5 **통합교육의 유형**

유형	정의
장애아 전문 어린이집	「장애아동복지지원법」 제32조에 따라 요건을 갖추고, 상시 12명 이상의 장애아(단, 미취학장애아 9명 이상 포함)를 보육하는 시설 중 시장·군수·구청장이 장애아 전문 어린이집으로 지정한 시설로서 시·도지사를 거쳐 보건복지부 장관이 인건비지원을 승인한 시설이다.
장애아 통합 어린이집	장애아 통합 어린이집은 정원의 20% 이내에서 장애아 종일반을 편성·운영하거나 장애아 종일반을 별도로 편성하지 않은 채 미취학장애아를 3명 이상 통합 보육하고 있는 어린이집(종일반 기준임)이다. 즉, 미취학장애아 3명 이상을 보육하는 시설로 장애아 보육을 위한 장애아전담 교사를 채용한 시설을 말한다.
일반 어린이집	장애아 통합 어린이집과 장애아 전문 어린이집을 제외한 모든 어린이집을 말한다.
유아특수학교	'특수학교'란 신체적·정신적·지적 장애 등으로 특수교육이 필요한 유아에게 유치원에 준하는 교육과 실생활에 필요한 지식·기능 및 사회적응 교육을 하기 위해 설립된 기관을 말한다(「유아교육법」 제15조 제1항).
병설유치원 특수반	국가 및 지방자치단체는 특수교육이 필요한 유아가 유치원에서 교육을 받으려는 경우에는 따로 입학절차·교육과정 등을 마련하는 등 유치원과의 통합교육 실시에 필요한 시책을 마련하여야 한다(「유아교육법」 제15조 제2항).
일반학교 특수학급	'특수학급'이란 특수교육대상자의 통합교육을 실시하기 위하여 일반학교에 설치된 학급을 말한다(「장애인 등에 대한 특수교육법」 제2조 제11항).

(2) 통합교육의 당위성

전통적으로 특수교육은 장애아동을 비장애아동과 분리시켜 교육하는 분리교육 형태로 시작되었다. 이후 정상화 원리와 같은 철학적 이념과 탈수용시설화와 같은 사회적 운동, 최소제한 환경에서의 교육을 의무화한 법률의 제정 등에 의하여 통합교육에 대한 관심이 높아졌다.

인권의 측면에서 분리교육은 장애아동에게 낙인(stigma) 효과를 초래한다는 인식이 생기면서 장애아동을 비장애아동과 함께 교육해야 한다는 '통합(integration)'의 개념이 등장하였다. 이러한 변화로 통합교육에 대한 장점이 여러 방면에서 부각되고 있지만 찬반 논란은 여전히 지속되고 있는 상황에서, 통합교육의 당위성을 지지하고 있는 법률을 살펴보면 다음과 같다.

첫째, 미국의 「공법 99-457조」에 장애아의 '최소한의 제한된 환경'에서 통합교육이 명시되어 있다.

둘째, 우리나라의 「장애인 등에 대한 특수교육법」 제2조에 '통합교육'이라는 용어가 정의됨으로써 법적인 지지를 제공하고 있다.

셋째, 동법 제3조에 특수교육대상자에 대하여 유치원부터 고등학교 과정의 교육을 의무교육으로 명시함으로써 통합교육의 중요성을 뒷받침하고 있다.

넷째, 동법 제4조에 특수교육대상자가 학교에 입학하고자 하는 경우에 장애를 이유로 입학을 거부하거나 지원을 거부하는 등 교육 기회에 있어 차별 및 특수교육 관련서비스 제공에서의 차별을 금지하도록 명시함으로써 통합교육의 근거를 마련하고 있다.

다섯째, 「교육기본법」 제4조에 의하면 '모든 국민은 성별, 종교, 신념, 인종, 사회적 신분, 경제적 지위 또는 신체적 조건 등을 이유로 교육에서 차별을 받지 아니한다.'고 명시함으로써 교육의 기회균등을 보장하고 있다.

여섯째, 「초중등교육법」 제59조에 통합교육과 관련하여 국가와 지방자치단체는 특수교육이 필요한 사람이 초등학교 · 중학교 및 고등학교와 이에 준하는 각종학교에서 교육을 받으려는 경우에는 따로 입학절차, 교육과정 등을 마련하는 등 통합교육을 하는 데에 필요한 시책을 마련하여야 한다고 규정되어 있다.

일곱째, 「장애인 차별 금지 및 권리 구제 등에 관한 법률」 제4조 차별행위 및 제13조 차별금지에서, 장애아동에 관해 장애를 사유로 정당한 사유 없이 제한 · 배제 · 분리 · 거부하거나 장애인의 입학 지원 및 입학을 거부할 수 없도록 전반적인 부분에서 차별을 금지함으로써 통합교육의 당위성에 대한 근거를 법적으로 명시하였다.

4) 통합교육의 영향

통합교육에 대한 인식은 지속적으로 찬반 논란을 불러왔다. 현장에서 학생들을 지도하는 교사를 비롯하여 장애부모 및 비장애부모의 입장이 첨예하게 대립되기도 하였다. 그뿐만 아니라 지역사회의 인식도 일반적으로 부정적이었다.

그러나 통합교육이 장애아동에게만 긍정적인 영향이 있는 것이 아니라 비장애아동에게도 긍정적인 영향이 있음이 많은 연구결과에 의해 밝혀졌다. 즉, 장애아동이 비장애아동과 함께 교육현장에 배치됨으로써 비장애아동의 행동을 모방함으로 인해 장애아동의 문제행동이 감소될 수 있으며, 상호작용의 효과로 사회성이 증가될 수 있다. 그뿐만 아니라 또래들이 사용하는 언어적인 자극을 통해 자연스럽게 언어를 습득하는 데 도움을 받을 수 있다.

임경옥 등(2016)은 통합교육을 통해 장애아동은 비장애아동의 행동을 관찰 및 모방함으로써 인지 및 언어 발달이 촉진될 수 있고, 비장애아동도 사회적인 태도 면에서나 또래교수를 통한 학습 능력 면에서 향상 효과를 볼 수 있다고 하였다.

이 외에도, 통합교육을 통해 장애아동은 다양한 영역에서 긍정적인 영향을 받고, 비장애아동도 다름에 대해 이해하고 수용하게 되며 이타심이 형성될 뿐만 아니라 타인을 배려하는 등 정서적으로 성숙하게 된다.

그러므로 통합교육에 대해 누구에게 더 효과적이고 긍정적인 영향을 미치는지의 여부를 판단하기보다는 인간의 존엄성을 존중하고 다름에 대한 수용과 함께 더불어 살아가는 공동체의 일원으로서 자연스럽고 당연한 귀결임을 인식하는 것이 더 중요할 수 있다.

통합교육이 비장애아동과 장애아동에게 미치는 영향을 구체적으로 살펴보면 〈표 10-6〉과 같다.

표 10-6　통합교육의 영향

대상	영향
비장애아동	• 장애또래에 대한 긍정적인 태도 형성, 즉 다름에 대한 수용 • 타인을 배려하는 태도 형성 • 문제해결력 증가 • 정서적 성숙 • 이타심 형성 • 리더십 증가 • 또래교수로 인한 학습 능력 증가

장애아동	• 분리교육으로 인한 부정적인 영향 방지(예: 표찰의 부정적인 영향 및 상호작용 부족으로 인한 부정적인 태도 형성) • 또래들과 상호작용을 할 수 있는 사회적 기술 향상 • 의사소통 능력 발달 • 인지발달 촉진 • 운동능력 발달 • 새로운 적응기술 습득 • 문제행동 감소 및 바람직한 행동 모방 • 또래주도 놀이 증가 • 또래들과 우정을 형성할 기회 • 지역사회 적응의 기반 형성

출처: 임경옥 외(2017). 특수교육학개론, pp. 63-64 일부 발췌.

5) 통합교육의 발전 방향

법률에 명시된 통합교육을 강화하기 위해 교육부(2022)는 제6차 특수교육발전 5개년 계획(2023~2027) 발표 시, 통합과 관련하여 모두를 위한 통합교육 지원을 강화하겠다는 추진 전략을 발표하였다.

일반학교 특수교육대상학생 지원체계를 강화하여 통합교육 내실화를 도모하고자 하는 목적을 가지고 협력 기반 통합교육 여건 조성, 학교 구성원의 통합교육 역량 강화, 일상적 장애공감문화 정착을 주요 과제로 결정했다. 발표 내용을 구체적으로 살펴보면 다음과 같다.

첫째, 협력 기반 통합교육 여건 조성을 위하여 통합교육 지원 제도 개선에 협력적 교육환경 조성과 통합교육 실행을 위한 법·제도 정비 및 이행사항 모니터링 체계를 마련하겠다고 하였다. 그리고 「특수교육법」 외에 「초·중등교육법」과 「유아교육법」 내에 통합교육 관련 내용을 강화하기로 하였다.

통합학급 여건 개선과 관련하여 기존 특수교사 주도의 통합교육에서 일반교사의 통합교육 책무성을 확대·강화하는 통합교육 패러다임 변화 유도를 이끌겠다고 하였다. 또한 특수학급 중심의 통합교육 환경을 혁신적으로 개선하는 것을 국정과제로 정했다.

학교장애인식지수 활용은 장애이해교육의 내실화를 위해 학생과 교원의 장애인식 수준을 진단할 수 있는 '학교장애인식지수'를 개발·활용하고 이를 위해 온라인 검사 체계를 구축하기로 하였다.

둘째, 학교 구성원의 통합교육 역량 강화를 위해 일반교육교원과 특수교육교원 간 협력 증진과 관련하여, 일반교육교원의 연수 및 특수교사 대상 학교과정별·장애유형별 협력교수 실행력 향상을 위한 핵심교원 양성과 교원양성기관 교직과목을 통합할 계획이다.

다양성을 존중하는 교실문화 조성을 위해 일반교사와 특수교사 간 협력적 역할 모형 발굴을 위한 '정다운학교'를 확대 운영할 방침이다.

셋째, 일상적 장애공감문화 정착과 관련한 장애이해교육 내실화는 미래형 장애이해교육을 위해 디지털 기반 장애이해체험존과 직접 체험하는 장애이해체험관을 설치, 확대할 계획이다. 더불어 장애이해교육을 다양화하고 장애학생 인권 지원 강화를 위해 장애학생 인권지원단의 현장 중심 지원 강화로 인권안전망을 구축하겠다는 것이다. 그리고 인권실태 점검 강화와 더불어 교육공동체가 상호 존중되는 교육환경 조성 및 학생 인권 또는 교권 침해 상황 발생 시, 전문기관 연계 상담 및 지역자원 활용 심리회복 프로그램 등을 운영할 계획이다.

 특수교육

1) 특수교육의 정의

특수교육(special education)은 특별한 요구를 지닌 아동을 대상으로 실시되는 교육이다. 즉, 일반적인 교육으로는 이들의 욕구를 충족시켜 줄 수 없기 때문에 각 개인의 특성에 맞게 고도로 계획된 체계적인 맞춤 교육이라고 할 수 있다. 그러므로 이러한 교육이 필요한 아동을 특수교육대상자로 선별하여 이들에게 요구되는 특수교육서비스를 제공해야 한다. 왜냐하면 다양한 영역에서 좀 더 포괄적인 교육적 지원이 이루어져야 아동이 지니고 있는 잠재력을 개발하여 장애를 완화하는 데 효과적이기 때문이다.

허워드와 올란스키(Heward & Orlansky, 1992)에 의하면, "특수교육은 특수아가 최대한으로 계발할 수 있는 개인적인 자기-충족감을 달성하고 현재와 미래 환경에서 성공할 수 있도록 도와주며, 개별적으로 계획하고 체계적으로 실행하고, 주의 깊게 평가하는 교수"라고 하였다.

「장애인 등에 대한 특수교육법」 제2조 제1항에서는 특수교육을 "특수교육대상자의 교육적 요구를 충족시키기 위하여 특성에 적합한 교육과정 및 특수교육 관련서비스 제공을 통하여 이루어지는 교육"이라고 정의하고 있다.

　장애가 있다고 무조건 특수교육대상자에 해당되는 것이 아니라 특수교육이 필요한 사람으로 진단·평가받아야 특수교육대상자가 될 수 있다. 특수교육대상자로 선정되면 각 장애의 특성에 적합한 특수교육 관련서비스를 제공받을 수 있다. 이와 관련하여 「장애인 등에 대한 특수교육법」 제28조에 명시된 특수교육 관련서비스에 대한 내용을 제시하면 〈표 10-7〉과 같다.

표 10-7　특수교육 관련서비스

① 교육감은 특수교육대상자와 그 가족에 대하여 가족상담, 부모교육 등 가족지원을 제공하여야 한다. 〈개정 2019. 12. 10.〉

② 교육감은 특수교육대상자에게 필요한 경우 물리치료, 작업치료 등 치료지원을 제공하여야 한다. 이 경우 특수교육대상자의 장애유형과 장애정도를 고려한 맞춤형 치료지원이 제공될 수 있도록 하여야 한다. 〈개정 2021. 3. 23., 2021. 12. 28.〉

③ 교육감은 각급학교의 장이 특수교육대상자를 위하여 필요한 경우 지원인력을 제공할 수 있도록 지원하여야 한다. 〈개정 2021. 12. 28.〉

④ 각급학교의 장은 특수교육대상자의 교육을 위하여 필요한 장애인용 각종 교구, 각종 학습보조기, 보조공학기기 등의 설비를 제공하여야 한다.

⑤ 각급학교의 장은 특수교육대상자의 취학 편의를 위하여 통학차량 지원, 통학비 지원, 통학 지원인력의 배치 등 통학 지원 대책을 마련하여야 한다. 〈개정 2021. 12. 28.〉

⑥ 각급학교의 장은 특수교육대상자의 생활지도 및 보호를 위하여 기숙사를 설치·운영할 수 있다. 기숙사를 설치·운영하는 특수학교에는 특수교육대상자의 생활지도 및 보호를 위하여 교육부령으로 정하는 자격이 있는 생활지도원을 두는 외에 간호사 또는 간호조무사를 두어야 한다. 〈개정 2008. 2. 29., 2013. 3. 23., 2013. 4. 5.〉

⑦ 제6항의 생활지도원과 간호사 또는 간호조무사의 배치기준은 국립학교의 경우 교육부령으로, 공립 및 사립 학교의 경우에는 시·도 교육규칙으로 각각 정한다. 〈신설 2013. 4. 5.〉

⑧ 각급학교의 장은 각급학교에서 제공하는 각종 정보(교육기관에서 운영하는 인터넷 홈페이지를 포함한다)를 특수교육대상자에게 제공하는 경우 특수교육대상자의 장애유형에 적합한 방식으로 제공하여야 한다. 〈개정 2013. 4. 5.〉

⑨ 교육감(국립학교의 경우에는 해당 학교의 장을 말한다)은 「의료법」 제3조에 따른 의료기관과 협의하여 해당 의료기관에 소속된 같은 법 제2조에 따른 의료인으로 하여금 학교 내에서 특수교육대상자에게 의료적 지원을 제공하도록 할 수 있다. 이 경우 의료인이 제공하는 의료적 지원의 구체적 범위는 대통령령으로 정한다. 〈신설 2024. 2. 27.〉

⑩ 제1항부터 제9항까지의 규정에 따른 특수교육 관련서비스의 제공을 위하여 필요한 사항은 대통령령으로 정한다. 〈개정 2013. 4. 5., 2024. 2. 27.〉

[시행일: 2025. 2. 28.] 제28조

2) 특수교육의 목적

특수교육은 일반교육에서 지향하는 공통적인 목표와 장애아동의 특성에 맞는 교육적 목표를 설정하는 특수성을 고려하여 교육을 제공함으로써 장애아동의 잠재성과 가능성을 개발시키고 더 나아가 스스로 자립할 수 있도록 도와주는 데에 궁극적인 목적이 있다. 즉, 특수교육을 통해 독립된 생활을 영위할 수 있도록 지원함으로 인해 행복한 삶을 영위하도록 기반을 형성해 주는 데 목적이 있다.

특수교육이 갖는 목적은 결국 통합교육이 갖는 목적과 오버랩(overlap)된다.

「장애인 등에 대한 특수교육법」 제1조 목적에서 '이 법은 「교육기본법」 제18조에 따라 국가 및 지방자치단체가 장애인 및 특별한 교육적 요구가 있는 사람에게 통합된 교육환경을 제공하고 생애주기에 따라 장애유형 · 장애정도의 특성을 고려한 교육을 실시하여 이들이 자아실현과 사회통합을 하는 데 기여함을 목적으로 한다.'고 명시되어 있다. 이는 결국 특수교육의 목적이 자아실현과 사회통합이고 이를 위해 통합된 교육환경과 장애유형 · 장애정도의 특성을 고려한 맞춤형 교육이 실시되어야 함을 명시하고 있는 것이다.

자아실현은 특수교육을 받는 아동의 삶의 질과 관련되어 있다. 즉, 장애아동이 자신의 생활을 스스로의 선택에 의해 자율적, 독립적으로 영위하고 생산적으로 살 수 있어야 한다.

사회통합은 생태학적인 측면에서 지역사회의 일원으로 함께 어울리면서 생활해야 함을 의미한다. 즉, 공동체적인 삶 속에서 주변인들과 일상적인 접촉을 하면서 평범한 한 개인으로서의 역할이 수행되어야 한다.

3) 특수교육의 유형 및 교육과정

(1) 특수교육의 유형

장애아동은 다양한 특성과 요구를 가지고 있기 때문에 이를 고려하여 적절한 유형의 교육 서비스가 제공되어야 한다. 일반적으로 이들이 제공받을 수 있는 교육은 일반교육, 통합교육, 분리교육으로 분류할 수 있다. 통합교육에는 일반학급과 특수학급이 포함되며, 분리교육에는 특수학교와 병원, 기숙제 시설에서 이루어지는 교육이다.

[그림 10-2]는 특수교육의 연계적 서비스 체계이다. 서비스 체계 중 특수교사의 교수를 포함한 일반학급과 자료실은 한국에서 시행되고 있지 않다.

각 체계도에 대한 설명은 다음과 같다.

첫째, 일반학급은 장애아동이 비장애아동과 함께 최소 제한적 환경, 즉 정상적인 교육 환경을 제공받는다. 일반교사가 반을 이끌어 가며 경우에 따라 장애아동에게 개별화교육 프로그램이 제공될 수 있다.

둘째, 순회교사 서비스는 장애아동의 여러 가지 상황, 예를 들어 장애가 너무 심하여 가정, 병원, 복지시설 등에 거주하는 경우에 직접 찾아가서 교육하는 형태이다.

셋째, 시간제 특수학급은 대부분의 교과목을 특수학급에서 교육받고 특정한 교과, 즉 음악, 미술, 체육 등의 수업만 일반학급에서 교육받는 방법이다.

넷째, 전일제 특수학급은 일반학교에서 특수교사의 지도 아래 장애아동들만 교육받는다.

다섯째, 특수학교는 장애아동만 재학하고 있는 형태로 특수교사가 교육시킨다.

여섯째, 기숙제 시설은 가정에서 장애아동을 완전히 분리시켜 같은 장애아들끼리 생활하면서 교육을 받는다.

일곱째, 가정 및 병원은 질병 및 여러가지 장애로 인해 가정이나 병원에서 교육받는 형태로 최대 제한적 환경이기 때문에 가능하면 지양해야 한다.

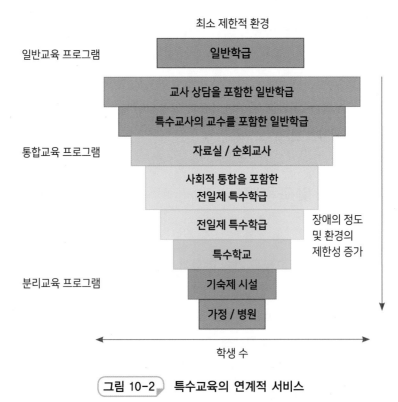

그림 10-2 특수교육의 연계적 서비스

출처: Lewis & Doorlag (1995). *Teaching special students in the mainstream* (4th ed.).

(2) 특수교육 교육과정

특수교육 교육과정은 '일반 초 · 중등학교 교육과정인 공통교육과정과 선택중심 교육과정의 기본 틀을 근간으로 특수교육대상학생을 위한 교육적 요구의 보편성과 특수성을 반영하여 연관, 조정한 교육과정'이다.

'2022 개정 특수교육 교육과정'에는 '특수교육대상학생이 취학하는 유치원, 초 · 중등학교 및 특수학교의 교육목적과 교육목표를 달성하기 위해 유치원, 초 · 중등학교 및 특수학교에서 운영하여야 할 학교 교육과정의 공통적이고 일반적인 기준을 국가 수준에서 제시한 것'이라고 명시하고 있다.

우리나라 특수교육 교육과정은 유치원 교육과정(3~5세 연령별 누리과정을 근간으로 편성 · 운영함), 공통교육과정(초등학교 1학년~중학교 3학년), 기본교육과정(초등학교 1학년~고등학교 3학년), 학점 기반 선택 중심 교육과정(고등학교 1학년~3학년)으로 구성된다.

〈표 10-8〉은 특수교육 교육과정의 유형 및 내용에 대한 설명이고, 2022 개정 특수교육 교육과정의 구성은 [그림 10-3]과 같다.

표 10-8   특수교육 교육과정의 유형 및 내용

교육과정 유형	내용
특수교육 공통교육과정	• 초 · 중등학교 교육과정을 기준으로 시각 · 청각 · 지체장애 학생의 특성을 고려한 내용으로 구성 ※ 국어, 체육, 미술, 수어, 점자, 농인의 생활과 문화, 시각장애인 자립생활
특수교육 전문 교과 교육과정	• 고등학교 과정의 특수교육대상학생의 직업 및 생활 적응과 기초 직무 능력 배양을 할 수 있는 내용으로 구성 ※ 2개 교과(직업·생활, 이료) 24개 과목 ※ 선택 중심 교육과정의 특수교육 전문 교과로 편제됨
기본교육과정	• 특수학교에 재학 중인 특수교육대상학생을 대상으로 실생활 및 삶과 연계되는 내용을 중심으로 구성

출처: 교육부(2022). 2022 개정 특수교육 교육과정 질의 · 응답 자료, p. 3.

특수교육 교육과정과 관련하여 제6차 특수교육발전 5개년 계획에는 개별 맞춤형 특수교육 확대계획의 일환으로 에듀테크 활용 맞춤형 교육과정을 운영하겠다는 계획이 포함되어 있다. 장애학생 맞춤형 디지털 교육과 장애유형 및 특성을 고려한 AI형 에듀테크(AI 학습보조 로봇, AI 스피커, AI 스마트 기기 등)와 실감형 콘텐츠를 보급할 예정이다. 그리고 장애학생 맞춤형 첨단기술 연계와 에듀테크 체험 기회 제공을 위한 실감형 콘텐츠 체험교실 구축 및

특수교육 교육과정 총론

특수교육 교육과정 각론(교과 교육과정)

특수교육 공통교육과정	특수교육 전문 교과 교육과정	기본교육과정
초 · 중등 교육과정 재구성 (초 · 중 · 고)	직업 · 생활 교육과정(고)	특수교육대상학생 맞춤형 교육과정(초 · 중 · 고)

그림 10-3 특수교육 교육과정의 구성

출처: 교육부(2002). 2022 개정 특수교육 교육과정 질의 · 응답 자료, p. 3.

체험버스를 운영 확대하겠다는 것이다. 디지털 혁신 기술 지원 환경 구축 및 활용 사례는 [그림 10-4]와 같다.

| 모션인식 및 액션플로우
활용 신체활동 | 메타버스 활용
수학 교과 수업 | XP 스마트 스크린 체험
(체험버스) | 바이브 VR 체험
(체험버스) |

그림 10-4 디지털 혁신 기술 지원 환경 구축 및 활용 사례

출처: 교육부 특수교육정책과(2023). 제6차 특수교육발전 5개년 계획(2023~2027), p. 23.

4) 특수교육의 발전 방향

제6차 특수교육발전 5개년 계획('23~'27)에 의하면 "모두가 존중받는 국가책임 맞춤형 특수교육 실현"을 비전으로 [그림 10-5]와 같이 세 가지의 목표를 설정하였다. 그리고 목표를 실현하기 위해 총 4개 분야로 나누어 추진 전략을 세우고 11개의 주요 과제를 설정하였다.

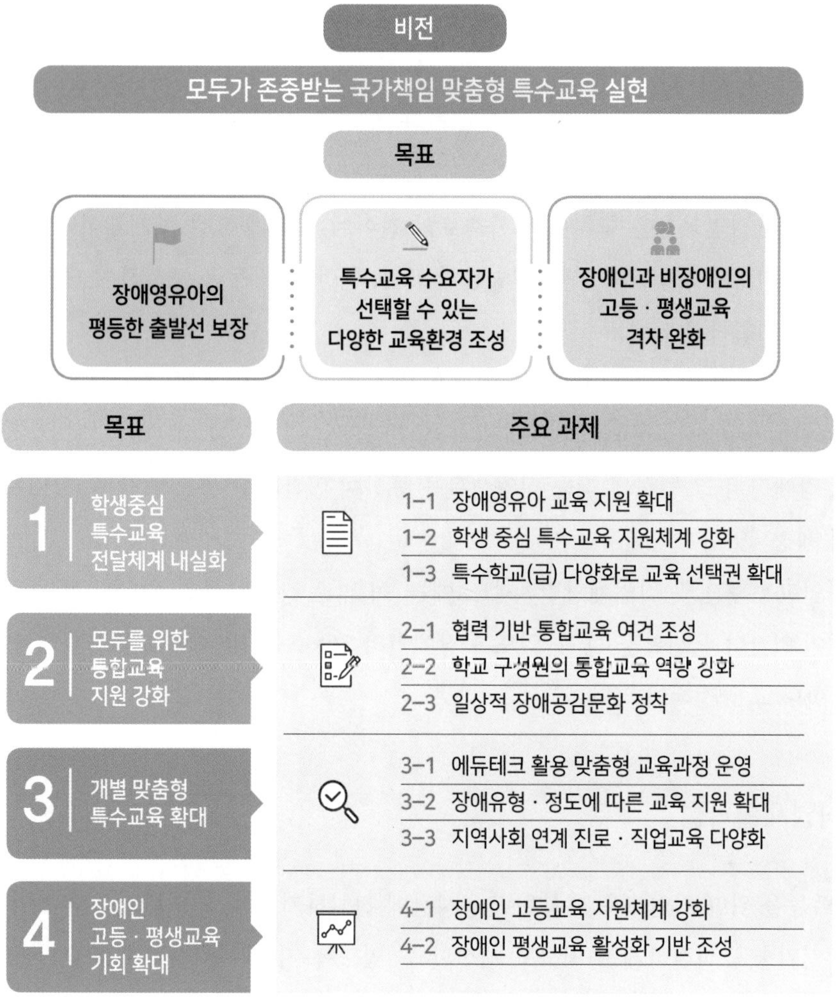

비전

모두가 존중받는 국가책임 맞춤형 특수교육 실현

목표

장애영유아의 평등한 출발선 보장	특수교육 수요자가 선택할 수 있는 다양한 교육환경 조성	장애인과 비장애인의 고등 · 평생교육 격차 완화

목표	주요 과제
1 학생중심 특수교육 전달체계 내실화	1-1 장애영유아 교육 지원 확대 1-2 학생 중심 특수교육 지원체계 강화 1-3 특수학교(급) 다양화로 교육 선택권 확대
2 모두를 위한 통합교육 지원 강화	2-1 협력 기반 통합교육 여건 조성 2-2 학교 구성원의 통합교육 역량 강화 2-3 일상적 장애공감문화 정착
3 개별 맞춤형 특수교육 확대	3-1 에듀테크 활용 맞춤형 교육과정 운영 3-2 장애유형 · 정도에 따른 교육 지원 확대 3-3 지역사회 연계 진로 · 직업교육 다양화
4 장애인 고등 · 평생교육 기회 확대	4-1 장애인 고등교육 지원체계 강화 4-2 장애인 평생교육 활성화 기반 조성

그림 10-5 특수교육발전 5개년 계획

출처: 교육부 특수교육정책과(2023). 제6차 특수교육발전 5개년 계획(2023~2027), p. 14.

④ 직업교육

1) 직업교육의 정의

「장애인 등에 대한 특수교육법」 제2조(정의) 제9항에 '진로 및 직업교육이란 특수교육대상자의 학교에서 사회 등으로의 원활한 이동을 위하여 관련 기관의 협력을 통하여 직업재활훈련 · 자립생활훈련 등을 실시하는 것을 말한다.'라고 명시하고 있다.

직업(career)은 개인이 사회의 구성원으로 특정 분야의 역할을 수행할 수 있는 통로일 뿐만 아니라 생계유지의 중요한 수단이기도 하다. 인간은 직업을 통해 자신의 능력과 역량을 발휘하고, 자긍심을 갖게 되며, 인간다운 사회생활을 영위할 수 있다.

장애아동의 직업교육은 학교에서 사회로의 전이에 있어 중요한 매개체이므로 특수교육 교육과정에 진로와 직업교육, 생활기능관련 교과, 현장 실습 등을 포함하여 다양한 진로 및 직업교육을 지원하고 있다.

진로 및 직업 안정 도모, 직업재활과 고용 촉진을 지원하기 위해 2001년 「장애인고용촉진 및 직업재활법」이 공포되었다. 이 법은 장애인의 직업재활에 관한 특별법이라고 할 수 있으며, 장애인이 그 능력에 맞는 직업생활을 통하여 인간다운 생활을 할 수 있도록 지원하기 위해 제정되었다.

「장애인고용촉진 및 직업재활법」 제1조에는 '이 법은 장애인이 그 능력에 맞는 직업생활을 통하여 인간다운 생활을 할 수 있도록 장애인의 고용촉진 및 직업재활을 꾀하는 것을 목적으로 한다'고 규정되어 있다.

2) 직업재활과정

장애아동을 위한 직업교육 계획은 고용시장에 진입하기 위한 준비단계부터 취업 후의 적응과 직업기술을 적절하게 유지하고 개선할 수 있도록 지원하는 것까지 포함되어야 한다. 또한 장애의 정도와 특성, 장애아동의 심리 · 사회적 특성, 직업에 대한 선호도, 개인이 가진 장점과 약점 등을 고려해야 한다. 또한 체계적으로 접근함으로써 실질적인 취업과 고용 안정 및 유지가 실현될 수 있도록 해야 한다.

장애인이 직업을 갖기 위해서는 비장애인과 달리 장애정도나 장애유형에 따라 다양한 경로와 단계를 거쳐야 한다. 보편적으로 취업이 확정되기 전까지 직업상담을 통해 적격성을 결정하게 되고, 결과에 따라 직업재활 계획을 수립하여 직업적응 훈련 및 현장중심 직업훈련을 받게 된다. 그리고 취업이 확정되면 취업 후 적응지원이 이루어지는 과정이 필요하다. 직업재활 서비스 과정도는 [그림 10-6]과 같다.

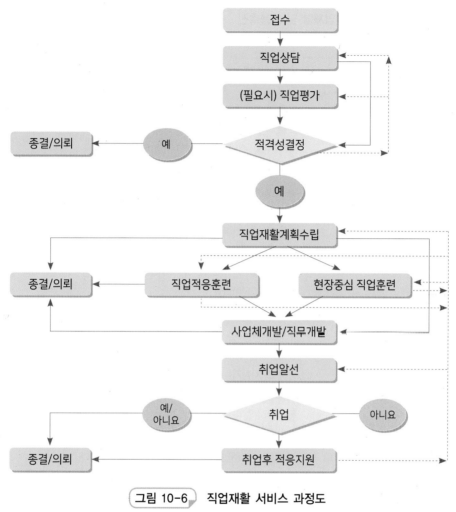

그림 10-6   **직업재활 서비스 과정도**

출처: 한국장애인개발원(2021). 중증장애인 직업재활지원사업 운영매뉴얼, p. 31.

3) 직업교육의 법적 근거

장애학생의 직업교육은 추후 사회통합 속에서 독립할 수 있도록 돕는 기반이다. 이를 위해 국가와 지방자치단체가 어떻게 해야 하는지, 또한 어떤 방식으로 취업과 관련된 부분의 정책을 강구해야 하는지를 법적으로 규정하고 있다. 장애학생의 직업재활 및 고용촉진 등을 위해 법적으로 명시되어 있는 내용은 〈표 10-9〉와 같다.

표 10-9 장애학생의 직업재활 및 고용촉진

관련법	내용
「장애인고용촉진 및 직업재활법」 제3조(국가와 지방자치단체의 책임) 제2항	② 국가와 지방자치단체는 사업주·장애인, 그 밖의 관계자에 대한 지원과 장애인의 특성을 고려한 직업재활 조치를 강구하여야 하고, 장애인의 고용촉진을 꾀하기 위하여 필요한 시책을 종합적이고 효과적으로 추진하여야 한다. 이 경우 중증장애인과 여성장애인에 대한 고용촉진 및 직업재활을 중요시하여야 한다.
「장애인고용촉진 및 직업재활법」 제10조(직업지도)	① 고용노동부장관과 보건복지부장관은 장애인이 그 능력에 맞는 직업에 취업할 수 있도록 하기 위하여 장애인에 대한 직업상담, 직업적성 검사 및 직업능력 평가 등을 실시하고, 고용정보를 제공하는 등 직업지도를 하여야 한다. ② 고용노동부장관과 보건복지부장관은 장애인이 그 능력에 맞는 직업생활을 할 수 있도록 하기 위하여 장애인에게 적합한 직종 개발에 노력하여야 한다.
「장애인 복지법」 제21조(직업)	① 국가와 지방자치단체는 장애인이 적성과 능력에 맞는 직업에 종사할 수 있도록 직업 지도, 직업능력 평가, 직업 적응훈련, 직업훈련, 취업 알선, 고용 및 취업 후 지도 등 필요한 정책을 강구하여야 한다. ② 국가와 지방자치단체는 장애인 직업재활훈련이 원활히 이루어질 수 있도록 장애인에게 적합한 직종과 재활사업에 관한 조사·연구를 촉진하여야 한다.
「장애인 등에 대한 특수교육법」 제5조(국가 및 지방자치단체의 임무) 제9항	① 국가 및 지방자치단체는 특수교육대상자에게 적절한 교육을 제공하기 위하여 다음 각호의 업무를 수행하여야 한다. ② 특수교육대상자에 대한 진로 및 직업교육 방안의 강구
「장애인 등에 대한 특수교육법」 제23조(진로 및 직업교육의 지원)	① 중학교 과정 이상의 각급학교의 장은 특수교육대상자의 특성 및 요구에 따른 진로 및 직업교육을 지원하기 위하여 직업평가·직업교육·고용지원·사후관리 등의 직업재활훈련 및 일상생활적응훈련·사회적응훈련 등의 자립생활훈련을 실시하고, 대통령령으로 정하는 자격이 있는 진로 및 직업교육을 담당하는 전문인력을 두어야 한다. ② 중학교 과정 이상의 각급학교의 장은 대통령령으로 정하는 기준에 따라 진로 및 직업교육의 실시에 필요한 시설·설비를 마련하여야 한다. ③ 특수교육지원센터는 특수교육대상자에게 효과적인 진로 및 직업교육을 지원하기 위하여 대통령령으로 정하는 바에 따라 관련 기관과의 협의체를 구성하여야 한다.
장애인 등에 대한 특수교육법」 제24조(전공과의 설치·운영)	① 특수교육기관에는 고등학교 과정을 졸업한 특수교육대상자에게 진로 및 직업교육을 제공하기 위하여 수업연한 1년 이상의 전공과를 설치·운영할 수 있다.

4) 직업교육의 방향

교육부가 발표한 제6차 특수교육발전 5개년 계획(2023~2027)의 주요 추진 과제 중 하나인 '지역사회 연계 진로 · 직업교육 다양화' 사업을 통해 지역 기반 진로 · 직업교육 연계의 강화와 관계부처(기관) 간 협력이 요구되었다. 이와 더불어 취업 지원의 확대 및 고교학점제와 연계한 진로 설계를 지원하기 위한 세부 방안이 다음과 같이 마련되었다.

첫째, 진로교육 연계 강화를 위한 학생 맞춤형 성장 경로 다양화 및 학교급별 교육과정과 연계한 체험형 진로 · 직업교육 교육과정 운영을 지원한다. 이를 위해 초 · 중 · 고 진로교육 연계를 강화하고, 개인별 진로 성장 경로를 체계화하며, 지역사회와 연계한 현장 체험 중심의 진로 · 직업교육의 기회를 확대한다.

둘째, 학교 졸업 이후 교육 기회의 확대를 위해 특수학교 전공과 중심에서 대학 연계 전공과, 평생교육 프로그램 참여 등의 교육의 기회를 다양화한다. 이를 위해 지역사회의 다양한 사업체, 대학 내 인적 · 물적 자원을 활용한 학생 맞춤형 체험 프로그램을 운영하여 안정적인 취업 전환을 지원한다.

셋째, 교원의 전문성 강화를 위한 장애학생 미래생활 역량 강화 및 학교급별 진로 · 직업교육과정과 연계한 진로교육 프로그램을 개발 · 운영한다. 이를 위해 진로 · 직업교육 담당자의 전문성 강화를 위한 자료, 즉 장애학생 진로 · 직업교육 콘텐츠 등을 개발하고 보급한다.

넷째, 취업지원의 확대를 위해 관계부처(기관)와 협력하여 취업지원 서비스 확대를 통한 장애인 일자리 확보 및 취업 유지를 도모한다. 이를 위해 특수교육대상자 학습중심 현장실습 운영을 위한 사전교육 콘텐츠를 개발하고, 범부처 협업을 통한 교육 시스템을 연계 운영한다. 또한 장애학생 취업지원 서비스 적시 제공 및 이력 관리를 위해 범부처(교육부-고용노동부-보건복지부) 장애학생 진로취업지원 시스템을 고도화한다.

다섯째, 학생의 장애유형과 정도를 고려하여 특수학교 · 학급 고교학점제를 단계적으로 적용 및 운영한다. 이를 위해 맞춤형 진로 · 학습설계 지원을 위한 교원역량을 강화하고, 우수사례의 발굴 및 확산 등을 통해 특수학교 고교학점제 안착을 위한 지원을 한다. 또한, 중학교 자유학기제와 고교학점제를 기반으로 장애학생의 요구와 진로 · 적성에 따른 맞춤형 진로교육 연계를 강화한다고 하였다.

요점정리

1. 개별화교육계획 개발 및 실행

1) 개별화교육계획의 정의
- 특수교육대상자 개인의 능력을 계발하기 위하여 장애유형 및 장애특성에 적합한 교육목표·교육방법·교육내용·특수교육 관련서비스 등이 포함된 계획을 수립함

2) 개별화교육계획의 법적 근거
- 개별화교육계획의 수립과 운영은 「헌법」 「교육기본법」 그리고 「장애인 등에 대한 특수교육법」 및 「장애인 등에 대한 특수교육법 시행규칙」에 법적 토대를 두고 있음

3) 개별화교육계획의 구성요소
- 인적사항, 현재 학습 수행 수준, 교육목표, 교육내용, 교육방법, 특수교육 관련서비스, 평가 계획

4) 개별화교육계획의 수립·운영 절차
- 의뢰, 진단·평가, 선정, 배치, 개별화교육계획 작성, 개별화교육계획 실행, 개별화교육계획 평가 및 검토로 이루어짐

2. 통합교육

1) 통합교육의 정의
- 특수교육대상자가 일반학교에서 장애유형·장애정도에 따라 차별받지 아니하고 또래와 함께 개개인의 교육적 요구에 적합한 교육을 받는 것

2) 통합교육의 목적
- 자아실현과 사회통합 및 교육의 평등성과 수월성, 다양성의 인정 및 수용 추구, 공동체 사회구현 추구

3) 통합교육의 유형 및 당위성
(1) 통합교육의 유형: 장애아 통합 어린이집, 일반 어린이집, 장애아 전문 어린이집, 유아학교 통합반, 장애아 전문 유아학교, 일반학교 통합학급, 일반학교 등
(2) 통합교육의 당위성: 법적으로 최소한의 제한된 환경 제공 명시

4) 통합교육의 영향
- 장애아동은 다양한 영역에서 긍정적인 영향을 받고 비장애아동도 다름에 대한 이해

및 수용, 이타심 형성과 타인을 배려하는 등 정서적으로 성숙

   5) **통합교육의 발전 방향**

- 일반학교 특수교육대상학생 지원체계를 강화하여 통합교육의 내실화 도모와 협력 기반 통합교육 여건 조성 및 역량 강화, 일상적 장애공감문화 정착

3. 특수교육

   1) **특수교육의 정의**

- 특별한 요구를 지닌 아동을 대상으로 실시되는 교육

   2) **특수교육의 목적**

- 특수교육을 통해 독립된 생활을 할 수 있도록 지원함으로 인해 행복한 삶을 영위하도록 기반 형성

   3) **특수교육의 유형 및 교육과정**

     ⑴ 특수교육의 유형: 통합교육에는 일반학급과 특수학급이 포함되며, 분리교육에는 특수학교와 병원, 기숙제 시설에서 이루어지는 교육이 있음

     ⑵ 특수교육 교육과정: 유치원 교육과정, 공통교육과정, 기본교육과정 등으로 구성

   4) **특수교육의 발전 방향**

- 모두가 존중받는 국가책임 맞춤형 특수교육 실현을 비전으로

4. 직업교육

   1) **직업교육의 정의**

- 특수교육대상자의 학교에서 사회 등으로의 원활한 이동을 위하여 관련 기관의 협력을 통하여 직업재활훈련 · 자립생활훈련 등을 실시하는 것

   2) **직업재활과정**

- 직업상담을 통해 적격성 결정, 직업재활계획 수립, 직업적응 훈련 및 현장중심 직업훈련, 취업이 확정되면 취업 후 적응지원이 이루어지는 과정

   3) **직업교육의 법적 근거**

- 국가와 지방자치단체가 직업재활 및 고용촉진 등 취업과 관련된 정책 강구

   4) **직업교육의 방향**

- 지역 기반 진로 · 직업교육 연계의 강화와 관계부처(기관) 간 협력 요구

생각나누기

> 학번:
>
> 이름:

1. 성공적인 통합교육을 위한 특수교사로서의 역할에 대해 토의하시오.

---

2. 개별화교육계획을 수립할 때 고려해야 할 사항에 대해 토의하시오.

---

3. 장애아동을 위한 직업교육을 계획할 때 고려해야 할 사항에 대해 토의하시오.

---

4. 성공적인 직업적응과 고용유지를 위해 필요한 지원에는 어떠한 것들이 있는지 토의하시오.

퀴즈

1. 괄호에 들어갈 적절한 단어를 쓰시오.

> (   )라는 것은 장애아동의 개별성을 의미하는 것으로 특수교육
> 대상자의 개별적인 특성을 고려하여야 함을 강조하고 있다.

2. 다음은 IEP의 수립·운영 절차 중 어떤 단계에 대한 설명인지 쓰시오. (   )

> 교육장 또는 교육감은 특수교육지원센터로부터 최종 의견을 통지받은 때부터 2주 이내에
> 특수교육대상자로의 선정 여부 및 교육지원 내용을 결정하여 부모 등 보호자에게 서면 통지

3. 장애아동의 환경적 제한의 최소화와 적절한 교육환경의 제공에 있어서 가능한 한 일반교육환
   경으로 접근시켜야 한다고 주장하는 원리는? (   )
   ① 정상화의 원리   ② 최소제한환경   ③ 주류화   ④ 일반교육주도

4. 통합교육이 비장애아동에게 미치는 영향과 관련이 없는 것은? (   )
   ① 또래놀이 주도 증가   ② 정서적 성숙   ③ 이타심 형성   ④ 리더십 증가

5. 직업교육의 방향과 관련이 없는 것은? (   )
   ① 취업지원의 확대   ② 교원의 전문성 강화   ③ 진로교육 연계 강화   ④ 적격성 결정

참고문헌

교육과학기술부(2009). 개별화교육계획 수립·운영자료. 교육과학기술부.

교육부(2015). 2015 개정 특수교육 교육과정 길라잡이. 교육부.

교육부(2022). 2022 개정 특수교육 교육과정 질의·응답 자료. 교육부.

교육부 특수교육정책과(2023). 제6차 특수교육발전 5개년 계획(2023~2027). 교육부 특수교육정책과.

법제처 법령센터(1988). 헌법.

법제처 법령센터(2016). 장애인 등에 대한 특수교육법 시행규칙.

법제처 법령센터(2022). 장애인 복지법.

법제처 법령센터(2022). 장애인고용촉진 및 직업재활법.

법제처 법령센터(2023). 교육기본법.

법제처 법령센터(2024). 장애인 등에 대한 특수교육법.

임경옥(2016). 장애통합보육실제. 보육교사 일반직무교육(한국보육교사교육연합회편). 경기: 양서원.

임경옥, 박경화, 조현정(2017). 특수교육학개론. 서울: 학지사.

정대영(2005). 통합교육에서의 주요 쟁점과 실천과제 고찰. 특수아동교육연구, 7(1), 21-45.

정주영(2019). 제26회 국내세미나. 개별화교육계획의 현장성 강화를 위한 동향과 과제: 개별화교육계획의 현장성 강화를 위한 동향과 과제. 국립특수교육원.

한국장애인개발원(2021). 중증장애인 직업재활지원사업 운영매뉴얼.

Heward, W. L., & Orlansky, M. D. (1992). *Exceptional children: An introductory survey of special education.* New York: MacMillan Pub Co.

Lewis, R. B., & Doorlag, D. H. (1995). *Teaching special students in the mainstream* (4th ed.). Englewood Cliffs, NJ: Prentice-Hall.

제11장

장애아동 행동지원

1950년대에는 사회적 부적응(socially maladjusted)이라는 용어가 일반적으로 사용되었지만, 60년대 후기에 이르러 문제행동이라는 용어는 이상행동, 부적응 행동, 행동장애 등 다양한 용어로 지칭되어 혼용되고 있다.

이 장에서는 문제행동이라는 용어를 사용하고자 하며, 문제행동에 대한 정의와 원인, 유형 및 발생요인을 살펴봄으로써 장애아동의 문제행동에 대한 전반적인 이해를 돕고자 한다. 그리고 이를 바탕으로 문제행동 중재와 개별 차원의 긍정적 행동지원에 대한 기초적인 지식을 함양하고자 한다. 더불어 장애유형별 사례와 문제행동 유형별 중재 사례를 살펴봄으로써 현장에서 문제행동 발생 시 긍정적인 행동지원을 실행할 수 있도록 돕고자 한다.

✅ 마인드맵

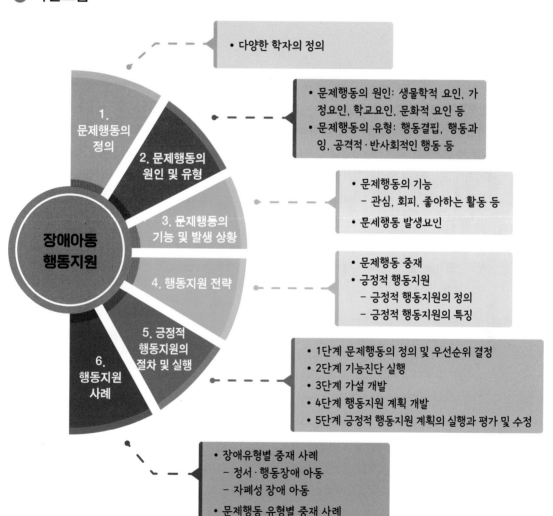

장애아동 행동지원

- 다양한 학자의 정의

1. 문제행동의 정의

2. 문제행동의 원인 및 유형
- 문제행동의 원인: 생물학적 요인, 가정요인, 학교요인, 문화적 요인 등
- 문제행동의 유형: 행동결핍, 행동과잉, 공격적·반사회적인 행동 등

3. 문제행동의 기능 및 발생 상황
- 문제행동의 기능
  - 관심, 회피, 좋아하는 활동 등
- 문세행동 발생요인

4. 행동지원 전략
- 문제행동 중재
- 긍정적 행동지원
  - 긍정적 행동지원의 정의
  - 긍정적 행동지원의 특징

5. 긍정적 행동지원의 절차 및 실행
- 1단계 문제행동의 정의 및 우선순위 결정
- 2단계 기능진단 실행
- 3단계 가설 개발
- 4단계 행동지원 계획 개발
- 5단계 긍정적 행동지원 계획의 실행과 평가 및 수정

6. 행동지원 사례
- 장애유형별 중재 사례
  - 정서·행동장애 아동
  - 자폐성 장애 아동
- 문제행동 유형별 중재 사례
  - 공격행동, 방해행동, 위축행동

 **학습목표**

1. 문제행동의 개념을 정의할 수 있다.
2. 문제행동의 기능을 제시할 수 있다.
3. 긍정적 행동지원의 목적을 설명할 수 있다.
4. 긍정적 행동지원을 현장에서 실행할 수 있다.

 **주요 용어**

문제행동: 아동이 연령에 맞지 않는 부적절한 행동과 주변 및 집단의 요구에 부합되지 않는 행동을 함으로써 일상적인 지도가 어렵거나 타인의 활동을 방해하거나 타인으로부터 바람직하지 않다고 여겨지는 행동
긍정적 행동지원: 바람직한 행동을 증가시키기 위해 효과가 입증된 증거기반의 실제를 적용하여 교수를 계획하고 실행하는 일련의 절차 포함
상황: 전후사정 혹은 맥락이나 흐름 의미
배경사건: 문제행동이 일어나기 전의 아동 상태, 즉 양육환경, 질병, 상호작용의 어려움, 피로감 등과 관련된 것
선행사건: 문제행동 직전의 상황적 변인으로 배경사건의 영향을 받아 아동의 반응이 크게 혹은 작게 나타남
자기관리기술: 일반적인 목표행동을 정하고 자기의 행동을 스스로 인지하고 발생여부를 기록하게 하는 자기점검기술 의미

 **사례**

　　박 교사는 최근에 현희(가명) 때문에 고민이 부쩍 늘었다. 현희는 어린이집에 등원한 후 교사가 과제를 제시하면 머리를 바닥이나 책상에 찧는 자해행동을 보이고, 갈수록 그 정도가 심해져 피가 흐른 후에야 행동을 멈추곤 한다. 어머니는 경증의 지적장애를 가지고 있어 현희를 적절하게 양육하지 못하는 상태이며, 아버지도 비협조적이어서 모든 상황이 난감하기만 한 상태이다.

　　현희의 최근 행동에 대해 교사들과 의논을 해 보았지만 문제행동을 수정하기가 쉽지 않았다. 과제를 현희의 수준보다 낮게 제시하거나 자해행동을 감소시킬 수 있는 다양한 행동수정 방법을 적용해 보았지만 효과가 없었고 상황은 마찬가지로 반복되었다.

　　박 교사는 어머니와의 면담과 현희 고모를 통해 가정생활에 대한 여러 가지 정보를 입수한 결과 현희가 아침을 거르고 등원하며, 하원 후에 현희의 아파트 근처에 있는 분식집에 들러 밥을 먹고 집으로 간다는 사실을 알 수 있었다. 어머니가 식사를 적절하게 준비해 주지 못하는 상황이었다. 이에 교사는 현희가 등원하면 간단한 식사를 할 수 있도록 준비하여 식사 후 과제를 제시하였다. 그러자 현희의 자해행동은 감소되기 시작하였다. 그동안 자해행동에만 초점을 맞추어 행동이 일어난 배경을 파악하지 않고 간과한 것이었다.

1 문제행동의 정의

장애아동의 문제행동은 일반적으로 장애아동이 지니고 있는 신체 및 감각기능의 문제, 인지적 능력의 결핍 등과 아울러 주변상황의 영향으로 인해 발생하게 된다. 이로 인하여 또 래 및 주변사람들과의 상호작용에 어려움을 겪게 될 뿐만 아니라 장애아동 자신 및 아동을 둘러싼 주변사람들에게도 부정적인 영향을 미치게 된다. 즉, 문제행동은 상호작용을 어렵 게 하고 교육에 있어서 부정적인 요소로 작용할 뿐만 아니라, 장애아동과 그 주변인들의 삶 의 질에도 영향을 주기 때문에 특수교육에서도 중요하게 다루어지고 있는 영역이다.

모든 아동들은 생애주기에서 일시적으로 문제행동을 나타낼 수 있으며, 이는 대체적으로 일반적인 상황이다. 그러나 장애아동은 오랜 기간 동안 문제행동을 지속적으로 보이는 경 우가 많아 다양한 영역에서 어려움이 예상된다. 비장애학생들의 문제행동은 시간의 흐름에 따라 자연스럽게 개선되는 데 반해 장애학생의 문제행동은 아동기를 지나 청소년기, 성인 기에 이르기까지 계속되거나 더욱 심해지는 경우도 많아, 문제행동에 대처해야 하는 가족 기능이 단기간이 아닌 생애주기에 걸친 가족의 과제가 된다는 점에서 더 큰 어려움을 준다 (박지연 외, 2010).

문제행동의 포괄적인 의미는 대다수의 사람에 의해 기대되거나 인정되는 행동으로부터 일탈을 지칭하는 것으로, 자신의 욕구나 문제를 해결하기 위해서 취한 행동이 오히려 타인 뿐만 아니라 자신에게 피해를 주거나 타인과의 원만한 대인관계 형성에 방해가 되는 행동 들이다(장미순 외, 2010). 즉, 사회에서 기대하고 있는 행동에 미치지 못하여 사회적으로 수 용되기 힘들거나, 그 사회가 가지고 있는 문화에 바람직하지 않는 행동을 함으로써 타인들 에게 부정적인 영향을 주는 행동이라고 할 수 있다.

문제행동을 규정하기 위해서는 아동의 연령을 고려하여 발달수준을 가늠하는 발달적 규 준, 소속된 사회에서 기대되는 행동이나 신념에 적합한지를 판단하는 사회 문화적 규준, 문 제행동이 발생하게 된 사회적 상황 및 환경을 살펴보아야 하는 상황적 규준이 적용된다. 그 리고 문제행동이 얼마나 오래 지속되며 자주 출현하는지와 관련된 지속성 및 빈도의 규준 과 더불어, 문제행동이 언제 출현했는지를 고려해야 한다. 또한 주변사람들이 행동을 바라 보는 관점, 즉 수용의 범위, 행동에 대해 느끼는 감정 및 태도, 민감성 등과 관련된 주관성 과 대처능력 등이 영향을 미친다. 그러므로 부모 또는 주변사람들의 기대와 반응에서 일탈된 행동을 하더라도, 상황과 관점에 따라 정상행동, 혹은 문제행동으로 평가될 수 있다.

상황적 맥락에서 문제시되는 행동이란 부적응행동 및 상황에 맞지 않는 행동을 뜻하며, 반사회적, 비사회적, 신경증적, 자기과시적 행동들을 일컫는다. 비사회적 문제행동으로 고립, 극단적인 내향성, 소심, 무기력, 함구, 백일병, 퇴행 등을, 반사회적 문제행동으로 거짓말, 절도, 난폭, 싸움질, 상해 등을, 신경증적 문제행동으로 발열, 두통, 복통, 편식, 식욕감퇴, 변비, 배설, 야뇨, 경련, 안면경련(tic), 손톱 뜯기, 과민, 주의산만, 야경, 고공공포 등을, 자기과시적 문제행동으로 기언(奇言), 기행(奇行), 허영 등을 들 수 있다(한국교육심리학회, 2000). 따라서 문제행동이란 첫째, 자신의 신체 또는 생활상에 현저한 위험을 초래하는 행동, 둘째, 타인의 신체 또는 생활상에 현저한 위험을 초래하는 행동, 셋째, 유의미한 학습이나 활동에 참가하는 것을 방해하는 두드러지는 행동으로 정의할 수 있다(박재국 외, 2014a).

이러한 문제행동은 누가 어떤 관점에서 보느냐에 따라 각각 달라질 수 있다. 그러므로 문제행동을 정의하고자 할 때는 장애아동의 개인적인 부분과 아울러 주변의 다양한 상황들과 맥락을 고려하여야 한다. 각 학자들의 문제행동에 대한 정의를 살펴보면 〈표 11-1〉과 같다.

표 11-1 문제행동 정의

학자	문제행동 정의
Dreikurs(1972)	자신의 욕구를 사회적으로 수용되는 방식이 아닌 다른 방식으로 충족시키는 행동
Gordon(1976)	어른들이 보기에 어른들에게 바람직하지 못한 결과를 가져다주는 아동의 특정 행동
Felshusen(1978)	교사의 교수활동을 방해하는 모든 행위
Emmer(1989)	교사 또는 학생들의 활동에 심각하게 지장을 주는 행동
Doyle(1990)	교수-학습활동뿐만 아니라 교사가 계획하는 모든 활동을 방해하는 행동
Eggen, Kunchak(1994)	환경의 질서 및 안전에서 벗어나거나, 학습기회를 방해하는 행동
Charles(1996)	그 행동이 일어나는 장면 또는 상황에 부적절하다고 여겨지는 행동
Levin, Nolan(1996)	교수활동을 방해하고, 다른 사람의 학습할 권리를 침해하며, 심리적 또는 물리적으로 불안전한 행동이나 기물을 파손하는 행동
Essa(2010)	발달과정 중에 나타나는 도전적 행동
신은혜(1983)	문제(problem)는 어떤 규준에서의 이탈을 뜻하는 것으로 어떠한 행동이 표준(standard)에서 멀어진 것을 의미하며, 문제행동을 보이는 아동과 보이지 않는 아동 사이에는 절대적인 구별이 없고 상대적인 차이이므로, 문제행동은 강도(intensity level), 빈도(rate of emission), 지속기간(duration), 이탈행동의 수(number)에 따라 판단해야 하며 발달적 과정에서의 행동장애

송의열(1999)	일상생활에서 보이는 인지적, 정서적, 심리운동 기능적 발달측면의 행동이 발달적 또는 사회적 규범에서 정상 범주를 벗어나는 비정상적 행동
성병창(2000)	학교 및 학급 경영상에서 일상적인 처치가 요구되는 행동으로 비행이나 부적응 행동보다는 포괄적·다면적이고, 복잡한 성격을 지니는 것
황혜정(2006)	연령에 적합하지 않은 부적절한 행동으로 성인의 지도에 어려움을 야기하는 행동

출처: 이은정(2016). 영유아교사의 아동권리인식과 문제행동인식 및 문제행동지도 전략 간의 관계연구, p. 25 재구성.

다양한 학자가 제시한 문제행동의 정의를 종합해 보면, 아동이 연령에 맞지 않는 부적절한 행동 및 주변과 집단의 요구에 부합되지 않는 행동을 함으로써 일상적인 지도가 어렵고, 타인의 활동을 방해하거나, 타인으로부터 바람직하지 않다고 여겨지는 행동이라고 할 수 있다.

② 문제행동의 원인 및 유형

1) 문제행동의 원인

문제행동의 원인은 단정지을 수 없을 정도로 다양하다. 가정에서의 부적절한 양육, 아동행동에 대한 부모의 대처 능력, 비일관적인 양육태도, 신체적·정신적 학대 등 가정환경이 문제될 수 있다. 그리고 개인이 가지고 있는 기질이나 제한된 인지 능력, 뇌기능의 이상 및 과잉행동, 자기자극, 신체발달 등도 원인이 된다. 따라서 문제행동의 원인은 다양한 요인들이 서로 작용하여 영향을 미친다고 할 수 있다.

카우프만(Kauffman, 2005)은 문제행동 원인을 다음과 같이 네 가지로 분류하였다.

첫째, 생물학적 요인으로 선천적 사고, 뇌손상 및 뇌기능 장애, 영양장애, 생화학적 불규칙성, 신체적 질병과 무기력, 기질장애 등이 있다.

둘째, 가정요인으로는 가족의 형성과 부모의 양육방식, 이혼과 편부모의 증가 등이 있다.

셋째, 학교요인으로는 지능과 학업부진 등이 영향을 미친다.

넷째, 문화적 요인으로는 대중매체, 동료집단, 이웃, 도시화, 인종문제, 사회계층 등이 원인이 될 수 있다고 하였다.

반면 송의열(1999)은 문제행동의 발생 원인에 대한 접근으로 신경·생물학적 관점, 행동주의적 관점, 정신역동적 관점, 사회학습이론적 관점, 생태학적 관점 등의 측면에서 고려될 수 있다고 하였다. 그리고 문제행동의 원인을 주관적 요인과 객관적 요인 두 가지로 보아, 주관적 요인으로는 생리적 · 신체적 결함이나 정서적 · 사회적 미성숙 또는 지적 특성을 들 수 있으며, 객관적 요인으로는 개인을 둘러싼 환경의 제 조건으로 인간관계, 가정환경, 사회환경을 들 수 있다고 하였다.

2) 문제행동의 유형

장애아동이 보이는 문제행동의 유형은 문제행동을 바라보는 관점에 따라 매우 다양하다. 또래 및 주변사람들에게 공격적인 행동 및 파괴적인 행동을 하거나 자신을 통제하지 못하고 상황에 맞지 않는 부적절한 행동을 하기도 하며 자해행동을 하기도 한다. 그리고 일상적으로 지시에 따르지 않고 불복종적이거나 상동행동, 충동성, 과잉행동, 부주의 및 위축 등의 행동을 보이기도 하며 상황에 따라 함묵하기도 한다.

박재국 등(2014a)은 장애학생의 문제행동 유형을 파악하기 위하여 선행연구를 분석한 결과, 주된 문제행동 유형으로는 공격적인 말이나 행동이 가장 많았고, 기타를 제외하고 주의산만, 불안, 강박, 위축, 우울, 긴장 순으로 나타났다. 또한 수업 중 소리 지르기를 포함한 소음 만들기, 부적절한 자세 취하기, 화장실 들락거리기, 학급친구나 남의 물건 건드리기와 같은 수업 방해 행동도 나타났다. 이러한 문제행동의 유형을 범주화하는 것은 쉽지 않기 때문에 학자에 따라 다양한 의견을 제시하고 있다.

게리와 조셉(Garry & Joseph, 2011)은 모든 문제행동을 행동결핍과 행동과잉이라는 두 가지 유형으로 분류하고 있으며, 카우프만(Kauffman, 2002)은 문제행동을 공격적이고 반사회적인 행동, 부적절하고 미성숙한 행동, 인격 장애의 세 가지 유형으로 나누어 제시하였다. 그리고 밤바라와 컨(Bambara & Kern, 2005)은 문제행동을 자신이나 타인의 신체에 상처를 내는 파괴적 행동, 즉각적으로 자기 또는 다른 사람을 해롭게 하지는 않지만 지속되면 학습과 긍정적 상호작용에 악영향을 주는 방해 행동, 학습이나 사회적 상호작용에 직접적으로 방해가 되지는 않지만 사회적 수용을 어렵게 하거나 자신의 이미지에 부정적 영향을 주는 가벼운 방해 행동의 세 가지로 구분하고 있다(박재국 외, 2014a 재인용).

이와 같은 행동은 나타나는 양상에 따라 외현화(externalizing)와 내면화(internalizing) 문제행동으로 구분할 수 있다. 외현화 행동은 자신의 행동에 대한 내적 통제의 부족이나 감정 조절의 어려움으로 인하여 외부로 표출되기 때문에 쉽게 포착할 수 있으며, 공격행동, 파괴행동, 과잉행동, 비행행동, 방해행동, 불순종, 자해 등으로 나타난다. 반면 내면화 행동은 자신의 행동이나 감정을 지나치게 통제하거나 적절하게 표현하지 못하는 심리적 원인에 의해 발생하기 때문에 포착하기가 어렵고, 사회적으로 위축되는 양상 및 불안, 우울, 공포, 무기력 등의 형태로 나타난다.

구체적인 문제행동 유형을 제시하면 〈표 11-2〉와 같고, 박재국 등(2014b)이 제시한 문제행동의 분류는 [그림 11-1]과 같다.

표 11-2 **문제행동 유형**

문제행동 유형	예시
공격 행동	• 소유권이나 규칙에 대한 공격성 • 난폭한 언어나 욕설 사용 • 잦은 싸움과 구타 • 파괴적이고 비협조적 • 적대반응 • 부정적이고 타인을 공격적으로 비난 • 불복종 • 쉽게 화를 냄 • 또래나 약자 혹은 교사를 괴롭히거나 위협 • 사소한 일에 논쟁적 • 주변사람 때리기 • 주변사람 깨물기 • 주변사람 꼬집거나 할퀴기 • 목조르기 • 주변사람 밀기 • 주변사람 머리 당기기
반항 행동	• 지시사항 거부 • 교사나 부모에게 대들기 • 등교 거부 • 유아교육기관이나 학교의 규칙 어기기
위축 행동	• 위축되고 고립됨 • 신경이 과민하고 쉽게 상처받음 • 수줍음과 열등의식이 많음 • 무기력하고 자신감이 결여됨 • 말이 없음 • 소극적 행동 • 소심하고 우울함 • 회피 • 집단 활동에 참여하지 않는 행동
정서불안 행동	• 상황에 맞지 않는 울음 및 웃음소리 내기 • 불안하고 두려워하며 긴장함 • 괴성 지르기 • 분노 발작 • 무기력 • 신경질적 반응 • 울화가 있음
미성숙 행동	• 협응조절 미숙 • 수동적이고 남에게 쉽게 현혹됨 • 부주의하고 과제를 미완성함 • 백일몽적임 • 충동성 • 주의산만 • 부주의함 • 일을 완수하지 못하고 단정하지 못함 • 지시에 잘 따르지 못함 • 과제에 대한 이해능력 부족 • 동기 결여 • 무감각함 • 잦은 울음
방해 행동	• 물건 망가뜨리기 • 물건 어지르기 • 옷이나 책 찢기 • 친구를 성가시게 하기
상동행동 및 자기자극 행동	• 계속 손뼉치기 • 계속 몸을 좌우로 흔들기 • 제자리에서 빙글빙글 돌기 • 손, 머리, 혹은 다리 흔들기 • 혀나 입술로 소리내기 • 책상이나 바닥 두드리기 • 침뱉기 • 냄새 맡기 • 뺨이나 손 때리기 • 킁킁거리기 • 코 찡긋하기
이탈 행동	• 자리이탈 • 수업 중 배회하기 • 책상 및 구석에 숨기
자해 행동	• 머리 찧기 및 뜯기 • 바닥이나 책상에 머리 찧기 • 상처를 계속 후벼 파기 • 손등이나 팔 물기 • 손톱 물어뜯기
기물파손 행동	• 물건을 던지거나 발로 차기 • 유리창 깨기 • 책상 및 의자 던지기
성적 행동	• 자위행위 • 성적 노출 • 또래 및 주변사람들에게 지나친 신체접촉
기타	• 모든 일에 무관심 • 무책임함 • 말을 과도하게 함 • 친구들에 대한 지나친 통제 • 주의집중 시간 짧음 • 금방 잊어버리고 기억하지 못함 • 불신 및 비난 성향 강함 • 거짓말을 자주 함 • 무단결석

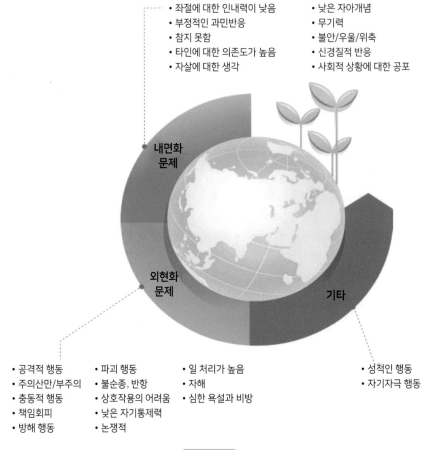

- 좌절에 대한 인내력이 낮음
- 부정적인 과민반응
- 참지 못함
- 타인에 대한 의존도가 높음
- 자살에 대한 생각

- 낮은 자아개념
- 무기력
- 불안/우울/위축
- 신경질적 반응
- 사회적 상황에 대한 공포

내면화
문제

외현화
문제

기타

- 공격적 행동
- 주의산만/부주의
- 충동적 행동
- 책임회피
- 방해 행동

- 파괴 행동
- 불순종, 반항
- 상호작용의 어려움
- 낮은 자기통제력
- 논쟁적

- 일 처리가 높음
- 자해
- 심한 욕설과 비방

- 성적인 행동
- 자기자극 행동

그림 11-1 **문제행동의 분류**

출처: 박재국 외(2014b). 장애학생의 문제행동 사례별 중재 가이드북, p. 14.

③ 문제행동의 기능 및 발생 상황

1) 문제행동의 기능

아동이 특정한 행동을 하는 경우 일반적으로 자신의 의도나 요구를 전달하려는 목적을 가지고 있다. 특히 장애아동은 의사소통의 문제를 대부분 가지고 있으며, 적절한 전달방법을 잘 알지 못하는 경우가 많다. 이로 인해 자신의 의도나 요구를 전달할 수 없어 행동으로 표현하게 되고 이를 파악하지 못하는 부모 및 주변인들로 인해 문제행동으로 이어지게 된다. 따라서 장애아동은 행동을 통해 자신의 목적을 달성하고자 하므로 문제행동은 의도한 기능을 가지게 된다.

문제행동의 기능은 매우 다양하지만 광의적으로 보면 행동을 통해 얻고자 하는 획득과 어떤 상황을 피하고자 하는 회피로 분류할 수 있다. 획득에는 대표적으로 관심이나 원하는 물건 및 활동 등이 있으며, 회피에는 활동에의 미참여, 과제회피 등이 있을 수 있다. 문제행동의 기능은 [그림 11-2]와 같다.

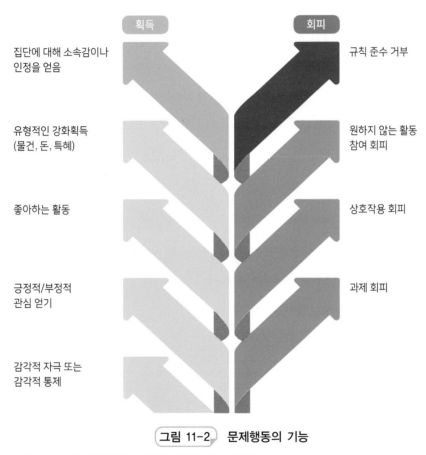

그림 11-2 문제행동의 기능

출처: 박재국 외(2014b). 장애학생의 문제행동 사례별 중재 가이드북, p. 15.

행동의 기능을 구체적으로 살펴보면 관심, 회피, 좋아하는 활동 및 강화 획득, 자기조절, 놀이 및 오락으로 〈표 11-3〉과 같다.

표 11-3 행동의 기능

기능	목적	예시
관심	관심 유도	괴성을 지르거나 물건을 던져서 교사를 자신에게 다가오게 함
회피	원하지 않는 것 피하기	원하지 않는 과제를 하기 싫어 연필을 부러뜨리거나 던짐으로써 과제를 하지 않아도 됨
좋아하는 활동 및 강화 획득	원하는 것 얻기	원하는 장난감 등을 얻기 위해 바닥에 뒹굴거나 계속 움으로써 원하는 것을 얻게 되고 때로는 좋아하는 활동을 계속 유지하기 위해 이런 행동을 함
자기조절	각성 수준 조절	원치 않는 외부 자극에 대처하여 자신을 안정시키기 위해 머리 및 손을 계속 흔들거나 귀를 막음. 즉, 상동행동 혹은 자기 자극 행동을 계속 함
놀이 및 오락	심심하거나 무료함 달래기	자기 조절과 유사하게 보이는 행동으로 심심하거나 무료해서 자신의 손을 빨거나 손톱을 물어뜯는 행동을 함

2) 문제행동 발생 상황

문제행동에 적절하게 대처하기 위해서는 행동이 발생하게 되는 원인을 알아야 한다. 장애학생의 문제행동은 과거에 자신이 겪었던 경험에 영향을 받으며, 이전에 자신의 요구를 만족시켰던 방법은 현재 일어나는 행동들에 영향을 준다.

장애학생의 유전적 · 생화학적 · 신경적인 요인도 행동에 영향을 미치며, 행동은 기본적인 행동원리에 따라 발생한다. 행동의 발생과 비발생에 대한 원리를 잘 적용한다면 행동이 무엇인지, 언제, 어떤 식으로 일어날 것인지에 대해서 예측이 가능하며 행동에 영향을 미치는 변인을 찾을 수 있기 때문에 행동을 보다 효과적으로 관리할 수 있게 된다(송준만 외, 2012). 따라서 장애아동의 행동을 문제행동이라고 규정짓기 전에 문제행동의 발생에 대해 상황에서의 맥락을 살펴보아야 한다. 왜냐하면 문제행동의 발생은 대체적으로 행동이 발생하기 전후의 상황과 관련이 있기 때문이다.

상황(context)이란 전후사정 혹은 맥락이나 흐름을 의미한다. 그러므로 장애아동의 문제행동 발생 시 문제행동이 발생하게 된 배경사건(setting events)과 선행사건(antecedents)의 진행과정, 즉 상황을 파악해야 행동의 의미를 이해할 수 있다.

배경사건이란 문제행동이 일어나기 전의 아동의 상태, 즉 양육환경, 질병, 상호작용의 어려움, 피로감 등과 관련된 것으로 문제행동을 일으키는 직접적인 요인은 아니지만 선행사건에 영향을 미칠 수 있다.

배경사건	선행사건	후속결과	선행사건조절	후속결과조절
• 감기가 걸려 며칠 동안 계속 아픔	• 교사가 그림을 그리도록 지시함	• 도화지를 찢고 크레파스를 던진 후 교실을 돌아다니며 수업 방해	• 아동에게 단순하게 색칠만 할 수 있도록 그림이 그려진 종이 제공	• 색칠을 하면 아동이 좋아하는 것을 선택할 수 있도록 참여 활동 증진시킴

그림 11-3　행동발생 상황 및 지도

선행사건은 문제행동 직전의 상황적 변인으로 배경사건의 영향을 받아 아동의 반응이 크게 혹은 작게 나타난다. 행동발생 상황 및 지도방법은 [그림 11-3]과 같다. 그러므로 장애아동이 문제행동을 일으키는 경우 배경사건 및 선행사건과 후속결과(consequences)를 고려하여 지도하는 것이 효율적이다.

④ 행동지원 전략

1) 문제행동 중재

문제행동을 중재하기 위한 방법은 다양하다. 전통적으로 수정행동 방법을 사용해 왔지만 많은 비판을 받았고, 이에 대한 대안으로 장애아동의 행동을 중재하기 위하여 응용행동 분석, 인지행동치료, 미술치료, 놀이치료, 음악치료 등 다양한 방법을 적용해 왔다. 이러한 방법들이 추구하는 목적이나 기법은 다르지만 문제행동을 중재하기 위해 계획을 세우고 이를 실행한 후 평가의 과정을 거쳐 재수정하거나 적용해야 한다.

일반적으로 문제행동을 해결하기 위한 중재 전략 매뉴얼로 '계획(plan)-실행(Do)-평가(See)'라는 3단계 과정에 의해 제시된 구체적 중재 전략 모형(志賀, 2000: 박재국, 2014b 재인용)을 적용한다. 이에 구체적인 문제행동 중재 전략 모형의 단계를 제시하면 [그림 11-4]와 같다.

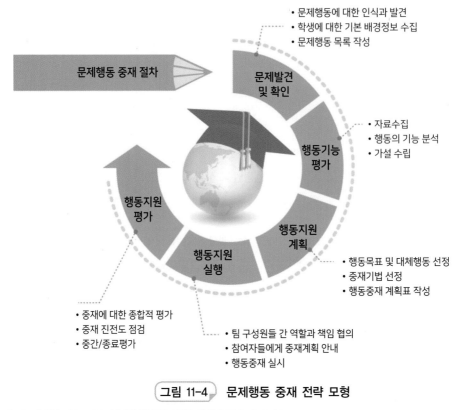

그림 11-4 문제행동 중재 전략 모형

출처: 박재국 외(2014b). 장애학생의 문제행동 사례별 중재 가이드북, p. 13.

2) 긍정적 행동지원

그동안 가장 일반적으로 사용해 오던 행동수정 방법은 비윤리적이라는 비판과 함께 중재의 효과성, 일반화 유지의 어려움에 대한 문제 등으로 논란이 계속 제기되었다. 즉, 장애아동의 문제해동을 수정하는 데 있어 행동수정의 중재방법은 소거 및 감소에만 초점을 두고 있어 중재전략이 중단되면 새로운 문제행동이 다시 나타나는 양상을 보여 효과성에 대한 문제와 더불어 혐오적 자극, 비인간적인 수정과정으로 인한 윤리성의 문제가 대두되었다.

전통적인 행동수정 접근법이 비효율적이었던 두 가지 이유는 첫째, 행동원리를 적용할 때 문제행동을 일으키는 주체, 문제행동에 대한 사회적 상황이나 문제행동을 하는 기능과 목적이 무엇인지에 대한 이해의 부족이다. 둘째, 전통적 행동의 과정이 사회적 대안기술을 가르치고 강화하기보다는 오히려 사람의 행동을 억압하고 통제하기 위해 배타적인 방법을 사용해 왔다는 것이다(Bambara & Knoster, 1998). 따라서 비윤리적이고 배타적인 행동수정에 대한 비판의 대안으로 장애아동의 문제행동을 사전에 예방하고 중재하기 위한 행동지원이 필요하게 되었고, 이에 대한 대안으로 사람 중심의 긍정적 행동지원(Positive Behavior Support: PBS)이 주목받기 시작하였다.

(1) 긍정적 행동지원의 정의

긍정적 행동지원은 문제행동의 이유를 이해하고 문제행동이 왜 발생하는지, 교사, 가족, 주변의 사람들이 자연스러운 환경과 생태학적 관점에서 기능분석을 통해 문제행동 발생 원인에 대한 가설을 세운 후, 그에 따라 개인의 사회적, 문화적, 환경적 배경에 적합한 종합적인 중재를 고안하는 문제 해결 접근방법으로, 행동공학, 교육방법론, 개인 중심의 가치에 기반을 둔 생태학적 체계 변화에서 최상의 실제를 혼합한 것이다(이소현 외, 2008). 즉, 예방적 행동중재의 대표적인 접근법인 긍정적 행동지원은 아동의 문제행동을 감소시킬 뿐만 아니라, 그 아동을 둘러싸고 있는 전반적인 환경체제를 변화시켜 문제행동을 예방하고 삶의 전반적인 질을 향상시킬 수 있도록 지원하는 체계적이고 종합적인 중재접근이다(Scott & Caron, 2005: 김유리 외, 2015 재인용). 그러므로 긍정적 행동지원은 어떤 특정한 전략이나 교수방법 또는 프로그램을 지칭하는 것이 아니며, 바람직한 행동을 증가시키기 위해 효과가 입증된 증거기반의 실제를 적용하여 교수를 계획하고 실행하는 일련의 절차를 포함하고 있다(Sugai & Horner, 2009).

긍정적 행동지원의 최종 목적은 단순히 문제행동을 감소시키는 것이 아니라, 긍정적인 방법을 적용한 행동지원 전략을 통하여 장애아동이 사회적으로 의미 있는 행동을 성취하여 삶의 질을 향상시킬 수 있도록 하는 것이다. 그러므로 긍정적 행동지원은 이러한 목적을 달성하기 위해 개인의 요구에 적합한 개별성과 사회적 타당성을 고려하고 있다. 그리고 문제행동이 일어난 후에 중재를 하는 것이 아니라 문제행동이 일어나기 전에 능동적으로 개입하는 것을 강조하고 있다. 따라서 긍정적 행동지원은 바람직한 행동을 일반화시켜 이를 지속, 유지할 수 있도록, 실행하는 데 있어 융통성을 가지고 행동지원을 수립하는 포괄적이고 아동중심적인 중재 전략이라고 할 수 있다.

따라서 긍정적 행동지원은 구조화된 상황에서가 아니라 적절한 행동이 요구되는 자연스럽고 다양한 상황에서 행동을 지원하고, 문제행동을 가진 학생은 물론 학생과 매일 많은 시간을 함께 보내는 다양한 사람들이 다양한 시간대에 걸쳐 적극적으로 참여해야 하므로 실용적이어야 하며, 지역사회 행동원리에 적합한 방법이어야 한다(송준만 외, 2012).

(2) 긍정적 행동지원의 특징

긍정적 행동지원이란 중요한 사회적 성과 달성 및 문제행동 예방을 목적으로 하는 체계적이고 개별화된 광범위한 전략을 의미한다. 이와 더불어 종합적인 생활방식의 변화와 삶의 질 향상, 사회적 타당성, 예방 강조, 다양한 이론적 관점, 과학적 실행 측면에서의 융통성 등을 특징으로 한다. 즉, 긍정적 행동지원은 문제행동을 일으키는 환경을 중요시하는 생태학적 접근의 진단을 기반으로 하며, 장기적인 효과를 중심으로 문제행동에 대해 예방 및 대체기술을 교수하는 데 있어서 대상자를 존중하는 가치관을 가지고 팀 중심으로 접근하는 종합적인 특징을 가지고 있다.

긍정적 행동지원은 세 가지 차원의 연계적 모형으로 순환적 지원을 하고 있다는 특징을 가지고 있다. 즉, 문제를 보이는 아동에 대한 서비스 제공에 따라 보편적 지원, 그룹차원 지원, 개별적 지원으로 분류할 수 있다. 1차적인 차원의 보편적 지원은 모든 아동을 대상으로 문제행동을 예방하는 단계이며, 2차적인 차원의 그룹차원 지원은 보편적인 지원에도 불구하고 지원이 더 필요한 아동들을 위한 소규모 그룹지원이다. 그리고 3차적인 차원은 심각한 문제를 보이는 아동을 대상으로 한 개별적인 지원으로 집중적인 지원이라고 할 수 있다. 긍정적 행동지원의 특징을 정리하면 〈표 11-4〉와 같다.

표 11-4 **긍정적 행동지원의 특징**

특징	설명
실용적 지원	• 기능적 행동평가 과정을 통해 자료를 근거로 모든 중재 결정을 하며 이를 기반으로 환경 재구조화, 교육과정 수정 등 실제를 강조하며 중재방법이 실용적이어야 함
사회적 가치	• 행동의 변화는 사회적으로 적합해야 하며, 적절하게 유지되어야 함 • 긍정적 행동지원의 절차는 사회적 · 문화적으로 부합되어야 하며, 비혐오적인 중재방법 사용
생활방식의 변화와 삶의 질 향상	• 대상자를 존중하는 가치관을 가지고 보다 나은 생활을 할 수 있도록 문제행동을 감소 혹은 수정하기 위한 지원
삶의 전반에 대한 지원	• 중재를 제공하고 시간이 흐른 후에도 중재의 효과가 지속적으로 유지되고 있는지 관찰 • 생애주기에 있어 단계마다 장애아동의 문제행동 변화를 주시하면서 계속적인 지원 제공
자연스러운 현실 환경	• 구조화된 실험 상황이 아니라 장애아동이 현재 생활하는 환경, 즉 적절한 행동이 요구되는 자연스러운 상황에서의 행동 지원

장애아동과 가족 및 주변인 포함	• 문제행동을 가진 장애아동 및 장애아동과 많은 시간을 보내는 주변인의 적극적인 참여를 요구 • 지원을 제공하는 과정이 장애아동과 주변사람들에게도 수용 가능한 것이어야 함
체제변화 및 다차원적인 접근	• 일반적으로 아동의 행동은 상황의 영향을 받으므로 문제행동 자체가 아닌 '문제상황'을 변화시키고자 함 • 생태학적인 관점에서 가정, 유아교육기관, 학교, 직장, 지역사회 등의 환경 개선이 긍정적 행동지원의 주요 초점 • 예방적이고 효과적인 실행을 위해 팀의 협력과 다양한 방법의 접근으로 문제행동 해결
문제행동 예방 강조	• 최적의 중재 시기는 문제행동이 발생하기 전에 중재하는 것임 • 문제행동과 같은 기능을 가질 수 있는 적절한 대안행동 지도로 사전에 문제행동 예방

⑤ 긍정적 행동지원의 절차 및 실행

특수교사들은 긍정적 행동지원에 대해서 지식적으로 알고 있으면서도 그 실행에 있어서는 순행적인 예방전략보다는 후속결과 중심의 전통적인 방법을 사용한다고 하는데, 이것은 특수교사들이 알고 있는 지식을 실행으로 전환하는 데 어려움을 가지고 있기 때문이다(오혜정, 김미선, 2011). 즉, 긍정적 행동지원의 필요성에 대한 인식은 높으나, 자신이 현장에서 사용하고 있는 문제행동 중재 전략에 대한 충분한 지식을 가지고 있지 않다고 생각하기 때문이다(노진아, 2015). 따라서 대부분의 교사들은 행동수정 방법을 사용하여 문제행동을 중재 및 처치하는 것으로 나타났고 교사들이 최근 1년 동안 가장 자주 사용한 행동수정 방법은 강화였으며, 두 번째로 타임아웃을 많이 사용한 것으로 나타났다(황순영 외, 2014).

이는 교사들이 전통적인 행동수정 방법에 익숙해져 있어 문제행동을 수정하는 데 있어 보다 쉬운 방법으로 접근하고 있으며, 긍정적 행동지원을 실행하기 위해서는 교사들이 많은 노력을 기울여야 함과 더불어 이에 대한 교육 및 연수가 필요함을 시사하고 있다.

특히 문제행동이 지속적으로 나타나는 아동을 교사가 지도하기에는 여러모로 어려움이 많다. 따라서 이들에게는 개별적으로 접근하는 긍정적 행동지원을 실행하여야 한다. Linda 와 그의 동료(2005)들은 개별차원의 긍정적 행동지원을 실행하기 위하여 구조화된 다섯 단계를 [그림 11-5]와 같이 제시하였다.

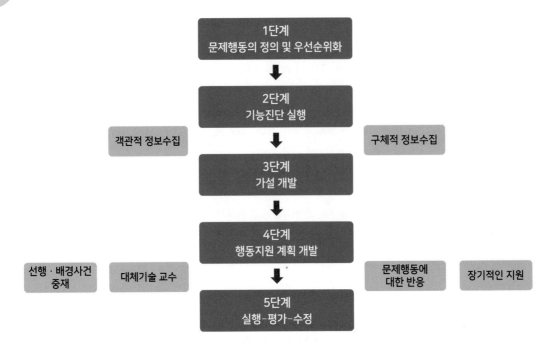

그림 11-5 개별차원의 긍정적 행동지원 계획을 위한 5단계 절차

출처: Bambara & Kern (2008), p. 88.

1) 1단계: 문제행동의 정의 및 우선순위 결정

문제가 발생되었을 경우 첫 번째 단계로 먼저 문제행동이 무엇인지, 그리고 수정이나 제거 및 감소가 필요한지를 결정해야 한다. 이를 위해 행동의 빈도, 지속시간, 강도 등을 고려하여 문제행동에 대한 정의를 내려야 한다. 그리고 문제행동에 대한 정의는 객관적으로 관찰 측정이 가능한 용어를 사용하여 구체적으로 기술해야 한다. 예를 들어, '영희는 노래 부르기가 싫어서 친구들을 방해할 것이다.'가 아니라 '영희는 노래 부르기가 싫어서 교실을 돌아다닐 것이다.'로 명확하게 기술해야 한다. 이는 '방해'는 생각하는 사람에 따라 범위가 달라질 수 있는 주관적인 용어이므로 정확한 측정을 하기가 어렵기 때문이다. 그리고 문제행동의 우선순위를 결정할 때에는 아동의 행동 중 가장 시급하게 변화되어야 할 심각한 행동을 다음과 같은 순서로 결정해야 한다.

첫째, 자해행동이나 공격행동, 파괴행동 등으로, 예를 들어 또래나 주변인을 때리거나 깨물다든지, 책상이나 바닥에 머리를 찧는 행동으로 자신이나 타인에게 위협이 되거나 심각한 피해를 줄 수 있는 행동이 먼저 지원되어야 한다. 황순영 등(2014)의 연구에서도 문제행동 중재 사례 경험은 '공격행동'에 대한 중재 사례가 가장 많았다. 이는 공격적인 행동이 기타의 행동보다 위험하기 때문에 교사들도 우선적으로 개입하여 중재해야 할 필요성을 인식하고 있음을 나타낸다.

둘째, 방해행동으로, 예를 들어 수업 중 돌아다닌다든지 괴성을 지르는 등 본인의 학습뿐만 아니라 타인을 방해하는 부정적인 행동이다.

셋째, 분산행동으로, 예를 들어 몸이나 손을 계속 흔든다든지 상동행동을 지속할 경우로 사회적인 수용이나 관계형성에 방해를 주는 행동 등이 대상이 될 수 있다.

2) 2단계: 기능진단 실행

문제행동이 발생하는 상황을 분석하는 과정이며 다양한 방법으로 개인적인 정보 및 구체적인 정보를 수집하는 단계이다. 이 단계에서는 문제행동을 일으키는 아동과 가족 및 아동의 주변인을 통해 환경적 상황을 주시해야 하며, 문제행동의 빈도나 강도, 지속 여부 등을 면담을 통해 파악해야 한다. 그리고 면담을 통해 파악이 불가능한 경우 직접적으로 관찰을 실시해야 한다. 더불어 이러한 과정을 거친 후 문제행동이 발생하게 된 경위, 즉 언제, 어디서 문제행동이 일어났으며, 문제행동이 일어나기 전 선행사건은 무엇인지를 기능 분석을 통해 파악한 다음 중재계획을 수립해야 한다.

3) 3단계: 가설 개발

가설을 설정하기 위해서는 수집한 자료를 이용하여 기능을 분석한 다음 이 자료를 토대로 문제행동을 하는 목적을 파악해야 하며, 수집된 자료에 의해 가설을 설정해야 한다. 검증 가능한 가설은 문제행동, 문제를 이끌어 내는 선행사건, 문제를 유지하게 하는 후속결과, 영향을 주는 상황 등을 시사해 준다. 가설의 정확성을 입증하기 위해 행동에 대한 직접 관찰 및 기능 분석을 실시하며 이러한 단계에서 가설이 확정된다(우정화, 2015).

4) 4단계: 행동지원 계획 개발

행동의 기능평가를 근거로 한 행동지원 중재계획은 문제행동의 감소만을 목적으로 하는 것이 아니라, 문제행동을 유발시킨 상황을 제거하거나 약화시키는 예방 계획, 문제행동을 대체할 수 있는 바람직한 행동의 교수 계획 등도 함께 고려해야 한다(우정화, 2015). 즉, 이 단계에서는 배경사건 및 선행사건을 수정 및 제거하고 대체행동을 지도하기 위한 교수 전략 및 문제행동에 대한 주변의 반응, 행동이 변화·유지될 수 있도록 하기 위한 장기적인 지원이 포함되어야 한다. 이를 위해 행동에 대한 관찰과 측정 계획이 수립되어야 하며 문제 행동에 대한 대체행동의 지도 후 나타난 후속결과에 대한 전략도 계획되어야 한다. 선행사 건 중재의 예는 [그림 11-6]과 같고 대체행동 강화의 예는 [그림 11-7]과 같다.

그림 11-6 선행사건 중재의 예

그림 11-7 대체행동 강화의 예

5) 5단계: 긍정적 행동지원 계획의 실행과 평가 및 수정

이 단계에서는 긍정적 행동지원 계획의 실행으로 나타난 효과성을 평가한 후 그 결과에 따라 행동을 지원하는 계획을 수정하여 재작성하는 마지막 단계이다. 이를 위해 적절한 평가가 이루어질 수 있도록 평가표를 작성한 후 점검해 보아야 한다. 중재평가표 예시는 〈표 11-5〉와 같다.

표 11-5 중재평가표 예시

중재자: 평가자: 날짜:

중재 계획과 진전도, 결과를 검토한 후 다음 사항에 체크하세요.

평가내용	매우 그렇다 (4)	그렇다 (3)	조금 그렇다 (2)	그렇지 않다 (1)
1. 목표행동을 구체적이고 명확하게 기술하였습니까?		✓		
2. 구체적이고 측정 가능한 목표도달점을 제시하였습니까?		✓		
3. 문제행동의 기능을 확인하였습니까?			✓	
4. 아동의 수준과 상황을 고려한 중재입니까?		✓		
5. 아동의 요구를 반영한 중재입니까?			✓	
6. 부모의 요구를 반영한 중재입니까?				✓
7. 중재기간 중 아동에게 적절한 강화를 제공하였습니까?	✓			
8. 중재계획에 따라 수행하였습니까?		✓		
9. 중재기간은 적절하였습니까?			✓	
10. 중재실시 후 행동 변화가 있었습니까?			✓	
합계	4	12	8	1
	총점 25점			

제언: 중재방법에 부모의 요구가 반영되지 않았으며 행동변화에 대한 기술이 명확하지 않음

출처: 박재국 외(2014b). 장애학생의 문제행동 사례별 중재 가이드북, p. 205.

6 행동지원 사례

1) 장애유형별 중재 사례

(1) 정서 · 행동장애 아동

　정서 · 행동장애 아동들은 다른 장애아동들에 비해 문제행동을 일으키는 경우가 일반적으로 많다. 이들의 문제행동은 크게 구분하면 외현적인 문제와 내재적인 문제로 나타나는데 인지적 능력이나 신체적인 결함으로 인한 것보다는 심리적, 환경적인 상황으로 인해 발생되는 경우가 대부분이다. 따라서 정서 · 행동장애 아동의 문제행동을 감소시키거나 예방하기 위해서는 기능적 행동분석을 비롯한 인지행동 중재, 사회적 기술 등의 전략을 시행하여 중재하는 것이 필요하다.

① 기능적 행동분석
　기능적 행동분석을 환경적 · 교수적 선행사건의 수정, 학습활동의 수정을 통한 선행사건 중재와 강화, 소거, 벌 등을 사용한 후속결과 중재로 나누어 살펴보면 〈표 11-6〉과 같다.

표 11-6　기능적 행동분석

선행사건 중재	환경적 선행사건의 수정	가구의 배열, 자료의 배치, 좌석의 배치, 시간표, 소음, 조명 등 환경적 자극을 변화시켜 문제행동의 발생 가능성을 줄이는 것
	교수적 선행사건의 수정	덜 어려운 과제 부여하기, 수행 준거 변화시키기, 아동 스스로 과제 하도록 하기
	학습활동의 수정	문제행동을 보이는 아동이 관심 있어 하는 과제나 활동을 포함하는 학습 상황 만들기
후속결과 중재	강화	바람직한 행동이 일어난 직후에 그에 대한 보상을 제공하는 방법
	소거	바람직하지 못한 문제행동을 감소시키기 위해 사용되는 행동교정 절차로서의 소거는 문제행동을 촉발하고 유지하는 것으로 여겨지는 강화를 제거함으로써 문제행동을 감소시키는 것. 단, 소거는 시간이 걸리므로 급격히 감소시켜야 하는 자해행동이나 공격행동에는 바람직하지 않음
	벌	바람직하지 않은 문제행동이 발생한 직후에 주어짐으로써 그 행동의 발생률을 감소시키는 후속자극

출처: 박재국 외(2014a). 장애학생의 문제행동 중재 매뉴얼, pp. 52-53.

② 인지행동중재

정서 및 행동장애 학생들의 상당 부분의 문제행동들은 사고에서 기인된 것들이 많으며, 능동적인 문제행동의 변화의지 및 실천능력을 강화시켜 주기 위해서는 인지행동 중재방법이 효과적이다(박재국 외, 2014a). 인지행동중재와 관련된 대표적인 방법은 〈표 11-7〉과 같다.

표 11-7   인지행동중재방법

자기점검법 (self-monitoring)	문제행동을 일으켰을 때 아동 스스로 점검하는 방법(예: 수업 중 자리를 이탈하였을 경우 일주일에 몇 번 이탈하였는지 지속적으로 기록하여 점검)
자기강화법 (self-reinforcement)	아동이 문제행동에 대해 목표로 세운 수행 수준을 성취했을 경우에 스스로 강화하는 방법(예: 일주일에 세 번 이상 수업 중 자리를 이탈하지 않는 것을 목표로 할 때 이를 달성하면 스스로 자신에게 강화제, 즉 보상을 줌)
자기교수법 (self-instruction)	아동이 스스로 내적 자기교수 과정을 거치면서 자기를 가르치는 것(예: 왜 자리를 이탈하였는지 말하면서 자신에게 질문하고 이를 교정하면서 자기 자신을 가르치는 방법을 습득함으로써 자기 조절 능력을 신장함)

③ 사회성 기술훈련

정서 · 행동장애 아동은 일반적으로 사회성을 가지고 있지만 적절한 상호작용을 하는 데는 어려움이 많다. 따라서 또래와의 상호작용 방법이나 놀이지도를 통해 타인과 상호작용하는 방법을 습득하게 되면 문제행동이 줄어들 수 있다. 이를 위해 교사 및 또래의 모델링, 역할놀이, 행동계약 등과 물리적 환경을 정서 · 행동장애 아동의 특성에 맞게 적절하게 조성해 주어 사회성 기술을 습득할 수 있도록 지도해야 한다.

사회성 기술훈련 프로그램은 크게 다음 [그림 11-8]과 같은 4가지 기본요소를 원칙으로 한다(Begun 2006: 박재국 외, 2014a 재인용).

그림 11-8   사회성 기술훈련 프로그램 요소

출처: 박재국 외(2014a). 장애학생의 문제행동 중재 매뉴얼, p. 54.

(2) 자폐성 장애 아동

① 긍정적 행동지원

긍정적 행동지원은 모든 장애아동에게 효과적으로 적용될 수 있다. 특히 자폐성 장애아동에게 긍정적 행동지원 중재방법을 적용한 결과 중증 자폐성 장애 아동의 자해행동과 공격행동이 감소되었다(한홍석, 박주연, 2011). 획득 기능 문제행동이 현저히 감소하였으며 회피 기능 문제행동은 약간 감소하였고, 중재가 종료된 후에도 중재의 효과가 유지되었다(한은선, 김은경, 2016). 이러한 결과들은 자폐성 장애아동들의 문제행동을 긍정적 행동지원을 통해 바람직한 행동을 지도할 수 있으며, 효과적인 측면에서도 새로운 대안이 될 수 있음을 시사하고 있다.

② 자기관리기술

자기관리기술(self-management)이란 일반적인 목표행동을 정하고 자기의 행동을 스스로 인지하고 발생 여부를 기록하게 하는 자기점검기술을 의미하며, 행동발생에 대해 스스로를 강화한다. 이를 통해 사회에서의 독립적인 기능을 신장하고, 사회적 기술의 결함을 보완하며 일반적인 환경에서의 성공적인 적응을 위한 접근이 되도록 하는 것이다(임경옥 외, 2017).

③ 사회적 상황이야기

사회적 상황이야기(social stories)는 짧은 이야기 형식으로 아동에게 사회적 개념과 규칙을 제시하며 상호작용 시작하기, 전환하기, 게임하기, 현장학습 가기와 같이 수많은 사회적, 행동적 개념을 아동에게 가르치는 데 사용될 수 있다(서경희 외, 2015).

자폐성 장애 아동의 관점에서는 빠르게 변화하는 많은 상황이나 정보가 일상에서의 혼란을 초래한다. 이러한 어려움이 일어날 수 있는 여러 가지 상황에 대해 구체적이고 의미 있는 형식의 구어 및 글, 그리고 시각적인 삽화를 이용해 이들이 주변상황을 파악하고 적절한 반응을 할 수 있도록 기술해서 도와주는 것이다(임경옥 외, 2017). 만화 스크립트를 이용한 사회적 대화의 예는 [그림 11-9]와 같다.

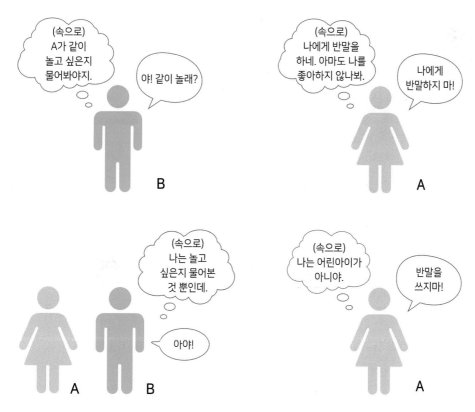

그림 11-9　만화 스크립트를 이용한 사회적 대화

출처: 박재국 외(2014a). 장애학생의 문제행동 중재 매뉴얼, p. 59.

④ 그림 교환 의사소통체계

자폐성 장애 아동은 대부분 의사소통에 문제를 가지고 있다. 따라서 적절한 의사소통이 이루어지지 않음으로 인해 문제행동을 일으키는 경우가 많다. 그러므로 그림교환의사소통체계(Picture Exchange Communication System: PECS)를 이용하여 그림을 통해 의사소통의 어려움을 해결할 수 있도록 도와줌으로써 문제행동을 일부분 감소시킬 수 있다. 그림교환의사소통 중 하루 일과 스케줄을 나타내는 의사소통체계는 [그림 11-10]과 같다.

수학수업(math class)

휴식(recess)

미술수업(art class)

점심(lunch)

독서수업(reading class)

버스(bus)

그림 11-10 하루 일과 스케줄을 나타내는 그림교환의사소통체계

출처: 박재국 외(2014a). 장애학생의 문제행동 중재 매뉴얼, p. 60.

2) 문제행동 유형별 중재 사례

(1) 공격행동

> 또래나 주변사람에게 물건 등을 마구 던진다. 또래나 주변사람들을 자주 때린다.

① 행동기법에 의한 중재

- 관심을 유도하는 것이 목적이라면 교사나 부모가 상황을 판단하여 적절하게 관심을 주거나 무시하도록 한다. 관심을 주는 경우 주의해야 할 점은 관심을 너무 자주 주게 되면 오히려 관심을 받기 위해 문제행동이 더 많이 발생할 수 있다.
- 아동이 흥미를 가지고 학습활동에 참여할 수 있도록 아동의 수준에 맞는 교수활동을 전개하거나 학습의 난이도를 조절한다.
- 의사소통이 가능하거나 글을 읽을 수 있는 경우에는 문제행동에 대한 점검표를 작성해서 자신의 행동을 기록하게 하거나 행동계약서를 작성한 후 이에 따라 적절한 보상을 제공하거나 훈계를 한다.

● 공격적인 행동은 나쁜 것이며 위험하다는 것을 가르치고, 이에 대한 대체행동을 모델링하여 보여 준다.

② 환경적 중재

● 문제행동을 일으키는 아동 주변에 위험한 물건을 두지 않는다.
● 문제행동을 보이는 아동을 교사가 관리할 수 있는 주변에 앉힌다.
● 평소에 잘 때리는 대상이 되는 또래가 있으면 따로 앉힌다.
● 자신의 의사가 전달되지 않아 문제행동이 발생할 경우 의사표현에 어려움이 있다면 의사소통체계 판을 사용하여 자신의 의사를 전달하도록 하거나 대체행동을 지도하도록 한다.
● 교실환경을 구조화해 준다.

(2) 방해행동

> **학습활동 중 산만하거나 돌아다닌다. 학습활동 중 괴성을 지른다.**

① 행동기법에 의한 중재

● 학습활동 중 지켜야 할 규칙을 미리 알려 주거나 모델링을 보이고 지도한다.
● 아동에게 흥미 있는 과제를 제시하여 수업에 참여할 수 있도록 한다.
● 소란을 심하게 피울 경우 생각하는 의자에 앉히거나 간단한 심부름, 예를 들어 크레파스를 가져오게 시킨다.
● 학습활동 중 소란을 피우거나 괴성을 지를 경우 받게 될 보상과 처벌을 알려 주고 이에 따라 보상과 처벌을 시행한다.
● 의사소통에 문제(예: 학습활동 중 목이 말라서 물을 마시고 싶지만 표현하기가 어려워 괴성을 지르는 경우)가 있어 방해행동이 나타날 경우 의사소통체계 판을 사용하여 적절하게 요구할 수 있는 기술을 지도한다.

② 협력적 중재

● 관심을 받기 위한 행동이라면 같이 학습하고 있는 또래 및 교사가 관심을 보이지 않고 무시한다.

● 주의력결핍 과잉행동장애로 인해 문제행동이 발생할 경우 약물 치료 및 다양한 치료적인 기법을 병행할 수 있도록 중재한다.

(3) 위축행동

> **활동에 소극적으로 참여한다. 활동이 전이되거나 다른 장소로 이동하는 것을 싫어한다.**

① 행동기법에 의한 중재

● 모든 활동에 소극적일 경우 적극적으로 도와줄 수 있는 짝을 맺어 주거나, 소그룹으로 모둠활동을 할 수 있도록 교수활동을 수정한다.

● 아동이 흥미를 가지고 활동할 수 있도록 교사가 삽입교수 계획을 제공하여 아동이 적극적으로 참여할 수 있는 기회를 제공한다.

● 활동에 적극적으로 참여할 경우 적절한 보상을 제공한다.

● 다른 곳으로 이동하기 전에 미리 이동시간과 장소를 말해 주고, 자폐성 장애의 경우 시각적으로 이해할 수 있도록 하루의 일과를 그림으로 설명해 준다.

② 협력적 중재

● 또래 중 아동을 도와줄 수 있는 아동을 선정하여 활동에 적극적으로 참여할 수 있도록 유도한다.

● 이동 시 가능하면 교사가 아동 곁에서 같이 움직여 준다.

● 아동이 좋아하는 활동을 선택할 수 있는 기회를 제공한다.

요점정리

1. 문제행동의 이해

- 아동이 연령에 맞지 않는 부적절한 행동과 주변 및 집단의 요구에 부합되지 않는 행동을 함으로써 일상적인 지도가 어렵고, 타인의 활동을 방해하거나, 타인으로부터 바람직하지 않다고 여겨지는 행동

2. 문제행동의 원인 및 유형

1) 문제행동의 원인
- 생물학적 요인, 가정요인, 학교요인, 문화적 요인 등

2) 문제행동의 유형
- 행동결핍, 행동과잉, 공격행동, 반사회적인 행동, 부적절하고 미성숙한 행동, 인격장애, 파괴적 행동, 방해행동 등

3. 문제행동의 기능 및 발생 상황

1) 문제행동의 기능
- 관심, 회피, 좋아하는 활동 및 강화 획득, 자기조절, 놀이 및 오락 등

2) 문제행동의 발생 상황
- 상황이란 전후 사정 혹은 맥락이나 흐름이므로 문제행동 발생 시 문제행동이 발생하게 된 배경사건과 선행사건의 진행 과정임

4. 행동지원 전략

1) 문제행동 중재
- 문제행동을 해결하기 위한 중재 전략 매뉴얼로 '계획-실행-평가' 과정 적용

2) 긍정적 행동지원
  (1) 정의: 아동의 문제행동을 감소시킬 뿐만 아니라, 그 아동을 둘러싸고 있는 전반적인 환경체제를 변화시켜 문제행동을 예방하고 삶의 전반적인 질을 향상시킬 수 있도록 지원하는 체계적이고 종합적인 중재접근

(2) 특징: 실용적 지원, 사회적 가치, 생활방식의 변화와 삶의 질 향상, 삶의 전반에 대한 지원, 자연스러운 현실 환경, 장애아동과 가족 및 주변인 포함, 체제변화 및 다차원적인 접근, 문제행동 예방 강조 및 순환적 지원

5. 긍정적 행동지원의 절차 및 실행

- 1단계: 문제행동의 정의 및 우선순위 결정
- 2단계: 기능진단 실행
- 3단계: 가설 개발
- 4단계: 행동지원 계획 개발
- 5단계: 긍정적 행동지원 계획의 실행과 평가 및 수정

6. 행동지원 사례

1) 장애유형별 중재 사례

(1) 정서·행동장애 아동: 선행사건 중재와 후속결과를 중재하는 기능적 행동분석, 자기점검, 자기강화, 자기교수법을 활용한 인지행동중재, 사회성 기술 훈련

(2) 자폐성 장애 아동: 긍정적 행동지원, 일반적인 목표행동을 정하고 자기의 행동을 스스로 인지하고 발생 여부를 기록하게 하는 자기점검을 통한 자기관리기술, 짧은 이야기 형식을 이용한 사회적 상황이야기 및 그림 교환 의사소통체계 적용

2) 문제행동 유형별 중재 사례

- 공격행동은 행동기법에 의한 중재와 환경적 중재, 방해행동 및 위축행동은 행동기법에 의한 중재 및 협력적 중재 필요

생각나누기

학번:

이름:

1. 주변에서 겪었던 문제행동이나 본인의 문제행동에 대해 토론하시오.

----

2. 문제행동이 발생될 수 있는 상황과 이를 방지하기 위한 방안에 대해 토론하시오.

----

3. 행동을 수정하기 위한 다양한 기법이나 본인이 사용했던 기법 등에 대해 토론하시오.

퀴즈

1. 문제행동의 원인 중 객관적 요인과 관련이 없는 것은? (　　)

   ① 사회환경　② 지적 특성　③ 인간관계　④ 가정환경

2. 행동의 기능과 관련이 없는 것은? (　　)

   ① 자기조절　② 놀이 및 오락　③ 방해행동　④ 좋아하는 활동 및 강화 획득

3. 자폐성 장애 아동에게 적용할 수 있는 중재방법과 관련이 없는 것은? (　　)

   ① 자기관리기술　② 사회적 상황이야기　③ 상호작용　④ 긍정적 행동지원

4. 문제행동이 일어나기 전의 아동 상태, 즉 양육환경, 병, 상호작용의 어려움, 피로감 등과 관련된
   것을 지칭하는 용어는? (　　　　　　　　　　　　　　　　)

5. 괄호 안에 들어갈 적절한 용어는?

   > 문제행동의 정의 및 우선순위 결정－기능진단 실행－가설 개발－(　　　　　　　　　)
   > －긍정적 행동지원 계획의 실행과 평가 및 수정

김유리, 양영모, 노진아(2015). 긍정적 행동지원 관련 단일 대상 연구의 동향 및 질적 지표에 의한 연구방법의 분석. 특수아동교육연구, 17(1), 51-81.

노진아(2015). 증거기반의 행동중재 전략에 대한 특수교사의 인식. 특수아동교육연구, 17(2), 113-132.

박재국, 권순황, 김영미, 김혜리, 이경림, 황순영(2014a). 장애학생의 문제행동 중재 매뉴얼. 부산광역시교육청.

박재국, 권순황, 김영미, 김혜리, 이경림, 황순영(2014b). 장애학생의 문제행동 사례별 중재 가이드북. 부산광역시교육청.

박지연, 김영란, 김남희(2010). 문제행동이 장애아가족의 삶에 미치는 영향과 가족의 대처방식에 관한 질적연구. 정서·행동장애연구, 26(3), 17-43.

서경희, 이효신, 김건희 공역(2015). 자폐스펙트럼장애. 서울: 시그마프레스.

송의연(1999). 유아 문제행동이 유형과 평가. 곤주영상정보대학, 6, 137-157.

송준만, 강경숙, 김미선, 김은주, 김정효, 김현진, 이경순, 이금진, 이정은, 정귀순(2012). 지적장애아교육. 서울: 학지사.

오혜정, 김미선(2011). 학급차원의 긍정적 행동지원에 대한 특수교사의 인식 및 실행. 지체·중복·건강장애연구, 54(3), 85-100.

우정화(2015). 긍정적 행동지원이 장애위험유아의 주의산만 행동과 방행 행동에 미치는 영향. 단국대학교 대학원 석사학위논문.

이소현, 박지연, 박현옥, 윤선아 공역(2008). 장애학생을 위한 개별화 행동지원: 긍정적 행동지원의 계획 및 실행. 서울: 학지사.

이은정(2016). 영유아교사의 아동권리인식과 문제행동인식 및 문제행동지도 전략 간의 관계연구. 중앙대학교 교육대학원 석사학위논문.

임경옥, 박경화, 조현정(2017). 특수교육학개론. 서울: 학지사.

장미순, 전상신, 김은경(2010). 일반학생과 장애학생에게 일반초등교사가 적용하는 문제행동 중재 유형 비교. 정서·행동장애연구, 26(2), 95-118.

지성애 역(2001). 유아행동지도: 생활지도와 문제행동 해결을 위한 지침. 경기: 양서원.

한국교육심리학회(2000). 교육심리학용어사전. 서울: 학지사.

한홍석, 박주연(2011). 긍정적 행동지원이 중증 자폐성 장애학생의 자해행동과 공격행동에 미치는 영향. 정서·행동장애연구, 27(1), 141-168.

황순영, 이경림, 이후희(2014). 장애학생의 문제행동 실태와 중재방법에 대한 교사의 인식. 특수아동교육연구, 16(2), 69-98.

Bambara, L. M., & Knoster, T. (1998). *Designing positive behavior support plans, Innovations* (Monograph No. 13). Washington, DC: American Association on Mental Retardation.

Garry, M., & Joseph, P. (2011). *Behavior modification: What it is and how to do it* (9th ed.). NY: Pearson Publishing.

Kauffman, J. M. (2002). *Characteristic of emotional and behavioral disorders of children and youth* (10th ed.). NJ: Pearson Education.

Kauffman, J. M. (2005). *Characteristics of emotional and behavioral disorders of children and youth*. Englewood Cliff, NJ: Merrill.

Sugai, G., & Horner, R. H. (2009). Defining and describing school wide positive behavior support. In W. Sailor, G. Dunlap, G. Sugai & R. Homer (Eds), *Handbook of positive behavior support* (pp. 421–441). NY: Spring Science.

제12장

장애아동 지원 체계

장애아동에게 적절한 지원을 제공하기 위해서 어떤 서비스가 필요한지를 먼저 확인한 후 그에 적합한 지원을 제공해 주어야 한다. 현재는 이전에 제공되었던 소극적 지원과는 달리 장애아동의 생활 전반에 걸쳐 다양한 지원이 제공되고 있다.

국가에서도 각 차별 5개년 계획에 맞추어 비전을 제시하고 각 분야별로 핵심 정책에 따라 지원을 구체화하고 있기 때문에 장애아동은 다양한 지원을 제공받고 있다. 이와 더불어 효과적인 지원이 이루어지기 위해서는 서비스를 지원하는 교사와 전문가, 그리고 가정과의 협력이 중요하다.

이 장에서는 복지정책 및 발달재활서비스에 대한 전반적인 내용을 구체적으로 설명하고자 한다. 이와 더불어 장애아동에 대한 중재방법과 협력적 팀 접근에 대하여 살펴보고자 한다.

✔ **마인드맵**

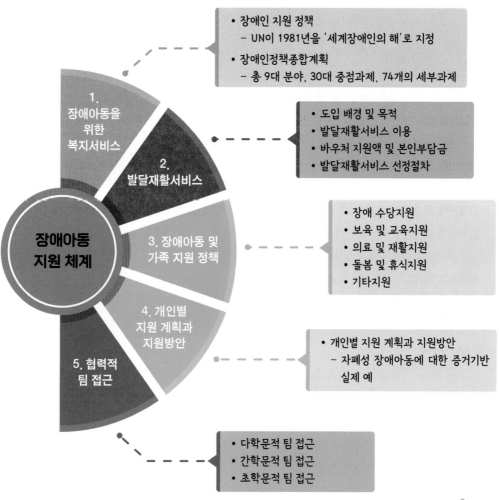

장애아동
지원 체계

1.
장애아동을
위한
복지서비스

2.
발달재활서비스

3. 장애아동 및
가족 지원 정책

4. 개인별
지원 계획과
지원방안

5. 협력적
팀 접근

- 장애인 지원 정책
  - UN이 1981년을 '세계장애인의 해'로 지정
- 장애인정책종합계획
  - 총 9대 분야, 30대 중점과제, 74개의 세부과제

- 도입 배경 및 목적
- 발달재활서비스 이용
- 바우처 지원액 및 본인부담금
- 발달재활서비스 선정절차

- 장애 수당지원
- 보육 및 교육지원
- 의료 및 재활지원
- 돌봄 및 휴식지원
- 기타지원

- 개인별 지원 계획과 지원방안
  - 자폐성 장애아동에 대한 증거기반
    실제 예

- 다학문적 팀 접근
- 간학문적 팀 접근
- 초학문적 팀 접근

학습목표

1. 발달재활서비스의 개념을 정의할 수 있다.

2. 발달재활서비스의 절차에 대하여 설명할 수 있다.

3. 장애아동에게 제공되는 서비스의 종류를 각 분야별로 분류할 수 있다.

4. 장애가족에게 제공되는 서비스의 종류를 각 분야별로 분류할 수 있다.

5. 효과적인 팀 협력을 위한 방안을 제시할 수 있다.

주요 용어

정책: 정치 또는 정무를 시행하는 방침

발달재활서비스: 성장기 장애아동의 인지, 의사소통, 적응행동, 감각 · 운동 등의 정신적 · 감각적 기능 향상과 행동발달을 위해 적절한 서비스 지원 및 정보 제공

중재반응모형: 학교 단위로 이루어지는 단계별 교육 및 평가, 관련 서비스를 포함하는 교육시스템

증거기반의 실제: 과학적 연구를 통해 효과적이라고 검증된 교수 방법

다학문적 팀 접근: 여러 분야의 전문가들이 독립적으로 평가, 중재 및 서비스를 제공하는 접근 방법

간학문적 팀 접근: 여러 분야의 전문가들이 의사소통하며 자신의 분야에 관련된 진단과 평가를 실시한 뒤, 서로의 정보를 교환하여 중재를 계획하고 실행하는 접근 방법

초학문적 팀 접근: 통합된 서비스 제공을 위해 여러 분야의 전문가들이 함께 진단과 평가를 실시하고 분야를 초월해 정보와 지식을 공유하며 중재를 계획하고 실행하는 접근 방법

사례

　준호(가명)는 지적장애의 만 7세 남아이며, 준호의 부모 또한 지적장애를 가지고 있다. 준호는 현재 엄마, 아빠, 그리고 친할머니와 함께 생활하고 있는데, 올해 특수교육지원대상자로 선정되어 일반초등학교 1학년에 입학하였다. 개별화교육계획 회의에서 준호의 특수교사는 준호의 언어 수준이 또래에 비해 현저히 지연되어 있다는 점을 이야기하며 언어치료에 대한 언급을 하였다. 할머니는 준호에게 언어치료를 시키고 싶은 마음은 간절한데 가정형편상 사설 기관에서 치료를 받는 것이 어렵다고 하였다.

　특수교사는 할머니에게 발달재활서비스에 대하여 자세하게 설명을 해 드렸다. 준호의 부모는 기초생활수급자로 지원을 받고 있고, 준호의 나이가 만 18세 미만이기 때문에 발달재활서비스를 신청할 수 있다고 말씀드렸다.

　준호의 할머니는 지역 주민센터에 방문하여 준호가 지원받을 수 있는 발달재활서비스를 신청한 결과 서비스 지원 대상자로 선정되었다. 다행히 준호가 거주하는 곳과 가까운 거리에 언어치료 기관 중 바우처 사업에 지정된 곳이 있어 주 2회 언어치료를 시작할 수 있게 되었다.

① 장애아동을 위한 복지서비스

1) 장애인 지원 정책

1976년 UN이 1981년을 '세계장애인의 해'로 정한 이후 전 세계적으로 장애인에 대한 관심이 증가되었다. 이런 영향으로 인해 우리나라도 본격적으로 장애인 복지에 대한 연구 및 정책을 수립하고 추진하기 시작하였다.

1990년대에 들어와서는 저소득 장애인에 대한 생계비 지원 등 기본적인 복지서비스를 확충하고 장애인에 대한 의료, 직업, 교육, 재활의 기초를 마련하였다. 이를 기반으로 장애인의 인권에 대한 존중과 더불어 인간다운 삶을 보장하는 원칙과 기준이 수립되었다.

2000년대에 들어서면서 장애인에 대한 정책의 범위가 다양하게 확대되었다. 즉, 장애인이 이용할 수 있는 편의시설의 설치 확대, 장애 수당 도입,「장애인차별금지 및 권리구제 등에 관한 법률」의 제정 및 활동보조지원사업 실시 등 장애인의 생활영역 전반에 걸쳐 영향을 미치기 시작하였다.

장애인과 관련된 정책은 각 차별 5개년 계획에 따라 꾸준히 진행되어 왔다. 2018년 발표된 제5차 장애인정책종합계획(2018~2022)까지 제도 개선 및 재정지원 확대가 시행되었고, 특히 '장애등급제 폐지'는 획기적인 인식개선과 맞춤형 서비스지원을 구축하는 데 기반이 되었다. 즉, 1988년「장애인복지법 시행규칙」별표 1 '장애인의 장애등급표'에 규정되어 있던 등급이 2019년 7월 폐지되었다. 다만 장애인 등록을 위해 '장애정도가 심한 장애인(1~3급)'과 '심하지 않은 장애인(4~6급)' 두 단계로 구분하게 되었는데, 두 단계로 구분하는 것은 기존 1~3급 장애인에게 인정되어 오던 우대 혜택을 최대한 유지하기 위한 취지이다.

그동안 다양한 제도 개선 및 재정지원이 확대되고 장애등급제가 폐지되는 등 많은 변혁과 성과를 거두었지만 여러 분야에서 정책의 미흡함이 제기되었다. 이와 더불어 국제 장애인 정책 패러다임 변화와 아울러 발달장애 인구의 증가 및 1인 가구의 증가는 장애인 정책도 새롭게 변화되어야 한다는 과제를 안겨 주었다.

2) 장애인정책종합계획

장애인 정책의 변화를 바탕으로 제6차 장애인정책종합계획(2023~2027)의 방향은 사회적 약자인 장애인에 대한 더욱 두터운 지원, 장애인 개개인의 환경과 욕구에 맞춘 맞춤형 통합 지원체계 구축, UN 장애인권리협약 정신에 입각하여 전 생활 영역에서 권리보장을 확대하 겠다는 것이다. 그리고 정책방향에 맞추어 총 9대 분야에 걸쳐 30대 중점과제 및 74개의 세부 추진과제를 마련하였다고 발표하였다.

제6차 장애인정책종합계획(2023~2027)의 정책방향과 9대 정책분야에 대한 내용은 [그림 12-1]과 같고 비전과 목표, 정책방향 및 9대 정책분야, 30대 중점과제에 대한 핵심 내용은 [그림 12-2]와 같다.

그림 12-1   제6차 장애인정책종합계획(2023~2027)의 정책방향과 9대 정책분야

출처: 관계부처합동(2023b). 제6차 장애인정책종합계획(2023~2027). 인포그래픽, p. 1.

비전	맞춤형 지원으로 장애인의 자유롭고 평등한 삶을 실현하는 행복사회

목표	장애인의 사회적 배제 해소와 삶의 질 향상

정책방향	• (약자복지) 취약계층인 장애인에 대해 더욱 두텁게 지원 • (사회서비스 고도화) 수요자 욕구에 기반한 맞춤형 통합서비스 지원 • (글로벌 스탠다드) 전 생활영역에서의 장애인의 권리보장 확대

9대 정책분야 · 30대 중점 과제 · 74개 세부 추진과제

❶ 장애인 맞춤형 통합지원 및 자립 · 주거 결정권 강화

• 지역사회 장애인 생활지원 강화
• 발달장애인 평생돌봄 지원체계 마련
• 장애인 자립 및 주거 자기결정권 강화
• 장애인 서비스 제공 기반 고도화

❷ 지역사회 기반 장애인 보건 의료체계 강화

• 장애인 맞춤형 보건의료 지원체계 확립
• 장애인 보건의료사업 고도화
• 혁신기술 기반 장애인 헬스케어 활성화

❸ 생애단계별 맞춤형 교육 지원체계 고도화

• 장애 조기발견 및 영유아 교육지원 강화
• 장애학생 맞춤형 특수교육 지원 강화
• 장애인 고등 · 평생교육 기회 확대

❹ 소득보장제도 강화 및 장애인 고용 지원 확대

• 장애인 소득보장 확대 및 제도 선진화
• 취업 지원 및 고용안정 · 직업훈련 확대
• 장애인 벤처 · 중소기업 지원

❺ 장애인의 일상생활 속 체육 · 관광 여가 확대

• 장애인 체육 이용환경 지원 확대
• 장애인 관광 향유 증진 기반 확충

❻ 장애인 문화예술 향유 및 디지털 · 미디어 참여 확대

• 장애인 문화예술 접근성 제고
• 장애예술활동 지원 강화
• ICT기반 정보격차 해소 · 사회참여 확대
• 미디어 접근권 보장 강화

❼ 장애인 이동 및 시설 접근, 재난안전 보장 강화

• 장애인 교통수단 확대 및 이동 보장
• 일상생활 위한 장애인 편의시설 확대
• 장애인 재난안전 대응체계 강화

❽ 장애인의 사회참여 및 권리 보장 강화

• 장애인 학대 예방 및 권리옹호 강화
• 정신장애인 사회참여 및 권익증진 지원
• 여성장애인 지원 확대 및 차별 해소
• 장애인정책 국제협력 강화

❾ 장애인 정책 추진기반 강화

• 장애 개념 확대
• 장애인 보건복지 전달체계 개편
• 장애인 정책조정 거버넌스 강화
• 장애인권리보장원 설치

그림 12-2 제6차 장애인정책종합계획(2023~2027)의 정책방향과 9대 정책분야

출처: 관계부처합동(2023a). 제6차 장애인정책종합계획(2023~2027), p. 5.

9대 정책분야와 관련된 내용을 각 영역별로 살펴보면 [그림 12-3]과 같다.

1 개인 환경에 따라 필요한 서비스를 지원하기 위한
장애인 맞춤형 통합지원·자립·주거결정권 강화

- ☑ **사는 지역**에서 꾸준하게 **생활지원**을 받도록!

- ☑ 장애인의 삶의 질을 높이고 가족 돌봄부담을 덜 수 있도록 **발달장애인 평생돌봄 지원체계** 마련

- ☑ 시설 등에 거주하는 장애인의 안정적인 **자립**과 본인 의사에 따라 거주환경을 결정할 수 있도록 **주거 자립결정권** 강화

- ☑ **장애 상태·특성**, 다양한 **욕구**를 반영한 **서비스** 제공

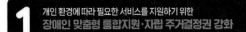

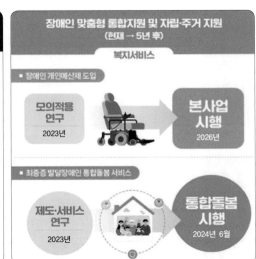

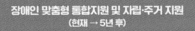

2 사는 곳에서 보건의료서비스를 받을 수 있도록
지역사회 기반 장애인 보건의료체계 강화

- ☑ 장애인 건강주치의를 장애인 전체로 확대하고 본사업 전환 추진, 장애인 건강보건관리 5개년 종합계획 수립 등 **장애인 맞춤형 보건의료 지원체계 확립**

- ☑ 검진시설을 갖춘 공공보건의료기관을 장애친화 검진기관으로 의무 지정하고 산부인과, 구강진료센터 등 **장애친화 보건의료기관 확대 및 접근성 개선**

- ☑ 디지털 헬스기기 기술을 활용한 **혁신기술 기반 장애인 헬스케어 활성화**

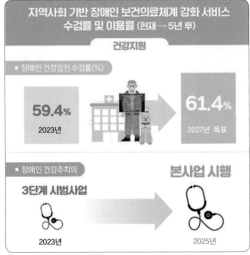

3 영유아부터 고등·평생교육까지 생애단계별 맞춤형 교육 지원체계 고도화

☑ 장애 조기 발견을 위한 '영유아 발달 정밀검사 지원기준' 전체 대상으로 확대(2024년), 장애아전문·어린이집 확충 등 **영유아**에 대한 **교육지원 강화**

☑ 일반-특수교사 통합교육 등 **장애학생 맞춤형 특수교육 지원 강화**

☑ 장애인고등교육지원센터 설치 등 **고등교육 지원 강화** 맞춤형 평생교육프로그램 개발 등 **장애인 평생교육 기회 확대**

생애단계별 맞춤형 교육지원체계 고도화 달성률 (현재 → 5년 후)

보육·교육지원

■ 통합교육 연수 이수율(%)

82%
2023년

90%
2027년 목표

■ 장애인 평생학습도시 수(누적)

53개
2023년

100개
2027년 목표

장애인 평생학습도시란?

장애인 평생교육을 위한 편의시설을 갖추고, 맞춤형 프로그램 등을 제공하는 지자체

4 장애인연금 단계적 인상 등 소득보장제도 강화 장애유형에 따른 맞춤형 직무개발 등을 통한 장애인 고용지원 확대

☑ 장애인일자리 확대 및 장애유형별 맞춤형 직무 개발, 장애인연금 지원단가 인상, 중증장애인생산품 판매 촉진 등 **장애인 소득보장 확대 및 제도 선진화**

☑ 직업훈련에서부터 취업까지 연계되도록 **취업 지원과 고용안정·직업훈련 확대**

☑ 기업 경영환경 분석을 통한 맞춤형 지원과 공공기관의 장애인기업 제품 우선 구매 추진 등 **장애인 벤처 중소기업 지원**

소득보장제도 강화 및 장애인 고용률 (현재 → 5년 후)

경제활동지원

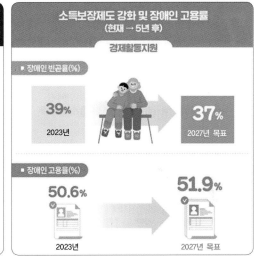

■ 장애인 빈곤율(%)

39%
2023년

37%
2027년 목표

■ 장애인 고용률(%)

50.6%
2023년

51.9%
2027년 목표

5 장애인 생활체육시설을 늘리고, 쉽게 이용할 수 있는 '열린관광지'를 전국에 조성해 일상에서 생활체육과 관광을 즐길 수 있는 여가시간 확대

☑ 시군구 반다비 체육센터 확충 등 **장애인 체육 이용환경 지원 확대**

☑ **열린관광지 확충**, 지역 관광지와 민간시설을 연계한 무장애관광도시 조성 확대 등 **장애인 관광 향유 증진**

장애인의 일상생활 속 체육·관광 여가 참여율 (현재 → 5년 후)

체육·관광

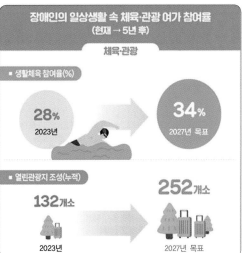

■ 생활체육 참여율(%)

28%
2023년

34%
2027년 목표

■ 열린관광지 조성(누적)

132개소
2023년

252개소
2027년 목표

6 문화예술시설·정보 접근성 및 장애예술활동 지원 강화 등으로 **문화예술을 향유**하고, 장애유형별 맞춤형 정보통신보조기기 개발·보급 등을 통한 **디지털·미디어 참여 확대**

- 문화예술 시설 접근성 가이드북 제작·배포, 장애인 예술강좌이용권 도입 추진 등 **장애인 문화예술 접근성 제고**

- 표준창작공간 조성, 장애예술인 창작물 우선구매제도 도입 등 **장애예술활동 지원 강화**

- 무인정보단말기 공공기관 우선구매 등 **ICT기반 정보격차 해소·사회참여 확대**

- 장애인방송 제작·편성 확대 등 **미디어 접근권 보장 강화**

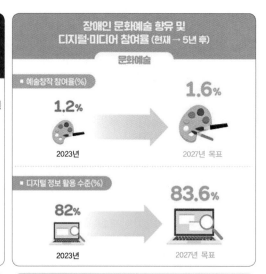

장애인 문화예술 향유 및 디지털·미디어 참여율 (현재 → 5년 후)

문화예술

- 예술창작 참여율(%)
  1.2% (2023년) → 1.6% (2027년 목표)

- 디지털 정보 활용 수준(%)
  82% (2023년) → 83.6% (2027년 목표)

7 장애인 이동권 보장 강화를 위한 **장애인 이동 및 시설 접근, 재난안전 보장 강화**

- 구간버스 대폐차 시 저상버스 도입 의무화, 특별교통수단 이동지원센터 운영비 국비 지원 등 **장애인 이동권 보장 강화**

- 장애인 편의시설 설치대상 확대, 장애물 없는 생활환경(BF) 인증 활성화 등 **일상생활 위한 장애인 편의시설 확대**

- 관계부처 협력 장애인 재난안전 대책 검토, **감염병 재난 시 장애인 맞춤형 지원** 등 장애인 재난안전 대응체계 강화

장애인 이동 및 시설 접근성 강화율 (현재 → 5년 후)

이동편의

- 특별교통수단 도입률(%)
  92% (2023년) → 100% (2027년 목표)

- 편의시설 설치대상 확대율(%)
  50㎡ 이상 (2023년) → 50㎡ 이하 (2027년 목표)

8 장애인의 사회참여와 권리보장 강화

- 장애인권익옹호기관 전담인력 증원, 장애인식개선 교육 활성화 등을 통한 **장애인 학대 예방 및 권리옹호 강화**

- 정신장애인이 시설에서 나와 지역사회 안에서 자립할 수 있도록 자립 이행방안 마련 등 **정신장애인 사회참여 및 권익증진 지원**

- 장애인임산부 맞춤형 임신·출산 지원 등 **여성장애인 지원 확대**

- 국제장애인권리보장센터 설립 추진, 장애포괄적 국제협력사업 활성화 등 **장애인 정책 국제협력 강화**

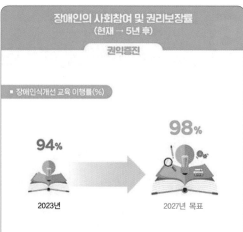

장애인의 사회참여 및 권리보장률 (현재 → 5년 후)

권익증진

- 장애인식개선 교육 이행률(%)
  94% (2023년) → 98% (2027년 목표)

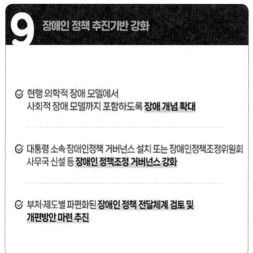

그림 12-3　제6차 장애인정책종합계획(2023~2027)의 정책방향과 9대 정책분야

출처: 관계부처합동(2023b). 제6차 장애인정책종합계획(2023~2027). 인포그래픽, pp. 2-20.

　　장애인과 관련된 정책은 각 차별 5개년 계획에 따라 꾸준히 노력해 왔고, 특히 이전의 소극적인 지원에서 벗어나 현재는 장애아동의 일상생활 영역 전반에 걸쳐 세부적이고 구체적인 지원이 이루어지고 있다.

　　그러나 대부분의 지원이 장애아동의 학령기 시기에 집중되어 있다는 점을 고려할 때, 한 사회의 구성원으로서 의미 있고 가치 있는 삶을 영위할 수 있도록 장애아동의 전 생애에 걸친 지원이 보장될 수 있도록 이를 뒷받침할 수 있는 적극적인 정책적 변화가 필요하다.

② 발달재활서비스

1) 도입 배경 및 목적

　　보건복지부에서는 2007년 처음으로 소득과 무관하게 중중장애인에게 가사ㆍ일상생활 등의 활동을 지원하고 자립생활과 사회참여 확대를 위해 장애인 활동 보조지원사업에 바우처 제도를 도입하였다.

　　장애아동을 위한 발달재활서비스는 2009년부터 도입되어 성장기 장애아동 기능향상 및 행동발달 지원을 위한 서비스를 제공하고 있다.

보건복지부(2024)는 발달재활서비스를 제공하는 목적을 성장기 장애아동의 인지, 의사소통, 적응행동, 감각·운동 등의 정신적·감각적 기능 향상과 행동발달을 위한 적절한 발달재활서비스 지원 및 정보 제공, 높은 발달재활서비스 비용으로 인한 장애아동 양육가족의 경제적 부담 경감이라고 명시하고 있다. 이를 뒷받침하기 위해 「발달장애인 권리보장 및 지원에 관한 법률」(약칭: 발달장애인법)에 명시된 발달재활서비스 지원과 관련된 규정을 살펴보면 〈표 12-1〉과 같다.

표 12-1 「발달장애인법」에 명시된 발달재활서비스 지원

발달재활 서비스 지원	✽ 복지서비스의 신청(제18조) – 「장애아동 복지지원법」 제21조에 따른 발달재활서비스지원 「장애아동복지지원법」 제21조에서는 "국가와 지방자치단체는 장애아동의 인지, 의사소통, 적응행동, 감각·운동 등의 기능 향상과 행동발달을 위하여 적절한 발달재활서비스(이하 '발달재활서비스'라 한다)를 지원할 수 있다." ※ 재활 및 발달 지원(제24조) ① 국가와 지방자치단체는 발달장애인이 자신의 장애에도 불구하고 잠재적인 능력을 최대한 계발할 수 있도록 발달장애인에게 적절한 재활치료와 발달재활서비스 등을 제공하도록 노력하여야 한다. ② 보건복지부장관은 발달장애의 원인규명과 치료 및 행동문제 등의 완화를 위한 연구 및 의료 지원체계를 구축하여야 한다. ③ 국가와 지방자치단체는 발달장애인의 특성과 요구에 맞는 체계적이고 효율적인 의료 지원을 위하여 발달장애인 거점병원을 지정할 수 있다. 다만 특별시·광역시·특별자치시·도·특별자치도(이하 "시·도"라 한다)에는 1개소 이상의 의료기관을 발달장애인 거점병원으로 지정하여야 한다. 〈개정 2023. 8. 16.〉 ④ 국가와 지방자치단체는 자해·공격 등 행동문제로 인하여 일상생활에 곤란을 겪는 발달장애인을 전문적으로 지원하기 위하여 대통령령으로 정하는 바에 따라 행동발달증진센터를 설치·운영할 수 있다. 다만 시·도에는 1개소 이상의 행동발달증진센터를 설치·운영하여야 한다. 〈개정 2023. 8. 16.〉 ⑤ 국가와 지방자치단체는 예산의 범위에서 제1항부터 제4항까지의 사업을 수행하는 데 필요한 경비의 전부 또는 일부를 지원할 수 있다. ⑥ 제3항에 따른 거점병원의 지정 및 제4항에 따른 행동발달증진센터의 설치·운영 등에 필요한 사항은 보건복지부령으로 정한다. [시행일: 2025. 8. 17.] 제24조

발달재활서비스와 관련하여 제6차 장애인정책종합계획(2023~2027년)의 9대 정책분야 중 첫 번째 정책이 장애인 맞춤형 통합지원이고 이 내용의 핵심과제 중 하나는 장애아동 복지지원 고도화이다. 장애아동 복지지원 고도화의 내용은 [그림 12-4]와 같다.

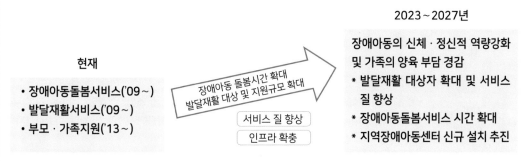

그림 12-4   장애아동 복지지원 고도화 계획

출처: 관계부처합동(2023a). 제6차 장애인정책종합계획(2023~2027), p. 41.

2) 발달재활서비스 이용

발달재활서비스 지원은 가족의 경제적 부담을 완화함과 아울러 장애아동의 적절한 재활 치료를 지원하기 위해 제정된 제도로 기관을 방문하여 제공받는 것이 원칙이다.

그러나 서비스 대상자의 거주지에 제공기관이 없거나, 부득이하게 이용이 어려운 경우 사유서를 제출하면 경계를 접한 타 광역 지자체 및 기초 지자체 제공기관 이용이 가능하다.

가정방문형은 제공기관에 소속된 제공 인력이 가정을 방문하여 제공하는 서비스로, 거주 지에 제공기관이 없거나 도서·벽지 지역에 거주하는 장애아동의 경우 및 이동이 불편하거 나 또는 보호자가 없어 기관 방문이 어려운 경우에 이용할 수 있다. 발달재활서비스의 구체 적인 지원 내용은 〈표 12-2〉와 같다.

표 12-2 발달재활서비스 이용

구분	주요 내용
목적	• 장애아동의 인지, 의사소통, 적응행동, 감각·운동 등의 정신적·감각적 기능향상과 행동발달을 위한 적절한 발달재활서비스 지원 및 정보 제공과 더불어 장애자녀를 양육하는 가정의 경제적 부담 경감
대상	• 시각, 청각, 언어, 지적, 자폐성, 뇌병변 장애가 있는 만 18세 미만 등록 장애아동으로 기준 중위소득 180% 이하 가정을 대상으로 소득별 차등 지원 • 만 6세 미만 영·유아가 시각·청각·언어·지적·자폐성·뇌병변 장애가 예견되어 발달재활서비스가 필요한 경우 발달재활서비스 의뢰서 및 검사자료로 대체 가능
서비스 이용액	• 주 2회(월 8회)를 원칙으로, 해당 서비스 이용금액은 월 25만 원(회당 서비스 단가는 30,000원)이며 정부 지원금은 소득 수준에 따라 차등 지원(25~17만 원)되며 기초수급자는 면제
서비스 내용	• 언어재활, 청능재활, 미술심리재활, 음악재활, 행동발달재활, 놀이심리재활, 재활심리, 감각발달재활, 운동발달재활, 심리운동 등 • 물리치료와 작업치료 등 의료기관에서 행해지는 의료지원 불가
제공기관	• 발달재활서비스는 장애인복지관, 사설기관 등 시·군·구의 지정을 받은 제공기관에서 이용할 수 있으며, 제공기관 지정기준은 「장애아동 복지지원법 시행규칙」 제8조 제1항 별표 1의 기준에 적합해야 한다.

3) 바우처 지원액 및 본인부담금

발달재활서비스 대상자에게 지원되는 총 지원금액은 25만 원으로 동일하다. 그러나 정부지원금과 본인부담금은 소득기준에 따라 분류하여 지원한다. 본인부담금은 서비스 대상자가 제공기관 계좌로 직접 입금해야 하나, 경우에 따라 현금영수증 처리도 가능하다. 바우처 지원액 및 본인부담금은 〈표 12-3〉과 같다.

표 12-3 바우처 지원액 및 본인부담금

소득기준	총 구매력		바우처 지원액		본인부담금
기초생활수급자 (다형)			월 25만 원		면제
차상위 계층 (가형)			월 23만 원		2만 원
차상위 계층 초과~기준 중위소득 65% 이하 (나형)	월 25만 원	=	월 21만 원	+	4만 원
기준 중위소득 65% 초과~120% 이하 (라형)			월 19만 원		6만 원
기준 중위소득 120% 초과 180% 이하 (마형)			월 17만 원		8만 원

출처: 보건복지부 장애인정책국 장애인서비스과(2024). 2024년 장애아동 가족지원 사업안내, p. 147.

4) 발달재활서비스 선정절차

발달재활서비스 신청은 서비스를 필요로 하는 본인, 부모 또는 가구원, 대리인을 통해 가능하고 경우에 따라 복지담당 공무원이 직권으로 신청할 수 있다. 신청 장소는 주민등록상 주소지인 읍 · 면 · 동 주민센터에서 연중 가능하다. 신청에 필요한 서류는 읍 · 면 · 동 주민센터에 비치되어 있으며, 가구원의 소득 증명 자료와 영유아의 경우, 발달재활서비스 의뢰서를 제출해야 한다. 신청절차는 [그림 12-5]와 같다.

구분	주체	내용
신청 및 접수 **(읍 · 면 · 동)**	본인 · 부모 또는 가구원 등 담당공무원	• 신청서
상담 및 조사 **(읍 · 면 · 동)**	읍 · 면 · 동 담당자	• 가구원 수 • 소득 조사
대상자 선정 **(시 · 군 · 구)**	시 · 군 · 구 담당자	• '행복e음'을 통해 '전자바우처시스템(사회보장정보원)'으로 대상자 선정결과를 전송
통지 **(시 · 군 · 구)**	시 · 군 · 구 담당자	• 신청서에 선정결과 통지

그림 12-5 선정 절차

출처: 보건복지부 장애인정책국 장애인서비스과(2024). 2024년 장애아동 가족지원 사업안내, p. 157.

③ 장애아동 및 가족 지원 정책

1) 장애수당지원

국가에서 지원하고 있는 연금과 장애수당 및 장애아동수당, 장애아동양육수당이 있다. 장애인연금은 만 18세 이상 장애인 중 「장애인연금법」상 중증장애인이 지원대상이 된다.

반면, 장애수당은 「국민기초생활보장법」에 의한 수급자 및 차상위 계층으로 만 18세 이상 등록장애인 중 「장애인연금법」상 중증장애인에 해당하지 않는 자가 대상이다. 이 외에도 세금을 비롯해 보험료 감면 및 공영주차장 주차요금, 철도 · 도시철도요금, 이동통신요금 감면 등 각종 요금 할인 등이 있다.

　장애수당 지원 중 등록한 장애아동의 안정적인 생활과 복지증진을 위해 지원되는 장애아동수당을 살펴보면 〈표 12-4〉와 같고 장애아동양육수당은 〈표 12-5〉와 같다.

표 12-4　장애아동수당

구분	내용			
목적	장애로 인하여 생활이 어려운 장애아동에 대한 안정적인 지원			
대상	• 만 18세 미만의 등록한 장애인, 다만 만 18~만 20세로서 「초중등교육법」 제2조에 따른 학교에 재학(휴학도 포함됨) 중인 자는 포함(단, 장애인연금을 받는 경우 제외) • 중증장애인: 「장애인연금법」상 중증장애인에 해당하는 자(종전 1급 및 2급 · 3급 중복 장애인) • 경증장애인: 「장애인연금법」상 중증장애인에 해당하지 않는 자(종전 3~6급인 자) 중 국민기초생활보장수급자 및 차상위계층(기준중위소득의 50%) 지원			
수당지원 분류	생계 또는 의료급여 수급자	주거 또는 교육급여 수급자	차상위계층	보장시설 수급자 (생계 또는 의료)
중증장애인	월 22만 원	월 17만 원	월 17만 원	월 9만 원
경증장애인	월 11만 원	월 11만 원	월 11만 원	월 3만 원

출처: 보건복지부 장애인정책국 장애인서비스과(2024). 2024년 장애아동 가족지원 사업안내. 발췌, 수정 후 재구성.

표 12-5　장애아동양육수당

구분	주요 내용
목적	장애아동의 양육을 돕고, 가족의 생활 안정을 위해 지원
대상	• 어린이집, 유치원(특수학교 포함), 종일제 아이돌봄서비스를 이용하지 않고 가정에서 양육되는 초등학교 미취학 86개월 미만 등록 장애아동으로 가구의 소득재산 수준과 관계없이 모두 지원 • 어린이집 미이용아동 양육지원 사업의 세부내역으로 기존 양육수당과 중복지원 안 됨
지원금액	0~35개월: 월 20만 원, 36개월 이상~85개월: 월 10만 원

출처: 보건복지부 장애인정책국 장애인서비스과(2024). 2024년 장애아동 가족지원 사업안내. 발췌, 수정 후 재구성.

2) 보육 및 교육지원

보육 및 교육지원은 다양한 영역에서 이루어지고 있다. 장애아 보육료 지원 및 청소년 발달장애인 방과후 활동서비스, 여성장애인의 사회참여 교육 등을 위한 지원이 시행되고 있다.

대학에 재학 중인 장애학생을 위한 교육활동 지원은 강의 및 시험대필 등과 학습활동을 위한 이동·편의 지원, 수어통역사 및 속기사 등을 지원하고 있다.

장애학생 정보격차 해소 지원을 위한 장애인정보화교육은 등록장애인을 위한 집합교육과 장애가 심한 경우 방문교육이 시행되고 있다. 특히 정보화교육을 장애인뿐만 아니라 특수학교 및 특수학급 교사, 일반학교 교사에게까지 지원하고 있다. 또한 국립특수학교 및 국립부설학교 특수학급 지원은 장애정도가 심한 경우 우선 입소가 가능하다.

보육 및 교육지원 중 장애아 보육료지원 및 청소년 발달장애인 방과후 활동서비스를 살펴보면 〈표 12-6〉과 같다.

표 12-6 장애아 보육료 지원 및 청소년 발달장애인 방과후 활동서비스

구분	장애아 보육료 지원	청소년 발달장애인 방과후 활동서비스
목적	장애아동을 위한 교육서비스 제공	
대상	• 장애인복지카드(등록증)를 소지한 만 12세 이하의 미취학 장애아동 　- 의사진단서 및 특수교육대상자 진단·평가 결과 통지서 제출자 가능	• 만 6~18세 미만의 등록된 지적 및 자폐성 장애인 • 만 18세 이상 재학생의 경우 방과후 활동서비스와 주간활동서비스 중 택1
지원 내용	• 장애아 전담교사를 배치하여 보육하는 시설 이용 장애아동: 559천 원 지원('23년) • 교사대 아동비율(1:3) 미준수 및 전담교사 미배치의 경우: 해당 반별 보육료 상한액(만 2세 반 이하는 정부지원단가, 만 3세 반 이상은 시·도지사가 정한 수납한도액	• 월 66시간 방과후 활동 이용권(바우처) 제공

출처: 보건복지부 홈페이지(www.mohw.go.kr)에서 발췌, 수정 후 재구성.

3) 의료 및 재활지원

장애인 의료비 지원은 「의료급여법」에 의한 의료급여 2종 수급권자인 등록장애인과 건

강보험의 차상위 본인부담 경감대상자인 만성질환 및 18세 미만 등록장애인으로 1차 의료기관 외래진료 본인부담금 750원 일괄지원 및 2차, 3차 의료기관 진료 시 본인부담 진료비 15%를 지원하나 본인부담금 식대 20%와 약제비는 지원하지 않는다.

건강보험 지역가입자의 보험료 경감은 등록장애인으로 일부지원은 소득수준 및 장애정도에 따라 지원액수가 다르다.

장애인 보조기기 교부는 지체·뇌병변·시각·청각·심장·호흡기·언어·자폐성·지적 장애만 대상이며, 국민기초생활법상 수급자 및 차상위 계층으로 장애유형에 따라 필요로 하는 각종 보조기기를 지원받을 수 있다.

그 밖에 여성장애인 출산비용, 장애입양아동 의료비, 특수교육대상자 치료지원 서비스 등 다양한 지원이 의료 및 재활 분야에서 시행되고 있다. 이 외 의료 및 재활영역의 주요 지원을 살펴보면 〈표 12-7〉과 같다.

표 12-7 의료 및 재활영역의 주요 지원

지원명칭	지원대상	지원내용
장애인 등록진단비 지급	• 생계급여 또는 의료급여 수급자로서 신규 등록장애인 및 재판정 시기가 도래한 장애인	• 진단서 발급 비용 지원 • 지적장애 및 자폐성 장애: 4만 원 • 기타 일반장애: 1만 5천 원 • 장애판정을 위한 검사비용은 본인 부담
언어발달 지원	• 연령기준: 만 10세 미만 비장애아동(한쪽 부모 및 조손가정의 한쪽 조부모가 시각·청각·언어·지적·뇌병변·자폐성 등록장애인) • 소득기준: 전국가구평균소득 100% 이하	• 매월 16~22만 원의 언어재활 등 바우처 지원 • 언어발달진단서비스, 언어·청능 등 언어 재활서비스, 독서지도, 수화지도

출처: 보건복지부 홈페이지(www.mohw.go.kr)에서 발췌, 재구성.

4) 돌봄서비스 및 휴식지원

장애아동가족의 양육부담 경감 및 정상적인 사회 생활을 도모하고자 하는 목적하에 시행된 돌봄 및 휴식 지원의 구체적인 내용은 〈표 12-8〉과 같다.

表 12-8   돌봄서비스 및 휴식지원 서비스

구분	돌봄서비스	휴식지원 프로그램
목적	장애아동 가족의 일상적인 양육부담을 경감하고 보호자의 정상적인 사회활동을 돕기 위하여 돌봄 및 일시적 휴식지원 서비스 제공	
대상	• 18세 미만의 「장애인복지법」상 등록 장애 정도가 심한 장애아와 생계·주거를 같이 하는 가정 - 기준중위소득 120% 이하 가정 무료, 소득 초과 가정은 이용료의 40% 본인부담	• 소득기준 상관없이 18세 미만의 모든 장애아 가족으로 돌봄서비스를 받지 않는 가정도 참여 가능, 돌봄서비스를 받는 가정 우선 지원 - 가급적 돌봄서비스 대상 가정 50% 이상에 휴식지원 프로그램 제공
지원 내용	• 양육자의 질병, 사회활동 등 일시적 돌봄서비스 필요시 일정한 교육과정을 수료한 돌보미를 피건히여 장애아동 보호 및 휴시지원 • 아동의 가정 또는 돌보미 가정 등에서 돌봄서비스 제공 - 1아동당 연 1,080시간 범위 내 지원 (1,080시간 초과 시 전액 본인부담으로 이용 가능) - 서비스제공은 월 160시간 이내 원칙	• 교육 - 가족역량강화를 위한 부모교육, 자녀양육교육, 스트레스 관리 교육 등 • 문화 - 가족 간 유대증진 및 휴식지원을 위한 가족캠프, 예술, 체육활동, 박람회 능 • 상담 및 치료 - 장애아가족 부모 동료 상담, 집단 상담 운영, 상담프로그램 등 제공 • 자조모임 - 정기적 모임을 통한 장애아동 자녀를 둔 부모들의 사례 및 경험 공유 등 • 정보제공 - 장애아동 진학 및 취업정보, 장애인복지 관련 법령 및 정책정보 등 제공

출처: 보건복지부 장애인정책국 장애인서비스과(2024). 2024년 장애아동 가족지원 사업안내. 발췌, 수정 후 재구성.

5) 기타 지원

장애인 및 장애아동과 장애부모를 위한 정책은 위에 서술한 내용 외에도 매우 다양하다. 다양한 지원 정책 중 우울감 등 부정적 심리상태 완화를 위해 지원하는 발달장애인 부모상담지원사업은 〈표 12-9〉와 같다.

표 12-9　발달장애인 부모상담지원사업

구분	주요 내용
목적	과중한 돌봄 부담을 가지고 있는 발달장애인 부모에게 집중적인 심리·정서적 상담 서비스를 제공하여 우울감 등 부정적 심리상태를 완화해 궁극적으로 발달장애인 가족의 기능 향상 도모
대상	• 발달장애인 부모에게 상담(개별/집단)지원 　- 회당 50~100분, 월 3~4회 이상, 12개월간 제공(특별한 경우 연장 최대 12개월 가능) 　※ 서비스 연장을 위한 욕구 판정 실시(3개월마다) 　- 기본서비스 이용(12개월) 외, 추가로 신청자가 서비스 연장 이용을 원할 경우, 제공기관에서 신청자의 심리·정신 상태 측정

출처: 복지로 홈페이지(www.bokjiro.go.kr)에서 발췌, 수정 후 재구성.

「장애인등에 대한 특수교육법 시행규칙」 제5조(지원인력의 역할 및 자격)에 근거하여 특수교육대상자들의 문제행동 및 학교생활 적응의 보조 지원을 위해 시행되고 있는 특수교육보조원은 '특수교육 보조인력' 교육을 통해 배출되고 있으며, 지원내용은 〈표 12-10〉과 같다.

표 12-10　특수교육보조원 지원

구분	주요 내용
목적	특수교육대상자의 교수·학습과 신변처리 및 교내외 활동과 등하교 등의 활동을 보조하는 특수교육보조원 지원을 통해 교육 참여 기회 확대 및 자립 지원
대상	특수교육대상자 중 중도·중복장애 아동 우선 지원
보조인력 운영	사회복무요원, 자원봉사자 등 보조인력 운영 다양화
기타	특수교육보조원 수요가 없어질 경우, 학교 재배치 등 무기계약직 근로자의 안정적 근로 조건 확보 노력

④ 개인별 지원 계획과 지원방안

장애아동은 장애의 특성, 장애의 정도, 그리고 아동의 연령에 따라 요구하는 지원이 달라지기 때문에 아동에 대한 정확한 평가와 지원에 대한 계획이 필요하다. 각 장애아동에게 요구되는 적합한 중재를 지원하기 위해서는 장애의 정도와 특성을 정확하게 평가해야 할 뿐만 아니라 아동의 연령과 목표로 하는 행동을 고려해야 한다. 그리고 지원을 위한 인적·물적 자원을 고려하여 효과적인 중재방법을 고안하는 것이 중요하다. 중재방법의 선택에 있어서 어떤 방법이 증거기반의 실제인지 확인하는 것 또한 아동의 행동 증진을 위해 중요하게 고려되어야 할 것이다.

최근에는 장애아동의 지원에 있어서 과학적으로 증명된 증거기반의 실제(evidence-based practice)를 적용하는 것에 대한 중요성이 강조되고 있다.

미국 「장애인교육향상법(IDEIA)」에는 장애아동의 IEP에 포함된 특수교육 및 관련 서비스는 "실행 가능해야 하며 증거기반의 실제에 의해야 한다."라고 명시되고 있다. 이는 장애아동을 위한 교육은 과학적 연구를 통해 효과적이라고 검증된 교수 방법을 기반으로 구성되어야 한다는 것을 의미한다. 예를 들면, 미국 「아동낙오방지법」이 지원한 읽기 우선 프로그램(reading first programs)은 읽기 기술에 관련된 근거기반의 실제 프로그램에 해당된다.

장애아동에 대한 개인별 지원 계획과 지원방안은 각각 달라야 한다. 스타인브레너 등 (Steinbrenner et al., 2020)이 발표한 자폐성 장애아동을 위한 근거기반의 실제에 대한 보고를 중심으로 자폐성 장애아동에 대한 증거기반의 실제 예를 살펴보면 〈표 12-11〉과 같다.

표 12-11 자폐성 장애아동을 위한 증거기반의 실제

증거기반의 실제	내용
선행자극 기반의 중재 (antecedent-based intervention)	행동에 선행되는 환경 또는 상황의 자극을 변경함으로써 행동의 변화를 기대하는 중재
보완대체의사소통 (augmentative and alternative communication)	말을 보완하거나 대체적인 수단을 제공하여 의사소통 기술의 향상을 기대하는 중재
행동 관성 중재 (behavioral momentum intervention)	고확률(high-probability) 과제를 선행으로 제시한 후 저확률(low-probability) 요구를 삽입하여 반응을 유도하는 중재
인지 · 행동적 교수전략 (cognitive behavioral/instructional strategies)	인지적 절차의 통제를 통해 행동의 변화를 기대하는 중재
차별강화(differential reinforcement of alternative, incompatible or other behaviors)	문제행동이 발생하지 않았을 때 또는 대체 행동이 발생했을 때 강화를 제공하여 행동의 변화를 기대하는 중재
직접교수 (direct instruction)	설명하기-시범 보이기-안내된 연습-자발적 연습-평가하기 순으로 교수하는 중재
개별시도교수 (discrete trial training)	지시-반응-후속 결과의 순서로 구성된 독립적인 개별시도를 반복적으로 연습하여 새로운 행동을 습득할 수 있도록 하는 중재

운동과 움직임 (exercise and movement)	목표 행동 교수에 신체적인 활동을 결합하여 제공하는 중재
소거(extinction)	이전에 강화되었던 행동에 대한 강화를 제거하여 문제행동의 감소를 기대하는 중재
기능 행동 평가 (functional behavioral assessment)	행동의 기능을 파악하기 위한 평가방법
기능적 의사소통 훈련 (functional communication training)	문제행동을 대체할 수 있는 적절한 대체적 의사소통 교육을 통해 문제행동의 감소를 기대하는 중재
모델링(modeling)	적절한 행동의 모방을 통해 행동의 습득을 기대하는 중재
음악 중재 (music-mediated intervention)	음악적 요소가 중재의 핵심적인 교수 방법이 되는 중재
자연적 중재(naturalistic intervention)	자연스러운 환경과 상황에서의 활동을 통해 행동의 변화를 기대하는 중재
부모 중재 (parent-implemented intervention)	부모가 중재자 또는 교수자가 되어 아동의 행동을 훈련하는 중재
또래 교수와 중재(peer-based instruction and intervention)	또래가 중재자 또는 교수자가 되어 아동의 행동을 훈련하는 중재
촉구(prompting)	자극 또는 반응 촉구를 통해 행동의 습득에 도움을 주는 자극
강화(reinforcement)	행동의 유지 또는 증가를 위해 행동의 발생 이후 주어지는 자극
반응차단/재지시 (response interruption/redirection)	부적절한 행동의 발생을 방해 또는 재지시를 통해 문제행동의 발생을 억제하는 중재
자기관리(self-management)	아동 스스로의 행동을 기록하고 평가하며 적절한 행동의 습득을 촉진하는 중재
감각통합(sensory integration)	행동기술의 습득을 위해 그에 필요한 여러 감각들을 느끼고 통합해 나갈 수 있도록 도와주는 중재
사회적 담화(social narratives)	사회적 상황과 관련된 단서를 강조하고 그에 대한 적절한 반응의 예를 제공하고 훈련함으로써 사회적 상황에서 적절한 행동을 할 수 있도록 촉진하는 중재
사회기술훈련(social skills training)	사회성 기술에 대한 개념 또는 상황극, 피드백을 통해 사회성 향상을 촉진하는 중재
과제분석(task analysis)	활동이나 행동기술을 세부단위로 나누어 행동의 습득을 기대하는 중재
기술을 이용한 교수와 중재 (technology-aided instruction and intervention)	행동의 습득을 위해 과학적 기술을 중재의 요소로 활용하는 중재
시간 지연(time delay)	아동이 제시된 자극에 대해 적절히 반응할 수 있는 시간을 제공하여 독립적인 반응을 보일 수 있도록 촉진하는 중재

비디오 모델링(video modeling)	적절한 행동이 녹화된 비디오 영상물을 모델로 하여 목표행동 또는 행동의 습득을 촉진하는 중재
시각적 지원(visual supports)	그림, 글, 사물, 표식 등의 시각적 지원을 통해 적절한 반응을 할 수 있도록 돕는 중재

출처: *Evidence-based practices for children, youth, and young adults with Autism* (2020, p. 42, 44). National Clearinghouse on Autism Evidence and Practice Review Team.

⑤ 협력적 팀 접근

1) 다학문적 팀 접근

다학문적 팀 접근(multidisciplinary teams)은 전형적인 의료 모델로서, 여러 분야의 전문가들이 서로 독립적으로 진단 및 평가를 실시하고 이를 기반으로 중재를 계획하고 실행하는 접근 방법이다.

전문가들은 자신의 전문 영역을 대표하는 각자의 진단도구나 방법으로 아동을 평가하고 결과를 보고할 때도 독립적으로 하게 된다. 다학문적 팀 접근에서 팀의 전문가들은 각자의 전문성을 기반으로 아동을 평가하고, 평가 결과를 기반으로 개별적인 전문 분야와 관련된 서비스를 계획하고 실행한다.

다학문적 팀 접근의 장점은 중재를 계획하고 실행하기 위해 하나 이상의 전문 영역의 전문가가 참여함으로써 다양한 전문성을 반영할 수 있다는 것이다. 하지만, 이러한 접근 방법은 팀의 구성원들이 동일한 아동을 대상으로 분리된 진단과 평가를 실시하기 때문에, 아동을 다양한 특성을 가지고 있는 전인격으로 보기보다는 각 분야별로 아동의 한 특성만을 고려하기 쉽다는 단점이 있다.

2) 간학문적 팀 접근

간학문적 팀 접근(interdisciplinary teams)은 여러 분야의 전문가들이 자신의 분야와 관련된 진단과 평가를 독립적으로 실시한다. 그리고 공식적인 상호교류 기구를 설립하여 평가 결과를 서로 공유함과 아울러 의사소통을 통하여 중재를 계획하고 실행하는 접근 방법이다

(Peterson, 1987).

다학문적 팀 접근과의 공통점은 각 영역의 전문가들이 독립적으로 작업을 한다는 것이고, 차이점은 간학문적 팀 접근에서는 진단 과정과 결과의 보고에 있어서 서로 간의 의사소통을 통해 정보를 교환하고 협력적으로 중재를 계획한다는 점이다.

간학문적 팀 접근에서는 가족도 팀의 구성원으로 참여하게 된다. 간학문적 팀 접근에서는 일반적으로 정기적인 팀 미팅을 통해 대상 아동 사례에 대해 논의하며, 팀 구성원들은 각자의 전문 분야와 관련된 서비스 계획의 일부에 대한 책임을 가진다.

간학문적 팀 접근의 장점은 중재를 계획할 때 서비스 대표자를 통해 정보를 공유할 수 있으며, 전문가 간 정보를 공유하기 때문에 하나로 통일된 서비스를 계획할 수 있다는 것이다. 반면, 단점은 각 분야의 대표자가 모여 정보를 공유하고 의사소통하는 과정에서 각자의 역할이 불분명하다는 것이다. 또한 서로의 전문성과 훈련 내용에 대해 완전하게 이해하지 못한 상황에서 협력하는 데 어려움이 발생할 수 있다.

3) 초학문적 팀 접근

초학문적 팀 접근(transdisciplinary teams)은 통합된 서비스 제공을 위해 여러 분야의 전문가들이 함께 진단과 평가를 실시하고 서로의 분야를 초월해 정보와 지식을 공유하며, 이를 기반으로 중재를 계획하고 실행하기 위해 공동으로 의사결정을 하는 접근 방법이다. 이 접근 방법의 핵심은 각 분야별 전문가들의 역할 분담에 있다. 이를 위해 다른 분야의 전문가를 훈련하고 필요에 따라 그들에게 권한을 부여한다.

초학문적 팀 접근이 다학문적 팀 접근 및 간학문적 팀 접근과 다른 점은 모든 구성원이 함께 의사결정에 참여하기 때문에 서비스의 중복을 방지할 수 있다는 점, 그리고 아동의 발달에 대해 통합적인 견해로 바라볼 수 있다는 점이다. 또한 가족의 동등한 참여를 통해 지원에 있어서 가족의 선택을 우선으로 고려한다.

초학문적 팀 접근 방법의 장점은 다양한 전문 영역 간에 상호작용을 함으로써 종합적이고 통일된 중재를 제공할 수 있고, 협력의 과정에서 전문가들의 지식 및 기술을 향상시키고 전문성을 강화한다. 이에 반해 단점은 다양한 영역의 전문가 참여가 요구되고 고도의 협력과 상호작용이 필요하며, 전문가 간 의사소통과 이에 대한 계획을 위해 많은 시간과 노력이 요구된다는 것이다. 또한, 서비스 대표자의 역할을 하는 교사에게 가장 큰 책임이 주어질 수 있다.

각 협력적 팀 접근의 특징을 구체적으로 살펴보면 〈표 12-12〉와 같다.

표 12-12   **협력적 팀 접근의 특징**

특징	다학문적 팀 접근	간학문적 팀 접근	초학문적 팀 접근
진단	팀 구성원들 각자에 의한 독립적인 진단	팀 구성원들 각자에 의한 독립적인 진단	팀 구성원들과 가족이 함께 발달에 대한 포괄적인 진단
부모 참여	부모가 구성원들을 개별적으로 만남	부모가 팀 또는 팀의 대표자와 만남	부모가 팀의 구성원으로서 적극적으로 참여
서비스 계획 개발	팀 구성원들이 각자의 전문 분야에 대해 독립적으로 계획	팀 구성원들이 각자의 계획에 대해 공유	팀 구성원들과 부모가 가족의 우선순위와 욕구, 자원에 기초하여 서비스 계획 개발
서비스 계획 책임	팀 구성원들은 계획 중 각자의 전문 분야 서비스를 실행하는 데 책임이 있음	팀 구성원들은 정보를 공유하고 각자의 전문 분야 서비스를 실행하는 데 책임이 있음	팀 구성원들은 주 서비스 제공자가 계획을 어떻게 실행하는가에 책임이 있음
서비스 계획 실행	팀 구성원들은 그들의 분야와 관련된 서비스 계획의 부분 실행	팀 구성원늘은 그들의 분야와 관련된 서비스 계획의 부분 실행 및 가능하면 다른 분야의 전문가와 협업함	주 서비스 제공자는 계획을 가족과 함께 실행하도록 함
의사소통 통로	비공식적인 통로	특정 사례에 대한 정기적인 팀 모임	팀 구성원들 간에 정보, 지식, 기술이 지속적으로 전이되고 공유되기 위한 정기적인 팀 모임
지침이 되는 철학	팀 구성원들은 다른 분야의 기여도에 대한 중요성을 인식	팀 구성원들은 전체 서비스 계획의 일부를 개발, 공유 및 서비스를 제공하는 데 책임이 있음을 인식	팀 구성원들은 일원화된 서비스 계획을 실행하기 위해 학문의 경계를 넘어 서로 교수하고, 배우고, 일하는 데 헌신
스태프 개발	각각의 분야 내에서 독립적으로 개발	각각의 분야 내에서 독립적으로 개발할 뿐만 아니라 다른 분야의 전문성을 개발	분야 간 배움과 팀을 공고히 하기 위한 팀 모임의 필수적인 구성요소

출처: Woodruff & Hanson (1987). Project KAI, 778 Warren Street, Brighton, MA 02135. Funded by U.S. Department of Education, Special Education Programs, Handicapped Children's Early Education Program.

요점정리

1. 장애아동을 위한 복지서비스

1) 장애인 지원 정책

- UN이 1981년을 '세계장애인의 해'로 지정, 1990년대에 장애인의 권리보장을 위한 기틀 마련, 2000년대에 장애인 정책이 확대 발전됨

2) 장애인정책종합계획

- 문화예술, 복지, 건강, 보육 및 교육, 경제 권익 등을 보장하기 위한 맞춤형 지원으로 총 9대 분야에 걸쳐 30대 중점과제와 74개의 세부 추진과제 마련

2. 발달재활서비스

1) 도입 배경 및 목적

- 성장기 장애아동 기능향상 및 행동발달 지원을 위한 서비스를 제공

2) 발달재활서비스 이용

- 만 18세 미만의 장애아동으로 뇌병변, 지적장애, 자폐성 장애, 청각장애, 언어장애, 시각장애 아동으로 기준 중위소득이 180% 이하일 때 신청 가능

3) 바우처 지원액 및 본인부담금

- 주 2회 이용으로 지원되는 총 지원금액은 25만 원으로 동일하나 정부지원금과 본인부담금은 소득기준에 따라 5등급으로 분류하여 지원

4) 발달재활서비스 선정절차

- 본인, 부모, 또는 가구원, 대리인을 통한 신청, 또는 복지담당 공무원이 직권으로 신청

3. 장애아동 및 가족 지원 정책

- 장애 수당지원: 연금, 장애수당 및 장애아동수당, 장애아동 양육 수당
- 보육 및 교육지원: 장애아 보육료 지원 및 청소년 발달장애인 방과후 활동서비스 등
- 의료 및 재활지원: 장애인 의료비 지원, 건강보험 지역가입자의 보험료 경감, 장애인 보조기기 교부, 장애인등록진단비 지급, 언어발달지원 등
- 돌봄 및 휴식지원: 양육부담 경감을 위한 돌봄서비스 및 휴식지원 프로그램

• 기타 지원: 발달장애인 부모상담지원사업, 특수교육보조원 지원

4. 개인별 지원 계획과 지원방안

• 장애의 특성 및 정도, 아동의 연령에 적합한 정확한 평가와 지원에 대한 계획 수립
• 미국 「장애인교육향상법(IDEIA)」에는 장애아동의 IEP에 포함된 특수교육 및 관련 서비스
  는 "실행 가능해야 하며 증거기반의 실제에 의해야 한다."라고 명시
• 자폐성 장애아동에 대한 증거기반의 실제 예

5. 협력적 팀 접근

1) 다학문적 팀 접근

• 여러 분야의 전문가들이 서로 독립적으로 진단 및 평가를 실시하고 이를 기반으로
  중재를 계획하고 실행

2) 간학문적 팀 접근

• 여러 분야의 전문가들이 자신의 분야에 관련된 진단과 평가를 독립적으로 실시하지
  만, 공식적인 상호교류 기구를 설립하여 진단평가 결과를 공유하여 중재를 계획하고
  실행

3) 초학문적 팀 접근

• 통합된 서비스 제공을 위해 여러 분야의 전문가들이 함께 진단 및 평가를 실시하고,
  정보와 지식을 공유하여 이를 기반으로 중재를 계획하고 실행

생각나누기

학번:

이름:

1. 장애아동 가족을 위한 지원 정책에는 어떠한 것이 있는지 설명하고 자신의 의견을 피력해 보시오.

----

2. 내가 만약 장애 지원 정책을 시행한다면 어떤 지원을 해 줄 수 있는지 토의하시오.

----

3. 장애아동을 위해서 어떤 중재가 필요한지 토의하시오.

----

4. 장애아동을 위한 협력적 팀 접근에는 어떤 방법이 있으며, 각 방법의 장점과 단점에 대해 토의하시오.

퀴즈

1. 괄호에 들어갈 알맞은 단어를 쓰시오.

> 1987년 UN은 1981년을 (   )로 정한 이후 전 세계적으로 장애인에 대한 관심이 증대되었고, 우리나라 역시 본격적으로 장애인복지에 대한 연구 및 정책을 수립하고 추진하기 시작하였다.

2. 발달재활서비스를 신청할 수 있는 연령은? (   )
   ① 만 7세 이상   ② 만 18세 미만   ③ 만 13세 미만   ④ 만 3세 이상

3. 괄호에 들어갈 알맞은 단어를 쓰시오.

> 장애아동의 교육적 요구에 적합한 지원을 제공하기 위해서는 아동의 장애특성, 장애 정도, 아동의 연령과 성취하고자 하는 행동, 그리고 지원을 위한 인적·물적 자원을 고려하여 (   )을 고안하는 것이 중요하다.

4. 장애로 인하여 생활이 어려운 장애아동에 대한 안정적인 지원을 위해 지급되는 것은?
   (   )

5. 다음은 어떤 것에 대한 설명인지 쓰시오. (   )

> 통합된 서비스 제공을 위해 여러 분야의 전문가들이 함께 진단과 평가를 실시하고, 서로의 분야를 초월해 정보와 지식을 공유하며 이를 기반으로 중재를 계획 및 실행하기 위해 공동으로 의사를 결정하는 접근 방법이다.

관계부처합동(2023a). 제6차 장애인정책종합계획(2023년~2027년). 관계부처합동.

관계부처합동(2023b). 제6차 장애인정책종합계획(2023년~2027년). 인포그래픽. 관계부처합동.

보건복지부 장애인정책국 장애인서비스과(2024). 2024년 장애아동 가족지원 사업안내. 보건복지부.

보건복지부 장애인정책국(2024). 2024년 장애인복지 사업안내. 보건복지부 장애인정책국.

Peterson, N. (1987). *Early intervention for handicapped and at-risk children: An introduction to early childhood special education.* Denver, CO: Love.

Steinbrenner, J. R., Hume, K., Odom, S. L., Morin, K. L., Nowell, S. W., Tomaszewski, B., ..., & Savage, M. N. (2020). *Evidence-based practices for children, youth, and young adults with autism.* FPG Child Development Institute.

Woodruff, G., & McGonigel, M. (1987). The transdisciplinary model. In J. Jordan, J. Gallagher, P. Hutinger, & M. Karnes (Eds.), *Early childhood special education: Birth to three* (pp. 164–181). Reston, VA: Council for Exceptional Children.

보건복지부 www.mohw.go.kr

복지로 www.bokjiro.go.kr

제13장

보조공학 활용

보조공학은 과학기술이 발전함에 따라 산업, 교통, 의료적 접근 외에 교육과 재활영역에까지 매우 포괄적이며 다양하게 활용되고 있다.

최근 장애 및 신체의 어려움으로 인해 자립 생활이 불편한 사람들에게 삶의 질을 높일 수 있는 보조공학의 중요성이 더욱 높아지고 있다. 이는 재활에 대한 인식이 긍정적으로 변화되고 있기 때문이다.

이 장에서는 장애로 인해 발생될 수 있는 제한적인 일상생활을 벗어날 수 있도록 지원하고, 사회참여 및 교육참여를 증진하기 위해 필요한 장애유형에 따른 보조공학기기와 보완대체의사소통 재활적 접근 방법에 대해 살펴보고자 한다.

✅ 마인드맵

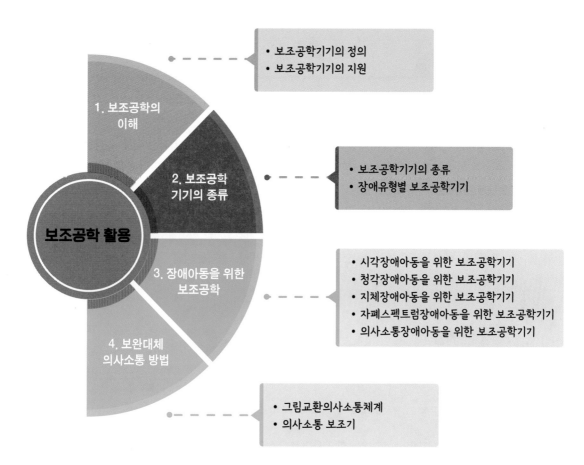

- 보조공학기기의 정의
- 보조공학기기의 지원

1. 보조공학의 이해

2. 보조공학 기기의 종류

- 보조공학기기의 종류
- 장애유형별 보조공학기기

보조공학 활용

3. 장애아동을 위한 보조공학

- 시각장애아동을 위한 보조공학기기
- 청각장애아동을 위한 보조공학기기
- 지체장애아동을 위한 보조공학기기
- 자폐스펙트럼장애아동을 위한 보조공학기기
- 의사소통장애아동을 위한 보조공학기기

4. 보완대체 의사소통 방법

- 그림교환의사소통체계
- 의사소통 보조기

학습목표

1. 보조공학의 개념을 정의할 수 있다.

2. 장애유형에 따라 지원할 수 있는 보조기기를 분류할 수 있다.

3. 그림교환의사소통체계의 정의를 구술할 수 있다.

4. 그림교환의사소통체계의 원칙을 설명할 수 있다.

5. 그림교환의사소통체계의 6단계 교수 방법을 설명할 수 있다.

주요 용어

보조공학: 장애인이 직면하는 문제들을 개선하기 위한 보조공학기기, 보조공학 서비스, 그리고 그와 관련한 학문 분야 등을 의미

보조공학기기: 장애인이 과제나 작업을 할 때 그것이 없으면 할 수 없거나, 또는 더 쉽고 나은 방법으로 할 수 있게 해 주는 등 장애인의 기능적인 능력의 개선, 유지, 확대에 필요한 도구나 물품 및 생산 시스템

보완대체의사소통: 독립적으로 말이나 글을 사용하여 의사소통할 수 없는 사람들의 문제를 감소시키고 언어능력을 촉진하기 위해 사용하는 말(구어) 이외의 여러 형태의 의사소통 방법

그림교환의사소통체계: 표현 언어가 부족한 자폐범주성장애나 기타 장애를 지닌 아동을 위하여 고안된 보완대체의사소통 프로그램의 일종으로 그림을 통하여 의사소통하는 방법

사례

미국 '보조공학 서비스' 어떻게 이뤄지고 있을까?

'개별화교육 프로그램' 회의 통해 맞춤형 서비스 결정

미국의 보조공학 서비스는 보조공학 전문가를 중심으로 하는 전달체계 아래 개별 맞춤형으로 서비스가 이뤄지고 있다. 단순히 휠체어, 자세 보조도구나 맞춤형 의자 등과 같은 기기들로 한정된 것이 아닌 다양한 보조기기를 포함해 당사자의 인지 및 언어발달, 대근육과 소근육 운동발달, 사회정서 발달과 자조기술의 발달을 돕는다.

많은 사람이 '보조공학'을 단순히 장애학생의 기능 유지 및 개선을 위한 물품 또는 설비라고 생각하는 경향이 있다. 하지만 보조공학은 장애인들이 학업, 의사소통과 사회적 상호작용, 착석과 자세 등과 같은 기능들을 원활하게 하기 위해 사용되는 기기를 비롯해 전반적인 서비스 전략과 과정들을 포함하는 포괄적인 개념이다.

미국의 모든 주는 보조공학 관련법의 강력한 의무조항에 따라 보조공학지원센터(AssistiveTechnology Demonstration Center)라는 매개기관을 통해 보조공학 전문가를 중심으로 하는 공급자-전문가 중심 전달체계 서비스를 시행한다.

장애학생들의 독립 및 교육 활동들에서 제약점이 많은 것을 고려해 장애학생들에게 개별적으로 맞는 보조공학 서비스를 휠체어, 자세 보조도구나 맞춤형 의자 등과 같은 기기들로 한정 짓지 않고, 노테크(no-tech) 보조기기부터 하이테크(high-tech) 보조기기까지 다양하게 포함해 장애학생들의 인지 및 언어발달, 대근육과 소근육 운동발달, 사회정서 발달과 자조기술의 발달을 돕는다.

특히 개별 학생 맞춤형 보조공학 서비스 체제를 통한 지원은 특수학교 교사, 보조공학사, 작업치료사 등이 매년 각 학생에 대한 개별화교육 프로그램(Individualized Education Program, 이하 IEP) 회의를 통해서 어떠한 보조공학 서비스를 제공할지를 결정하게 된다.

보완대체의사소통(Augmentative and Alternative Communication, 이하 AAC) 보조기기로 사용되는 의사소통 책 등은 지적장애, 말-언어장애 등으로 인해 의사소통에 어려움이 있는 복합 의사소통장애의 의사소통 보조기기이다. 최근 미국의 의사소통 보조기기는 의사소통 책의 어휘가 점차 많아지고 책이 너무 무거워짐에 따라 학생들이 간편하게 들고 다니며 활용할 수 있도록 아이패드와 연결하거나 학생들의 눈높이를 고려한 거치대 사용 등을 고려하여 다양한 형태로 활용이 되고 있다.

출처: 백민 기자(2023. 07. 14.). 에이블뉴스(https://www.ablenews.co.kr).

1 보조공학의 이해

1) 보조공학기기의 정의

보조공학(assistive technology)이란 장애아동이 일반 환경 내에서 생활과 교육에 접근할 수 있도록 보조해 주며 가정과 학교 및 지역사회에서 원활하게 적응할 수 있도록 도와주는 다양한 형태의 공학 기술을 의미한다. 그러므로 보조공학기기를 비롯하여 보조공학 서비스와 관련된 학문 분야까지 포함하는 포괄적인 의미로 이해해야 한다.

보조공학기기(assistive technology devices)는 공학과 전자기술을 활용해 장애인을 비롯하여 기구에 의존해야 교육활동이나 일상생활 등이 가능한 사람들을 지원하고 물리적 기능을 향상시키고자 개발된 모든 기기와 장치를 의미한다. 예를 들면, 의사소통판, 터치스크린(touch screen), 점자 프린터, 헤드포인터(head pointer) 등이 있다.

　보조공학기기에 대한 정의는「장애인·노인 등을 위한 보조기기 지원 및 활용촉진에 관한 법률」과「장애인복지법」에서 명시하고 있다. 이를 살펴보면 〈표 13-1〉과 같다.

표 13-1　보조공학기기의 정의

관련 법	정의
「장애인·노인 등을 위한 보조기기 지원 및 활용촉진에 관한 법률」제3조(정의)	"보조기기"란 장애인 등의 신체적·정신적 기능을 향상·보완하고 일상 활동의 편의를 돕기 위하여 사용하는 각종 기계·기구·장비로서 보건복지부령으로 정하는 것을 말한다.
「장애인복지법」제65조(장애인보조기구)	"장애인보조기구"란 장애인이 장애의 예방·보완과 기능 향상을 위하여 사용하는 의지(義肢)·보조기 및 그 밖에 보건복지부장관이 정하는 보장구와 일상생활의 편의 증진을 위하여 사용하는 생활용품을 말한다.

2) 보조공학기기의 지원

　보조공학 서비스(assistive technology service)는 보조공학기기가 필요한 사람에게 보조공학기기를 선택하여 사용할 수 있도록 지원하는 것이다.

　보조공학기기와 관련하여 장애인에게 편의를 제공하거나 각종 교구 및 학습보조기 등을 지원하기 위한 법안은「장애인·노인 등을 위한 보조기기 지원 및 활용촉진에 관한 법률」과「장애인복지법」「장애인 등에 대한 특수교육법」「장애인 등에 대한 특수교육법 시행령」에 명시되어 있다. 이를 구체적으로 살펴보면 〈표 13-2〉와 같다.

표 13-2 보조공학기기 지원 관련법

관련 법	내용
「장애인·노인 등을 위한 보조기기 지원 및 활용촉진에 관한 법률」 제4조(국가와 지방자치단체의 책무)	① 국가와 지방자치단체는 장애인 등이 보조기기를 활용하는 데 어려움이 없도록 활용촉진, 서비스 제공 및 효율적 관리를 위하여 노력하여야 한다. ② 국가와 지방자치단체는 장애인 등에 대한 보조기기 지원과 활용촉진을 위하여 필요한 재원 조달 등 관련 조치를 강구하여야 한다. ③ 국가와 지방자치단체는 장애인 등에게 적합한 보조기기 서비스를 제공하는 데 필요한 전문인력의 양성을 위하여 노력하여야 한다.
「장애인복지법」 제18조(의료와 재활치료)	• 국가와 지방자치단체는 장애인이 생활기능을 익히거나 되찾을 수 있도록 필요한 기능치료와 심리치료 등 재활의료를 제공하고 장애인의 장애를 보완할 수 있는 장애인보조기구를 제공하는 등 필요한 정책을 강구하여야 한다.
「장애인 등에 대한 특수교육법」 제2조(정의)	• "특수교육 관련서비스"란 특수교육대상자의 교육을 효율적으로 실시하기 위하여 필요한 인적·물적 자원을 제공하는 서비스로서 상담지원·가족지원·치료지원·지원인력배치·보조공학기기지원·학습보조기기지원·통학지원 및 정보접근지원 등을 말한다.
「장애인 등에 대한 특수교육법」 제21조(통합교육)	• 특수교육대상자가 배치된 일반학교의 장은 일반교육교원 및 특수교육교원의 협력을 통하여 차별의 예방, 교육과정의 조정, 제28조에 따른 지원인력의 배치, 교구·학습보조기·보조공학기기의 지원 및 교원연수 등을 포함한 통합교육계획을 수립·시행하여야 한다.
「장애인 등에 대한 특수교육법」 제28조(특수교육 관련서비스)	• 각급학교의 장은 특수교육대상자의 교육을 위하여 필요한 장애인용 각종 교구, 각종 학습보조기, 보조공학기기 등의 설비를 제공하여야 한다.
「장애인 등에 대한 특수교육법」 제31조(편의제공 등)	• 대학의 장은 해당 학교에 재학 중인 장애학생의 교육활동의 편의를 위하여 다음 각호의 수단을 적극적으로 강구하고 제공하여야 한다. 1. 각종 학습보조기기 및 보조공학기기 등의 물적 지원
「장애인 등에 대한 특수교육법 시행령」 제26조(각종 교구 및 학습보조기 등 지원)	• 교육감은 각급학교의 장이 각종 교구·학습보조기·보조공학기기를 제공할 수 있도록 특수교육지원센터에 필요한 기구를 갖추어 두어야 한다.
「장애아동 복지지원법」 제20조(보조기구 지원)	• 국가와 지방자치단체는 장애아동의 학습과 일상생활 활동에 필요한 보조기구를 교부·대여 또는 수리하거나 구입 또는 수리에 필요한 비용을 지급할 수 있다.
「장애인차별금지 및 권리구제 등에 관한 법률」 제14조(정당한 편의제공 의무) 제1항	• 제1항 장애인의 통학 및 교육기관 내에서의 이동 및 접근에 불이익이 없도록 하기 위한 각종 이동용 보장구의 대여 및 수리 • 제3항 장애로 인한 학습 참여의 불이익을 해소하기 위한 확대 독서기, 보청기기, 높낮이 조절용 책상, 각종 보완·대체 의사소통 도구 등의 대여 및 보조견의 배치나 휠체어의 접근을 위한 여유 공간 확보 • 제4항 시·청각 장애인의 교육에 필요한 한국수어 통역, 문자통역(속기), 점자자료 및 인쇄물 접근성바코드(음성변환용 코드 등 대통령령으로 정하는 전자적 표시를 말한다. 이하 같다)가 삽입된 자료, 자막, 큰 문자자료, 화면낭독·확대프로그램, 보청기기, 무지점자단말기, 인쇄물음성변환출력기를 포함한 각종 장애인보조기구 등 의사소통 수단

특수교육대상학생을 대상으로 보조공학기기를 지원하는 목적은 장애영역별 특성을 고려한 보조공학기기를 지원하여 생활의 편의성 및 학습권 보장, 특수교육의 가치 향상에 기여하고자 하는 것이다. 지원 대상은 일반학교 및 특수학교 특수교육대상학생들이다.

지원방법은 전국에 있는 장애유형별 4개의 거점지원센터, 즉 청각장애는 전주특수교육지원센터, 시각장애는 전북맹아학교, 지체장애는 군산특수교육지원센터, 자폐성 장애는 익산특수교육지원센터를 통해 보조공학기기를 대여해 주고 있다.

기기 지원 신청 절차는, 특수학교에 재학 중일 경우에는 학교에서 보조공학기기 수요를 조사한 다음 신청 학생에 대한 심사 및 선정을 한 후 보조공학기기 전달 및 사후지도를 하면 된다.

반면, 일반학교 특수교육대상학생의 경우에는 교육지원청(장애유형별 거점지원센터)에서 유·초·중·고등학교로 보조공학기기 지원 사업 안내를 하면 대상학생이 신청서를 제출한다. 장애유형별 거점지원센터에서는 신청학생에 대한 초기 평가를 거쳐 심사 및 선정을 한 후 해당 학교로 지원대상학생 선정에 대한 결과를 알려 주고 보조공학기기를 전달한 다음 사후지도를 한다.

각 도에서도 보조공학기기 지원 시스템을 운영하고 있다. 경기도교육청의 경우, 특수교육대상학생에게 보조공학기기를 온라인에서 대여하고 관리할 수 있는 지원 시스템을 운영하고 있다. 경기도는 특수교육지원센터, 유·초·중·고에 재학 중인 특수교육대상자 중 보조공학기기가 필요한 학생에게 장애유형별 교수학습 보조공학기기를 지원하고 있는데, 대여기간은 대여일로부터 차기 년도 2월 말일까지이다. 경우에 따라 재대여 및 연장도 가능하다. 보조공학기기 지원 절차는 [그림 13-1]과 같다.

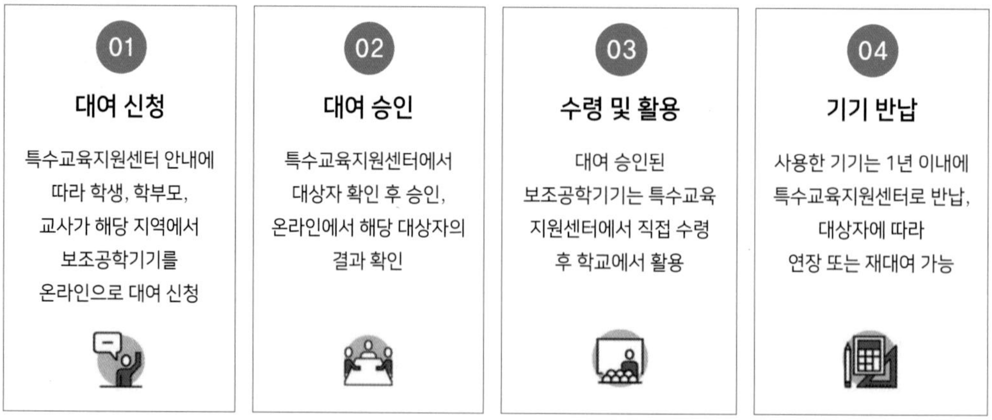

01	02	03	04
대여 신청	**대여 승인**	**수령 및 활용**	**기기 반납**
특수교육지원센터 안내에 따라 학생, 학부모, 교사가 해당 지역에서 보조공학기기를 온라인으로 대여 신청	특수교육지원센터에서 대상자 확인 후 승인, 온라인에서 해당 대상자의 결과 확인	대여 승인된 보조공학기기는 특수교육지원센터에서 직접 수령 후 학교에서 활용	사용한 기기는 1년 이내에 특수교육지원센터로 반납, 대상자에 따라 연장 또는 재대여 가능

그림 13-1 보조공학기기 지원 절차

출처: 경기도 특수교육 정보 자료실.

장애학생을 제외한 장애인을 위한 보조공학기기 지원은 한국장애인고용공단에서 장애인 고용촉진과 직업생활 안정을 도모하기 위하여 직업생활에 필요한 맞춤형 보조공학기기, 보조공학기기 구입 및 대여 비용을 지원하고 있다.

② 보조공학기기의 종류

　　보조공학기기의 종류는 일상생활에 가장 기초적으로 사용되는 도구나 기구로 식사 보조용품, 필기류 그립 등과 같은 기초공학 기기(low-technology devices), 일상생활에서 일반적으로 사용되는 휠체어나 보청기 등과 같이 단순한 일반공학 기기(medium technology devices)가 있다. 이와 더불어 컴퓨터나 스마트폰, 저시력 시각장애인에게 필요한 E-bot 어드밴스, 독서확대기 등과 같이 정교한 과학기술로 제작된 고기능 첨단공학 기기(high technology devices), 물리치료 및 작업치료 등과 같은 무공학(no-technology)으로 분류할 수 있다.

　　지원받을 수 있는 보조기기의 종류는 「장애인·노인 등을 위한 보조기기 지원 및 활용촉진에 관한 법률 시행규칙」 제2조(보조기기의 종류)에 명시하고 있으며, 보건복지부장관은 보조기기의 품목을 고시하도록 규정하고 있다. 구체적인 내용은 〈표 13-3〉과 같다.

표 13-3　보조기기의 종류

1. 개인 치료용 보조기기
2. 기술 훈련용 보조기기
3. 보조기 및 의지(義肢)
4. 개인 관리 및 보호용 보조기기
5. 개인 이동용 보조기기
6. 가사용 보조기기
7. 가정·주택용 가구 및 개조용품
8. 의사소통 및 정보전달용 보조기기
9. 물건 및 기구 조작용 보조기기
10. 환경 개선 및 측정용 보조기기
11. 고용 및 직업훈련용 보조기기
12. 레크리에이션용 보조기기
13. 그 밖에 다른 법령에 따른 장애인 등을 위한 기계·기구·장비로서 보건복지부장관이 정하는 보조기기

근래에는 보조공학의 눈부신 발전으로 인해 이를 활용하여 장애아동이 스스로 수행할 수 있는 활동의 폭이 확대됨과 동시에 독립적으로 일상생활에 참여할 수 있는 기회를 얻을 수 있게 되었다. 보조공학기기의 종류를 장애유형별로 분류하면 〈표 13-4〉와 같다.

표 13-4 장애유형별 보조공학기기

장애영역	보조공학기기	설명	종류
시각장애	바코드리더기	바코드를 인식해서 점자, 음성, 확대문자, 번역 등의 기능을 통해 정보 확인	• 보이스아이 PC 메이트 • 보이스아이 인포데스크 • 보이스아이 앱
	점자정보단말기	6점, 8점의 점자키보드를 이용한 입력과 점자 표시장치 또는 음성을 통한 출력이 이루어지도록 고안된 컴퓨터 시스템이 내장된 휴대용 정보통신 장비	• 한소네U2 • 한소네U2 쿼티 • 한소네U2 미니
	독서확대기	저시력 시각장애인들이 책이나 신문 등을 확대, 원거리 확대, 거울 기능 등에 사용	• E-bot 어드밴스 E-bot 프로 • 스노우 • 루비 XL HD 5
	화면확대 S/W	저시력 시각장애인의 컴퓨터 활용 및 화면 정보 접근을 위하여 사용자의 시각적인 특성에 맞게 컴퓨터의 화면을 확대하는 화면확대 소프트웨어	• 줌텍스트 • 한글아이줌 • Lux Zoom
청각장애	소리증폭기	사람의 목소리나 주변의 소리를 크게 하기 위해 사람의 몸 또는 그 근처에 배치하는 기기	• 무선공공이용 소리증폭청취기기 하하3 • 엔사운드
	보청기용 음향 중계 시스템	원래 소리와 보조공학기기 사이에 음향을 전송하는 기기	• 음성 흐름 장치
의사소통장애	보완대체의사소통시스템	다양한 방법을 통해 구어를 보완하거나 대체하는 시스템	• 수어 • PECS • 음성출력스위치
	보완대체의사소통 애플리케이션	보완대체의사소통을 스마트폰, 스마트패드, 태블릿PC의 애플리케이션 형태로 사용	• 마이토키(스마트) • 나의 AAC • GoTalk®
지체장애	이동보조 장치	이동을 보조할 수 있는 장치	• 휠체어 • 지팡이(cane) • 크러치(crutch) • 워커(walker)
	컴퓨터 접근성 확보를 위한 장치	컴퓨터 접근을 위해 필요한 공학 장치	• 대체키보드 • 조이스틱 • 트랙볼

> ③ **장애아동을 위한 보조공학**

1) 시각장애 아동을 위한 보조공학기기

시각장애아동을 지원할 수 있는 보조공학기기는 시각장애인용 컴퓨터인 점자정보단말기, 점자프린터, 스크린리더로 불리는 음성합성 소프트웨어, 확대용 소프트웨어, 점자변환 소프트웨어 등이 있다.

개인별 잔존 시각 능력에 따라 저시력과 전맹으로 정보 접근 보조기기를 구분할 수 있다. 잔존시력이 남아 있는 저시력 장애아동의 경우 시력을 보완해 줄 수 있는 화면 확대기기 등이 필요하며, 잔존시력이 전혀 없는 전맹의 경우에는 정보 접근을 대체해 줄 수 있는 음성지원 정보접근기기 등이 필요하다. [그림 13-7]는 시각장애 아동을 위한 대표적인 보조기기이다.

구분	제품	
확대기	휴대용 독서 확대기	휴대용 독서 확대기
	탁상용 독서 확대기	볼펜 부착형 확대경
	모자형 확대경	지갑형 확대경

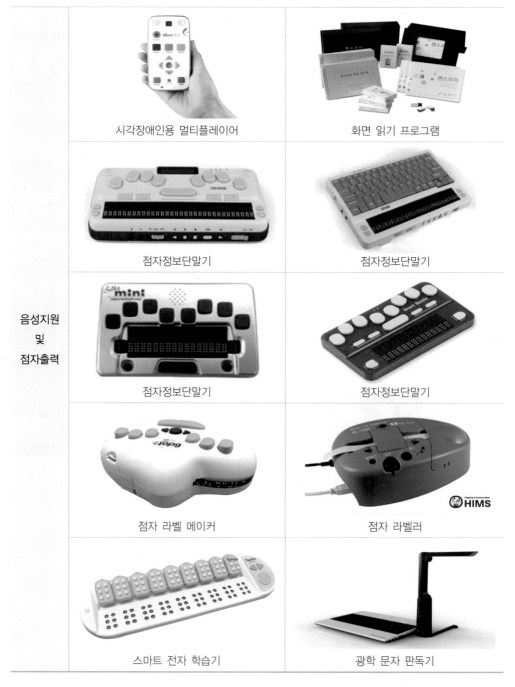

시각장애인용 멀티플레이어	화면 읽기 프로그램
점자정보단말기	점자정보단말기
점자정보단말기	점자정보단말기
점자 라벨 메이커	점자 라벨러
스마트 전자 학습기	광학 문자 판독기

음성지원
및
점자출력

그림 13-2 시각장애 아동을 위한 보조기기

출처: 경기도재활공학서비스연구지원센터.

2) 청각장애아동을 위한 보조공학기기

청각 손실 여부에 따라 잔존청력이 남아 있는 난청과 전혀 들을 수 없는 농으로 구분되는 청각장애아동을 지원하기 위한 보조기기는 대부분 의사소통을 지원하기 위한 기기들이다. 가장 많이 사용하는 보조기기는 잔존청력을 활용할 수 있는 보청기와 음성증폭기이다. 농인 경우에는 잔존청력을 활용할 수 없기 때문에 인공와우를 삽입하거나 그 외 의사소통보조기를 활용하기도 한다. 청각장애아동을 위한 대표적인 보조기기는 [그림 13-3]과 같다.

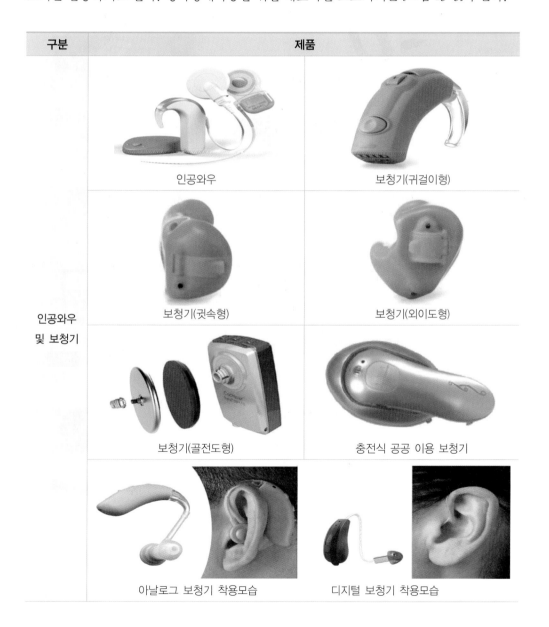

구분	제품	
인공와우 및 보청기	인공와우	보청기(귀걸이형)
	보청기(귓속형)	보청기(외이도형)
	보청기(골전도형)	충전식 공공 이용 보청기
	아날로그 보청기 착용모습	디지털 보청기 착용모습

음성 증폭기	무선 음성 증폭기	음성 증폭기
	휴대용 음성 증폭기	음성 증폭 전화기
	카운터 루프 시스템(청취보조 시스템)	이동식 루프(청취보조 시스템)
영상전화기 및 신호 알림 장치	영상 전화기	스마트 영상 전화기
	네비게이션	스마트 알림

그림 13-3 청각장애 아동을 위한 보조기기

출처: 경기도재활공학서비스연구지원센터, 메델코리아, 굿모닝 보청기, 코클리어코리아.

3) 지체장애아동을 위한 보조공학기기

지체장애아동의 경우 체간, 즉 몸의 중심을 이루는 부분으로 인체의 중심을 지탱하는 힘과 상, 하지의 움직임이 제한적일 수 있어 의사소통의 어려움 뿐만 아니라 자립적인 일상생활도 힘들 수 있다. 그러므로 이들을 위한 보조기기는 자세를 유지할 수 있도록 재활적 접근이 포함된 보조기기와 의사소통을 보완해 주는 보완대체의사소통기기, 일상생활을 지원할 수 있는 보조기기 등이 있다. 보완대체의사소통기기는 의사소통장애아동을 위한 보조공학기기에 설명되어 있으니 참고([그림 13-6])하기 바란다.

자세유지 및 재활 보조기기와 일상생활 보조기기를 살펴보면 [그림 13-4]와 같다.

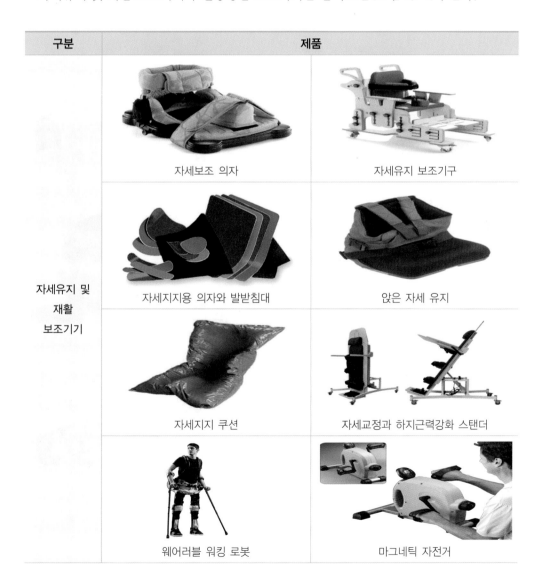

구분	제품	
자세유지 및 재활 보조기기	자세보조 의자	자세유지 보조기구
	자세지지용 의자와 발받침대	앉은 자세 유지
	자세지지 쿠션	자세교정과 하지근력강화 스탠더
	웨어러블 워킹 로봇	마그네틱 자전거

에어워커

수중 보행 지지대

낮은 무빙 보드

뮤직 머신 세트

일상생활
보조기기

핸드인 머그컵

플레이 그립

넘어짐 방지컵 홀더

전화 손잡이

흘림 방지 숟가락

버튼, 키보드 입력장치

그림 13-4 지체장애아동을 위한 보조기기

출처: 경기도재활공학서비스연구지원센터.

4) 자폐스펙트럼장애아동을 위한 보조공학기기

자폐스펙트럼장애아동은 장애정도에 따라 보조공학기기가 필요하거나 불필요할 수 있다. 보조공학기기가 필요한 경우 일반적으로 의사소통 보조기기와 감각적 발달을 촉진하기 위해 감각통합 재활에 사용하는 기기로 나뉠 수 있다.

이들은 타인에게 의사소통을 시도하는 빈도가 낮고, 의사소통의 실패가 나타나는 경우가 빈번하다. 이를 지원하기 위해 의사소통장애 아동에게 지원하는 의사소통 보조기기의 사용이 필요하다.

특히 자폐범주성장애아동은 다른 장애유형에 비해 감각발달의 문제를 가지고 있는 경우가 많다. 그러므로 감각발달을 지원할 수 있는 도구들이 요구된다. 의사소통 보조기기는 의사소통장애 아동을 위한 보조공학기기에 설명되어 있으니 참고([그림 13-6])하기 바란다. 감각통합 훈련용 재활 접근을 도와주는 보조기기는 [그림 13-5]와 같다.

구분	제품	
감각 통합 훈련용 보조기기	무게가 있는 담요	스윙
	스윙	흔들 배
	촉각볼	다감각 패드

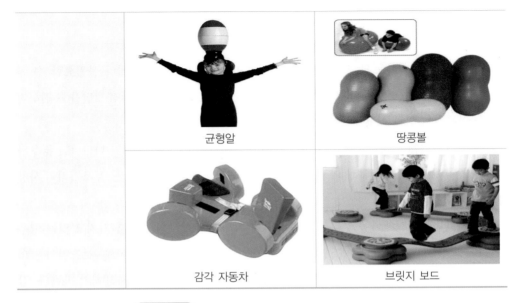

균형알	땅콩볼
감각 자동차	브릿지 보드

그림 13-5   자폐범주성장애 아동을 위한 보조기기

출처: 경기도재활공학서비스연구지원센터.

5) 의사소통장애아동을 위한 보조공학기기

의사소통장애아동이 주로 사용하는 보조공학기기는 의사소통을 원활하게 하거나 의사소통의 의도를 높일 수 있는 용도로 활용된다. 이들이 사용하는 보조공학기기는 개인의 의사소통 수준에 따라 다양하게 분류할 수 있다.

예를 들어, 의사소통의 의도가 매우 낮거나 지체 장애를 동반한 경우, 제한적인 신체 범위로 인해 다양한 칸이 있는 하이테크로 된 의사소통판보다는 단일 스위치처럼 하나의 기능이 있는 소통판의 사용이 더 즉각적이면서 효율적일 수 있다. 비록 자연적인 발화로 인한 의사소통이 아니더라도 표현에 대한 의사소통 기능을 보완해 줄 수 있는 것이 바로 의사소통 보조기기이다. 의사소통기기에 대한 설명은 보완대체의사소통에서 자세히 알아보고자 한다. 의사소통장애아동을 위한 대표적인 보조기기는 [그림 13-6]과 같다.

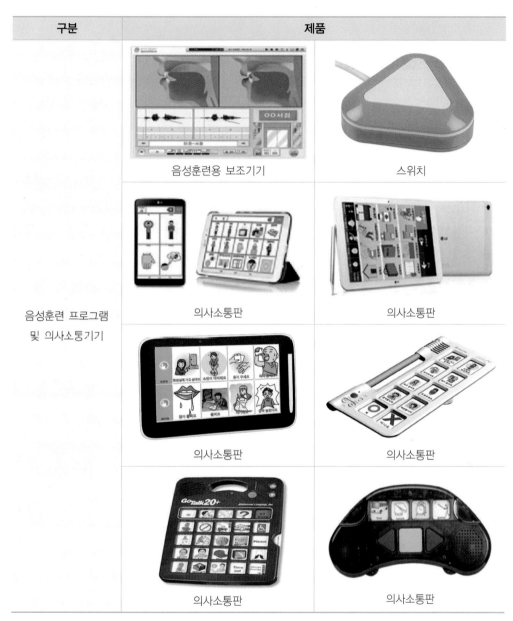

구분	제품	
음성훈련 프로그램 및 의사소통기기	음성훈련용 보조기기	스위치
	의사소통판	의사소통판
	의사소통판	의사소통판
	의사소통판	의사소통판

그림 13-6   의사소통장애 아동을 위한 보조기기

출처: 경기도재활공학서비스연구지원센터, 소리토리(http://www.soritori.com)

보완대체의사소통 방법

1) 그림교환의사소통체계

그림교환의사소통체계(Picture Exchange Communication System, 이하 PECS)는 말 그대로 그림 카드를 이용하여 서로 의사소통을 하는 방법이다. 1985년 미국에서 앤디 본디(Andy Bondy) 박사와 로리 프롯(Lori Frot)에 의해 개발되었으며, 델라웨어주 공립 자폐 프로그램에서 자폐 진단을 받은 아동에게 처음으로 시행되었다. 그 후 의사소통에 어려움을 가진 수많은 사람에게 실행되었으며, 대표적인 보완대체의사소통(Augmentative and Alternative Communication: AAC) 방법 중 하나로 자리 잡았다.

그림교환의사소통체계의 기본원리는 아동이 자신이 요구하는 대상물이 그려진 그림카드를 상대방에게 주고 대상물을 보상으로 받는 것이다. 예를 들어, 아동이 좋아하는 사과를 눈에 보이지만 잡을 수 없는 곳에 두고 아동이 사과가 그려진 그림 카드를 가져오면 사과를 준다. 이는 즉각적인 보상이라는 전략과 더불어 아동 선호도 중심적이다. 그림교환의사소통체계의 효과적인 중재를 위한 3가지의 기본원칙이 있다.

첫째, 아동이 좋아하는 사물이나 활동이 무엇인지를 주변인들을 통해 사전에 조사한 후 목록을 만들어야 한다.

둘째, 의사소통 교환 그림 카드를 사용하여 사물 및 활동과 그림 카드를 짝짓는 방법을 지도한다.

셋째, 아동이 의사소통대상자에게, 예를 들어 공 카드를 주면 아동은 반드시 의사소통대상자로부터 공을 받을 수 있다는 인과적 관계의 원칙이 전제되어야 한다. 그림을 이용한 의사소통은 발화를 통한 기능적 의사소통이 어려운 장애아동에게 그림이나 사진을 활용하여 의사소통기술을 향상시킬 수 있다. 이를 위해 선호하는 사물을 얻거나 활동하기 위해 다른 사람과의 상호작용을 시도하게 하는 데 초점을 맞추고 있다. 상징의 표상성을 높이기 위해 구체적인 사진이나 그림을 상호작용의 수단으로 사용함으로써 인지나 신체 부자유 및 의사소통에 문제를 지닌 아동에게 효과적인 일종의 보완대체의사소통 방법이라고 할 수 있다.

특히 PECS는 자폐스펙트럼장애 아동에게 시각적 매체를 활용하여 사회적 상호작용(공동 관심, 눈 맞춤, 스킨십), 의사소통, 학습과 모방(교환과 변별), 문장 구성 등 다양한 발달영역에서 적용되고, 그 효과도 긍정적이다(윤주연, 2013 재인용).

PECS의 가장 큰 효과는 자발적인 의사소통적 상호작용 비율을 증가시키는 것이다. 즉, 원하는 사물의 사진이나 그림을 상대방에게 제시하거나 전달함으로써 자신의 요구를 표현하고, 그 결과로 아동은 사진 및 그림에 있는 사물이나 활동을 얻게 된다. 이런 경험이 결국 상호작용의 즐거움을 느끼게 함과 동시에 의사소통하고자 하는 동기를 촉진할 수 있다.

효과적인 PECS를 실시하기 위해서는 사전평가로 의사소통 환경 선호도가 높은 사물이나 행동 요구에 대한 평가가 실시되어야 하며, 평가의 요소는 의사소통 의도(예: 의사소통 형태와 의사소통 기능), 상호작용 기술(예: 공동 관심, 상호작용 관련 시작하기와 반응하기), 환경적 고려상황(예: 의사소통 파트너와 장소에 대한 영유아의 선호), 선호도가 높은 사물과 활동 등을 포함한다(김영태, 2014 재인용).

PECS에 중점을 두는 의사소통은 표현기술과 수용기술로 분류할 수 있다. 표현기술은 강화물이나 활동 요구하기, 도움 요청하기, 원하지 않는 사물이나 활동에 대한 요구 거절하기, 원하는 사물이나 행동에 대한 요구 확인하기 등이다. 수용기술은 기다리기, 지시 따르기 및 지시에 반응하기, 전이 단서(transitional cue)와 시각적 스케줄 따르기 등이 있다.

PECS 프로그램은 아동이 원하는 사물을 얻기 위하여 사물 그림을 교환하도록 6단계에 걸쳐 교수한다. 훈련은 아동이 선호하는 강화물을 평가하는 것으로 시작된다. 아동의 선호도는 시간이 지남에 따라 변할 수 있기 때문에 강화물 평가는 훈련이 끝날 때까지 계속해서 반복한다. 다음은 PECS를 시작하기 전에 준비해야 하는 것들이다.

- 아동과 교환할 그림들(예: 선 그림, 사진, 클립 아트, 글자)
- 그림들을 보관할 의사소통판
- 여러 가지 그림으로 복잡한 생각을 조합할 때 사용하는 플라스틱 보드

아동과 교환할 그림의 예는 [그림 13-7]과 같다.

		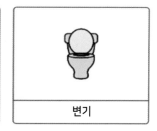
칫솔	휴지	변기

수건	샤워기	비누
세수해요	샤워해요	치약
양치해요	목욕해요	마려워요

그림 13-7 　아동과 교환할 그림의 예

출처: 보완대체의사소통판 제작 플랫폼.

　그림교환의사소통체계의 6단계 교수 방법은 〈표 13-5〉와 같다.

표 13-5 　그림교환의사소통체계의 6단계 교수 방법

단계	방법
1단계 의사소통을 위한 그림교환 방법 지 도	• 의사소통 상대는 아동 앞에, 촉진자는 아동 뒤에 앉아 아동이 원하는 사물이나 활동을 얻기위해 그림을 교환하는 방법 지도 • 언어적 촉구 사용 금지 • 각 물건에 대한 그림은 한 번에 하나씩 제공 • 아동이 원하는 그림 카드 주면 즉각적 보상

2단계부터 거리 늘리기 및 지속과 일반화	• 각 개인의 의사소통판 필요 • 각 물건에 대한 그림은 한 번에 하나씩 제공 • 배운 기술에 대한 일반화 및 지속적인 의사소통하기 • 의사소통 상대자가 거리를 조금씩 늘려 가며 아동이 원하는 사물이나 활동 카드를 의사소통판에서 떼서 가져다 주도록 지도하기, 즉 교사와 아동 간의 거리, 아동과 그림카드 사이의 거리 늘리기 • 아동이 원하는 그림 카드 주면 즉각적 보상	
3단계 그림 변별	• 의사소통판에 있는 두 가지 이상의 그림을 변별하도록 지도 • 아동이 선호하는 그림과 싫어하는 그림 두 장을 함께 놓아 아동이 선택한 그림을 주면 해당 사물을 교환하는 방법 지도 • 수행되면 선호하는 그림 카드 2장 중 더 선호하는 카드로 사물 교환하는 방법 지도 • 그림 카드의 위치를 외우지 않도록 카드의 위치를 계속 변경하여 지도 • 아동이 원하는 그림 카드 주면 즉각적 보상	Yes!
4단계 문장 만들기 및 언어확장	• 요청하는 기술 중점적으로 지도 • '○○○+주세요.' "○○+먹고 싶어요." 등의 문장을 사용하여 원하는 것을 의사소통 대상자에게 요청하기 지도 • 의사소통판에 '주세요' 카드를 붙여 놓은 후 아동이 좋아하는 사물이나 활동 그림 카드(예: 과자 등)를 붙여 문장을 완성하는 방법 지도 • 아동에게 형용사, 동사 및 전치사 등을 추가하여 문장을 확장하는 방법 지도 • 아동이 원하는 그림 카드 주면 즉각적 보상	
5단계 기다리기 및 "○○ 갖고 싶어?"/"○○하고 싶어?"라는 질문에 응답하기	• 5단계부터 기다리기 지도 • 아동이 그림카드를 주면 '기다리기 카드'와 교환하여 약 5~10초 정도 지난 후 '기다리기 카드'와 사물 교환하기 지도 • "○○ 갖고 싶어?" "○○ 하고 싶어?"라는 요구 질문에 '예/아니요'로 답하기 지도 • "뭘 줄까?"라는 질문에 대답하고 스스로 원하거나 필요한 물건 및 행동을 요구하는 것 지도	What do you want?

| 6단계
질문에 답하면서
설명하는 종합적
지도 | • 자신의 감정이나 생각을 표현하도록 지도
• 의사소통을 자발적으로 시작하도록 지도
• 명명하기 및 이름 붙이기 등 새로운 의사소통 기능 가르치기
• "무슨 소리가 들려?" "이게 뭐야?" 등의 질문에 아동이 대답하고, 자발적으로 요구하며, 언급할 수 있도록 지도 |  |

2) 의사소통 보조기

보완대체의사소통은 무발화이거나 발성의 어려움으로 인해 말을 보완(augment)하여 다른 사람과의 의사소통 및 상호작용을 보충·향상·지원하는 방법을 말한다. 보완대체의사소통은 성대 수술이나 조음기관의 마비로 인해 발음할 수 없는 경우와 말 대신에 의사소통 도구 등 다른 대체적인 방법을 통합적으로 사용하는 방법을 포함한다.

대표적으로, 의사소통 보조기를 활용하는 것이다. 의사소통 보조기를 활용하기 전에 보완대체의사소통의 구성요소에 대한 이해가 선행되어야 하며, 이에 따라 장애유형에 맞는 의사소통 보조기를 고려하여 선택한다. 또한 의사소통 보조기를 장애아동에게 적용하기 위해서는 자연스러운 환경 및 맥락에서의 관찰, 의사소통 기능 표본 수집, 언어 평가가 사전에 이루어져야 한다. 보완대체의사소통의 구성요소는 〈표 13-6〉, 다양한 유형의 의사소통 보조기는 〈표 13-7〉과 같다.

표 13-6 보완대체의사소통의 구성요소

구성요소	내용
상징	• 비도구적 상징: 자신의 신체 일부를 사용하는 몸짓이나 수화 등 • 도구적 상징 - 유형상징: 실제 사물이나 축소 모형(miniature) - 표상상징: 사진(컬러사진, 흑백사진)이나 그림(칼라, 흑백, 선화) - 철자상징: 철자
도구	• 상징체계를 담기 위해 제작된 물리적인 도구 • 비전자적 AAC: 메시지를 전달하기 위해서 전자적인 요소가 없는 것으로 의사소통판과 의사소통책처럼 그림 또는 글자 상징을 제시하는 간단한 도구 • 로우테크 AAC: 라이트테크라고 표현하기도 하며 전기장치가 필요한 것은 아님

	• 하이테크 AAC: 합성음성엔진이 탑재된 경우 음성산출기기(Speech Generating Device: SGD 또는 Voice Output Communication Aid: VOCA)라고 함. 무선 인터넷 연결로 언제 어디서나 쉽게 웹에 접속할 수 있으며, 장애인이 다른 사람들의 시선을 의식하지 않고 사용할 수 있음
기법	• 대화 상대자에게 의사소통 메시지를 전달하는 방법 • 직접 선택: 전달하고자 하는 메시지를 신체부위의 일부분, 손가락, 손, 발가락, 머리 등을 사용하거나, 신체부위를 사용하기 어려운 경우 헤드스틱, 마우스스틱, 핸드그립, 빔 등과 같이 보조도구를 사용하여 직접 선택하는 것 • 간접 선택: 상징을 직접 선택할 수 없는 경우, 스캐닝 기법을 사용할 수 있음. 스캐닝 기법(scanning)은 보완대체의사소통 사용자가 선택하고자 하는 메시지가 나올 때까지 계속 진행하다가 원하는 상징이 나타났을 때 스위치를 누름으로써 선택하는 방법
전략	• 보완대체의사소통 사용자가 자신의 메시지를 전달할 때의 효율성(예: 정확도, 시간)을 높이기 위한 방법을 말함 • 보완대체의사소통을 사용하는 경우 구어를 사용하는 것보다 의사소통 속도가 상대적으로 느리기 때문에 이를 보완하기 위해 메시지의 부호화 전략이나 낱말과 문장의 예측 전략 등을 사용하고 있음

표 13-7　다양한 유형의 의사소통 보조기

기기명	기기특징
Tactile Symbol Communicator	• 사용자가 각 레벨마다 6개(심벌은 6레벨)의 메시지를 녹음(메시지 녹음시간은 6초) 및 재생할 수 있는 의사소통 보조기 • 촉감으로 심벌을 만져 본 후, 원하는 심벌(symbol)을 누르면 녹음했던 내용을 들을 수 있음 • 완전히 보지 못하거나 이중장애를 가진 사람에게 아주 유용함
퀵토커s	• 휴대가 간편한 의사소통기기 • 가볍게 터치하거나 1cm 이내에 손을 흔들어 활성화할 수 있는 근접 센서로 이루어졌음 • 녹음 시간은 30초임 • 퀵토커s를 활성화하여 첫 번째 메시지를 재생한 다음 다시 활성화하면 각 추가 메시지를 재생할 수 있음
iTalk2	• 2개의 스위치가 있으며 아래쪽에 있는 녹음 버튼을 누르고 녹음 • 간단한 의사소통을 하거나 둘 중 하나를 선택하게 하는 학습을 시키는 데 유용함 • 다른 한쪽의 스위치도 버튼을 누른 후 녹음 • 양쪽의 스위치를 누르면 음성 출력됨

 미니콤	• 단독으로 사용하거나 언어치료 보조기기로 사용할 수 있음 • 녹음 버튼을 누른 상태에서 간단히 녹음할 수 있으며, 녹음 시간은 20초임 • 아이콘, 그림 또는 언어 받침대가 포함되어 있음 • 그림이나 사진을 받침대 위에 올려 두고 그것에 대한 단어/문장을 녹음하면 됨
 고 톡	• 그림이나 글자를 넣어 언어공부와 언어치료에 사용가능한 보완대체 의사소통기기 • 그림이나 작은 물체를 그리드 안에 넣어 단어를 녹음하고 그 단어를 선택하여 들으며 언어치료 가능
 팔찌형 의사소통기구	• 겉면을 가볍게 누르면 재생 • 기기를 꺼내 돌리면 녹음 가능 • 손목끈 조절이 가능 • 착용과 사용이 쉽고 소리의 질이 높음 • 10초 동안 메시지 녹음 가능 • 녹음과 재생이 쉬움
 마이토키 스마트	• 화면상의 심벌을 눌러 어휘나 문장을 만들어 음성합성기능을 통하여 상대방에게 의사를 전달 • 다양한 환경에서 사용할 수 있는 사용자 수준별 판 제공(기본, 활용, 예측, 글자판) • 글자판 기능을 제공하여 원하는 글자 입력 후 음성합성 출력 가능 • 사용자가 원하는 심벌 배치 및 어휘 내용 편집 • 상대방 음성을 듣기 위한 음성인식 기능(인터넷 사용 가능할 시)

출처: 경기도재활공학서비스연구지원센터.

요점정리

1. 보조공학의 이해

1) 보조공학기기의 정의

- 보조공학: 장애아동이 생활과 교육에 접근할 수 있도록 보조해 주며 가정과 학교 및 지역사회에서 원활하게 적응할 수 있게 도와주는 다양한 형태의 공학기술
- 보조공학기기: 공학과 전자기술을 활용해 장애인을 비롯하여 기구에 의존해야 교육 활동이나 일상생활 등이 가능한 사람들을 지원하고 물리적 기능을 향상시키고자 개발된 모든 기기와 장치
- 「장애인보조기기법」의 보조공학기기에 대한 정의: "보조기기"란 장애인 등의 신체적·정신적 기능을 향상·보완하고 일상 활동의 편의를 돕기 위하여 사용하는 각종 기계·기구·장비로서 보건복지부령으로 정하는 것

2) 보조공학기기의 지원

- 보조공학 서비스는 보조공학기기가 필요한 사람에게 보조공학기기를 선택하여 사용할 수 있도록 지원하는 것으로 각종 법률에 명시
- 특수교육대상학생을 대상으로 전국에 있는 장애유형별 4개의 거점지원센터 통해 지원

2. 보조공학기기의 종류

- 일상생활에 가장 기초적으로 사용되는 도구나 기구로 식사 보조용품, 필기류 그립 등과 같은 기초공학기기, 휠체어나 보청기 등과 같은 일반공학기기, 정교한 과학기술로 제작된 첨단공학기기, 물리치료 및 작업치료 등과 같은 무공학으로 분류

3. 장애아동을 위한 보조공학

1) 시각장애 아동을 위한 보조공학기기

- 저시력 장애아동: 시력을 보완해 줄 수 있는 화면 확대기기 등
- 전맹: 정보 접근을 대체해 줄 수 있는 음성지원 정보접근기기 등

2) 청각아동을 위한 보조공학기기

- 난청: 잔존청력을 활용할 수 있는 보청기와 음성증폭기 등
- 농: 인공와우 삽입 및 의사소통 보조기 활용

3) **지체장애아동을 위한 보조공학기기**
- 자세를 유지할 수 있도록 재활적 접근이 포함된 보조기기와 의사소통을 보완해 주는 보완대체의사소통기기, 일상생활을 지원할 수 있는 보조기기 등

4) **자폐스펙트럼장애 아동을 위한 보조공학기기**
- 의사소통 보조기기 및 감각통합 재활을 도와주는 스윙, 흔들배, 촉각볼, 땅콩볼 등

5) **의사소통장애아동을 위한 보조공학기기**
- 의사소통을 도와주는 보조기기로 의사소통판, 음성훈련용 보조기기, 스위치 등

4. 보완대체의사소통 방법

1) **그림교환의사소통체계**
- 그림교환의사소통체계: 아동이 자신이 요구하는 대상물이 그려진 그림카드를 상대방에게 주고 대상물을 보상으로 받는 것
- 그림교환의사소통체계의 6단계 교수 방법을 통해 단계별 지도

2) **의사소통 보조기**
- 보완대체의사소통: 무발화이거나 발성의 어려움으로 인해 말을 보완하여 다른 사람과의 의사소통 및 상호작용을 보충 · 향상 · 지원하는 방법으로 퀵토커s, 팔찌형 의사소통기구 등

생각나누기

학번:

이름:

1. 보완대체의사소통으로 접근할 수 있는 장애유형에 대해 토론하시오.

---

2. 보조공학, 보조공학기기, 보조공학 서비스, 그림교환의사소통체계, 보완대체의사소통
   등 보조공학의 다양한 용어에 대한 차이점에 대해 토의하시오.

---

3. 일상생활을 지원할 수 있는 보조공학기기들의 활용 방안에 대해 토론하시오.

퀴즈

1. 공학과 전자기술을 활용해 장애인을 비롯하여 기구에 의존해야 교육활동이나 일상생활 등이 가능한 사람들을 지원하고자 개발된 기기와 장치는? (   )

2. 아동이 자신이 요구하는 대상물이 그려진 그림카드를 상대방에게 주고 대상물을 보상으로 받는 것을 무엇이라고 하는가? (   )

3. 보완대체의사소통 활용의 이점에 대한 설명으로 바르지 않은 것은 무엇인가? (   )

　① 다른 사람과의 의사소통 촉진　② 문제행동의 감소

　③ 독립적인 생활 촉진　　　　　　④ 언어발달 저해

4. 지체장애를 지원하기 위한 보조기기가 아닌 것은 무엇인가? (   )

　① 보청기　② 자세보조기기　③ 웨어러블 워킹 로봇　④ 흘림 방지 숟가락

5. 청각장애를 지원하기 위한 보조기기가 아닌 것은 무엇인가? (   )

　① 음성증폭기　② 독서확대기　③ 하이테크 의사소통판　④ 영상전화기

참고문헌

김영태(2014). 아동언어장애 진단 및 치료. 서울: 학지사.
윤주연(2013). 그림교환의사소통체계(PECS) 중재가 자폐스펙트럼장애 아동의 눈 맞춤, 구어 모방,
　　상동행동에 미치는 효과. 심리행동연구, 5(1), 47-63.

경기도재활공학서비스연구지원센터 http://atrac.or.kr/
굿모닝 보청기 http://www.goodmorningha.com/
메델코리아 www.medel.com>ko
보완대체의사소통판 제작 플랫폼 aacmaker.or.kr>search
소리토리 http://www.soritori.com
중앙보조기기센터 http://knat.go.kr/knw/index.php
코클리어코리아 www.cochlear.com

저자 소개

임경옥(Lim Kyoungook)
강남대학교 특수교육학과 학사
경기대학교 교육대학원 유아교육 석사
강남대학교 교육대학원 유아특수교육 석사
단국대학교 대학원 유아특수교육 박사
전 무지개 특수아동교육원 원장
　　수원여자대학교 사회복지과 겸임교수 및 나사렛대학교, 수원과학대학교 등 외래교수
현 수원여자대학교 아동보육과/보육과 학과장
　　수원여자대학교 장애다문화센터 센터장

〈주요 저서〉
장애 영유아 발달 영역별 지침서 1~5권(공저, 학지사, 2010)
보육교사 일반직무교육(공저, 양성원, 2016)
원장 일반직무교육(공저, 양성원, 2016)
보육교사 심화직무교육(공저, 양성원, 2017)
원장 심화직무교육(공저, 양성원, 2017)
특수교육학개론(공저, 학지사, 2017)
발달지체 영유아 조기개입 1-인지편(학지사, 2017)
발달지체 영유아 조기개입 2-수용언어편(학지사, 2018)
발달지체 영유아 조기개입 3-표현언어편 I (학지사, 2018)
발달지체 영유아 조기개입 4-표현언어편 II (학지사, 2018)
발달지체 영유아 조기개입 5-신변처리편(학지사, 2018)
발달지체 영유아 조기개입 6-소근육운동편 I (학지사, 2018)
발달지체 영유아 조기개입 7-소근육운동편 II (학지사, 2019)
발달지체 영유아 조기개입 8-대근육운동편(학지사, 2019)
발달지체 영유아 조기개입 9-사회성편(학지사, 2020)
발달지체 영유아 조기개입 10-놀이편 I (학지사, 2021)
발달지체 영유아 조기개입 11-놀이편 II (학지사, 2022)
아동권리와 복지(공저, 공동체, 2018)
특수교구교재제작(공저, 학지사, 2018)
교사! 그 아름다운 이름(학지사, 2019)
방과후보육과정(중앙교육, 2019)
장애아보육과정(중앙교육, 2019)
보육교사 심화직무교육(개정판, 공저, 양성원, 2020)
보육교사 일반직무교육(개정판, 공저, 양성원, 2020)
원장 심화직무교육(개정판, 공저, 양성원, 2020)
원장 일반직무교육(개정판, 공저, 양성원, 2020)
2021 장애대학생 교육복지지원 컨설팅 운영보고서(공저, 교육부국립특수교육원, 2022)
영유아 교과교재 연구 및 지도법(학지사, 2022)

〈주요 논문〉
예비영아특수교사들의 관찰실습 경험에 대한 질적 연구(한국특수아동학회, 2013)
장애영아 미술치료 연구동향 분석-1997년부터 2012년까지 전문 학술지 중심으로(한국특수아동학회, 2013)
보육교사의 전문성 인식과 통합교육 신념에 관한 연구(사회복지실천연구, 2013)
예비보육교사들의 실습경험에 대한 이야기(한국콘텐츠학회, 2016)
아동복지전공 예비보육교사들이 보육실습에서 경험하는 딜레마에 대한 탐색(한국콘텐츠학회, 2016)

장애아동의 이해
Understanding Children with Disabilities

2024년 8월 5일 1판 1쇄 인쇄
2024년 8월 10일 1판 1쇄 발행

지은이 • 임경옥
펴낸이 • 김진환
펴낸곳 • (주) **학지사**

　　　　04031 서울특별시 마포구 양화로 15길 20 마인드월드빌딩
대표전화 • 02)330-5114　　　　팩스 • 02)324-2345
등록번호 • 제313-2006-000265호

홈페이지 • http://www.hakjisa.co.kr
인스타그램 • https://www.instagram.com/hakjisabook

ISBN 978-89-997-3149-5 93370

정가 26,000원

출판미디어기업 **학지사**

간호보건의학출판 **학지사메디컬** www.hakjisamd.co.kr
심리검사연구소 **인싸이트** www.inpsyt.co.kr
학술논문서비스 **뉴논문** www.newnonmun.com
교육연수원 **카운피아** www.counpia.com
대학교재전자책플랫폼 **캠퍼스북** www.campusbook.co.kr